융합의 시대:
문학 정신과 공감, 공존, 상생의 미학

[문화와 융합 총서 04]

융합의 시대 :
문학정신과 공감, 공존, 상생의 미학

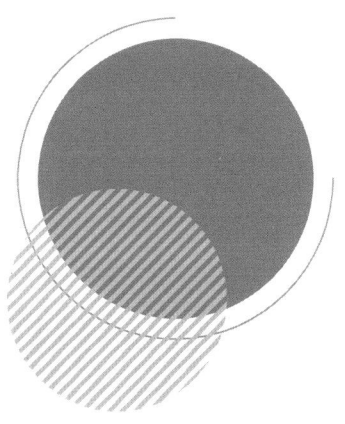

강인화 이채원 이동순 차노휘 나소정
정애진 임만호 엄진주 하혜주 박환영
임선애 신진숙 하성운 장정렬

한국문화사

문화와 융합 총서 04

융합의 시대: 문학 정신과 공감, 공존, 상생의 미학

1판 1쇄 발행 2022년 7월 15일

지 은 이 | 강인화 이채원 이동순 차노휘 나소정 정애진 임만호
　　　　　 엄진주 하혜주 박환영 임선애 신진숙 하성운 장정렬
펴 낸 이 | 김진수
펴 낸 곳 | 한국문화사
등　 록 | 제1994-9호
주　 소 | 서울시 성동구 아차산로49, 404호(성수동1가, 서울숲코오롱디지털타워3차)
전　 화 | 02-464-7708
팩　 스 | 02-499-0846
이 메 일 | hkm7708@daum.net
홈페이지 | http://hph.co.kr

ISBN 979-11-6919-016-9　93800

· 이 책의 내용은 저작권법에 따라 보호받고 있습니다.
· 잘못된 책은 구매처에서 바꾸어 드립니다.
· 책값은 뒤표지에 있습니다.

오류를 발견하셨다면 이메일이나 홈페이지를 통해 제보해주세요.
소중한 의견을 모아 더 좋은 책을 만들겠습니다.

· 축사 ·

    도전과 혁신, 공유와 확산을 위한 노력을 응원합니다.

    한국문화융합학회의 학술 총서 6권이 출간됩니다. 융합의 시대라는 이름으로, '메타버스-확산의 예감', '공공 언어, 공적 리터러시', '대학 교양교육의 현장과 과제', '문학 정신과 공감, 공존, 상생의 미학', '예술적 상상과 현실', '사회발전을 위한 융합사회'가 그것입니다. 우리 학회 회원들의 연구 성과를 정리하고, 전문 연구자와 일반 독자들과 공유하기 위한 노력의 하나입니다.

    우리 학회가 지난 1979년 도전과 혁신의 DNA로 첫발을 디딘 지 올해로 44년째를 맞았습니다. 공자의 말을 빌리자면 '세상일에 정신을 빼앗겨 판단을 흐리는 일이 없는 나이'인 불혹(不惑)에 이르렀습니다. 그런가 하면 '하늘의 명을 깨닫는 나이'인 지천명(知天命)을 앞두고 있습니다. 창립 이후의 자취를 돌아보면 우리 학회의 회원들이 치열하게 연구하고 쉼 없이 토론하고 모색했음을 알 수 있습니다.

    오늘날 우리나라는 선진국이 되었고, 국격이 올라갔습니다. 과학 기술과 경제, 문화 예술과 스포츠, 사회 시스템과 인프라 등 다양한 분야에서 세계인의 부러움을 사고 있습니다. 그런가하면 대화와 소통, 이해와 공감, 도리와 품격 등에서 과제로 남은 부분도 있습니다. 미래 사회의 예상되는 문제를 최소화하고, 해결을 위한 노하우를 축적하고 시스템을 개발해야 하는 도전에 직면했습니다.

    우리 학회가 표방하고 있는 '융합'은 이런 요구에 부응할 수 있는 시대정신입니다. 학문 공동체 안에서는 학제 간의 대화와 협업이 되겠습니다만, 범위를 넓히면 '융합'은 세대 간, 지역 간, 계층 간의 거리를 줄이고 이해의 폭을 넓히는 노력이기도 합니다. 젠더 갈등, 언어문화적 갈등, 국가 간의 경쟁 등에서 필수적이고 효과적으로 역할을 할 수 있는 것이 '융합' 그리고 '소통'이라 하겠습니다.

이번에 발행되는 총서는 학문 영역 간의 대화와 소통을 위한 것이자, 그 성과물입니다. 개별 도서는 각각 디지털 세계, 리터러시, 교양기초교육, 문학과 미학, 문화와 예술, 사회 시스템 등 각 학문 분야에서의 핵심적인 이슈를 담고 있습니다. 그러면서 이들 시리즈들은 '다름'에 대한 대화의 장을 열면서 동시에 소통과 융합의 사례와 노하우를 '공유'하는 시도입니다. 회원 여러분과 독자들의 응원을 기대합니다.

2022년 7월
한국문화융합학회 회장 지현배

· 발간사 ·

〈문화와 융합〉 총서 시리즈는 교육, 문학, 문화, 예술, 행정, 사회 등 각 분야의 연구자들이 시도한 융합 연구 가운데 우수한 성과물만을 엄선하여 독자들의 눈높이에 맞춰 깊이 있는 지식을 전달하고자 기획되었다.

최근 융합 연구는 공존과 통합을 추구하며 새로운 가치를 창조하는 혁신적인 과제로서 중요성이 점차 강조되고 있다. 이제는 거의 모든 분야에서 융합적 탐구를 위한 학문적 접근을 시도하고 있다. 특히 학문 간의 융합은 다양한 분야의 경계를 넘나들며 미래 사회를 준비하기 위한 필수적인 역량이자, 시대의 요구이기도 하다. 그런 의미에서 〈문화와 융합〉 총서 시리즈는 융합 연구가 나아가야 하는 방향성에 대해 실제적인 해답을 제시해 줄 수 있다.

이 책은 그동안 〈문화와 융합〉 학술지를 통해 발표된 융합 연구의 학술적 담론을 재구성하여 집필되었다. 학문 간의 융합 연구가 어떻게 이루어질 수 있는지, 어떤 방식으로 우리의 삶에서 활용될 수 있는지를 다각도로 탐색하여 실용적인 논의들을 담고자 했다. 이 책을 통해 우리는 융합 연구의 실체에 조금 더 가까워질 수 있으며, 유용한 아이디어를 얻을 수 있을 것이다. 나아가 궁극적으로는 학문 간의 협력과 상호 소통, 통합과 공존을 이루어 갈 수 있는 융합적 연구 환경의 기반을 확립할 수 있을 것이다.

한국문화융합학회는 앞으로도 연구 성과물을 대중들과 공유하고, 사회 발전에 활용하기 위해 총서를 발간하는 사업을 지속적으로 추진할 계획이다. 이것은 융합적 사고가 경쟁력이 되는 '융합의 시대'에 융합 연구의 활성화를 도모하기 위한 학회의 실천적인 노력이자 역할이라 할 수 있다.

이번에 발간되는 6권의 총서 시리즈를 시발점으로 삼아 향후 융합 연구의 외연을 확장해 나가는 도약의 기회가 되기를 바란다.

총서 시리즈로 이 책이 나오기까지 많은 분들의 협조와 수고가 있었다. 먼저 학회 발전과 총서 발간을 위해 아낌없이 지원해 주신 지현배 회장님, 각 분야별로 책이 출간되기까지 물심양면으로 애써 주신 출판 TF 위원님들, 실질적인 업무로 든든한 보탬이 되어준 김진국 선생님께 감사드린다. 무엇보다 여유롭지 못한 출판 일정에도 불구하고 적극적으로 협조해 주신 저자들께 무한한 감사를 드린다. 마지막으로 학술적인 연구물의 출판이 어려운 상황 속에서 이 책의 기획 의도에 공감하여 결실을 맺도록 도움을 주신 한국문화사에 깊은 감사 인사를 드린다.

2022년 7월
한국문화융합학회 출판 TF 위원장 강소영

· 서문 ·

융합의 시대, 상생의 사유와 공존의 미학

　〈융합의 시대: 문학 정신과 공감, 공존, 상생의 미학〉에서는 문학 혹은 예술 작품 속에서 우리가 거리를 두고 지양해야 할 문제를 비판적 시선으로 고발함으로써 삶과 인간의 방향성, 즉 참다운 '삶다움과 인간다움'의 의미를 모색한다는 점에 주목하여 기획하고자 하였다. 삶에 대한 높고, 넓고, 풍부한 시선 아래 인간의 무례함과 '획일성 혹은 동일화'의 논리를 비판적으로 점검하는 것을 문학의 정신이라 정의할 수 있다면, 총 14편의 연구 논문은 이러한 문학과 예술의 지향점을 가리키고 있다. 이는 곧 소수를 되돌아보고 다수의 횡포는 없었는지 성찰하고 상생과 공존의 길을 탐색한다는 함축적인 성격을 의미하는 것이기도 하다.

　1부 '경계 허물기와 윤리적 공존'에서는 소수자로서 감당해야 할 사회적 억압과 차별을 어떻게 대응하여 개선해야 하는 것인지, 정상과 비정상, 강자와 약자의 '편 가르기'를 허물고, 그 경계를 가로지르는 공존의 삶에 대하여 이야기하고 있다. 이러한 공동체를 향한 열린 시선은 소수적 약자를 배려하는 문학정신을 함축하고 있다. 또한 타자에 대한 편향되고 성급한 판단이 야기하는 비극, 나와 다름을 인정하지 않는 동일화의 논리 또한 주목할 만하다. 차이를 긍정하고 단일한 정체성이 아닌 주변과 중심을 가로지르고 그 경계를 허물 때 '문화적 획일성'의 독단에 저항하는 것임을 이 논의들은 비판적으로 읽어내고 있다.

　2부 '인간탐색과 공감의 윤리'에서 4편의 논문들은 인간 본연의 선과 악, 희망과 불안, 우울의 정조, 욕망과 욕구의 문제를 탐색하고 분석하고 있다. 이 논의들은 선함과 아름다움 혹은 고상함, 이성으로 평가되고 재단되는 독선의 위험성을 경고한다. 인간에게는 이성과 합리라는 논리적 토대를 마련하고자 하는 의지도 있지만 무의식이라는 무한대의 광활한 욕망의 덩어리가 공존하고 있으며 이는 건강한 분출로 이어질 수 있지만 파괴적이기도 하다. 반면 이러한 인간의 양면성, 즉 이성과 불합리, 선과 악, 고상함과 야만성, 아름다움과 추함이라는 양 극단을 오가는 미묘한 인간 본성을 문학과 예술작품에서 매력 있고 흡입력 있게 다루게 된다. 억압된 욕망과 위선의 이중성은 인간본성을 숨기기만 할 뿐 인간을 있는 그대로 이해하고 포용하는 데 걸림돌이 되어 왔다. 이러한 지점에 주목하여 논의하고 있다는 점에서 2부의 저작은 흥미롭고 또한 의미 있는 연구로 평가될 수 있을 것이다.

3부 '연대와 상생의 사유'에서는 융합의 시대, 4차 혁명의 현재와 미래 및 인류의 안위를 전망하고 예측함으로써 상생과 연대의 중요성을 담고 있는 논문으로 구성하였다. 이들 논문은 우리의 삶 속에 이미 존재하고 있는 인공지능 기술의 발전을 예견하면서도 윤리적 문제를 고민하고, 또한 팬데믹으로 고통스러운 최근 2년간의 사회모습 속에서 인류가 나아가야 할 방향은 어디인지 모색하고 있다. 바이러스 및 위생담론이 특히 현재의 문제이기 전에 시대와 공간을 아울러 인간 보편의 고민이라는 것, 그리고 이러한 문제가 사회, 정치, 특히 통치를 위한 전략 혹은 도구로 전락할 위험이 있음을 경고하는 논의도 있다. '이성과 합리'라는 이름하에 자행되는 인간의 이기심과 은폐된 전략은 고통을 수반하기에, 현 시점의 여러 고민 혹은 논란은 상생과 연대의 사유, 비판적 성찰을 통해 개선될 수 있음을 본 연구들은 보여주고 있다.

이처럼 편협한 사고의 틀 안에 갇혀 있을 때 마주하게 될 위험은 유연한 융합의 사유 속에서 줄어들게 될 것이다. 인간이 두어야 할 가치와 목표가 공동체를 향해야 한다면, 이를 위한 실질적인 유용한 체제의 초석과 기틀은 철학적·미학적 고민과 사유 속에 내재하고 있을 것이다. 단, 개념과 사유에만 머무르고 있다면 이는 허구가 될 수 있고, 또한 철학적 사유가 없는 삶은 위태롭고 맹목적일 가능성이 매우 크다. 이러한 의미에서 삶과 인간에 긴밀하게 연결된 문학은 실천과 행동의 밑거름이 될 수 있다. "인간의 위대한 목표는 지식이 아니라, '행동'에 있다."라고 본다면 이를 위한 다양한 문학과 예술작품의 탄생과 이들에 대한 세심하고 비판적인 연구와 논의는 행동할 수 있는 지성, 상생과 연대에 기반한 공존을 지향하는 소중한 발판이 될 것이다.

총서 발간을 지원해 주신 한국문화융합학회 회장님을 비롯한 학회 관계자 분들, 그리고 원고 작성에 기꺼이 동의하시고 동참해 주신 모든 저자 분들께 진심 어린 감사를 드린다.

2022년 7월
한국문화융합학회 출판 TF
문학미학 분야 위원 이원숙

· 차례 ·

축사 | 5
발간사 | 7
서문 | 9

1부 경계 허물기와 윤리적 공존

01장 「콩쥐팥쥐」 이야기에 나타난 재혼가족 재현의 변화 19
1. 「콩쥐팥쥐」 이야기와 재혼가족의 재현 19
2. 조선시대 재혼가족과 여성에 대한 시선 21
3. 이야기의 변이와 재혼가족 재현의 변화 28
4. 비판적 독해가 요구되는 '현재'의 「콩쥐팥쥐」 이야기 38

02장 개인사에 새겨진 시대를 증언하는 여성서사, 영화 〈벌새〉 43
1. 영화 〈벌새〉를 향한 이례적인 주목과 반향 43
2. 반복되는 폭력의 원형(原型)-가부장제 47
3. 타자의 철학, 책임의 윤리학으로 연결되는 여성 성장서사 54
4. 각성과 성장의 기반에 자리한 페미니즘 63

03장 광주학생독립운동과 문학의 상관성 69
1. 학생들에 의한, 학생들의 운동 69
2. 비밀결사와 문학 71
3. 차별에 대항한 문학 77
4. 일제강점기의 작가적 소명 86

04장 　제주 우도에서 미야케지마까지 디아스포라 장소 담론　**89**
　　 1. 장소와 공간　89
　　 2. 디아스포라 문학의 경계 넘기　91
　　 3. 이주하는 사람들: 국가장소 상실　94
　　 4. 소멸과 탄생　108
　　 5. 상생을 꿈꾸며　112

05장 　포스트디아스포라, 한국어문학의 새로운 접경-박미하일론　**115**
　　 1. 코리안 디아스포라와 고려인 문학　115
　　 2. 고려인 3세대 작가의 화두　119
　　 3. 박미하일의 작품세계　124
　　 4. 국적없는 메트로폴리스의 예술가　142

2부　인간탐색과 공감의 윤리

06장 　박인환 시에 나타난 '희망'과 '불안'의 두 세계　**153**
　　 1. 연대의식을 통한 '희망'으로서의 여정과 '불안'의 태동　153
　　 2. 세계 속에 '내던져진' 자아와 '불안'의 개시(開示)　160
　　 3. 죽음으로의 이행을 통한 본래적 존재의 회복 의지　166

07장 　다니자키 준이치로의 『악마』에 나타난 '악마'의 실체　**175**
　　 1. 강박관념에 숨겨진 '타나토스'　175
　　 2. 2층, 그 불안한 공간　177
　　 3. 사이키의 망상이 그려낸 테루코　181
　　 4. 스카톨로지, 그 죽음의 동일시　186
　　 5. 악마의 실체　190

08장 대비적으로 고찰한 한·중 근대지식인 우울 모티프
고백소설 **193**
   1. 근대문명과 지식인의 우울   193
   2. 근대지식인들의 재일 유학시절과 귀국 이후의 모습   197
   3. 동아시아적 관점으로 살펴본 근대지식인 재현 양상   224

09장 네덜란드 황금시대, 하녀의 진주 귀걸이 **227**
   1. 소설적 상상력과 영화적 변용   227
   2. 네덜란드 장르화 속 하녀   229
   3. 회화의 소설적 재현   233
   4. 소설의 영화적 변용   241
   5. 상류층만의 황금시대   248

3부 연대와 상생의 사유

10장 인공지능(AI) 챗봇(chatbot)을 다시 생각하다 **253**
   1. 언어인류학적인 관점에서 인공지능(AI) 챗봇(chatbot) 보기   253
   2. 희곡 작품 〈피그말리온(pygmalion)〉이 제시하고 있는
      인공지능 챗봇과의 연관성   255
   3. 〈피그말리온(pygmalion)〉 속 일라이자(Eliza)와
      인공지능 기반 챗봇의 언어인류학적 분석   262
   4. 인공지능(AI)기반 챗봇(chatbot)의 과제   277

11장 아시모프의 『아이, 로봇』과 캐릭터 **281**
   1. 로봇소설과 『아이 로봇』   281
   2. 아시모프와 로봇공학에 대한 상상력   284
   3. 로봇을 활용하는 인간들   287
   4. 인간과 공존하는 로봇   298
   5. 논쟁을 유발하는 『아이 로봇』   308

12장 팬데믹 사회의 감정구조와 미학적 대응 **311**

1. 팬데믹 사회의 감정들 — 311
2. 감정구조와 정동 정치에 대한 이론적 접근 — 315
3. 소설을 통해 본 팬데믹 사회의 감정구조 — 320
4. 팬데믹 이후의 삶을 위하여 — 338

13장 근대계몽기 시가를 통해 본 위생 담론과 그 표현방식 **341**

1. 은유로서의 질병 — 341
2. 근대계몽기 위생의 이미지 — 343
3. 『대한매일신보』에 나타난 위생 담론과 그 표현방식 — 346
4. 근대계몽기 위생 담론 — 360

14장 현대시에 그려진 신화의 세계 **363**

1. 신화 속으로 떠나는 여행 — 363
2. 시로 그려진 신화 세계 — 365
3. 둥바로서의 시인 — 376

저자 소개 | 379

1부
경계 허물기와 윤리적 공존

01장
「콩쥐팥쥐」 이야기에 나타난 재혼가족 재현의 변화 | **강인화**

02장
개인사에 새겨진 시대를 증언하는 여성서사, 영화 〈별새〉 | **이채원**

03장
광주학생독립운동과 문학의 상관성 | **이동순**

04장
제주 우도에서 미야케지마까지 디아스포라 장소 담론 | **차노휘**

05장
포스트디아스포라, 한국어문학의 새로운 접경-박미하일론 | **나소정**

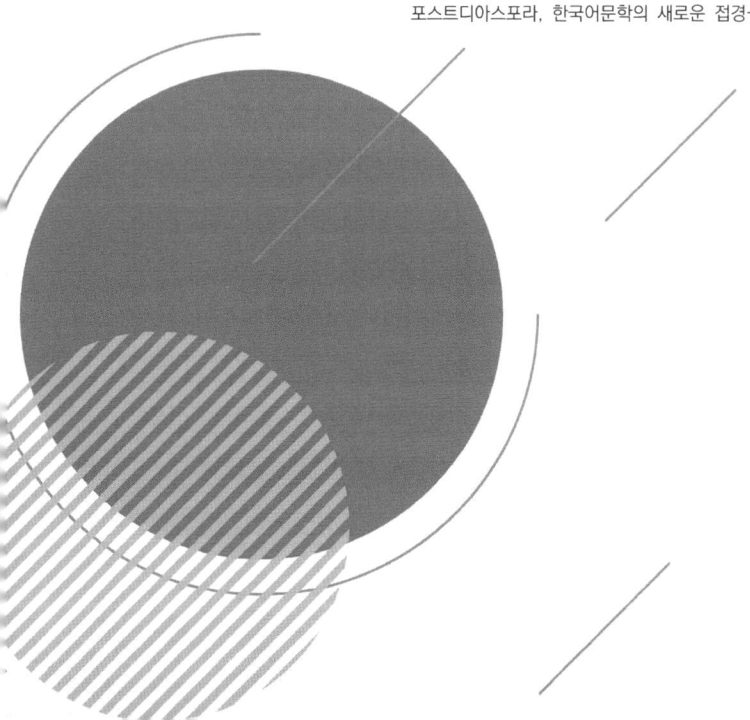

01장

「콩쥐팥쥐」 이야기에 나타난 재혼가족 재현의 변화

1. 「콩쥐팥쥐」 이야기와 재혼가족의 재현

과거에 대한 이야기는 현재의 삶에 어떠한 영향을 주는가? 또한 과거에 대한 기억은 현재의 삶에 어떠한 지배력을 행사하는가? 흔히 조선시대 여성들은 유교적 가부장제 속에서 억압적인 삶을 살았던 것으로 기억되는 한편으로 당시의 삶이 전통으로 미화되기도 한다. 하지만 특정한 방식으로 전유된 과거의 이야기는 현재 우리가 완전히 다른 방식으로 살고 있다는 인식을 불러와 당대의 모순을 가리기도 한다. 이 글은 조선시대의 것으로 여겨지는 「콩쥐팥쥐」 이야기를 '과거'에 형성되어 고착된 것이 아니라 당대의 사회적 통념이 반영된 '현재'의 산물로 이해한다. 이러한 이해를 바탕으로 「콩쥐팥쥐」 이야기에 나타난 재혼가족과 여성 재현의 변화를 젠더 관점에서 분석한다.

「콩쥐팥쥐전」은 계모와 '전실소생' 간의 갈등을 그리는 대표적인 '계모형 가정소설'로(이원수, 1997a; 이윤경, 2004; 정인혁, 2014) 흔히 선한 인물은 상을 받고 악한 인물은 벌을 받는다는 권선징악의 주제를 제시하는 것으로 알려져 있다. 소설의 형식 이외에도 「콩쥐팥쥐」 이야기는 다양한 형태로 꾸준히 전승되어 왔다. 이 글은 소설, 민담, 가극, 영화 등에 나타난 「콩쥐팥쥐」 서사를 모두 이야기로 명명한다. 기존 연구들은 「콩쥐팥쥐」 이야기의 형성 과정을 추적하거나(권순긍, 2012, 2013; 노제운, 2009; 오윤선, 2000) 「콩쥐팥쥐」 이야기를 「신데렐라」 유형의 이야기와 비교하는(자자와, 2016) 등의 시도를 해왔다. 또한 「콩쥐팥쥐」의 내용 분석을 통해 콩쥐가 겪는 고난과 시련, 그리고 결혼을 통한 신분 상승이라는 결말을 성취와 승리의 과정으로 보는 연구(김종균, 1997; 박재인, 2016)와 콩쥐를 봉건제 사회의 노동하는 민중을 대표하는 인물로 해석하는 연구(김춘택, 1993)가 있다. 그런데 이러한 연구들은 등장인물들의 삶을 조건 짓는 환경을 질문의 대상이 아닌 고정된 것으로 보고 있기에, 이야기가 전제하는 재혼가족 구성원들의 관계와 여성에 관한 통념을 문제 삼지 못하고 있다.

이 글은 조선시대를 배경으로 하는 「콩쥐팥쥐」 이야기가 1900년대 초반 소설화된 뒤에 가극, 영화, 소설과 전래동화 등의 방식으로 전달되어 오는 과정에서 이야기가 변형되고 각색되는 양상에 주목한다. 현재까지 발견된 최초의 소설본은 1919년의 것이다. 1919년의 판본은 이후 다른 출판사를 통해 몇 차례 재출판되거나 현대어로 번역·각색되었다. 또한 1940년에 만들어진 것으로 알려진 안기영의 가극 「콩쥐팥쥐」가 있으며, 1958년에는 엄앵란 배우가 주연 콩쥐역을 맡은 영화 「콩쥐팥쥐」가 상영되기도 하였다. 본문의 2장에서는 1919년 소설 「콩쥐팥쥐전」을 중심으로 「콩쥐팥쥐」 이야기가 전제하고 있는 조선시대 재혼가족 구성원의 관계와 여성에 관한 태도를 분석한다. 이를 바탕으로 하여 본문의 3장에서는 1940년 안기영의 가극, 1958년 윤봉춘 감독의 영화, 1965년 최요안의 소설을 차례로 검토하여 「콩쥐팥쥐」 이야기에 나타난 재혼가족 재현의 변화를 살펴본다.

2. 조선시대 재혼가족과 여성에 대한 시선

1919년 대창서원에서 출판된 「콩쥐팥쥐전」은 구전으로 전해지던 「콩쥐팥쥐」 이야기를 소설화한 최초의 작품이다(이원수, 1997a:80). 고소설 저작자로 활동하던 박건회가 당시 널리 유포되어 있던 「콩쥐팥쥐」 이야기를 정비하여 소설화하였다(권순긍, 2012:273-274). 1919년 대창서원의 「콩쥐팥쥐전」과 똑같은 판본이 '大鼠豆鼠'에서 '콩쥐팥쥐'로 표지만 바꾸어 1928년 태화서관에서 다시 출판된 바 있다(권순긍, 2012:272; 오윤선, 2000:25-26; 이원수, 1997b:26).

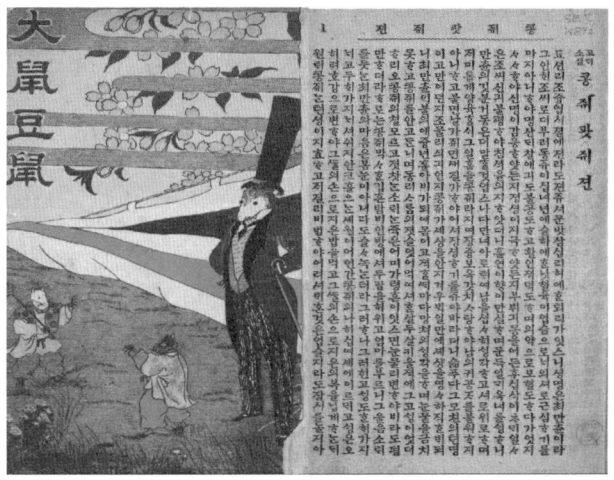

그림 1 1919년 대창서원 「콩쥐팥쥐전」 (자료: 서울대학교 도서관 소장자료)

이 글은 1919년에 출판된 최초의 소설본을 「콩쥐팥쥐」 이야기의 원형으로 삼아 이후 가극, 영화, 소설로 각색되면서 이야기가 변화되는 양상을 살펴보고자 한다. 이를 위해 2장에서는 1919년 소설의 서사적 특징과 함께 등장인물에 관한 서술을 자세히 살펴본다. 우선 1919년 소설본 「콩쥐팥쥐」를 요약하면 아래와 같다.

조선 중엽시절 전라도 전주 서문 밖에 퇴리 최만춘과 그의 아내 조씨가 살았다. 이들은 혼인 후 이십여 년이 지났음에도 자식이 없다가 어렵게 콩쥐를 얻었는데, 조씨는 콩쥐가 태어나고 100일 만에 죽고 말았다. 가난한 최만춘은 젖동냥을 하며 콩쥐를 키우다가 콩쥐가 14살이 되는 해에 과부 배씨와 재혼하였다. 최만춘과 혼인하면서 배씨는 전남편 사이에서 낳은 팥쥐를 데려왔다. 배씨는 콩쥐를 팥쥐와 차별하여 콩쥐에게만 고된 일을 시켰는데, 콩쥐는 검은 소, 두꺼비, 직녀, 새떼 등의 도움으로 배씨가 시킨 일들을 마무리할 수 있었다. 어느 날 콩쥐는 외갓집 잔치에 가다가 신발을 잃어버렸고, 전라도 김감사가 신발의 주인인 콩쥐를 찾아내 후처로 맞았다. 이에 팥쥐가 콩쥐를 연못에 빠뜨려 죽이고 감사부인 행세를 하자 죽은 콩쥐의 혼령이 나타나 팥쥐가 자신을 죽였다고 감사에게 고하였다. 감사가 팥쥐를 수레에 매어 죽였고 콩쥐가 되살아났다. 팥쥐의 시체를 젓으로 담가 배씨에게 보내자 이에 놀란 배씨는 그 자리에게 죽었다.

해당 이야기를 분석하기에 앞서 「콩쥐팥쥐전」이 전제하고 있는 여성의 지위를 검토할 필요가 있다. 과거 조선시대 상층계급 여성들의 교훈서로 사용되었던 『여사서(女四書)』의 여계(女誡) 비약장(卑弱章)에 의하면, "옛날에는 딸을 낳으면 사흘이 되는 날에 평상 아래 뉘어 놓는데, 이는 그가 신분이 낮고 약하여 남에게 내리게 됨을 주로 함을 밝히는 것이라"(김종권 역, 1987:37-38) 하였다. 조선시대 여성(딸)의 지위를 드러내는 이러한 서술처럼 1919년 소설은 여성의 '낮은 지위'를 강조하면서 시작한다. 최만춘과 조씨가 결혼 후 이십년 정도가 되어서야 어렵게 자식을 낳았음에도 '다만 여아로 태어남을 섭섭히 생각하고 서로 위로하며 재미롭게 양육'하였다는 서술은 종법질서를 유지하기 위해 가문의 대를 이을 의무가 없는 계층에게도 여성(딸)은 '신분이 낮고 약하'다는 인식을 전달한다.

1) '악'의 전형으로 재현되는 계모 배씨와 '계모소생' 팥쥐

　1919년 출판된 소설 「콩쥐팥쥐전」은 '전처소생'인 콩쥐, 계모('후처') 배씨, '계모소생' 팥쥐 간의 갈등을 주요 내용으로 삼고 있다. 소설에서 '마음이 곧고 착한' 주인공 콩쥐는 온갖 박해를 감내한 뒤 부귀영화를 누릴 기회를 얻는다. 반면 시기와 질투가 심하고 콩쥐에게 온갖 시련을 부여하는 '간특(奸慝)하고 요악(妖惡)한' 배씨와 팥쥐는 죽음에 이르는 벌을 받는다. 이처럼 '선'이 승리하고 '악'이 처벌을 받는다는 서사는 「콩쥐팥쥐전」을 권선징악의 교훈을 전달하는 이야기의 전형으로 간주하도록 만든다. 그러나 이러한 '권선징악'의 교훈이 '전처소생'과 계모 및 '계모소생'을 '선'과 '악'으로 이분화하면서, 재혼가족 구성원들의 관계와 여성 인물의 특징을 전형화한다는 점에서 이에 대한 비판적 접근이 요구된다.
　순종적인 여성 덕목을 강조하는 『여사서』의 여범(女範) 정렬편(貞烈篇)은 "충신은 두 나라를 섬기지 아니하고, 열녀는 두 남편을 고치지 않는다. 그러므로 여자가 한번 남편과 함께 초례를 하면 죽을 때까지 다른 데 옮겨가지 않으니, 남자는 거듭 혼인할 수 있으나 여자는 두 번 시집갈 수가 없다"(김종권 역, 1987:152)고 한다. 하지만 이와 같은 조선시대의 여성을 향한 '수절(守節)' 요구는 양반층 여성에게 강조된 덕목이었다. 그렇다고 남편을 잃은 상층계급 여성들이 모두 '정절'을 지키면서 살았던 것은 아니다. 또한 남성들만이 아니라 여성들도 양반이 아닌 경우에는 재혼하는 일이 흔했다(정지영, 2002:428). 그럼에도 불구하고 계모 배씨와 배씨의 딸 팥쥐를 악덕한 인물로 묘사하는 데에는 '정절을 지키지 않은', '재가한 여성'을 향한 질타의 태도가 담겨있는 것으로 보인다.
　콩쥐의 계모인 배씨는 본성이 악하고, 자신이 낳은 자식과 콩쥐를 심각하게 차별하는 인물로 서술된다. 배씨는 '시골 사는 계집아이가 농사일을 몰라서는 목구멍에 밥알이 들어가지 아니하니, 콩쥐는 오늘부터 벌판으로 김을 매러 다녀라. 팥쥐는 너보다 한 살이나 덜 먹었고 어린 것이라 어찌

김을 맬 수 있겠느냐마는 그렇다고 집에 있으면 콩쥐부터라도 제 자식만 사랑한다할 것이니, 팥쥐 너도 오늘부터 김을 매러 다니도록 해라며 콩쥐와 팥쥐에게 농사일을 시킨다. 조선시대 여성들은 양반층이라도 길쌈을 비롯한 가사일에 부지런할 것이 요구되었다. 하층민의 경우에는 더욱 어려운 생계를 꾸려가기 위해 고된 노동을 감내해야 했지만 1919년 소설 속에서 배씨가 콩쥐에게 부여한 노동은 콩쥐에게는 '나무 호미'를 주어 돌밭을 매라하고 팥쥐에게는 '쇠 호미'를 주어 모래밭을 매라했다는 서술을 통해 계모가 '전처소생'에게 가하는 혹독한 시련으로만 그려진다.

배씨가 최씨와의 사이에서 낳지 않은, 이전의 혼인관계에서 태어난 딸 팥쥐는 더욱 악덕한 인물로 묘사된다. 배씨는 '과히 추루하지 않은' 외모를 가졌으나 팥쥐는 '얼굴조차 덕스럽지 못한 인물'이어서 '푸르고 거무튀튀할 뿐더러 얽기까지' 하였다. 이처럼 소설은 인격적인 악함을 외면적인 추함에 결부시켜 팥쥐의 성격을 묘사한다. 마침내 소설 후반부에서 팥쥐는 콩쥐의 혼인에 '샘이 북받쳐' 콩쥐를 찾아가 목욕을 하자고 속인 뒤 콩쥐를 연못에 빠뜨려 죽이고 감사부인 행세를 한다. 그런데 팥쥐의 행위를 선천적인 악함과 투기(妬忌)의 문제로만 설명할 때 가부장적 신분질서와 가족 내 여성 지위의 문제를 간과할 수 있다. '후처'인 배씨가 최씨와 혼인하면서 데려온 팥쥐는 새롭게 형성된 재혼가족 구성원 중에서 가장 낮은 지위를 점하고 있다. 예를 들어 '전처소생' 콩쥐는 퇴리(退吏)의 딸로 양반의 '후처'로 들어갈 수 있던 반면에, 조선 후기 강화된 가부장적 신분질서 속에서 '후처소생'인 팥쥐는 콩쥐와 같은 지위를 가지기 어려웠다. 하지만 계모에 대한 편견과 함께 '후처'가 낳은 자식에 대한 경계심은 팥쥐의 '요악·간특'한 성품을 창조해내고, 그녀의 천성을 외모에 들러붙도록 하였다.

2) '선한 피해자'인 '전처소생' 콩쥐

1919년 소설에서 콩쥐는 배씨의 구박을 모두 인내하면서 주어진 과제를 성실히 수행하는 모습을 보인다. 계모설화를 오이디푸스 콤플렉스의 반영으로 독해하는 류인균(2004:66)에 따르면, 콩쥐가 보이는 이러한 태도는 재혼가족의 형성으로 대두된 변화와 어려움에 대해 아버지를 탓하기 어려운 콩쥐가 계모를 문제화하는 일종의 '피학적 인내의 전략'이다. 이를 통해 콩쥐는 '죄없는 피해자'로 배씨는 '가혹한 가해자'로 그려진다. 한편 소설에서 밭을 매러 간 콩쥐는 호미를 부러뜨리고 울기 시작한다. 이런 콩쥐의 울음을 듣고 검은 소가 등장하여 콩쥐의 신변에 일어난 일을 묻는다. 콩쥐는 '심중에 놀랍고도 이상하여 머뭇거리다가 전후 일을 자상히 아뢰어' 검은 소의 도움으로 주어진 과제를 마무리한다. 뒤이어서도 콩쥐는 직녀와 새떼의 도움을 얻어 방아찧기와 길쌈을 마무리할 수 있었다. 이에 대해 소설은 '타고난 성품이 고운' 콩쥐에게 항상 주변의 도움이 주어지는 것으로 서술한다. 이를 통해 무조건적인 인내가 여성의 미덕으로 제시되고, 주어진 과제를 스스로 해결해내지 못하는 수동적인 여성상이 바람직한 여성의 모습으로 재현되고 있다.

콩쥐는 외갓집 잔치에 가던 중 감사가 행차하는 길 냇물에 신발 한 짝을 빠뜨린다. 이후 신발의 주인으로 관아에 가서는 새로 부임한 김감사 앞에서 '모친의 상사를 당한 일로부터 계모 배씨가 들어온 이후로 구박이 자심하여 고생살이가 된 일 등을 물 흐르듯 낱낱이 아뢴다'. 콩쥐의 이야기를 들은 김감사는 '진심으로 콩쥐의 덕행을 흠모하여' 콩쥐를 후처로 맞이한다. 그리고 콩쥐는 신분 상승을 꾀하여, 고된 노동을 감내해야 하는 가난으로부터 벗어날 수 있게 된다. 3장에서 살펴볼 가극과 영화를 포함하여, 일반에게 널리 알려진 「콩쥐팥쥐」 이야기는 콩쥐의 결혼에 이르는 이 지점에서 끝을 맺는다. 특히, 전래동화의 형태로 유포된 상당수의 「콩쥐팥쥐」 이야기가 팥쥐가 콩쥐를 살해하고, 콩쥐가 이를 응징하는 내용을 토대로 하는 혼인 이후 서사 없이 마무리되고 있다(권순긍, 2013:139; 노제운, 2009:67). 반면 아래 서술된 민담과 1919년의 소설은 배씨와 팥쥐에 대한 처벌과 응징으로 이야기를 끝맺는다. 이때 소설에서 처벌을 구체적으로 실행하는 주체는 김감사다. 소설과 다르게 인용된 민담에서는 "내가 원수를 갚아야 산다"면서 콩쥐가 직접 응징의 주체로 등장한다. 아래 인용된 두 번째 민담에서 '전실소생'은 팥조지로 '계모소생'은 콩조지로 명명되고 있다.

"내가 원수를 갚아야 산다."구 그래설랑에-그래서 인제 가서는 그 팥쥐를 죽였대요. 죽여설랑에 에미를 해먹었대요. 괴기를 해먹었대요. 한날은 발목쟁이 하구 대가리하고 "네 자식 네가 다 잡아먹었으니, 마저 쳐 먹으라."구, 치마폭에 담아주니까, 데굴데굴 굴다 죽더래여(한국구비문학대계 어문연구실, 1984:466).

쥑여버려서, 지미가 한참 딸네 집이라고 왔던개벼, 왔은개 제 딸 국을 끓여서 줬어 따로, "야 이년아, 네 딸 살 먹었다." 그러마구. 그때는 탄식을 하구 울어 쌓드라, 그래서 그 팥조지하고 신랑하고 잘 살았는지 몰라. (조사자: 국도 팥조지가 끓여준 거예요?) 암만 팥조지가 콩조지 고기를 찢어서(한국구비문학대계 어문연구실, 1981:543).

콩쥐가 혼인한 뒤 어느 날 팥쥐가 찾아와 화해를 시도하는 척하지만 결국 팥쥐로 인해 콩쥐는 죽임을 당한다. 그 뒤 콩쥐는 연꽃으로 피어나 '팥쥐가 그 방에서 나올 적마다 그 꽃송이 속에 손과도 같은 것이 있는 듯, 팥쥐의 머리채를 바당바당 쥐어 뜯는다.' 이후 혼령으로 나타난 콩쥐는 '여차여차 되었노라'고 이웃집 노파에게 상황을 알리고, 꾀를 내어 감사 부인의 자리를 되찾는다. 이처럼 1919년 소설 후반부의 서사는 '전실소생'과 '계모소생'의 대결이 중심을 이루고, '계모소생' 팥쥐로 인해 시련에

닥친 '전실소생' 콩쥐가 스스로 문제 해결을 주도해나간다. 이는 소설 전반부에서 콩쥐가 무조건적으로 시련을 인내하는 '피학성'을 보이던 것과 상반된다. 소설은 팥쥐에게 육형(肉刑)이 가해지고, 이를 젓갈로 담가서 배씨에게 보내는 것으로 마무리된다.

3) 재혼가족 갈등 서사의 '외부자'인 가부장

「콩쥐팥쥐전」에서 재혼가족 구성원들이 직면한 문제는 여성들 사이의 갈등으로만 묘사된다. 콩쥐의 친아버지 최만춘과 콩쥐와 혼인한 김감사는 콩쥐에게 벌어진 일에 대해 대체로 무지하다. 최씨는 소설의 전반부와 마무리에서 별다른 기능 없이 콩쥐의 아버지라는 '사실'로만 등장하고 있다. 1919년 소설은 '최만춘은 배씨를 매우 사랑하며 가간(家間) 대소사를 모두 맡기어 살림을 맡게 하고 집안 일이 어찌되어 감을 전혀 모르게 되었으며, 한번 배씨가 눈에 든 다음으로는 말할 나위 없이 감겨들어 배씨의 말이라면 '팥으로 메주를 쑨다' 하더라도 곧이 듣게 되었는지라 허물없는 콩쥐를 오히려 구박하여 마지아니하더라'고 서술하며, 최씨의 책임을 회피한다. 물론 최만춘을 향해 콩쥐가 '저렇듯이 은근히 고생을 당하는데도 부친은 모르는 것 같으니, 어찌하였든 그 부친은 그른 사람'이라는 주변의 비판이 없지 않다. 그러나 소설의 전반적인 서사는 재혼가족 내의 갈등을 배씨의 탓으로 돌리며 '재취한 배씨에 눈이 어두운 최만춘'을 감싼다. 이야기의 결말부에서 최씨는 '숙덕(淑德)'이 있는 여자를 취해 '유자생녀(有子生女)'하며 살아간다.

김감사 또한 팥쥐로 인해 콩쥐가 죽임을 당한 뒤에도 부인이 뒤바뀐 것을 알지 못하는 무지함을 보인다. 팥쥐가 콩쥐 행세를 함에도 '감사는 부인이 자기를 사모함을 고맙게 여길 뿐 사람이 바뀐 것은 전연 깨닫지 못하였다'고 서술된다. 부인의 얼굴조차 구분하지 못하고, '정절'을 지키지도 못한 김감사를 향해서는 아무런 비판도 주어지지 않는다. 이후 김감사는 팥쥐를 수레에 메어 찢어 죽이는 거열형(車裂刑)을 감행하고, 그 송장으로 담근 젓갈을 항아리 속에 넣어 배씨에게 전하는 것으로 무지와 무능을 면죄 받는다. 마침내 1919년 소설의 「콩쥐팥쥐」이야기는 '흉한 꾀로 사람을 속이는 자는 누구든지 이와 같이 젓으로 담그고, 딸을 가르쳐 흉하고 독한 일을 실행케 한 자는 그 고개를 씹어보게 하노라'는 '권선징악'의 교훈으로 마무리된다.

정인혁(2014:244)에 의하면, 애초 계모와 '전처소생' 간의 갈등을 만든 것은 재혼을 통해 계모를 들이고도 가정을 통솔하지 못한 가부장의 책임이다. 그런데 「콩쥐팥쥐전」은 문제를 '전처소생'과 계모의 갈등으로 축소하고, 계모의 악한 성품을 탓하는 방식으로 가부장에게 면죄부를 부여한다. 조선후기 계모와 '전처소생' 사이의 갈등은 중요한 사회 문제였는데, 「콩쥐팥쥐」이야기는 다수의 '가정소설'과 마찬가지로 재혼가족 구성원의 갈등을 '선'과 '악'의 대결 구도로 도식화하여, 문제의 근원을 계모의 간악성에서 기인하는 것으로 처리하고 있다(이원수, 1997a:48). 계모를 집안에 들이면서 발생하는 구성원들 사이의 갈등을 해결하지 못하는 가부장의 권한 약화에 대한 우려는 계모를 '악인'으로 전형화하는 결과를 낳았다(이윤경, 2004:179). 이처럼 「콩쥐팥쥐」이야기에서 남성들은 재혼가족 갈등 서사의 '외부자'로 위치되어 가족 갈등의 책임으로부터 벗어난다.

3. 이야기의 변이와 재혼가족 재현의 변화

1) 용서와 인내의 여성 주체화

안기영의 가극 〈콩쥐팥쥐〉는 1940년 또는 1941년에 만들어져 1941년 초연된 것으로 알려진다. 정명문(2017:55)에 의하면 가극 〈콩쥐팥쥐〉는 1940년 서항석의 대본과 안기영의 작곡으로 만들어진 이후 반도가극단에 의해 흥행을 일으키며 1950년대까지 꾸준히 공연되었다. 현재 연세대학교 도서관이 소장중인 가극 〈콩쥐팥쥐〉에는 모두 25곡의 악곡이 사용되었으며, 민요풍, 명곡풍(名曲風), 리듬풍, 사설풍, 동요풍, 창극조 등의 악곡 양식이 구분되어 있다(유인경, 2009:264).

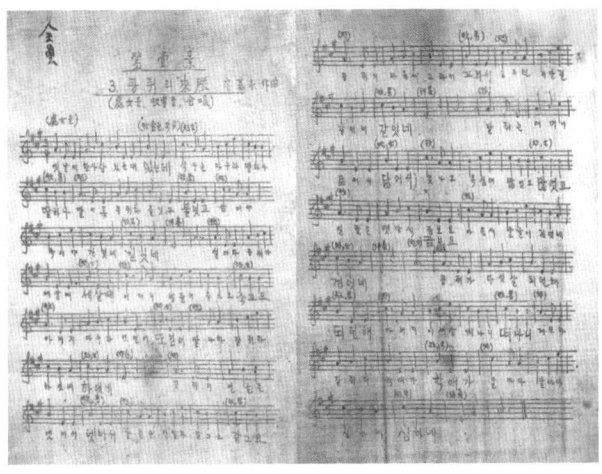

그림 2 안기영 작곡 〈콩쥐팥쥐〉, 발행불명 (자료: 연세대학교 도서관 소장자료)

가극 〈콩쥐팥쥐〉와 1919년의 「콩쥐팥쥐전」의 이야기가 보이는 큰 차이 중 하나는 콩쥐 아버지 최만춘의 존재 여부이다. 이미 1919년 소설에서도 콩쥐의 아버지 최씨는 큰 역할을 부여받지 못하고 있지만 이에 더하여 안기영의 가극에서는 콩쥐의 아버지가 죽고 없다. 최씨의 부재는 재혼 가족 구성원의 갈등을 책임질 이유를 소멸시키고 가부장에게 완벽한 면죄부를 부여한다. 안기영의 가극 〈콩쥐팥쥐〉가 만들어진 식민지 시기 '국가'의 부재와 중첩되는 가부장의 부재를 통해 1940년의 「콩쥐팥쥐」 이야기 속에서 남성 가부장의 '명예'는 결코 훼손되지 않는다.

서럽다 하나님도 왜그리 불공한가/ 콩쥐는 저리도 곱고/ 팟쥐는 어이해 그꼴인가

얌전해 더미읍고 못생겨 가이업네/ 심화에 내간장 타고/ 시비에 발악
이 쏟아지네
　물보다 짓흔 것은 그래도 제피라니/ 못나도 팟쥐는 내딸/ 제어미
욕심은 이렇다네

　위에 서술된 '팥쥐 어머니'의 심정에는 재혼가족 구성원인 계모와 '계모 소생'에 대한 통념에 더하여 혈연주의적 가족관이 덧붙여짐을 알 수 있다. 1919년 소설 속에서 이름 없이 성씨로만 등장했던 배씨는 이제 성씨조차 빼앗긴 채 '계모'와 '팥쥐모'로만 불린다. 콩쥐와 '피'가 섞이지 않은 계모 배씨는 콩쥐의 '진정한' 어머니가 아니고, 오직 '팥쥐의 어머니'일 뿐이다. 계모 배씨는 콩쥐에게 어려운 농사일을 시켜놓고는 '자빠져서 낮잠이나 자고/ 낮잠자기도 실증이 나면 콩쥐를 때리고 할퀴고 끄들기고 휘둘누고/ 복가대고 지저대고 그러는게 일수다.' 생계를 위한 노동은 혈연관계가 없는 가족 구성원에게 가해지는, 계모가 직접 낳지 않은 자식을 향한 박해의 수단으로 그려진다. 「콩쥐팥쥐」 이야기 속의 배씨는 조선시대를 거쳐 1940년대에 이르기까지 '전처소생'을 억압하는 악덕한 계모의 전형으로 고정된다. 또한 1919년 소설에서 팥쥐는 후반부에 들어 악덕한 인물로서 본격적인 행동을 시작하는 데 반하여, 안기영의 가극에서 팥쥐는 처음부터 배씨와 함께 콩쥐를 억압하는 인물로 기능한다. 팥쥐는 '곰보딱지', '심술떼기', '떼보', '억보', '먹보', '잠보'이며 엉큼하기까지 하다. 그리고 배씨는 '욕심쟁이', '트집쟁이', '고추계모', '후추계모', '악덕계모', '패덕계모'다. 이와 달리 콩쥐는 '보들럽고 덕스럽고 말숙하고 밋근하며', '맵시잇고 재치잇고 아담하고 상양'하다.

　안기영의 가극은 배씨와 팥쥐에 대한 응징이 아닌 용서와 화해의 방식으로 각색되었다. 가극에서 콩쥐가 사또의 아들과 혼인한 직후 콩쥐의 '시아버지'인 사또는 계모와 팥쥐를 불러 콩쥐를 학대한 죄를 문책한다. 이때 뒤늦게 콩쥐가 등장하여 처벌을 만류한다. 이에 계모와 팥쥐가 용서

를 구하면서 이야기가 종결된다. 이처럼 가극의 결말은 용서와 화해의 기독교적인 태도와 유교적 효의 논리가 결합되면서 순화되었다(정명문, 2017:60). 하지만 이러한 결말은 무조건적인 용서를 여성의 미덕으로 재현하여 '착한여자 콤플렉스'를 전파시킬 수 있다는(노제운, 2009:73) 우려를 불러온다.

한편, 1919년 소설 속에서 필요에 따라 자신에게 일어난 일을 '물 흐르듯 낱낱이' 아뢰던 콩쥐는 안기영의 가극에서는 자신이 겪은 일을 스스로 발화하지 않는다. 1919년 소설에서 검은 소에게 '전후 일을 자상히 밝히던' 콩쥐와 달리 1940년 안기영의 가극 속에서 검은 소는 콩쥐에게 일어난 '전후 일'을 이미 다 알고 있다. 오히려 콩쥐는 '아니에요. 그렇지 않아요'라고 답변하며 자신의 경험을 부정하고, 무조건적으로 고난을 인내하려는 태도를 보인다. 콩쥐에게 일어났던 일을 사또에게 알리는 이도 콩쥐 본인이 아닌 주변인물들이다. 콩쥐는 용서와 화해를 위해서만 자신의 목소리를 사용한다. '제어미와 제동생이 무슨 죄잇소리까 모두가 이 콩쥐의 불민한 탓이오니 제발 용서해주옵소서'라며 효심과 인내가 지극한 인물로 재현된다.

안기영의 가극이 1919년의 소설과 보이는 가장 큰 차이는 혼인 이후 콩쥐의 죽음과 재생담이 삭제된 채 이야기가 마무리된다는 점이다. 1940년 가극에서 1919년 소설 후반부에 있던 콩쥐의 죽음과 재생담이 삭제되면서 여성 주인공은 스스로 문제 해결을 기획하고 주도하는 모습을 드러낼 수 있는 기회를 얻지 못한다. 그런데 이처럼 콩쥐의 결혼으로 이야기를 마무리할 경우, 콩쥐는 자신의 노력이 아닌 주변의 도움에 의존하여 우연히 결혼을 통해 '신분 상승'을 성취한 '행운의 주인공'으로(노제운, 2009:72) 여겨질 수 있다. 1940년의 가극에서 콩쥐는 자신의 목소리를 삭제당하고, 본인의 능력을 발휘할 수 있는 기회를 차단당하는 방식으로 선하고 바람직한 여성으로 재현되고 있다.

2) 낭만적 서사의 배경으로 기능하는 재혼가족

1958년 5월 9일 개봉한 윤봉춘 감독의 영화 〈콩쥐팥쥐〉는 「신데렐라」 이야기와 「콩쥐팥쥐」 이야기를 결합하여 이를 낭만적 사랑의 서사로 '재탄생'시켰다. 윤봉춘의 영화 〈콩쥐팥쥐〉에서 콩쥐역은 엄앵란 배우가 팥쥐역과 계모역은 각각 김현주, 고선애 배우가 맡았다(『조선일보』, 1957.10.26.). 신문기사와 잡지에 소개된 영화 내용에 따르면, 영화 〈콩쥐팥쥐〉는 앞서 살펴본 1940년의 가극과 마찬가지로 1919년의 소설 후반부에 등장하는 콩쥐의 죽음과 재생 서사가 삭제되고, 콩쥐의 혼인으로 이야기가 마무리된다. 1957년 12월 10일 발행된 『현대영화』 1958년 1월호에 소개된 영화 〈콩쥐팥쥐〉(1958)의 구체적인 줄거리는 아래와 같다.

> "옛날 이쁘고 마음씨도 착한 '콩쥐'라는 처녀가 일찍이 어머니를 여의고 계모를 맞았다. '팥쥐'라는 처녀를 데리고 들어온 계모는 '콩쥐'를 못살게만 굴었다. 어느 날 방원관에서는 큰 잔치를 베풀고 전국의 처녀를 불러드려서 태자비를 선택하고자 했다. 계모는 자기 딸 '팥쥐'만을 단장시켜서 내보냈다. '콩쥐'는 힘든 일을 잔뜩 맡아 가지고 울고 있을 때 선녀들이 내려와서 그를 도우며 방원관에 보냈다. 그 많은 처녀들 가운데 '콩쥐'가 태자의 눈에 들어 그와 사랑을 속삭이게 되었다. 그러나 선녀들과 약속한 대로 자정에는 자기가 타고온 백마를 돌려줘야 할 것을 생각하고 태자의 품에서 도망쳤다. 꽃신 한짝을 떨어뜨리고 태자는 다음날 꽃신 한짝을 가지게 한 신하를 보내어 '콩쥐'를 찾게 했다."(현대영화, 1957:56)

영화의 서사는 1950년대 대중의 호응을 얻으며 팽배해진 근대 낭만적 사랑의 이념을 반영한다. 권순긍(2013:139)에 의하면, 1950년대에 페로의 동화를 바탕으로 디즈니사의 장편 애니메이션 〈신데렐라〉가 인기를 얻으면서 다양한 '신데렐라 이야기'들이 디즈니판으로 통합되고 정리되었다. 영화는 수입된 〈신데렐라〉 이야기의 영향을 적극 반영하고 있다. 선녀들이 빌려준 백마와 마차를 자정까지 돌려주어야 한다는 등의 〈신데렐라〉 속의 장치가 영화에서 그대로 사용된다. 이처럼 이야기가 낭만적 사랑을 통한 여성의 결혼과 우연적인 신분 상승 서사로 변모하는 가운데 1919년 소설 후반부에서 문제 해결자로 기능하던 여성 주인공의 모습은 찾아보기 어려워진다.

그림 3　영화 〈콩쥐팥쥐〉(1958) (자료: 조희문 소장자료)

영화 〈콩쥐팥쥐〉 이야기에서 재혼가족의 갈등은 낭만적 사랑과 결혼을 통한 주인공 여성의 성취를 극대화하기 위한 시련으로 기능한다. 이때 주인공에게 시련을 부여하는 계모와 '계모소생'이 지닌 태도와 주인공 콩쥐가 보이는 태도가 대립되면서 콩쥐가 바람직한 여성의 전형으로 제시된다. 영화에서 태자비 선택을 위해 큰 잔치가 벌어진다. 이에 배씨는 콩쥐는 빼고 '자기 딸'인 팥쥐만을 단장시켜 관으로 내보내고, 팥쥐에게 억지로 꽃신을 신게 한다. 이렇게 욕심을 내어 자기 욕망을 적극적으로 추구하는 계모와 팥쥐는 품성이 악하고 외모가 못난 것으로 그려진다. 반면에 자신의 욕망에 무지하거나 직접 목소리를 드러내어 본인이 원하는 바를 이야기하지 않는 콩쥐는 '이쁘고 마음씨도 착한' 여성으로 재현된다. 콩쥐는 신발의 주인을 찾아 나선 태자 앞에서 '부끄러워서' '나는 꽃신의 임자가 아니라고' 이야기하며 자명한 사실을 부인한다. 이와 같이 자기 욕망에 무지하거나 자신의 욕망을 부정하는 여성이 거꾸로 낭만적 사랑의 서사에서 주인공이 된다. 콩쥐는 자기 욕망을 드러내는 것을 부끄러워하고 자신에 대한 무지함과 무관심의 태도를 보이면서 수동적이고 순종적인 여성상을 재현하고 있다. 영화 〈콩쥐팥쥐〉에서 콩쥐의 성취는 개인의 욕망을 적극적으로 실현한 결과가 아니라 시련을 견뎌낸 '부끄러움의 주체'에게 부여된 우연의 산물일 뿐이다.

3) '전통'으로서 제시되는 순종적 여성성

1919년 소설「콩쥐팥쥐전」은 소설가 전영택에 의해 전래동화로 변개되어 1936년 출간되었다(권순긍, 2013:120). 이후에도 콩쥐팥쥐 이야기는 소설보다는 주로 동화의 형태로 공유되어 왔다. 그럼에도 1919년의 소설이 거의 같은 판본으로 재발행 되거나 이를 토대로 이야기가 새롭게 덧붙여지면서「콩쥐팥쥐」이야기는 1970년대에 이르기까지 소설의 형태로 비교적 활발하게 유포되었다. 앞서 언급한 바와 같이 1919년 대창서원에서 출판된『콩쥐팥쥐전』과 똑같은 판본이 1928년 태화서관에서 재출판되었다. 또한 같은 판본의 소설이 저자 강근형,『콩쥐팥쥐전: 기담소설』이라는 제목으로 1954년 공동문화사에서 출판되었다. 이후 1972년 제문출판사가 발행한 장수철의『콩쥐팥쥐』는 1919년, 1928년, 1954년의 소설 내용을 매우 충실히 따르면서 이를 현대어로 각색하였다. 그런데 편저자의 각색이 가장 많이 이루어진 것은 1964년과 1965년 을유문화사에서 출판된 최요안의『콩쥐팥쥐』이다. 1973년 덕영문화사에서 출판된『콩쥐와 팥쥐』는 최요안의『콩쥐팥쥐』와 구성과 내용이 거의 동일하다. 여기에서는 최요안에 의해 각색되어 1965년 을유문화사가 출판한 소설본『콩쥐팥쥐』이야기를 살펴본다.

1965년 소설『콩쥐팥쥐』는 1919년의 소설을 토대로 하고 있지만 변형되고 각색된 정도가 상당하다. 1919년 박건회의 소설과 비교할 때 1965년 최요안의 소설은 이야기가 더욱 정교해지고 개연성이 높아졌다. 최요안의 소설은 모두 17개의 장으로 구성되는데 각 장의 제목은 아래와 같다. 전체 17개 중에서 1919년의 소설 「콩쥐팥쥐전」에는 없는 내용이 모두 9개의 장을 차지할 정도로 이야기가 재창조되었다. 새롭게 창작된 내용은 주로 이야기의 전반부에 배치되어 있다. 배씨가 최씨와의 결혼을 미리 계획했다는 부분과 배씨와 팥쥐가 콩쥐의 물건을 함부로 취하는 등 콩쥐에게 시련을 가하면서 콩쥐가 아닌 팥쥐를 김감사댁 아들과의 혼인 상대로 내세우려는 내용, 그리고 콩쥐가 김감사댁 아들과 결혼하는 후반부에 이르기 이전에 콩쥐와 김감사댁 아들 사이의 연애담이 추가되었다.

① 콩쥐의 탄생
② 꺽다리의 중매
③ 배씨라는 여자
④ 새 형제
⑤ 배씨의 발등
⑥ 배씨의 박해
⑦ 달 노래
⑧ 진사댁 부인이 선보러 올 때
⑨ 콩쥐의 편 맹생원
⑩ 여우골 샘터에서
⑪ 도령과 이별
⑫ 나무호미와 검정소
⑬ 밑빠진 독과 두꺼비
⑭ 직녀들과 새 떼들
⑮ 잃어버린 신짝
⑯ 콩쥐의 혼인
⑰ 연못 속의 귀신

앞서 살펴보았던 가극과 영화에서 부재하였던 콩쥐의 아버지는 1965년 소설에서 재등장한다. 최씨는 사망으로 부재하거나 관직에서 물러난 퇴리가 아닌 벼슬일로 공사다망하여 낮 시간 동안 집을 비우는 존재다. 1965년의 소설은 배씨가 최씨가 집에 있는지와 없는지에 따라 콩쥐를 대하는 태도가 달라진다는 점을 상세히 서술하여, 재혼가족의 갈등 서사에서 최씨가 부재한 근거를 제시하고 그 책임을 면제한다. 또한 가극과 영화 속 이야기와 달리, 1965년 소설은 콩쥐의 죽음과 재생을 삭제하지 않는다. 다만 민담적인 요소에 보다 사실성을 부여하기 위한 서술이 추가되었다. 예를 들면, 콩쥐의 죽음과 재탄생 과정에서 김감사가 팥쥐와 콩쥐를 구별하지 못하는 장면을 무당의 힘을 빌린 배씨와 팥쥐의 간계 탓으로 돌린다. 이러한 서술은 김감사의 태도에 개연성을 부여할 뿐 아니라, 계모와 계모의 딸을 이전의 이야기에서보다 더욱 교활하고 악덕한 존재로 만든다. 앞선 이야기들에서 손상된 가부장의 권위는 각색을 통해 지위를 회복하게 된다.

한편, 1919년 소설에서 최씨가 지독히 가난한 것으로 묘사된 것과 달리 1965년 소설에서는 '논이 열 마지기, 밭이 다섯 마지기, 기백냥의 돈을 가진' 부유한 인물로 나온다. 이는 배씨가 재산을 목적으로 최씨에게 접근하여 혼인을 기획한 것으로 서술하는 근거가 된다. 또한 최요안의 소설에는 배씨의 신분과 성품, 배씨와 팥쥐가 콩쥐에게 가한 '박해'가 자세하게 서술되어 있다. 배씨는 '본디 집안이 천하며 창기의 사생아'로 최씨와 혼인하기 이전부터 '천하고 낮은' 신분이었음이 강조된다. 신분에 대한 편견과 통념을 통해 배씨를 더욱 '악덕한' 여성으로 그리고 있다. 또한 배씨가 첫 남편이 죽은 뒤에 '상복도 벗어치우고, 사내 눈에 뜨이도록 화장을 짙게 했다'고 서술하면서 조선시대의 정절 이념을 빌어 성적으로 '정숙하지 않은 여성'을 향한 질타를 가한다. 가부장의 권위를 회복시키는 방식의 각색과 달리 재혼한 여성에 대해서는 편견이 더해졌다.

순종적이고 정숙한 여성상에 따른 질타는 팥쥐에게도 이어진다. 팥쥐가 '잠을 설깰지라, 선하품을 연거푸 두 번이나 하였다. 손으로 입도 안 가리로 혓바닥과 잇몸이 다 보이도록 크게 벌리고 아하! 하는 소리까지 났다'. 이를 본 감사의 부인은 '처녀가 손님이 갔는데도 풀어헤친 옷고름을 여밀 줄도 모르고 입을 벌리고 딱딱 소리가 나도록 선하품을 연거푸 하니 어찌 그런 여식을 며느리로 삼겠소?'라면서, 팥쥐의 여성스럽지 못한 '몸가짐'을 문제 삼는다. 1965년의 소설은 강화된 순종적 여성관을 드러내며, 이에 기초하여 여성의 행동과 말투, 몸짓과 시선을 비롯한 미시적인 영역에 이르는 통제를 시도한다.

팥쥐가 여성성을 담지하지 못한 문제적 여성이라면 콩쥐는 바람직한 여성성의 전형으로 그려진다. 콩쥐는 '부끄러워서 건너편 숲속으로 도망을 쳤다', '대답 대신 옷고름을 입에 물고 떨리는 입술로 가냘프게 웃었다'는 서술과 같이 소설은 콩쥐를 순종적인 여성 주체의 전형으로 제시한다. 또한 콩쥐는 '검정소야, 나는 다만 내 설움을 말하고 싶었을 뿐이지, 우리 어머니를 욕한 것은 아니니 너도 욕을 하지 말아 다오!'라고 말하는 지극한 효성을 지닌 인물이다.

> "**콩쥐는 가엾다고 말리었으나**, 동리 사람들이 듣지를 않았다. 팥쥐의 시체는 젓을 담궈 독에 넣고 기름 종이로 봉해서 배씨에게로 보냈다."
> (최요안 편, 1965:173) (강조는 필자)

1965년의 소설은 혼인 이후 콩쥐가 겪은 시련과 감사부인의 자리를 되찾는 과정을 삭제하지 않고 그대로 보여준다. 그러나 이 부분이 전체 서사에서 차지하는 비중은 모두 17개의 장에서 하나의 장만을 차지할 정도로 극히 일부로 축소되어 있다. 또한 콩쥐는 1919년 소설과 앞서 살펴본 민담에서처럼 스스로 응징을 기획하거나 이에 동조하는 이가 아니라 팥쥐에게 죽임을 당한 뒤에도 오히려 팥쥐를 불쌍히 여기는 존재로 묘사된다. 1940년 안기영의 가극에서 용서와 화해의 주체로 기능하면서 계모와 팥쥐의 사과를 이끌어냈던 것과 달리, 1965년 소설에서 콩쥐는 팥쥐와 배씨의 사과를 이끌어내지도 못하고, 결과적으로 이들을 향한 응징과 처벌을 만류하지도 못한 무력한 입장이다.

20세기에 다양한 변이 과정을 거친 「콩쥐팥쥐」이야기는 근대화가 가속화되기 시작한 시점에 서술된 1965년 소설본에 이르러서는 더욱 강화된 순종적인 여성상을 제시하고 있다. 소설은 재혼가족 갈등의 책임을 통념에 따라 계모와 '계모소생'에게 지우는 방식의 재현을 통해 정숙하고도 순종적인 여성상에서 벗어나려는 여성들의 행위를 규제하고 단속한다. 이러한 1965년의 「콩쥐팥쥐」이야기는 재혼가족 구성원과 여성에 대한 젠더화된 시선을 바탕으로 '권선징악'이라는 교훈으로 포장되어, 순종적인 여성의 모습을 빠르게 변화하는 시대에 맞서 고수해야 할 바람직한 가치로서의 '전통'으로 제시하였다.

4. 비판적 독해가 요구되는 '현재'의 「콩쥐팥쥐」이야기

이 글은 최초의 소설본으로 알려진 1919년 소설 「콩쥐팥쥐전」을 「콩쥐팥쥐」이야기의 원형으로 삼아 재혼가족과 여성 재현을 중심으로 1940년 안기영의 가극, 1958년의 영화, 그리고 1965년 소설과 비교하며 이야기의 구체적인 내용을 분석하였다. 이를 통해 시간의 흐름과 함께 「콩쥐팥쥐」이야기가 다양한 각색과 변이를 거쳤음이 드러났다. 그럼에도 「콩쥐팥쥐」이야기는 모두 공통적으로 계모와 계모의 딸, 그리고 전처의 딸 사이의 갈등을 통해 재혼가족 여성들 사이의 관계를 불안정하고 문제적인 것으로 제시한다 점을 알 수 있었다. 또한 계모와 '계모소생'은 선천적인 악함을 지닌 반면 '전처소생'은 선천적인 선함을 지닌 것으로 묘사하여, '악한 계모'의 전형을 제시하면서 재혼가족의 갈등을 재혼여성의 책임으로 돌리고 있음이 확인되었다. 이처럼 「콩쥐팥쥐」이야기에서 재혼가족의 갈등은 '여성들' 사이의 갈등으로만 묘사되고, 가부장의 무능과 가족의 문제는 '여성의 문제'로 환원되고 있다.

「콩쥐팥쥐」이야기는 식민지배에 대한 저항의 서사로 사용되거나 낭만적 사랑을 통한 신분 상승이라는 여성의 성취 이야기로 이해되기도 하였다. 급격한 사회적 변화를 초래하는 근대화 과정에서 순종적이고 유순한 여성상을 '전통'의 이름으로 제시하며 이야기가 대폭 각색되기도 하였다. 또한 사실적인 요소를 가미하고 잔혹한 내용을 덜어내려는 등의 목적으로 다수의 이야기에서 콩쥐의 죽음과 재생 부분이 삭제되었는데 이는 주인공 여성이 스스로 문제를 해결해내는 주도성을 발휘할 기회를 차단하는 결과를 낳고 있다.

이 글은 1919년 소설을 시작으로 하여 이후 각색되고 변형된 「콩쥐팥쥐」이야기에서 재혼가족 여성 구성원에 대한 사회적 통념과 수동적이고 순종적인 여성상이 지속하여 제시되고 있음을 보였다. 저자들은 조선시대라는 '과거'를 배경으로 '현재'의 통념을 반영하는 여성상을 재창조하여 제시하였다. 용서와 인내가 '여성의 미덕'으로 제시되고, 재혼가족의 갈등과 시련이 낭만적 서사의 배경으로 기능하기도 하였다. 여성 인물의 행위와 몸짓 등의 묘사를 통해 여성에 대한 통제 또한 시도되었다. 주인공 콩쥐는 조선시대의 이야기라는 '과거'와 '전통'을 명분으로 점차 '부끄러워' 속내를 드러내지 못하며 '옷고름을 물며 얼굴을 붉히는', 순종적 여성 주체가 되었다. 「콩쥐팥쥐」이야기에 재현된 재혼가족과 여성의 모습은 조선시대에 만들어진 '과거'의 산물이 아니라 소설, 가극, 영화 등의 형태로 이야기가 전해지면서 변이를 거치는 과정에서 당대의 관점이 반영된 '현재'의 산물이다. 따라서 '전통'과 '과거'의 권위를 배경으로 제시되는 이야기들과 재혼가족 및 여성의 재현에 대한 비판적 독해가 필요하다.

참고문헌

1차 자료

덕영문화사 편집부 편(1973). *콩쥐와 팥쥐*, 덕영문화사.
박건회(1919). *(고대소설)콩쥐팟쥐전*, 대창서원.
안기영(1940). 〈콩쥐팥쥐〉 악보, 발행불명(연세대학교 중앙도서관 소장).
장수철(1972). *콩쥐팥쥐·옥랑자전*, 제문출판사.
조선일보(1957/10/26). "동화 콩쥐팥쥐 천연색으로 영화화", 4면.
최요안 편(1965). *콩쥐팥쥐*, 을유문화사.
한국구비문학대계 어문연구실(1981). *한국구비문학대계* 5-2, 한국정신문화연구원.
_____(1984). *한국구비문학대계* 1-9, 한국정신문화연구원.
현대영화(1958년 1월호) 1(1), 홍문사.

2차 문헌

강인화(2022). "가족드라마는 어떻게 재구성되는가?-〈콩쥐팥쥐〉이야기에 나타난 재혼가족 재현의 변화", *문화와융합* 44(3), 423-438.
권순긍(2012). "〈콩쥐팥쥐전〉의 형성과정 재고찰", *고소설연구* 34, 251-283.
_____(2013). "전래동화 〈콩쥐팥쥐〉의 형성과정", *민족문학사연구* 52, 110-141.
김종권 역(1987). *(신완역) 여사서: 女誡, 女論語, 內訓, 女範*, 명문당.
김종균(1997). "〈콩쥐팥쥐전〉의 서사구조 연구", *한국학보* 23(2), 108-128.
김춘택(1993). *우리나라 고전소설사*, 한길사.
노제운(2009). "한국 전래동화의 원형(原形)과 변용에 관한 연구:「콩쥐팥쥐」이야기를 중심으로", *어문논집* 59, 43-82.
류인균(2004). *한국 고소설에 나타난 오이디푸스 콤플렉스: 〈심청전〉·〈콩쥐팥쥐전〉*, 서울대학교출판부.
박재인(2016). "설화 〈콩쥐팥쥐〉에서 나타난 경쟁 문제와 승리의 서사로서의 가치", *인문과학* 61, 193-222.
오윤선(2000). "'콩쥐 팥쥐 이야기'에 대한 고찰: 당대 연구자들의 국어관을 중심으로", *어문논집* 42, 25-48.
유인경(2009). "근대 '향토가극'의 형성과 특질 연구: 안기영 작곡 가극 작품을 중심으로", *공연문화연구* 19, 221-280.
이원수(1997a). *가정소설 작품세계의 시대적 변모*, 경남대학교 출판부.

이원수(1997b). "콩쥐팥쥐 설화 연구", *문화와융합* 19, 71-94.
이윤경(2004). "계모형 고소설 연구: 계모설화의 관련성을 중심으로", 성신여자대학교 대학원 박사학위논문.
자자와(2016). "〈콩쥐팥쥐〉 설화 연구: 세계 〈신데렐라〉 유형 설화와의 비교를 중심으로", 서울대학교 대학원 박사학위논문.
정명문(2017). "북한 가극 〈콩쥐팥쥐〉(1953)의 특성 연구", *한국극예술연구* 55, 51-84.
정인혁(2014). 〈콩쥐팥쥐전〉의 결말과 '육형(肉刑)'의 의미 연구, *한국문학이론과 비평* 18(3).
정지영(2002). "장화홍련전: 조선후기 재혼가족 구성원의 지위", *역사비평* 61, 422-441.

● 이 장은 문화와융합 학술지 44권 3호에 실린 필자의 논문(강인화, 2022)을 일부 수정하여 재수록하였다.

02장

개인사에 새겨진 시대를 증언하는 여성서사, 영화 〈벌새〉

1. 영화 〈벌새〉를 향한 이례적인 주목과 반향

김보라 감독의 첫 장편영화인 〈벌새〉(2018)는 부산국제영화제와 서울독립영화제에서 수상한 것을 시작으로 베를린국제영화제, 시애틀국제영화제, 이스탄불국제영화제 등 국내외 영화제에서 44관왕(2019년 12월 기준)이라는 경이적인 기록을 세웠다. "한국영화 여성 서사의 한 분기점이 된 2019년을 대표하는 작품"(송형국, 2020:56), "지금까지 게토화되어 있던 중학생 여자아이의 일상을 확장해 보편화시켰다"(듀나, 2020:56), "무심히 지나온 그 시절을 집요하면서도 차분하게 응시하는 시선"(조한나, 2020:56), "일상으로 스며드는 죽음의 무게를 정교하게 포착한 단단한 연출력"(김지미, 2020:56) 등 평단의 평가는 〈벌새〉를 '2019년 한국영화를 대표하는 하나의 현상'으로 규정하기에 이른다. 특기할 만한 것은 2020년 2월 아카데미 시상식에서 4관왕을 차지함으로써 한국 영화 100년사에서 새로운 역사를 쓴 봉준호 감독의 〈기생충〉을 제치고 영화 〈벌새〉가 2020년 제56회 백상예술대상에서 '영화 감독상'을 수상했다는 점이다. 김보라 감독은 최근 개최된 2020년 제25회 춘사영화제에서도 '신인감독상'

과 '각본상'을 수상함으로써 뛰어난 역량을 입증했다(한영현, 2020:38).

김보라 감독은 〈벌새〉를 2013년부터 준비했다고 밝혔다. 당시 한국영화는 문화산업의 측면에서 거대자본을 앞세워 대작영화들을 쏟아냈다. 제작사와 배급사는 손익분기점을 맞추기 위해 스크린을 독점하다시피 했고 관객들은 다양한 영화와 만날 기회를 갖지 못했다. 2010년대 중후반까지 한국영화의 양적 팽창의 중심에 있었던 영화는 '한국형 누아르'라고 불리는 범죄영화인데 이들 영화의 Anti-PC(Political Correctness), 특히 '여성혐오'는 〈브이아이피〉(2017)에서 정점에 달했고 이는 여성시체의 전시장이 되곤 했던 한국영화에서 여성시체전시의 절정을 보여주는 결과를 가져왔다. 대부분의 여성캐릭터는 남성의 시각에서 소비되고 버려지며 시신들로 전시되었다. 영화가 문자 그대로 "남성중심적인 재현의 장"(손희정, 2020:131)이 된 것이다. 결국 초호화 캐스팅에도 불구하고 관객들은 등을 돌리게 되었으며, 여성혐오를 전시하면서 잔혹함에 의존하는 스펙터클과 스타 캐스팅과 막대한 제작비와 스크린 독점으로 흥행에 성공하려는 영화에 대한 비판의 목소리가 발화되기 시작했다. 또한 다양성 영화에 대한 요구도 거세졌다.

'다양성 영화'라고 하면 흔히 독립영화를 떠올리기 쉽다. 그러나 저예산 독립영화라고 해서 〈브이아이피〉 같은 영화와 반대지평에 있는 것만은 아니다. 흔히 독립영화를 일컬어 제작사의 자본에 의존하지 않고 독립적으로 만들어지며 따라서 작가 정신에 충실한 영화라고 말한다. 그러나 엄밀히 말한다면 자본에 의존하지 않는 것이 아니라 의존하지 못하는 것이다. 사실 제작사의 투자를 받아 영화를 찍을 수 있는 감독은 극소수이며, 제작사의 투자를 받지 못하는 감독은 저예산 영화를 찍을 수밖에 없다. 독립영화가 영화산업의 변방에 있다고 해서 항상 대안적이거나 전복적인 것만은 아니다. 변방에 있기에 중심을 더 욕망하게 된다면 중심을 모방하게 되기 때문이다. 또한 독립영화가 곧 예술영화인 것도 아니다. 하지만 결과적으로 이윤 추구를 최우선 목표로 하지 않아도 되고 제작사의 요구에서 자유로울 수 있기에 독립영화는 창작자의 의도와 작가의 실험정신까지도 펼칠 수 있는 장(場)이 될 수 있다. 무엇보다 주류(主流) 상업영화에서 말하지 않는 것을 말할 수 있다.

〈우리들〉(2016)의 윤가은 감독은 "중심부에 있는 사람이 아닌 누군가의 삶을 들여다볼 수 있는 것은 독립영화 안에서 가능한 것 같다"고 말하는데, 〈우리들〉이 제작된 2016년을 기점으로 관객들은 '여자아이들'의 시선에서 세상을 바라볼 수 있게 되었다. '여자아이들'은 젠더와 연령에 의해서 가장 취약한 계층이며 정치사회문화의 영역에서 그들의 이야기를 듣지 않거나 왜곡해서 들어왔다는 의미에서 서발턴이었다고 할 수 있다. '서발턴Subaltern'은 제국주의 지배자들에 의해 배척되고 차별 받는 식민지인을 지칭하는 용어이고 보다 포괄적으로 하위계층을 지시하는 용어이다. 여기서 '여자아이들'에게 굳이 '서발턴'이라는 용어를 사용한 이유는 여자아이들 역시 연령과 젠더에 의해서 이중으로 억압되며 그들의 목소리가 제거되거나 왜곡되기 때문이다. 따라서 장편영화 데뷔작에서 여자아이들의 서사를 조명한 윤가은 감독의 선택은 그 의미가 크다. 이어서 2018년에 제작되고 2019년에 개봉된 〈벌새〉 역시 여자아이들의 시선과 이야기를 전면에 부상(浮上)시킨다.

〈벌새〉는 저예산 독립영화이고 등장인물도 많지 않지만, 영화 한 편에 켜켜이 쌓인 의미망과 관계망이 방대하다. 이 영화에서는 열네 살 중학교 2학년 여학생 '은희'가 주인공이다. 같은 시대를 형상화 한 영상 텍스트들에서 재현된 시대의 분위기가 각각의 텍스트마다 다를 수밖에 없지만, 특히 미성년 중학생의 일상을 경유한 시대사의 모습은 성인의 일상과 교차한 시대사와 확연하게 다른 느낌 속에서 다른 메시지를 내포할 거라고 추론할 수 있다. 또한 여중생 소녀의 개인사에 새겨진 시대사는 남중생의 기억 속에 각인된 시대와 다르다고 생각된다. 같은 시대가 그것을 느끼고 체험하고 기억하는 주체에 따라 다른 형상을 가지게 되기 때문에 영화에서 누구에게 시점쇼트가 주어지는가는 중요한 문제이다. 카메라의 시선이 인물의 시선이 되는 순간 관객은 그 인물의 시선에서 보고 느끼고 판단하며 공감하고 영향을 받게 되기 때문이다. 〈벌새〉가 이룬 성취의 가장 기본적인 동인은 열네 살 소녀에게 부과된 빈번한 시점쇼트에 있다. 이는 영화작가인 감독의 선택이며 감독은 소녀의 시점쇼트와 다른 쇼트들을 연결지음으로써 '서술'하고 메시지를 전달한다. 여기서 '서술'은 소설에서의 서술과 다르지만 유사한 기능을 하는 영화적 서술을 의미한다. 로트만은 "텍스트 구성 원리로서의 시점 때문에 영화는 회화나 연극이 아니라 소설과 유사하다"(로트만, 2001:182)고 말한다. 쇼트의 연결로 형성되는 영화의 서술은 소설의 작가 서술에 상응하는 역할을 영화 속에서 하기 때문이다.

영화 〈벌새〉는 '서울, 1994'라는 자막을 제시하며 시작된다. 이 영화에서 1994년 서울을 소환한 이유가 무엇인지 그리고 그 시대가 어떻게 묘사되었는지, 그것이 현재 우리에게 어떤 의미인지를 성찰하는 것은 개인과 시대의 관계에 대해 사유하는 것이기도 하다. 또한 영화 〈벌새〉의 토대가 되는 담론 중에서 '페미니즘'이 특히 중요한 비중을 차지하는데, 이 역시 젠더 이슈들에 대한 오해와 편견과 충돌이 쌓여가는 현재 시점에서 의미있는 논점들을 제시한다. 이에 더해서 두 주요 인물인 은희(박지후)와 영지(김새벽)가 '의미 있는 타자Significant Others'가 되는 과정에서 레비나스(Emmanuel Lévinas)의 '타자의 철학'과 '책임의 윤리학'이 녹아있으며 이는 현 시점에서 여성들의 연대를 이해하는 데 중요한 단서가 된다. 가부장제에서 여성은 제2의 성이자 타자이므로 페미니즘과 타자의 윤리는 밀접하게 연결될 수밖에 없다.

〈벌새〉에서는 열네 살 소녀가 주인공이므로 어느 정도 성장서사의 장르적 관습도 사용되지만, 이 영화는 무엇보다 당시 시대가 어떤 모습이었고 왜 그런 모습이었는지를 질문하고 그것이 개개인에게 어떤 흔적을 남겼는지를 묘사한다. 특히 이 영화에서는 과거를 낭만화 하지 않고, 재난을 스펙터클로 만들지 않으며 미래를 예시하면서 개인사와 시대사의 연속성을 암시한다. 무엇보다 이 영화에서 주목해야 할 것은 서로를 투시하고 투영하는 개인사와 시대사의 전체 맥락을 관통하는 주요 담론 중 하나인 '페미니즘'인데 〈벌새〉의 페미니즘 관점이 공들여 예리하게 투시하는 것은 '상처의 근원인 가족'이다. 영화 〈벌새〉에서는 가정과 학교와 사회에 일상적으로 자리했던 폭력의 뿌리에 가부장제가 자리하고 있다고 보고 가부장제의 폭력이 열네 살 소녀 '은희'의 몸과 마음에 새겨지는 양상을 세밀하게 묘사한다. 폭력이 일상이 되고 일상이 폭력인 시대에 폭력이 어떻게 용인되고 재생산되는지 그 원형이 〈벌새〉에서 형상화 된 것이다.

2. 반복되는 폭력의 원형(原型)-가부장제

〈벌새〉는 가정과 학교에서의 폭력이 일상이었으며 거품경제의 일시적인 호황 속에서 개발지상주의로 인한 재난이 이어졌던 때와 장소로서 1994년 서울을 소환한다. 중학교 2학년생인 열네 살 은희는 오빠 대훈(손상연)의 일상적인 폭력에 시달린다. 〈벌새〉에서 영화서사 초반부에 등장한 대훈의 폭력의 디테일 묘사는 구체적이고 생생하다. 하지만 폭력을 스펙터클로 만들지 않는다. 물리적 폭행이 시작되기 전까지 여동생을 대하는 대훈의 언행은 그가 여동생을 자신과 같은 인간으로 취급하지 않으며 언제든 기분상하면 짓밟을 수 있는 존재로 생각하고 있음을 보여준다. 그런데 1994년을 명시적으로 표기한 이 영화에서 지금 현재의 시대적 분위기가 감지된다. 〈벌새〉가 제작된 시기가 2018년임을 고려해본다면 2016년 강남역 살인사건 등이 우선 떠오를 수 있다. 하지만 인류역사에서 여성에 대한 폭력과 페미사이드는 늘 반복되어왔으며 그 저변에 '여성혐오'가 있다. 혐오(misogyny)라는 용어에서 '혐오'는 주관적 취향이나 기호의 문제가 아니다. 단순히 '몹시 싫어함'의 의미가 아니라 사회와 문화에 걸친 위계적 젠더 체계 아래서 광범위하게 이루어지는 차별적 혐오를 의미한다. 때문에 "혐오는 특정 집단을 배척하기 위한 사회적 무기"(누스바움, 2015:207)가 될 수 있다. 여성을 상대로 한 폭력이나 여성의 성적 대상화 등이 모두 여성혐오이다(김선희, 2018:37). 강남역 살인사건의 가해자는 "여성이 자신을 무시해서"라고 범행동기를 밝혔다. 언론에서는 가해자가 조현병 환자임을 내세웠지만, 문제의 핵심은 자신을 무시하는 여자는 죽여도 된다는 생각이 조현병 환자의 사고체계에도 각인되어 있다는 것이다. 즉 범인은 위계적이고 차별적인 젠더 체계를 내면화하고 있고 따라서 이 사건은 위계적인 젠더 체계에 근거한 여성혐오범죄이다(김선희, 2020:51). 〈벌새〉에서 자신이 부당한 지시를 했을지라도 여동생이 이를 따르지 않아서 자신의 기분을 상하게 했다면 죽을 만큼 때려도 마땅하다고 생각하는 대훈 역시 위계적인 젠더 체계에 근거한 여성혐오를 내면화하고 있다. 이렇게 폭력은 반복되고 재난도 반복된다. 대훈의 폭행은 조금 열린 방문 사이로 들리는 둔탁한 소리의 연쇄와 은희의 숨넘어가는 가쁜 호흡 소리만으로 그 야만의 분위기가 전달된다. 관객을 긴장하게 하고 분노하게 하지만 '고발'을 빌미로 폭력을 전시하지 않는 방식이다.

여동생에게 폭언하고 폭행을 가하는 대훈은 불과 중학교 3학년이지만 아버지의 지원 아래 새끼 가부장의 지위를 누린다. 대훈의 위치는 영화에서 재현된 식탁의 배치에서 압축적으로 제시된다. 거실 한 쪽 벽에 붙어 있는 식탁에서 벽과 마주하고 있는 아빠(정인기)의 오른쪽 자리에 대훈이 앉아 있고, 대훈의 맞은편에 엄마(이승연)의 자리가 있다. 엄마는 자리에 앉아 있지 못하고 계속 음식을 가져온다. 대훈의 옆자리에는 은희의 언니이자 대훈의 누나인 수희(박수연)가 앉아 있고, 엄마의 옆자리에 은희가 앉아 있다. 그 식탁에서 아빠는 가족들에게 대훈이가 2년 연속 학생회장에 선출될 수 있게 기도하자고 말한다. 그 자리에서 은희는 오빠의 폭행을 호소했지만 소용없다. 아빠는 못들은 척하고 엄마는 "니들 싸우지 좀 마"라고 말한다. 카메라에 클로즈업 되는 은희의 절망하는 얼굴과 이를 바라보는 수희의 굳은 얼굴은 말 그대로 '상처받은 타자'의 것이다. 그들의 목소리는 쉽게 묵살된다. 수희는 아빠로부터 "대치동에 살면서 공부 못해서 강북으로 고등학교 다니는 년"이라는 폭언에 시달리며 동생 은희를 도와줄 힘이 없다. 아빠가 아들 대훈을 혼내는 경우는 자신이 있는 자리에서 대훈이 은희를 때렸을 때이다. "어디 아빠 앞에서 동생을 때려"라는 대사에서 방점은 "아빠 앞에서"에 찍혀 있다. 가부장인 자신 앞에서 아직 새끼 가부장인 아들이 가부장 행세를 하는 것을 용납할 수 없는 것이다.

그림 1 은희 가족의 식탁. 수희가 지각으로 인해 성수대교 사고를 피한 후 저녁 식탁에서 대훈이 갑자기 오열한다. 사실은 허약한 남성성을 어떤 대사나 설명도 없이 보여준다.

은희의 가장 친한 친구인 지숙 역시 오빠에게 맞아서 처참해진 입술을 마스크로 가리고 학원에 온다. '어린 여자'라는 이유로 함부로 다뤄지는 몸과 마음에 상처 입은 두 소녀의 대화에서 약자의 저항방식인 '자살'이 언급될 때 소녀들의 무력한 분노는 극에 달하지만 이는 곧 체념으로 향한다.

 지숙: 너네 오빤 주로 어떻게 때리냐?
 은희: 존나 다양해. 요샌 죽도. 그 새끼 해동검도 하거든.
 지숙: 그건 차라리 나아. 골프채 존나 아파.
   (……)

은희: 가끔 그런 생각한다. 내가 자살을 하는 거야. 오빠 새끼가 괴롭혀서 힘들다고 유서 남기고……. 근데 그러면 내가 김대훈 새끼가 죄책감 느끼는 걸 못 보잖아. 그래서 죽고 나서 하루만 유령으로 있는 거야. 그 새끼 막 울고 아빠한테 혼나. 그럼 난 그걸 천장에서 다 내려다보는 상상을 한다? 엄마, 아빠 다 울고……. 그러면 막 상상만 해도 후련해.
……
지숙: 다들 우리한테 미안해하긴 할까?(김보라, 2020:58-59)

백델 테스트로 유명한 그래픽 노블 작가 앨리슨 백델(Alison Bechdel)은 김보라 감독과의 인터뷰에서 영화 <벌새>를 보고 그렇게 어린 나이에 성차별이 발현되는 것과 동생을 공공연하게 때리는 오빠의 모습이 충격적이었다고 말한다(김보라, 2020:269). 가부장이 새끼 가부장을 키우는 사회 분위기에서 씩씩했던 여자아이들도 두려움과 무기력과 체념을 학습하게 된다. 즉 "여성의 외로움, 불안함, 수치심은 사춘기가 되면서 어린 시절의 적극적인 성격이 성차별적인 사회 문화에 의해 꾸준히 침식당한 결과"(저메인 그리어, 2012:105-106)라고 볼 수 있다. 아들 대훈이 대원외고에 합격하기를 염원하는 아빠는 신분상승의 수단이 된 학벌지상주의가 공기와도 같이 일상에 퍼져 있었던 1990년대 사회분위기를 전달한다. 신분상승의 수단이 된 학벌지상주의가 1990년대만의 특징은 아니다. 다만 평등과 정의를 추구하며 민주화에 투신했던 1980년대를 지난 1990년대를 기점으로 배금주의와 학벌주의는 반성적 성찰 없이 뻗어나갔다고 볼 수 있다. 이 역시 현재까지 반복되어 진행되는 사회현상이다. 자신의 사회적 계층에 대한 자격지심을 집에 와서 가부장으로 군림하면서 해소하는 모습 역시 흔한 가부장의 모습이다. 은희의 아빠는 떡집을 하는 자신을 무시했다고 생각되는 여자 손님에 대해 식탁에서 욕설을 퍼부으며 허세를 부리고 아내의 노동으로 살아가면서도 자신의 '춤바람'에 대해 질타하는 아내에게 손찌검을 하는 등 일그러진 남성성을 보여준다. 은희 아빠의 행동에 대해서 이나라는 코멜(R. W. Commell)의 '복수의 남성성' 개념 중 '항변하는 남성성protest masculinity'이라는 개념으로 명명한다. 항변하는 남성성은 아내의 수입에 의존해 살면서 사나운 개를 키우는 등의 방식으로 남성성을 보상받으려고 하는 남성성을 지칭한다(이나라, 2019:191).

은희의 엄마는 오빠의 학비를 벌기 위해 진학을 포기해야 했고 결혼 후에는 떡집에서의 노동과 가사노동에 더해서 '춤바람' 난 남편 때문에 늘 고단하다. 은희에게 날라리가 되지 말고 여대생이 되어야 한다고 말하며 여대생의 모습을 묘사하는 엄마의 꿈을 꾸는 듯한 눈빛은 그 시대 엄마들의 전형을 보여준다. 딸로 태어났다는 이유로 많은 것을 포기한 엄마 역시 가부장적 이데올로기를 내면화 했으며 은희의 이야기에 귀를 기울이지 않는다. 영화 속에서 은희가 엄마를 애타게 부르지만 엄마의 시선이 먼 곳에 가 있는 장면은 짧은 쇼트 안에 많은 정보를 응축하고 있다. 〈벌새〉 전반에 걸쳐서 가장 '영화적인' 장면들 중 하나이기도 하다. 카메라 렌즈와 인간의 눈은 포착하고 기록(기억)한다는 유사점이 있다. 카메라는 해낼 수 있지만 인간의 눈이 결코 할 수 없는 것은 그 사건의 외관을 그대로 고정시켜 놓는 일이다(존 버거, 2000:77). 은희의 시점쇼트를 거친 롱쇼트로 시작하여 엄마를 클로즈업 한 카메라 워킹은 엄마와 엄마를 바라보는 은희를 고정시키고 그들의 정동을 고정시킨다. 그 순간 엄마는 엄마가 아니라 '숙자'이다. 스스로 가부장 질서를 내면화 했음에도 어느 순간 비치는 공허한 얼굴이 순간의 정적과 함께 다소 몽환적으로 연출되어 견고해 보이는 가부장제의 균열을 암시한다. 숙자는 일종의 '문화적 우울증'을 앓고 있는 것이다. 많은 경우 여성의 우울증은 개인적인 심리의 문제라기보다는 여성에게 요구되는 차별적이고 억압적인 가부장제 젠더 체계로부터 기인하는 것이라는 점에서 문화적 우울의 성격을 갖는다(김선희, 2020:72).

은희와 친구 지숙이 트램펄린 위에서 뛰는 모습을 로우앵글의 슬로우

모션으로 포착한 장면 역시 영화적인 방식으로 양가적 감정을 전달한다. 로우앵글로 촬영했기 때문에 마치 날아오르는 것처럼 보이지만 흐릿한 필터를 사용한 느린 속도의 움직임은 슬픈 정동을 전달하기도 한다. 소녀들의 비상(飛上)은 천진난만하거나 즐겁게만 보이지 않는다. 그들의 몸은 찰나의 순간 비상하지만 그들이 발을 딛고 선 지상에서 그들의 몸과 마음은 반복적인 폭력을 각인하기 때문이다. 은희와 지숙은 문구점에서 물건을 훔치다가 주인에게 들킨다. 덩치 큰 남자주인은 은희와 지숙을 위협하고 지숙은 은희 아빠 가게가 어디인지를 실토한다. 아이들의 약점을 빌미로 한 몫 챙기려는 속셈을 드러낸 남자는 은희의 아빠한테 전화를 걸어서 은희를 경찰서에 보내지 않을 테니 보상해 줄 것을 요구한다. 후에 지숙은 자신의 행위에 대해 그 아저씨가 때릴 것 같아서 너무 무서웠기 때문이라고 말한다. 오빠의 지속적인 폭력으로 인해 몸과 마음에 새겨진 폭력의 상처는 친구까지 배신하게 할 만큼 후유증이 큰 것이다. 울면서 서로를 끌어안는 은희와 지숙의 화해는 사춘기 소녀들의 감성이나 우정 등의 어휘로만 설명하기에는 부족한 함의를 내포한다. 그들이 같은 상처를 공유하고 서로를 이해하고 위로하고 위로받기에 그러하다. 이는 여성들 간의 연대의 단초를 보여준다.

그림 2 트렘펄린 위에서 뛰는 은희와 지숙

관객은 트램펄린 위에서 뛰는 은희와 지숙의 즐거우면서도 슬픈 순간을 각인한다. "회화와 사진이 시간을 응결하는 예술이자 동시에 비상중인 시간을 포획하는 예술이"(오몽, 2006:70)라면, 회화와 사진의 특성을 공유한 영화 역시 비상 중인 시간을 포획한다. 위에 소개한 스틸 컷에서처럼 의도적으로 느린 속도의 촬영을 했을 때는 더욱 그러하다. 응결된 시간을 공유한 은희와 지숙은 화해하고 그들이 공유하는 상처를 어루만진다. 그 상처의 근원은 가부장제의 폭력이 지배하는 가정이다.

〈벌새〉에 등장하는 남성 캐릭터들은, 오빠에게 뺨을 맞아 고막이 찢어진 은희에게 진단서가 필요하면 말하라고 한 의사를 제외하고는, 부정적으로 묘사되었다. 그런데 그 부정적인 모습들이 특이하다기보다는 일반적인 것으로 재현된다. 은희 아빠의 언행은 집안에서 허세부리는 한편 자신의 계층적 콤플렉스를 떨쳐내기 위해 아들에게 희망을 거는 그 시대 흔한 가부장의 모습으로 보이고, 은희의 오빠 대훈의 폭력성 역시 핍진하게 형상화된다. 은희와 사귀면서 다른 여자아이를 만나기도 하고, 은희 앞에서 계층차이에 의한 차별을 당연시 하는 엄마에게 항변하지 못한 채 이끌려가고 다시 은희를 찾는 남자친구의 모습도 그다지 특이한 것은 아니다. 심지어 문구점에서 물건을 훔치던 은희와 지숙을 위협하며 아이들의 약점을 이용해 한 몫 챙기려던 문구점 주인남자의 모습까지도 유별난 것으로 보이지 않는다. 이는 실제로는 허약한 '남성성'이지만 여러 형태의 폭력으로 표출되는 '남성성'이 그 시대에 마치 공기처럼 퍼져 있었다는 것을 시사한다. 〈벌새〉의 페미니즘은 폭력을 폭력으로 인식할 수 없을 만큼 도처에 흔하게 자리한 '남성성'을 폭로하며 '남성성'의 방식이 지배하는 세계에서 누구도 행복하지 않다는 것을 보여준다. 더 나아가서 어린 소녀의 몸과 마음에 각인된 폭력을 치유하는 과정에서 레비나스의 '타자의 철학'과 '책임의 윤리학'을 읽어낼 수 있다.

3. 타자의 철학, 책임의 윤리학으로 연결되는 여성 성장서사

친구의 배신에 깊이 상처받고, 그냥 경찰서로 보내라는 아빠의 말에 상처받으며, 집에 돌아가서 오빠에게 맞을 일을 생각하며 눈물 흘리는 은희 앞에 레비나스적인 '환대'를 실천하는 사람이 나타난다. 한문학원 선생님인 영지이다. 영지의 행위에 대해서 '레비나스적인 환대'라고 서술하는 이유는 은희와 영지의 인물화characterization와 두 사람의 관계가 진행되는 양상이 레비나스의 '타자의 철학'과 '책임의 윤리학'의 한 전범(典範)을 보이기 때문이다. 레비나스는 상처받기 쉬운 타자의 얼굴의 출현을 윤리적 사건이라고 말한다(강영안, 2005:177). 응답을 요구하는 타인의 부름에 내가 응답할 때, 나는 비로소 책임적 존재 또는 윤리적 주체로 탄생하며(강영안, 2005:182) 레비나스가 말하는 타인의 얼굴은 동정을 유발하는 것이 아니라 내가 정의로워야 한다는 요구를 하는 것이다(강영안, 2005:149). 무엇보다 타자를 내 손님으로 환대하는 가운데 구체적인 윤리성이 시작되며 내 자신은 내면성, 내재성의 세계를 벗어나 진정한 초월적 주체, 도덕적 주체가 될 수 있다. 레비나스는 이전까지 서양철학의 주류를 이루었던 존재론이나 인식론에 문제를 제기하고 나와 타자의 관계를 다루는 '책임의 윤리학'을 역설한다(강영안, 2005:152). 상처 입은 타자의 얼굴로 다가온 은희를 환대하는 영지 선생님은 레비나스가 말하는 윤리적 주체이다. 영지는 울고 있는 은희에게 우롱차를 끓여주며 은희의 이야기를 들어준다. 그때까지 가족도 학교선생님도 은희의 이야기에 귀를 기울인 적이 없다. 오빠가 매일 자기를 개 패듯 때린다는 은희의 말에 영지는 "그러면 넌 어떻게 해?"라고 나지막이 묻는다. 반항하면 더 때리기 때문에 그냥 빨리 그 시간이 지나가기만 바란다는 은희의 말을 듣기만 했던 영지는 후에 은희가 입원한 병원에 찾아가서 은희의 이름을 다정하게 부른다. "너 이제 맞지 마. 누가 널 때리면 어떻게든 맞서 싸워"라고 말하는 영지에게 은희는 약속하겠다고 말한다. 은희에게 그렇게 말해준 사람은 영지가 처음이다. 은희의 엄마조차도 은희에게 여자아이가 애교도 없어서 오빠에게 맞는다고 말할 정도이다. 이렇듯 새끼 가부장을 키우는 문화는 남성 가해자에게 관대한 사회를 만들며 피해자를 비난하는 분위기를 형성하고 피해자로 하여금 숨게 만들었다. 하지만 영지 선생님은 은희를 비난하지 않으며 공격당하기 쉽고 상처받기 쉬운 약자인 은희가 가지고 있는 내면의 힘을 이끌어내려 한다.

그림 3 은희에게 우롱차를 끓여주고 은희의 이야기를 들어주는 영지 선생님

어떻게든 맞서 싸우라는 영지의 말이 은희에게 한 말이면서 동시에 영지 자신에게 한 말이기도 하다고 해석한 최은영은 은희에게는 한없이 크고 단단해 보이는 선생님이지만 영지 역시 20대의 젊은 여성이라는 것을 주목한다(최은영, 2020:211). 20대의 젊은 여성으로서 연령과 젠더에 의해 취약한 입장에 처하기 쉬운 영지는 은희의 얼굴에서 자신의 십대 소녀시절의 마음을 읽은 것이다. 자신의 이야기를 들어주고 자신에게 손 내밀어 주는 영지를 기억하는 은희는 훗날 영지가 되어 다른 은희의 이야기를 들어주고 손 내밀어 주게 될 거라는 예측도 가능하다. 손 내미는 연대는 이어지며, '의미 있는 타자'와의 만남은 한 인간의 성장에 결정적인 역할을 한다. 가부장제의 폭력과 그 후유증에 대해 차분하지만 강렬하게

증언하는 〈벌새〉에서는 사회적 재난도 은희의 시선으로 응시하는데, 사회적 재난의 근원에 자리한 '남성성'의 폭력성과 동일화의 폭력성이 포착된다.

영지의 인물형상화는 〈벌새〉에 정치적인 입장을 배치하고 개인사와 시대사의 관계를 분명하게 아로새기며 여성 성장서사를 구축하고 영화 전체의 독특한 분위기를 형성한다. 대중문화가 화려하게 꽃피웠던 1994년을 배경으로 한 〈벌새〉에서 당시 널리 알려진 대중가요가 울려 퍼지는 와중에 영지가 은희와 지숙 앞에서 나지막하게 불러주는 노래는 "잘린 손가락 바라보며 소주 한 잔 마시는 밤"이라는 가사를 담고 있는 노동가요이다. 영지와 은희가 함께 걷는 거리는 화려한 번화가가 아니라 거친 호소문이 담긴 현수막이 널려 있는 (후에 타워팰리스가 세워진) 재개발 지역이다. 카메라는 은희의 시점쇼트를 거쳐서 영지의 서가를 오래 조명하는데, 서가에 꽂혀 있는 책들은 사회과학 서적들이다. 민주화를 이루어내고(이룬 것처럼 생각되고) 문민정부가 들어섰으며 거품경제의 호황을 누리고 대중문화의 황금기이자 계층의 피라미드 상층부에 올라가기 위한 방법으로 학벌지상주의가 승승장구했던 1994년 대치동에서 영지의 존재는 유표적이다. 영지는 〈벌새〉에 등장하는 인물들 중 유일하게 불의와 결핍을 인식하는 인물이며 "집단의 꿈과 질서로부터 독립한 개인이면서, 부당한 것에는 맞서라고 용기를 주는 사람"(김원영, 2020:235)이다. 여기서도 영지는 레비나스의 철학을 체현한다. 국가는 익명적이고 보편적이기 때문에 구체적인 타자의 고유성에 무관심하고 이로 인해 의도와 상관없이 개인에게 폭력을 행사할 수 있다, 이것을 레비나스는 '정치의 드라마'라 부른다. 국가 체제 뒷면의 그림자를 직시한 레비나스는 국가 체제가 완벽하게 돌아가기 때문에 발생하는 폭력은 오직 개인의 양심을 통해 볼 수 있다고 말한다(강영안, 2005:195-197). 문화적으로 경제적으로 풍요롭게 보이는 1994년, 국가 체제가 완벽하게 돌아가기 때문에 발생하는 폭력을 응시했던 영지는 양심을 가진 개인이며 단지 양심을 가진 개인에 머무르지 않고 타자의 목소리에 귀 기울이고 응답한다. 레비나스의 윤리학이 책임의 윤리학일 수 있는 이유는 인간을 응답자로 보는 관점에서 책임이란 함께 공동체를 형성하는 사람들과 사회적 연대를 구축하게 하는 것이기 때문이다(강영안, 2005:199). 책임의 윤리학을 실천하는 영지에게 은희는 의미 있는 타자이고 은희에게 영지는 의미 있는 타자이다. 즉 영지는 가부장제와 자본주의와 개발독재의 폭력성을 직시하면서 어린 시절의 자신이기도 한 은희에게 용기를 주는 인물이다.

영지의 환대 속에서 자신을 소중히 하게 된 은희는 변화한다. 은희의 말을 귀담아 듣지 않고 건성으로 대답하는 바람에 영지 선생님과 만날 기회를 무산시킨 학원원장이 영지 선생님이 원래 이상한 사람이라고 말하자 알지도 못하면서 이상한 사람이라고 말하지 말라고 항의한다. 영지 선생님을 다시 만나지 못하게 될 것 같은 절망감에 방에 틀어박힌 은희를 카메라가 초점화 하고 보이스 오버를 통해 문밖에서 은희의 성격이 나빠서 학원에서 쫓겨났다는 부모의 거친 말이 들린다. 결국 은희는 자신의 감정을 표출한다. "내 잘못 아니야. 나 성격 안 나빠"라고 울부짖는 은희의 모습은 핸드헬드로 촬영되어 은희의 절망과 억울함과 분노의 정동이 관객에게 그대로 전달된다. 그때 들어온 대훈은 은희에게 "맞고 싶냐? 조용히 해"라고 위협하는데 은희는 "때리기만 해 봐 이 개새끼야. 내가 너 신고할 수도 있는데 봐주는 거야."라고 소리 지른다. 숨도 쉬지 못할 정도로 맞으면서도 저항하지 못했던 은희였다. 은희는 껍질을 깨고 다른 세계로 나오지만 대훈은 자신의 기분을 나쁘게 하는 은희를 참을 수 없다. 대훈은 은희의 고막이 찢길 정도로 세차게 은희의 뺨을 때린다. 이러한 대훈의 행위는 지금 여기서도 낯설지 않다. 즉 저항하지 않고 맞기만 했을 때에도 폭력은 지속되지만, 고분고분하지 않은 여성에 대한 폭력의 양상은 현재 페미니즘에 대한 백래시로 모습을 드러내고 있다.

자신이 때리면 여동생은 맞기만 해야 한다고 생각하는 대훈의 멘털리티는 현재 한국사회의 젊은 남성들에게서 재현된다. 자신을 무시하는 여자는 죽여도 된다고 생각하는 남자들에 의해 여자들은 실제로 죽임을 당하고, 성폭력은 여전히 기승을 부리지만 이에 대한 여성들의 저항방식이 기분 나쁘다는 이유로 페미니즘 백래시가 거세진 것이다. 그들이 보기에 '피해자다운' 피해자일 때에만 그들은 피해자를 단지 동정한다. 현재 한국의 20대 남성들은 '페미'라는 말투와 글투를 '빨갱이' 인장 찍기와 유사하게 사용한다. 이들은 자신들의 힘든 삶과 전망 없어 보이는 미래에 대한 좌절과 불만을 '페미'에게 투사시켜 공격한다. 자신의 힘듦을 내세워 더 힘든 사람들에게 폭력을 행사한다. 이들은 성차별과 성폭력이 만연한 현실을 인정하지 않으며 가부장제에서 누릴 수 있는 특권이 본래 자신의 권리였다고 생각한다. 공공선과 약자에 대한 정의와 인간에 대한 신뢰의 가치는 낡은 것이 되었다. 각자도생의 분위기가 확산될수록 약자는 살기 힘들어진다. 20대 남성들도 약자의 포지션에 있지만 그들은 스스로를 강자와 동일시한다. 부자들을 위해 투표하는 빈자들의 허위의식을 그들이 보이고 있는 것이다.

현재 젊은 남성들이 주장하는 '공정'은 기실 약육강식과 동일성의 폭력 속에 자리한다. 게다가 이들의 정서를 정치적으로 이용하는 정치인들이 세력을 얻고 있다. 20대 남성들의 표를 얻고자 이들 정치인들은 '여성가족부 폐지' '군 가산점 부활' 등을 공약으로 내세웠다. 국가기구를 정치인들 몇몇이서 마음대로 폐지할 수 없고, 이미 위헌판결이 난 법률을 다시 제정할 수 없음에도 그들은 선동하고 많은 젊은 남성들이 선동 당한다. 즉 여성혐오가 정치에 이용당하고 있다. 이로 인해 여성과 남성뿐만 아니라 남성들 사이에서도 '1번남'과 '2번남'이 대립하는 기이한 현상이 나타났으며, 약자혐오 정치는 가속화 되고 있는 현실이다. 히틀러와 트럼프 등의 혐오와 배제의 정치가 이제 한국에서 본격적으로 시작될 정도로 20대 남성들의 현실인식과 여성혐오, 약자혐오는 심각한 수준이다. 즉 영화 〈벌새〉에서 형상화 된 폭력의 양상과 그 원인은 지금 이 시점에서도 유의미하다. 폭력에 저항하는 여성을 그 '저항'을 이유로 더 억압하고 획일적인 잣대로 모든 것을 계량화 했던 결과인 1994년의 재난은 지금도 현재진행형임이 〈벌새〉에서 재현된다.

영화서사 종반부에 '1994년 10월 21일'이라는 자막이 제시될 때 그날이 성수대교가 붕괴된 날이라는 것을 떠올리는 건 어렵지 않다. 그런데 〈벌새〉에서 자막 이후 먼저 제시된 장면은 "우리는 죽어도" "살고 싶다"는 구절만이 남아 있는 찢어진 현수막이 나뒹굴고 있는 재개발 현장이다. 그리고 TV 화면에서 성수대교 붕괴 사고를 알리는 뉴스가 방송된다. 〈벌새〉의 작가는 재개발 현장과 성수대교 붕괴를 같은 맥락에서 보고 있는 것이다. 성수대교 붕괴 바로 다음 해에는 삼풍백화점이 붕괴되었다. 영화의 엔딩 시퀀스에서 수학여행을 떠나기 위해 교정에 모여 있는 여중생들의 들뜬 표정을 담은 장면은 20년 후 2014년 세월호 참사에 대한 예시의 기능을 한다. 이 역시 모두 같은 맥락 안에서 재현된다. 그리고 누구보다 그 맥락을 예리하게 간파하는 인물인 영지 선생님은 무너진 성수대교에서 세상을 떠났다. 사실 사고 소식과 함께 관객들을 긴장하게 한 것은 바로 그 시각에 성수대교를 지나는 버스를 탔을 것으로 추정되는 수희가 사고를 당했을지도 모른다는 불안의 정동이다. 수희의 안위를 묻는 친구와, 미친 듯이 전화하며 언니의 생존을 확인하려는 은희 그리고 무사히 함께한 저녁식탁에서 대훈의 느닷없는 오열까지 일련의 시퀀스가 끝나고 평온을 찾은 은희에게 영지의 사고 소식이 전해진다. 이는 소설이나 영화 같은 예술텍스트가 반드시 가져야 하는 '비예측성'의 요소이다. 예술적 의사소통에서 미학적 접촉의 언어와 그 언어에 기반을 둔 텍스트는 비예측성을 반드시 가져야 한다. 텍스트는 동시에 규칙적일 수도 있고 비규칙적일 수도 있으며 예측적일 수도 있고 비예측적일 수도 있어야 한다(로트만, 2001:187). 또한 스토리의 초반에 총이 제시되었다면 그 총은 누군가를 향해 반드시 발사되어야 한다는 스토리텔링의 기본에 충실한 것이기도 하다. 즉 영화 안에서 성수대교 붕괴 장면을 보여줬다면 영화서사 내에서 누군가는 반드시 성수대교 붕괴와 연결되어야 한다. 그런데 중요한 것은 사고를 당한 사람이 왜 '영지'인가 라는 문제이다. 영지는 자신에게 다가온 '상처입기 쉬운 타자의 얼굴'에 응답하고 환대하는 윤리적 주체이며, 국가권력의 그림자를 직시하는 양심적 개인이고, 남성성의 폭력과 동일성의 폭력이 작동하는 방식의 구조적 상동성을 인식하는 인물이다. 영지는 결국 작가의 페르소나라고 할 수 있다. 성장서사에서 의미 있는 타자의 죽음은 '죽음의 발견'을 통한 성장을 이끄는 교화자의 역할을 할 수 있지만, 열 네 살인 은희는 이미 죽음이 무엇인지 알고 있다. 영지의 죽음이 주는 의미는 영화의 결말부에서 영지가 은희에게 남긴 편지의 내용이 전달되는 화면구성방식을 통해 추론해야 한다.

영지 선생님이 은희에게 남긴 편지의 내용은 "세상은 참 신기하고 아름답다"는 것이다. 세상이 아름답다고 해도 그 아름다움은 함부로 다루어지는 은희의 몸과 마음의 상처와 대비되는 그래서 오히려 잔혹한 아름다움일 수도 있다. 가정에서도 학교에서도 만연한 폭력에 움츠러든 은희에게 영지 선생님은 왜 세상은 참 신기하고 아름답다고 했을까? 여기서 여성성장서사의 독특한 양상이 조형된다. 은희가 영지의 과거라면 영지는 은희의 미래이며 은희와 영지 선생님은 시공간을 가로질러 마주한 도플갱어로 보인다. 영지 역시 은희의 시절을 거쳤으며 은희가 겪고 있는 폭력이 어떤 것인지를 알고 있다. 그럼에도 불구하고 "세상은 참 신기하고 아름답다"고 말하는 영지는 자신의 삶을 사랑하고 있으며 그 사랑은 어렸을 때의 자신이기도 한 은희에 대한 응원으로 이어지는 것이다. 영지는 폭력을 폭력으로 인지하지도 못하는 사람이 가득한 이 세상에서 은희가 두려움에 침잠하지 않기를 바란 것이며, 은희가 삶을 견디는 것이 아니라 삶을 누리는 사람이 되기를 바란 것이다. 영화 〈벌새〉의 라스트 신에서 영지 선생님의 편지가 보이스 오버 내레이션으로 소개되며 카메라는 수학여행을 앞두고 들뜬 여학생들의 모습을 파노라마로 담는다. 이 장면은 은희의 시점쇼트를 거쳐서 촬영되었으며 이때 은희의 미소는 자기 자신을 사랑하게 된 사람의 미소이다. 가족의 폭력에 깊이 상처 받고 친구에게 배신당하기도 하고 우유부단한 남자친구를 통해 부모의 사회계층에 의해 자신이 어떻게 취급받을 수 있는지조차 알게 되며 스스로를 사랑할 수 없었던 은희였다. 그러나 자신의 이야기를 들어주고 자신에게 손 내밀어 주는 영지 선생님의 손을 잡으면서 은희는 스스로를 사랑할 수 있게 되었다. 자신의 생을 사랑하게 된 은희는 이제 영지 선생님이 되어 다른 은희에게 손을 내밀게 될 것이다.

　성장서사에서 '성장'이 환멸에 눈뜨고 악의 세계에 진입하는 것으로 형상화 되는 경우가 많이 있다. 순진무구한 세계의 문턱을 넘어 정글에서 살아남을 수 있는 잔혹함이 통과의례의 조건으로 요구되기도 한다. 특히 남성성장서사에서 그러하다. 새끼 가부장은 가부장을 모방하며 '성장'한다. 하지만 〈벌새〉에서 은희의 성장은 약육강식의 생존법칙을 배우는 방향으로 향하지 않는다. 오히려 개발지상주의의 슬픈 과정과 참혹한 결과를 목격하며 다른 세상을 꿈꿔야 한다는 깨달음으로 향한다. 영지 선생님의 소식을 알게 되고 은희는 새벽 일찍 성수대교 붕괴 현장을 찾는다. 오열도 탄식도 대사도 없이, 카메라는 붕괴된 성수대교와 이를 바라보는 은희를 조명한다. 이제 은희는, 한 가지의 가치만이 옳다고 주장하며 그 가치에서 벗어난 사람들을 타자화 하며 타자화 된 이들에게 거침없는 폭력을 행사하는 가족과 학교와 국가의 민낯을 바라보게 된 것이다. 아내의 노동력을 착취하면서 아내에게 손찌검 하고 아들의 대원외고 합격을 갈망하는 아빠와, 자신의 좌절과 절망을 가학성으로 표출하는 오빠와, 날라리 색출 작업을 벌이겠다며 반 친구를 고발하게 하는 담임교사와, 떡집을 하는 부모를 둔 은희의 면전에서 '방앗간 집 딸'과 사귀지 말라고 말하는 남자친구 엄마 등이 추구하는 가부장적 자본주의 피라미드의 상층부로 가기 위한 학벌지상주의와 편 가르기와 배타적인 폭력과는 다른 세상을 상상하는 능력을 가지게 될 것이다.

그림 4 영지 선생님이 무너져 내린 성수대교에서 사고를 당해 더 이상 세상에 없다는 것을 알게 된 은희는 새벽에 언니 수희와 수희의 남자친구와 함께 성수대교 붕괴 현장을 찾는다.

평범한 여중생인 은희에게는 힘이 없다. 여자아이인 은희는 쉽게 폭력과 억압의 대상이 될 뿐만 아니라 은희의 말에 귀 기울이는 사람도 많지 않다. 그러나 영화 〈벌새〉는 은희에게 시점쇼트를 부여했다. 따라서 은희는 많은 것들을 본다. 자신이 보고 있는 것의 의미를 완전히 이해하지 못하더라도 보고 있다. 아빠의 허세를, 엄마의 공허한 얼굴을, 맞고 싶냐고 말하는 오빠의 눈을, 언니의 상처 입은 분노를, 찢겨진 현수막을, 영지의 사진을, 무너진 성수대교를, 수학여행 길에 오르는 친구들의 들뜬 표정을 은희는 본다. 그리고 관객은 은희의 시선에 포착된 모든 것들과 함께 은희의 얼굴을 본다. 이는 "가족과 학교와 국가 제도의 폭력성을 환시하는 시대적 징후로서의 얼굴"(남다은, 2020:220)이다. 그리고 카메라에 초점화 된 은희의 얼굴은 또한 자신이 그 곳에 있다고 목격자로서의 자신의 존재를 말하는 얼굴이다.

본다는 것, 목격했다는 것은 증언의 소명을 가지고 있다는 것을 의미한다. 그리고 증언은 개인적인 차원을 넘어서 사회적인 차원의 행위가 된다. 개인에게 새겨진 시대사는 개인의 증언을 거쳐 서사가 된다. 여기서 '여자아이'인 은희에게 목격과 관찰의 시선이 주어지고 증언의 소명이 주어졌다는 것이 중요하다. 오랫동안 우리는 중심에 있는 사람들(백인, 남성, 귀족 또는 부르주아, 이성애자 등)의 시선을 통해 세상을 바라봤고 그들의 언어를 통과한 증언들을 진실이나 역사적 사실로 받아들였다. 그 과정에서 배제된 삶이 있고 지워진 사실이 있으며 드러나지 못했던 진실이 있다. 하지만 〈벌새〉는 "타자화 된 존재들이 살아냈던 삶 또한 빛나고 가치 있는 것으로서 이해되어야 한다는 점을"(한영현, 2020:44) 여자아이인 은희의 시선과 얼굴을 통해 증언했으며 더 나아가서 중심과 주변의 경계를 허물고 억압된 것을 부상시킨다. 영화감독 김보라의 이러한 선택은 세상을 바라보는 시선을 다각화 할 뿐만 아니라 타자와 관계에 대한 철학 자체를 다시 정립할 것을 요구한다. 이는 구체성을 띤 개인의 삶 속에 새겨진 시대의 모습을 바라볼 수 있을 때 가능하다.

4. 각성과 성장의 기반에 자리한 페미니즘

〈벌새〉의 스토리시간으로 제시된 1994년은 페미니즘이 한국의 학술과 문화영역에서 어느 정도 주류담론으로 자리 잡은 시기이고, 〈벌새〉가 제작되고 개봉된 2018년, 2019년은 페미니즘 백래시가 거셌던 시기이다. 학술적으로 명명된 페미니즘의 갈래들을 간략히 소개해보면 자유주의 페미니즘, 급진주의 페미니즘, 사회주의 페미니즘, 마르크스주의 페미니즘, 실존주의 페미니즘, 정신분석 페미니즘, 에코 페미니즘, 포스트모던 페미니즘 등이 있다. 이들 다양하고도 상이한 페미니즘 이론들이 공유하는 지점, 즉 페미니즘이 충족해야 할 최소 조건을 김선희는 다음 두 가지로 보고 있다. 첫째는 인류의 역사를 통해 구조적으로 부당한 성차별이 있어 왔으며 지금도 그렇다는 것을 인정하는 것이다. 둘째는 부당한 성차별이 해소되어야 한다고 주장하는 것이다(김선희, 2020:60). 결국 지극히 상식적인 사람이라면 페미니즘을 부정할 수 없다고 김선희는 말한다. 한국에서, 특히 젊은 남성들이 주도하는, 페미니즘에 대한 거센 공격을 해외 유수 언론매체에서 기이한 현상으로 다루는 것도 이 때문이다.

여기서 1994년과 2018년의 간극을 주목할 필요가 있다. 1994년에도 안타-페미니즘은 존재했으나 백래시는 2010년대에 남초 커뮤니티의 온라인 활동과 함께 본격적인 공격의 양상으로 나타났다. 페미니즘에 대한 백래시는, 더 이상 가만히 있지 않기로 한 은희처럼, 젊은 여성들이 더 이상 참지 않기 시작하면서 가열되었다. '미러링' 전략으로 대표되는 젊은 여성들의 대응 방식은 이전 세대 페미니스트들과 갈라진다. 2016년 강남역 살인사건과 2017년부터 가시화 된 디지털성범죄의 가공할 파괴력에 젊은 여성들은 목소리를 내고 연대했으며 다시는 이전으로 돌아가지 않으리라고 말한다. 여성에 대한 차별과 폭력이 여전히 현재진행형인 것이 여성들이 체험하는 현실이다. 앞서 언급한 '디지털성범죄'의 가공할 확산력뿐만 아니라, 빈번하게 보도되는 '데이트' 폭력, 이별 살인 등도 여성들에게는 자신들과 직결된 문제이다. 고등교육을 받고 학업성취가 뛰어나도 여전히 취업현장에서는 '남자인 게 스펙'이며 임신과 출산과 육아에 대한 부담이 조금도 덜해지지 않은 것도 20대 여성들이 당면한 현실이다. 하지만 20대 남성들의 머릿속 현실은 더 이상 여성에 대한 차별은 없고 오히려 남성이 역차별 당하는 세상이다. 또한 그들은 성범죄에 대한 분노보다 무고에 대한 우려와 분노가 더 강하고, 여성이 애인이나 남편에게 살해당하는 사실에 분노하기보다는 남자들이 잠재적 가해자 취급 받는 것에 대한 강한 불쾌감을 표출한다. 그들은 자신들을 잠재적 가해자 취급 받도록 만드는 주범이 실제 가해자 남성들이라는 생각을 하지 못한다. 가해자 성별과 피해자 성별의 지나친 불균형이 구조적 차별을 함의하고 있다는 것을 인식하지 못한다.

〈벌새〉에서 각성과 성장의 기반에 자리한 페미니즘은 폭력을 폭력으로 인식할 수 없을 만큼 도처에 흔하게 자리한 '남성성'의 폭력의 양상들을 세밀하게 드러내며 '남성성'의 방식이 지배하는 세계에서 누구도 행복하지 않다는 것을 보여준다. 어린 여자로서 연령과 젠더에 의해 이중으로 타자화 되는 은희는 도처에서 쉽게 폭력에 노출되고 있으며 은희를 향한 가장 직접적인 폭력은 오빠 대훈의 폭행과 폭언이다. 대훈의 폭력은 새끼 가부장을 키우는 문화에서 묵인되며 지속적으로 재생산된다. 은희의 저항을 대하는 대훈의 태도는 페미니즘에 대한 백래시를 폭발시키는 현재 젊은 남성들의 태도와 유사한 정서에 바탕을 두고 있다. 즉 폭력에 저항하는 여성을 그 '저항'을 이유로 더 억압하고 획일적인 잣대로 모든 것을 계량화 했던 결과인 1994년의 재난은 지금도 반복적으로 계속되고 있는 것이다.

페미니즘은 타고난 성별로 인한 차별과 억압에 반대하는 사상이자 정치적 신념이며 여기서 그치지 않고 타자에 대한 억압과 폭력에 저항하는 윤리적 투쟁을 지향한다. 이토록 명확한 사실을 모르고, 알려고 하지 않으려는 이들이 지금 현재 한국사회에서 페미니즘에 대한 공격에 화력을 집중시키고 있다. 앞서 언급했듯이 현재 한국사회에서, 특히 젊은 남성들 사이에서 "페미"라는 말투와 글투가 "빨갱이" 인장 찍기와 유사하게 작동하는 이유는 바로 이러한 의도적 무지 때문이다. 이러한 무지 상태에서 벗어나지 못한다면 개인도 사회도 성장할 수 없다. 무지는 편견을 낳고 편견은 폭력을 양산한다. 따라서 무지는 죄이며, 현재 한국사회에서 페미니즘에 대한 (의도적) 무지는 페미니즘을 왜곡했고 페미니즘이라는 단어의 원래 뜻을 훼손시켰다. 이로 인해 혐오와 편 가르기가 심각한 사회적 문제가 되었다. '의도적' 무지가 위험한 이유는 자신들이 보고자 하는 것만을 보며 듣고자 하는 것만을 듣기 때문이다. 이는 다른 층위의 사회적 약자를 대할 때에도 혐오로 대응하는 결과를 가져온다. 현재 한국의 젊은 남성들의 자기연민은 각자도생의 길로 향한다. 자기연민에 빠진 이들이 다른 이들의 고통에 눈 돌릴 여유가 없기 때문이다. 자기연민은 진정한 의미에서의 자기애가 아니며 각성과 성장을 방해한다. 각성과 성장의 기반에 있는 페미니즘은 줄곧 '타자성'의 문제에 천착해왔다. 〈벌새〉의 기반에 페미니즘이 자리하고 있다고 판단할 수 있는 근거 역시 가부장제의 야만을 직시하는 시선으로부터 시작되는 타자성의 문제에 관한 민감하고 치열한 고민에 있다.

타자에 대한 억압에 저항하는 윤리적 투쟁인 페미니즘은 〈벌새〉에서 타자의 철학, 책임의 윤리학과 교차하게 된다. 상처 입은 타자의 얼굴로 다가온 은희를 환대하고 은희의 이야기를 들어준 영지 선생님은 레비나스가 말한 윤리적 주체로서 책임의 윤리학을 실천한다. 영지는 동일한 가치만을 추구하는 집단과 이를 지탱해 온 획일적인 질서의 야만성을 응시하는 개인으로서 가부장제와 개발지상주의의 폭력성을 직시하고, 상처입고 목소리를 내지 못하는 은희에게 용기를 준다. 의미 있는 타자인 영지와의 만남은 은희를 치유하고 성장하게 한다. 이는 여성들의 연대가 내포하는 의미망을 시사한다. 반복되는 폭력의 근원에 가부장제가 있는 한 폭력에 저항하는 이들은 페미니스트가 될 수밖에 없고 이는 자신의 삶을 사랑하는 방식이기도 하다. 또한 페미니스트는 자신의 삶에 대한 사랑에서 머무르지 않는다. 페미니스트는 또 다른 타자에게로 시선을 돌리고 손을 내민다. 〈벌새〉의 주제적 지향점을 한 문장으로 요약한다면, 자신의 생에 대한 사랑이 타자에 대한 응원으로 이어지는 것이라고 할 수 있다. 〈벌새〉에서 응원은 우선적으로 어린 여자아이들에게로 향한다. 앞선 세대의 선배들은 자신의 후배들이 자신과 같은 아픔을 겪지 않기를 바란다. 은희에게 손 내민 영지의 편지가 이를 압축적으로 보여준다.

〈벌새〉에서 페미니즘이 갖는 중요한 의미 중 한 가지는 은희로 하여금 자신을 사랑할 수 있게 했다는 것이다. 은희가 의미 있는 타자이자 멘토이며 사랑하는 선생님인 영지에게 보낸 편지에서 자신의 인생도 빛날 수 있을지를 묻는 화면 밖 목소리는 질문이라기보다는 동의와 응원을 갈구하는 목소리이다. 이는 자신의 인생을 사랑할 수 없었던 은희에게 발생한 중요한 변화이며, 영지의 조력으로 인해 가능했던 각성이자 성장이다. 은희의 성장은 기존 질서에 편입하는 방향으로 향하지 않는다. 영화에서 은희에게 부여한 시점 쇼트를 통해 은희와 관객은 개발지상주의가 초래한 재난의 참혹함을 목격하고, 하나의 목표만을 향해 달려가며 거기서 벗어난 사람들을 타자화 하는 가족과 학교와 국가의 구조적인 폭력과 그 그늘을 본다. 또한 모든 시대적 징후들을 투영한 은희의 얼굴을 바라보는 관객은 세상을 바라보는 시선과 타자와의 관계에 대해서 다시 사유한다. 함부로 판단되거나 지워져버린 주변의 삶, 타자의 삶에 대해서 생각하고 중심과 주변의 경계를 질문하며 지배적인 질서에 대해서 문제를 제기하게 된다. 거대한 사회적 재난을 다루면서 그 재난을 겪은 개별적인 인간 개인에 관심을 가지고 그 이야기를 진심으로 귀 기울여 들으려는 윤리적 태도가 일상의 폭력과 사회적 재난의 연결고리를 발견할 수 있게 한다. 이것이 이 영화가 사회적 재난과 일상의 폭력을 다룬 여타 영화들과 차이를 가지게 된 요인이다.

참고문헌

강영안(2005). *레비나스의 철학, 타인의 얼굴*, 문학과지성사.
김보라(2018). *벌새*, 에피파니&매스 오너먼트.
_____(2020). *1994년, 닫히지 않은 기억의 기록, 벌새*, arte.
김선희(2018). *혐오 미러링*, 연암서가.
김신자(2020). "사유습관과 경험의 재구성 - 듀이의 경험주의에 따른 영화《벌새》의 내러티브 분석", *건지인문학* 29, 27-51.
루이스 자네티(1999). *영화의 이해*, 현암사.
류재형(2020). "1994년의 호명, 주체로서의 벌새 만들기", *영상기술연구* 33, 95-118.
마사 누스바움(2015). *혐오와 수치심*, 민음사.
손희정(2020). *당신이 그린 우주를 보았다*, 마음산책.
유리 로트만(2001). *영화의 형식과 기호*, 열린책들.
이나라(2020). "픽션과 다큐멘터리 사이에서 (독립)여성으로 다시 쓰기: 「벌새」와 「공사의 희로애락」", *영미문학연구* 48, 179-201.

이채원(2021). "개인사에 새겨진 시대를 증언하는 여성서사의 의미: 영화「벌새」", *문화와융합* 43(10), 329-346.

자크 오몽(2006). *영화 속의 얼굴*, 마음산책.

저메인 그리어(2012). *여성, 거세당하다*, 텍스트.

존 버거(2000). *본다는 것의 의미*, 동문선.

한귀은(2020). "영화〈벌새〉에 나타난 애도의 윤리와 하위주체의 우정", *어문학* 150, 205-236.

한영현(2020). "가족과 사회의 윤리적 폭력을 응시하는 영화〈벌새〉", *현대영화연구* 16(3), 33-52.

● 이 장은 문화와융합 학술지 43권 10호에 실린 필자의 논문(이채원, 2021)을 바탕으로 재구성되었다.

03장
광주학생독립운동과 문학의 상관성

1. 학생들에 의한, 학생들의 운동

 학생들에 의한 학생들의 운동이 광주학생독립운동이다. 일본 학생들과 충돌에서 촉발된 광주학생독립운동은 일제의 기마 경찰에 격렬하게 저항한 목숨을 건 항일운동으로 순식간에 전국으로 확산되었다. 학생들의 독립운동은 단발적으로 끝나지 않았고 "12월 투쟁으로 인한 학생과 사회 인사들의 계속적인 검거와 산발적인 동요로 인하여 1월까지 긴장된 분위기가 팽배"(한정일, 1981:185)했고 학기 시작과 함께 새로운 투쟁이 전개되었다.
 광주학생독립운동이 시작된 1929년 11월 3일은 "일본 명치천황의 생일이어서 식이 끝난 뒤라 학생들이 모이기 쉬었다. 학교에서 학생들이 데모를 할 때 교문 밖으로 나가는 것을 제지했다. 교문을 굳게 닫고 여학생들이 희생자가 되지 않도록 철저히 방비를 했던 것이다. 그날은 11월 달인데도 날씨가 퍽 따뜻하였다. 일본인들은 처음에는 소방대로 하여 물을 뿌리게 하면서 시위행진을 방해했는데, 그것만으로는 효과가 없자 잉크를 물에 섞어 뿌리기 시작했다. 그래야만 학생들을 가려낼 수 있었고 쉬 표기가 나므로 학생들이 해산할 것을 계산했던 것이다. 일본 순사들의 총칼의 저지 앞에서 학생투쟁은 일단락되었지만 숱한 학생들이 희생"(장매성, 1973:51-52)되었다. 1919년 3·1운동 이후 가장 격렬하게 전개된 독립운동이었던 만큼 "광주학생사건으로 400여 명 검거 170여 명의 투옥이라는 희생을 내었다. 1930년 1월 15일까지 이르는 동안 전국 13도에 걸친 각 학도들의 광주사건 희생자 석방운동으로 파상전개되었던 바 이에 동원된 학교 및 학생 수는 초등교 54개교, 중등교 360교, 전문교 4교, 도합 418교의 6만여 명이며, 이로 인한 희생은 퇴학 처분 582명, 무기정학 2330명, 이외 검거된 학생 수가 교사를 포함하여 1642명이고, 그 중 송청 1205명"(『경향신문』, 1954.11.3.)이나 되었다. 광주학생독립운동이 대대적이고 거국적인 항일운동이었는지 가늠하게 한다.

광주학생독립운동에 참여하였던 인물들을 추적하는 과정에서 우연하게 잡지나 신문에서 '성진회'와 '독서회' 회원이 쓴 글을 만나게 되었다. 그에 따라서 광주학생독립운동과 문학이 어떤 상관성이 있지 않을까 하는 의문을 가지게 되었고, 광주학생독립운동에 참여하였다가 퇴학을 당하였거나 자퇴를 하였다는 것도 확인할 수 있었다. 그래서 광주학생독립운동이 이들의 삶과 문학에 어떤 영향을 주었고 그것이 작가정신에 어떤 영향을 미쳤는지를 확인하고 싶었다. 광주학생독립운동에 참여했던 학생들이 작가로 성장한 경우를 전수조사한 것은 아니지만 광주학생독립운동에 참여하였던 학생/작가의 문학적 행로를 조금이나마 기억하고 기록될 수 있기를 바라는 마음으로 학생/작가들을 대상으로 한정하여 작품을 찾아 정리했다. 여기서는 정우채, 채규호, 목일신, 윤석중을 중심으로 광주학생독립운동이 그들의 삶과 행로에, 그리고 작가정신에 미친 영향을 조금이나마 밝혀 적어보았다.

아직도 친일문학인들을 기리는 문학상이 있는 현실 앞에서 폐지를 촉구하는 목소리와 유지를 주장하는 목소리가 대결하는 현실 앞에서 광주학생독립운동에 참여하였던 학생/작가들을 호명함으로써 작가라는 자리의 의미를 되새길 필요가 있다. 이것은 일제강점기에 조국의 독립을 위해 온몸을 던졌던 작가들의 삶과 정신이 오늘을 사는 우리에게 그리고 작가들에게 의미있는 좌표를 제시해주고 있기 때문이다.

2. 비밀결사와 문학

1) '성진회' 회원 정우채

　광주학생독립운동이 일어난 1929년 11월 3일은 일제의 명치절이었다. 이날 광주공원에서 열린 기념식장에 조선 학생들이 동원되었다. 학생들은 궁성요배와 기미가요를 부르지 않고 침묵으로 일관했다. 행사가 끝난 후 귀가하던 광주고보 학생들에게 일본인 학생들이 시비를 걸었다. 그렇지 않아도 좋지 않았던 광주고보 학생들은 시비를 지나칠 수 없었고 결국 일본 학생들과 충돌했다. 충돌은 급기야 조선인 학생과 일본인 학생들 간의 집단 난투극으로 번져갔고 광주역 앞(지금의 광주 동부소방서 자리)에서는 이미 집단 싸움으로 번졌다. 일제의 경찰은 기마순찰대를 동원하여 강제로 해산하면서 조선인 학생들을 체포하였다. 일경에 쫓겨 강제로 해산당한 학생들은 집으로 돌아가지 않고 광주고보 강당에 다시 모여 시위를 결의하고 시내로 진출하였다. 이 소식을 들은 광주농업학교와 전남사범학교, 광주여고보 학생들도 시위대열에 가세했다. 시위대열은 일본인 학생들이 주로 다녔던 광주중학교 쪽으로 가두행진을 한 다음 다시 시내로 행진하였다.
　일경은 시위에 참여한 학생 70여 명을 검거했고, 학생들의 시위가 거세지자 광주고보는 휴교령을 내렸다. 그것으로 끝날 듯하였던 학생들의 시위는 11월 12일 광주고보, 광주농업학교, 광주여고보, 전남사범학교 학생이 참여한 대규모 2차 시위로 재점화되었다. 2차 시위가 일어나자 광주 시내 모든 중등학교에는 휴교령이 내려졌고 260여 명의 학생과 여러 사회단체 간부가 검거되었다. 이에 굴하지 않고 학생들은 격문을 통해 언론·출판·집회·시위·결사의 자유 보장과 식민지 노예교육 철폐 등 9개 항목을 제시하면서 일제의 차별 철폐를 강력하게 요구했다.

일제의 차별에 맞선 광주학생독립운동이 전국적으로 확산된 것은 광주지역 학생 비밀결사체인 '독서회'와 '성진회'의 조직적인 활동과 독립운동단체인 신간회, 그리고 조선청년동맹이 연대가 주효했다. 서울, 부산, 신의주 등 국내를 넘어 만주, 중국, 미국, 러시아 등 여러 나라의 재외동포와 학생들에게까지 들불처럼 번져갔다. 그래서 광주학생독립운동에 참여한 학교는 '418교'나 되었고 학생들은 '400여 명 검거 170여 명의 투옥'되었으며 '퇴학 처분 582명, 무기정학 2330명'에 이르게 된 것이다.

광주학생독립운동을 주도적으로 이끌었던 비밀결사체 '성진회' 회원 정우채(鄭瑀采, 1911.11.6.~1989. 9.23)는 전남 나주군 반남면 신촌 747번지에서 태어나 광주고등보통학교에 재학중에 광주학생독립운동에 참여했다. 그는 1926년 11월 3일 광주고등보통학교와 광주농업학교의 장재성·왕재일 등 16명과 함께 최규창의 하숙에서 조직한 비밀결사 '성진회'의 창단회원이었다. "일제의 기반(羈絆)에서 한국의 독립을 쟁취한다. 일제의 식민지 노예교육을 절대 반대한다. 언론·출판·결사의 자유를 요구한다"는 '강령'대로 그는 독립의지로 무장하고 있었다.

그의 면모를 확인할 수 있는 최초의 글은 16살 때 『조선일보』 '학생문예'란에 실린 「단결하자」이다. 어린 학생이었음에도 얼마나 강한 민족정신을 소유하고 있었는지를 단적으로 알 수 있는 시 「단결하자」 전문을 옮기면 다음과 같다.

    나는 보았노라.
    弱한 개미의 團結力을
    團結力이 무엇보다 큰 것을

오 資本家의 xx한

그 xx에 xx當하는 弱한 동포

굼주리고 헐벗는 동포여

弱한 개미의 團結力을 보라.

한힘으로 못하면 두힘으로 세힘으로

오 自由에 굼주린 동포여

우리의 힘은 强할 것이다.

모히는 眞理를 안다면 强할 것이다.

xxx xxx 合하고 合하여

xxx 큰바다물이 되지 안튼가

우리도 저근 힘 合하고 合하야

힘거ㅅ 압흐로 나아가면

우리도 큰바다에 xx의 바다에 가지리

(同志를 물의되 올흔理致를 가지고 말하였다 -巴人)

정우채, 「團結하자」(『조선일보』, 1927.12.3.)

「단결하자」는 제목에서부터 말하고자 하는 것이 명시적으로 드러나 있다. 힘이 '약한 개미'가 큰 먹이감이라고 하더라도 여러 마리가 모이는 '단결력'으로 먹이를 옮기는 것처럼 우리도 '한힘으로 못하면 두힘으로 세힘으로' 단결하면 '우리의 힘은 强할 것이다. 그러니까 '저근 힘 合하고 合하야/힘거ㅅ 압흐로 나아가'다 보면 '큰바다'에 닿을 수 있다는 것이다. 이때 '큰바다'는 일제로부터 독립을 말한다는 것을 금방 알 수 있다. '약한 개미'와 '우리'를 비유한 것도 일제로부터 독립하는 길은 우리의 '단결'에 있다는 것을 강조하고 있다. 광주고보에 재학하면서 썼던 시인데 「단결하자」에서 주장했던 것처럼 그는 일제의 차별에 항거하고 조선의 독립을 주장하는 격렬한 광주학생독립운동에 주도적으로 참여하였다.

정우채는 전남 나주 금융조합에 근무하던 중 광주학생독립운동에 참여한 혐의로 1930년 1월 6일 나주의 반남 주재소에 검거되어 나주경찰서를 거쳐 광주로 호송(『중외일보』, 1930.1.11.)되었다. 광주지방법원에서 징역 4년을 선고(『동아일보』, 1930.10.28)받은 후 대구복심법원에서 징역 1년을 선고받았다(『동아일보』, 1931.6.14.).

그는 출옥 이후에 『호남평론』에 「木浦海岸의 아츰」(제2권 9호, 1936.9), 「나의 얼골」(제2권 11호, 1936.11), 「병자년」(제2권 12호, 1936.12) 등 3편의 시를 발표하여 다시 문학적 존재를 드러냈다.

①
말은 나의뺨뼈가 소슨나의얼골의 그늘에는
지난 쓰린 失戀의 발자국이 숨어있다
지금도 실비만 나리는 밤이면
눈물짓는 가버린님이 주신 선물처럼
      x x
그러나 맑은하날에 반작이는 별같이
거문 눈썹아래 숨은 희맑은 눈동자는
자조 나를 꾸짓는다
『외! 어리석은 남자가 되는야고』

昭和 十一年 七. 五.
정우채, 「나의얼골」 부분

②
空中의 女王 飛行機의 隊列

바다의 怪物 軍艦의 待機

信號를 기다리는 裝甲自動車

彈丸이 터저나오려는 총부리우에

이해의 어듬은 차저를 왓다

戰功을 꿈꺽는 빗나는 兵丁의 눈瞳子

平和를 비는 宗敎信者의 祈禱

疲勞에 蒼白한 勞動者의 行列

飢餓에 우는 乞人의 한숨에

저鍾소리와 같이 이해는 저무려 간다.

-昭和十一年-

정우채,「丙子年」부분

 시 ①은 거울에 보이는 자신의 모습을 들여다보고 있는 자화상이다. 시 ①는 윤동주의 시「자화상」못지않게 거울에 투영된 외형을 통해 지난 삶과 현재의 삶을 성찰하고 있다. 1년의 감옥생활을 마치고 나왔지만 '적은 英雄도 못되엿'을 뿐만 아니라, '男兒의 偉風을 나타내기에는 너무나 초라'한 모습과 마주하며 '나의 외모'는 '실연'을 당한 '눈물짓는 가버린님이 주신 선물'로 받아들이고 있다. '『외! 어리석은 남자가 되는야고』' 자조 나를 꾸짓'고 있는 '나'는 정우채의 다른 이름이다.

 시 ②는 한 해를 마무리하는 심정과 풍경을 담고 있는데 '乞人群', '疲勞에 蒼白한 勞動者' '飢餓에 우는 乞人'들을 등장시켜 가난한 사람들의 삶이 나아질 수 없는 식민지적 조건을 표상하고 있다. 광주학생독립운동의 핵심에 있었던 정우채의 4편의 시는 비밀결사체 '성진회' 회원으로서 다짐했던 민족정신을 훼손하지 않고 있다는 것을 보여주었다. 이후의 정우채의 삶과 행적은 확인되지 않고 있다.

2) 통학생 단장 채규호

"광주에서 일어난 학생만세 사건을 발단으로하야 전조선 각지는 물론 동경 대판 상해 간도 등 해외 각지에서 까지 조선학생들이 만세 소동을 일으키여 반개년 이상을 두고 천하의 이목을 놀나게한 대사건에 연좌되여 일시는 내외에서 15,000여 명의 청년학생이 관헌의 손에 걸려 신음"(『조선일보』, 1934.4.11.)했던 광주학생독립운동은 '성진회'의 수장인 장재성이 1934년 4월 10일에 출옥함으로써 형식적으로는 끝이 났다.

전남 무안군 삼향 맥포 375번지에서 태어난 채규호(蔡奎鎬, 1909.3.11.~1950.7.9.)는 광주고등보통학교 5학년에 재학 중이던 1929년 11월 1일 한·일 학생 간의 충돌이 발생했을 때 목포발 광주행 통학생 단장이었다. 한·일 학생 간의 충돌에 같은 반의 통학생이었던 노병주(盧秉柱)와 함께 양측 학생대표 회합 때 조선의 학생대표로 문제해결에 나섰다. 그리고 11월 3일 광주학생독립운동 1차 궐기 때 가두투쟁의 행동대장으로 학생들을 진두지휘하다가 일경에 체포되었다. 일경에 체포된 후 금고 4월, 집행유예 5년을 선고받았고 1930년 2월 24일 보석으로 출감하였다(『중외일보』, 1930.2.25.).

그의 문학적 출발은 목포에서 발행된 『호남평론』에 발표한 소설을 통해서 드러난다. 출감하고 7년이 지난 1937년 1월 『호남평론』에 소설 「재출발」을 발표하였고 2회에 걸쳐 연재되었다. 그리고 소인극 〈눈뜬봉사〉도 2회에 걸쳐 『호남평론』에 연재되었으며, 수필 「나와 눈(雪)」?- 그리운 농촌의 겨울」과 「오월의 수상-잔춘편편」도 『호남평론』에 발표했다. 그는 소설과 극, 수필로 장르를 넘나들며 재능과 솜씨를 뽐냈다. 그리고는 그의 문학적 활동이 드러나지 않는다. 이후에는 문학적 활동을 접고 만주로 이주하여 그곳에서 인쇄소를 운영하면서 사업을 확장해 가던 중 해방을 맞아 고향인 목포로 귀향하였다. 그러나 안개 속의 해방정국은 그의 삶을 송두리째 흔들고 말았다. 남북분단은 그를 보도연맹에 가입하게 했고 한국전쟁 중에 서북청년단에 끌려가 학살당하고 말았다. 그때 집을 나서면서 부인에게 안주머니에 주민증을 넣고 그리 알라고 말했던 것이 집단학살된 시신들의 틈바구니에서 그의 존재를 확인하는 증거가 되었다. 시신은 그렇게 수습되었다(윤종훈, 2018:170-195). 일제강점기 일제에 의하여 자유를 억압당하였던 그는 남북분단이 가져온 이데올로기로 인하여 희생당하고 말았다. 이렇게 광주학생독립운동에 참여하였던 정우채와 채규호는 독립의 뜻을 꺾지 않고 그 정신을 지키고자 하였으나 정치적인 이데올로기에 의해 그들의 삶은 비운으로 끝나고 말았다. 그러나 그들이 걸었던 길과 그들이 남긴 작품은 영원히 살아서 문학적인 자리에 있을 것이다.

3. 차별에 대항한 문학

1) 퇴학당한 동요작가 목일신

1920년대는 어린이가 타자에서 주체로 부상하던 시기였다. 식민치하에서 '어린이'가 미래를 전망하고 일제의 탄압을 교묘하게 교란할 수 있는 새로운 기표가 된 때였다. 그래서 민족 담론의 기표인 '어린이'를 대상으로 한 일제의 식민교육제도를 역으로 이용하였다. 그것은 일제가 창가 보급의 식민화 전략을 역으로 이용해 창가의 곡조에 우리말 노래를 얹어 부르거나 찬송가에 노랫말은 얹어 부르는 식으로 동요 운동으로 나타났다. 1920년대에 어린이 전문잡지의 홍수 시대를 맞이한 것은 우연이 아니었다. 또 『조선일보』나 『동아일보』도 가담하여 '어린이란'을 따로 마련하여 새로운 주체에 대한 기대와 희망, 그리고 배일사상의 고취하는 동요담론 생산에 합류하였다. 동요운동은 말하자면 식민지 담론을 전유한 탈식민화 전략이었다(이동순, 2011).

이런 시기에 동요를 쓰게 된 목일신은 아버지 목홍석의 영향이 있었다. 목일신의 부친은 목홍석(睦宏錫, 1885.2.23~1928.4.20)으로 목치숙(睦致淑)이라는 가명으로 독립운동에 참여한 항일 운동가이며 목사였는데 1919년 평양신학대학으로 공부하러 가던 중 서울에서 3·1독립만세 운동에 참여한 후 '독립선언서'를 감추고 고흥으로 돌아와 젊은이들을 규합하여 독립운동을 한 혐의로 투옥되었다. 출감한 뒤 고문 후유증으로 사망했는데 "어린 우리들에게 때때로 나라를 빼앗긴 슬픔과 애국의 정신을 고취"시켰을 뿐만 아니라 "우리말로 글을 지어 보라고 지도"(목일신, 1974)해주었다. 고흥에서 3.1만세운동을 주도했던 목홍석의 삶과 정신을 전수받은 목일신은 자연스럽게 항일의식으로 무장했고, 삶과 문학세계에 절대적인 영향을 미쳤다.

전라남도 고흥군 고흥읍 행정리 425번지에서 5남매 중 장남으로 태어난 목일신(睦一信, 1913.1.18~1986.10.12)은 1928년 3월 14일 고흥의 흥양보통학교를 16회로 졸업(흥양보통학교 졸업대장, 1928)하고 순천매산학교에 입학하였다가 1929년 4월 8일 전라북도 전주에 있는 신흥학교로 전학하였다. 목일신이 발표한 첫 동요「산시내」는 1928년 8월 1일자『동아일보』에 실렸다.『동아일보』에「산시내」가 실린 이후 1930년 1월 1일「참새」가『동아일보』신춘현상에,「시골」이『조선일보』신춘현상에 동시에 당선되는 기염을 토하였고 1931년에도『조선일보』신춘현상에「물네방아」(『조선일보』, 1931.1.1.)가 당선되었다.

그런데 그가 작품을 가장 많이 쓴 것은 "중학교 2학년 때"로 광주학생독립운동이 일어났을 때였다. 그때는 하루에 보통 1, 2편의 작품은 꼭 지어왔으며 어떤 날을 3, 4편씩 지은 때도 있었"다. 또한 "발표욕에 치중하여서 짓기가 바쁘게 신문사나 잡지사에 보내 버리게 되어 글을 지은 지 2, 3일 후에는『조선일보』나『동아일보』에"(목일신, 1974) 발표했다. 그는 창작열을 주체하지 못해서 해수욕장을 가서도 시상이 떠오르면 "할 수 없이 손가락으로 모래사장에다가「바닷가에서」라는 동시를 써놓고 바닷물에 스쳐 없어지지 않도록 빨리 집으로 달려와서 종이와 연필을 가지고 가서 그 시를 다시 옮겨"(목일신, 1974)쓰기도 하였다. 그에게 동요를 쓰는 행위는 민족정신을 빼앗기지 않으려는 항일의식의 일환이었다.

전국적으로 알려진 소년 문사였던 목일신이 광주학생독립운동에 참여한 것은 아래의 글에서 확인되는 것처럼 당연한 것이었다.

> 신흥학교 2학년 때 저 유명한 광주 학생 사건이 발생하였었는데 전국 방방곡곡에서 호응하여 실로 요원의 불길처럼 일어났는데 내가 다시 던 S중학교에서도 12월 12일을 기하여 다른 학교와 함께 열 두시 정오 싸이렌이 울림과 동시에 만세를 부르기로 하였으며 나는 문예부원이라고 하여 삐라에 쓸 글을 지어서 수백장의 삐라를 써서 만들었으며 약속했던 싸이렌 소리와 함께 우렁찬 함성을 외치며 소리높이 만세를 불렀었는데 드디어 나는 한 시간 후에 일본 경찰에게 체포되어 백여 명의 학우들과 함께 형무소에 수감되었던 것이다. 나는 그때 2학년이었으므로 저급학년이라고 하여 1개월의 형을 받게 되었거니와 감방 안에서 춥고 배고픈 것도 괴로웠거니와 그 당신 나는 가장 창작욕이 왕성하던 때인지라 작품을 못 쓰게 되는 것도 큰 고민거리였던 것이다(목일신, 1974).

전주에서 전개된 광주학생독립운동은 "1월 20일부터 돌연 휴학을 선언하고 교수를 하지 안는다는데 리유는 생도들의 동요가 잇슬가하여 예방코저 그러한것이라는데 평온 무사히 공부를 하든 학생들은 휴학의 리유를 질문하는 동시에 속히 교수하야달라고 진정"(『동아일보』, 1930.1.24.)하기에 이르렀다. 그리고 "1월 20일 밤 격렬한 항일 격문"(한정일, 1981:188)을 뿌려졌으며 "전주여고보, 공업보습학교, 신흥학교 등지에서 시위"가 일어나 "25일에는 신흥학교가 계속 시위에 들어가 많은 학생들이 검거되었"(한정일, 1981:188)는데 이때 "전주 신흥학교 고등과 칠십여 명 삐라를 뿌리고 만세를 부르다가 삼십육명이 검거"되었다. "35명에 대하여 최고 이십구일, 최하 십오일 구류처분을 즉결하야 동일 오후 네시경에 전주형무소로 넘겨"(『동아일보』, 1930.1.28)졌다. 이때 목일신도 최고 29일의 구류처분을 받은 35명 중의 한 명으로 전주형무소에 수감되었다.

  미리 준비하고 왔던 종이, 연필 등은 모두 압수를 당하였으나 몰래 감추어 둔 아자 작은 토막연필 하나는 가지고 있었으나 종이가 없었다. 그러나 감방 안에서 하루에 한 장씩 주는 손바닥만한 휴지 한 장씩이 있었는데 그것을 아끼고 아껴서 몇 편의 작품을 쓸 수가 있었다. 감방 안에서 아무 것도 보이지를 않고 감방 창문으로 보이는 하늘과 구름만이 보였으므로 「하늘」, 「구름」, 「꿈나라」 등의 작품을 써서 출옥 후에 동아일보에 발표했던 것이다(목일신, 1971).

  그는 '문예부원'이라고 하여 삐라에 쓸 글을 지어서 수백장의 삐라를 써서 만들었으며 약속했던 싸이렌 소리와 함께 우렁찬 함성을 외치며 소리높이 만세를 부르며 시내로 진출하는 신흥학교 학생들의 항일운동의 중심에 있었던 것이다. 그로 인하여 목일신은 전주 신흥학교에서 1930년 3월 20일 퇴학을 당했다(전주 신흥학교 학적부, 1930). 퇴학을 당한 그는 전주 형무소에 수감되어 있으면서 하루에 한 장씩 주는 손바닥 만한 휴지를 아끼고 아껴서 동요를 썼던 열정을 넘어 고향인 전남 고흥으로 귀향하여 오로지 동요를 쓰기에만 전념하였다. 광주학생운동에 적극적으로 참여한 혐의로 강제퇴학을 당한 억울함과 울분 대신, 조선의 어린이들을 위한, 민족의 미래를 책임질 주체인 '어린이'들에게 희망을 주는 동요 쓰기에 심혈을 기울인 것이다. 그가 작품 발표 시기를 살펴보면 1929년부터 1937년까지 활발하게 발표하였는데 퇴학을 당한 1930년도에 가장 활발하게 작품활동하였다. 이는 일제의 식민지배 정책에 끝까지 저항하지 못한 문학인들의 정신적 굴절과는 다른 행보였다.

2) 자퇴한 동요작가 윤석중

윤석중은 방정환을 이어 어린이를 위해 한평생을 바친 동요작가이자, 한국을 대표하는 동요작가로 꼽힌다. 윤석중은 심훈, 나운규, 그리고 아버지 윤덕병의 영향을 받고 성장하였기 때문에 그는 일찍부터 소년문사로 이름을 알렸다. 먼저 심훈과 관계를 이렇게 적고 있다.

> 일찍 사회에 넘나든 나는, 어린 친구에서 차차 어른 친구를 사귀게 되었다. 「상록수」 작자 심훈도 그 중의 하나로 나하고는 열 살 터울이지마는, 친형제 못지않게 정답게 지내어 1924년에 아내와 이혼을 하고 여섯 해 동안 독신생활을 할 때 양정학교 4년생이던 나하고는 숭2동(명륜동2가)에서 광주 부호 정 아무개가 두 집 살림을 차린 큰 기와집 사랑채를 빌려 한동안 같이 자취 생활을 했는데, 그 역시 16세 때 왕족이던 이해승 후작의 매씨 '전주 이씨'와 결혼한 조혼파였다.
> 내가 심훈을 알게 되기는 보통학교 3학년 때 '꽃밭사'를 같이 시작한 심재영 집을 드나들 무렵 '우리 삼촌'이라고 소개를 해주었는데, 그는 문학소년인 나를 무척 귀여워해 주었다. 나는 그 때 심훈 맏형 심우섭(언론인), 둘째 형 심명섭(목사), 그리고 누님 심원섭하고도 한 집안 식구처럼 지냈는데, 말하자면 심재영이 꽃밭사를 같이 하다가 삼촌 심훈을 나한테 뺏긴 셈이다(윤석중, 1988:55-56).

윤석중의 친구 심재영의 삼촌이 심훈이다. 윤석중은 보통학교 3학년 때부터 심훈을 알게 되었고, 열 살이나 많은 심훈과는 친형제처럼 지냈으며 함께 자취도 했다. 특히 1927년 "심훈이 관훈동 부모댁에 얹혀 지낼 때 〈탈춤〉이라는 그의 영화 소설을 며칠 밤을 새워 나하고 같이 각색"하였을 만큼 문학적으로도 소통하는 사이였다. 또 한 사람은 나운규였다. 윤석중이 영화를 만들어 달라고 나운규를 찾아갔다가 가까운 사이가 되었다. 나운규는 "연기보다도 사상을 더 치는 모양이었다. 결국 미쳐버리고 마는 〈아리랑〉은 피압박민족의 처절한 자화상이었다. 나운규는 성격 배우일 뿐만 아니라 민족주의자요, 항일 투사"(윤석중, 1988:60)였다. 심훈과 나운규는 윤석중의 "벗이자 마음의 스승이었다"(윤석중, 1988:60).

윤석중의 또 다른 스승은 아버지 윤덕병이었다. 윤덕병은 1920년부터 1930년에 이르는 시기까지 사회주의 운동의 일선에서 맹활약 한 인물이다. 특히 윤덕병은 1925년 조선공산당 1차 대회 때 중앙검사위원으로 선출되었다가 박헌영과 함께 신의주에서 검거되어 서울로 압송(『동아일보』, 1926.7.22.)되어 4년간이나 투옥되기도 했던 독립지사였다. 심훈과 박헌영과 여운형은 윤석중의 아버지 윤덕병과 긴밀한 관계를 맺고 있었다. 윤석중의 「조선아들행진곡」에서도 확인된다.

> 피도조선 뼈도 조선 이피이뼈는
> 살어조선 죽어조선 네것이로다.
>
> 에야데야 우리는 조선의아들
> 두팔것고 내다른 조선의일꾼.
>
> 맘도조선 넋도조선 이맘이넋은
> 슬퍼조선 조하조선 불변이로다.
>
> 에야데야 우리는 조선의아들
> 두발것고 내다른 조선의일꾼
>
> 아름다운 우리조선 삼천리강산
> 부디처도 아니깨질 삼천만무리.

에야데야 우리는 조선의아들
기뻐뛰며 일하는 조선의일꾼.

-1929.4.4

「조선아들행진곡」 전문(『동아일보』, 1929.4.7.)

위 작품은 독립군이나 항일투사들이 쓰거나 부를 법한 작품은 양정고보 학생이었던 윤석중이 쓴 작품이다. 일제를 향해 대놓고 '피도조선 뼈도조선 이피이뼈는/살어조선 죽어조선 네것이로다.'라고 큰 목소리로 노래하는가 하면, 그리고 '맘도조선 넋도조선 이맘이넋은/슬퍼조선 조하조선 불변이로다.'를 강조함으로써 '조선의 아들'로서 결코 물러서지 않겠다는 강한 의지를 보여주고 있다. 이것뿐만 아니라 또한 『동아일보』가 공모한 「조선물산장려가」(『동아일보』, 1926.9.1.)에도 당선되었는데 여기서도 "조선의 동모들아 이천만민아/두발벗고 두팔것고 나아오너라/우리것 우리힘 우리재조로/우리가 만들어서 우리가쓰자/우리가 만들어서 우리가쓰자"고 호소하였다. 이렇게 민족정신을 강하게 드러낸 작품으로 지명도를 갖게 되었던 소년문사 윤석중은 1929년 11월 3일 광주학생독립운동으로 많은 동료 학생들이 퇴학을 당하자 '조선의 아들'로서 '넛도 조선'이라고 했던 대로 5년 동안 다녔던 양정고보를 졸업식을 앞두고 자퇴했다. 그는 『중외일보』에 「나의 기대는 졸업장이었든가? – 자퇴생의 수기」를 통해 그 뜻을 알렸다.

「아 고로 단 열흘만 있으면 졸업장을 타가지고 나올 것을 아 그래 그동안을 못참고 자퇴서를 하다니 그놈이 미치지안코야……」
나는 고명하신 여러동지학우의 이러한 비탄과 ○○의 과실의 화살을 가슴에 마저가면서도 바둑바둑 자퇴원을 학교 당국에 드릿드리고 (지난 2월 10일) 교문을 나와버린 싱거운 녀석이외다.

『대체 무엇 때문에 자퇴를 하였느냐?』 그러나 그 이유를 밝히만한 아무런 자유도 OO도 못가진 것이 한이외다.

오즉 한가지 지나간 다섯해 몸안에 내가 OO미트로 내가 본대로 들은 대로 생각한대로 추리다가 조고만 조각보를 모아볼까합니다. 이 쓸모없는 조각보나마 여러분의 놉고도 깊으신 생각을 기울려부어서 새지않을 「보자기」가 되어진다면 무상한 영광으로 알겠습니다.
      윤석중, 「나의 기대는 졸업장이었든가? - 자퇴생의 수기」 전문
              (『중외일보』, 1930.2.27.)

친구와 후배 학생들이 퇴학을 당하고 투옥되는 것을 지켜보다 못해 졸업장은 의미가 없다고 판단한 그에게 사람들은 '단 열흘만 있으면 졸업장을 타가지고 나올 것을 아 그래 그동안을 못참고 자퇴서를 하다니 그놈이 미치지안코야'라는 쓴 소리를 해댔지만 '오즉 한가지' '내가 본대로 들은대로 생각한대로 추리다가 조고만 조각보를 모아' '「보자기」가 되'고자 했던 그것을 지키기 위해 자퇴를 했다. '본 대로 들은대로 생각한대로' 행동으로 옮긴 것이다. 광주학생독립운동이 전국적으로 확산되고 있을 때 발표한 작품에서도 '보자기'가 되기 위한 노력이 확인된다. 그것은 직정적이며 감정적이고 구호적이다.

不義의 칼에마저 피투성이
될지언정 正義를 위해서는
목숨바처 싸울者여!
손들라
손들라
손들러 맹세하라!
失戀한 者 누구냐

그대로 맹세하라!
곰팡난 사상으로 목이에여
우다니 그대의 눈물이 그닥지도 갑쌀까?

二

不義에 매에마저 안즉뱅이
될지언정 正義를 위해서는
굽힘업시 싸울者여!
나스라
나스라
나서서 맹세하라!
失戀한者 누구냐
그대도 맹세하라!
때무든 사랑아페 두무릅을
꿀타니 그대의 할노릇 그것박게 업슬까?

윤석중, 「失戀한者 누구냐」 전문(『조선일보』, 1930.8.27)

    윤석중의 어떤 작품이나 글에서도 발견되지 않는, 감정을 폭발하여 울분을 표현함으로써 독자의 심금을 울리고 있다. 특히 학교에 자퇴서를 내고 일제의 폭압에 항거하는 학생들의 목소리를, 불평등의 해소를 주장하는 학생들을 퇴학, 정학, 감금, 폭행하는 현실이 지속되고 있는 것에 대한 분노가 '불의'에 대항하여 손을 들고 나서서 싸우고 맹세할 것을 주장하고 있다. 그것은 '실연한 자'가 아닌 '정의'를 위해 '굽힘업시 싸울 자'가 필요하며, 당위로서 '두무릅/꿀'지 않는 정의로운 길이자 일제에 항거하는 길임을 제시하고 있는 것이다. 싸울 대상을 명시하고 있지는 않지만 민중/학생의 결집을 호소함으로써 싸울 대상을 더욱 분명하게 드러냈을 뿐만 아니라 「목수의 노래」(『조선일보』, 1930.8.25.)에도 '정의'를 위해 '굽힘업시 싸울 자'는 '조선의 목수'인 우리들이 '가난과 억울과 불평'을 자양분으로 삼아 '녹스른 옌장을 어서갈자'고 강조하고 있다.

이즈음 윤석중의 동요는 가난하고 억눌린 민중들에 초점을 두고 있다. 동요 「누나야! 헌옷 도루 가라입고」(『조선일보』, 1930.8.15)에도 마찬가지로 "배고파"도 먹을 것이 없고 부를 "노래"도 없이 "선생님도 목사영감도" 모른체 하는 비정한 현실이지만 "새날에 새집지을 새목수꾼도/거리거리에 몰켜앉는 저네"들의 "참동무가" 되자고 호소했다. 그는 『윤석중 동요집』(1932), 『잃어버린 댕기』(1933), 『윤석중 동요선』(1939)과 『어깨동무』(1940) 등으로 엮어서 '새지 않을 「보자기」'를 만들어 조선의 어린이들에게 우리의 동요로 노래를 부르게 했다. 일제에 찬동하지 않고 오직 민족의 미래를 책임질 어린이들을 위한 동요 쓰기에 전념하였던 목일신과 윤석중의 동요는 민족혼을 지키는 무형의 무기가 되었다. 광주학생독립운동으로 퇴학/자퇴했던 강직함은 끝내 훼절하지 않는 작가로 남았다.

4. 일제강점기의 작가적 소명

광주학생독립운동에 직접 참여하거나 간접적으로 활동했던 작가와 작품을 전수조사하지 않은 상태에서 그동안 들여다보면서 수집했던 사료를 중심으로 살펴보았다.

앞에서 밝히지 않는 작가 중에 간접적으로 관계가 있는 작가들도 있다. 수필가 김진섭은 수필을 문학적 경지에 끌어올린 문학인이자 언론인으로 한국전쟁기에 납북되어 생사가 불명인 작가로 남아 있는데 독서회 회원으로 징역 2년을 선고받은 김보섭이 그의 동생이다. 시인 이육사도 광주학생독립운동과 관련하여 1930년 대구 격문사건의 주모자로 피검되어 6개월여 옥고를 치렀다. 그는 1930년 1월 3일자 『조선일보』에 시 「말」과 『별건곤』에 평문 「대구사회단체개관」을 발표하면서 문학활동을 시작했고, 1930년 북경으로 가서 북경대학 사회학과를 다니다가, 귀국『중외일보』와『조선일보』기자로, 그리고 시를 통해 민족혼 고취하였으나 1944년 1월 16일 북경에서 옥사하였다. 또 광주학생독립운동으로 전북 이리농림학교 독서회 회장으로 퇴학을 당했던 전남 장성출신의 시인 박흡(본명 박증구)이 있다. 그는 퇴학을 당한 후 지속적으로 검속을 당하는 감시 속에서 살았다. 해방 후 광주에서 시인으로 국어교사로 재직하면서 문예부 학생들을 지도하였다.

이상에서 광주학생독립운동에 비밀결사체 회원이었던 학생이 형기를 마친 후에 작품을 발표한 경우와 광주학생독립운동 이전에 소년 문사가 참여했던 경우로 나누어 살펴보았다. 첫 번째는 비밀결사체 '성진회' 활동을 비롯하여 광주학생독립운동의 핵심에서 활동했던 정우채는「단결하자」는 작품을 시작으로 작품을 썼고, 출감 이후에『호남평론』에 시를 발표했다. 광주학생독립운동의 가두투쟁을 이끌었던 채규호는 출감 이후에 장르를 넘나들면서 작품을 써서『호남평론』에 발표했으나 해방 후 이데올로기의 갈등 속에서 보도연맹사건과 관련되어 희생되고 말았다. 두 번째는 학생의 신분이었지만 소년 문사로 알려졌던 동요작가 목일신이 광주학생독립운동 당시 전주신흥학교 문예부에서 격문을 쓰고 뿌리면서 적극적으로 시위를 벌인 혐의로 퇴학을 당한 뒤 고향에서 동요쓰기에 전념하였다. 소년문사 윤석중은 심훈과 나운규, 부친 윤석병의 영향을 받으면서 민족의식으로 무장한 덕분에 광주학생독립운동에 고초를 겪는 학생들을 보고 양정고보를 자퇴하였다. 이후 목일신과 윤석중은 더 치열한 동요를 써서 어린이들의 마음을 움직이며 민족정신을 지켜나갔다. 이 학생/작가들이 보여준 희생과 불굴의 정신으로 불의와 타협하지 않고 문학정신을 구현해나간 한국문학의 한 장에 있었다는 사실은 역사적 사건 때마다 훼절하였던 작가들의 모범이 되는 의의와 가치를 지니고 있다.

역사적 사건과 문학적 행위의 영향 관계를 작가의 생애적 관점과 연계하여 살펴본 한계가 있다. 그럼에도 불구하고 역사적 사건을 어떻게 건너

왔는지는 여전히 중요한 문제이며 그것이 작가에게 미친 영향 또한 간과할 수 없는 중요한 전환점으로 작용한다는 점에서 하나의 사례를 제시했다는 것에 의미를 두고 싶다. 여기서 미처 살피지 못한 학생들이 작가로 성장한 경우가 더 있을 수 있고, 또한 광주학생독립운동에 참여했으나 일제에 부역함으로써 친일문학인으로 변절해간 작가들도 있었다는 점을 말해둔다.

참고문헌

경향신문, "사설", *경향신문*, 1954.11.3.
김화선(2002). "한국 근대 아동문학의 형성과정 연구", 충남대 박사논문.
목일신(1974). "나의 습작시대 회고담", *배화* 68.
윤종훈(2018). *이름없는 역사*, 이상.
윤석중(1930). "조선물산장려가", *동아일보*, 9.1.
_____(1930). "나의 企待는 卒業狀이었든가?- 자퇴생의 수기", *중외일보*, 2.27.
_____(1930). "누나야! 헌옷 도루 가라입고", *조선일보*, 8.15.
_____(1988). "나의 소년 시절", *어린이와 한평생1*, 웅진출판사.
이동순(2011). "1920년대 동요운동의 전개양상", *한국문학이론과 비평* 53.
_____(2013). *목일신전집*, 소명출판.
_____(2021). "광주학생독립운동과 학생/작가의 문학적 행로", *문화와융합* 43(8), 43-58.
장매성(1973). "박해속에서 불태운 젊음, 광주학생운동의 앞장을 서다", *회상의 학창시절*, 신구문화사.
채규호(1937). *호남평론* 3권 (1-5), 호남평론사.
최명표(2012). *한국근대 소년문예운동사*, 경진, 2012.
한정일(1982). *일제하 광주 학생 민족운동사*, 전예원, 1981.

● 이 장은 문화와융합 학술지 43권 8호에 실린 필자의 논문(이동순, 2021)을 바탕으로 재구성되었다.

04장

제주 우도에서 미야케지마까지
디아스포라 장소 담론

1. 장소와 공간

　장소는 다양한 가치의 문제가 중첩되어 있는 공간이다(김덕삼, 2018: 183). 일반적으로는 '공간'과 '장소'를 특별히 구분하지 않고 사용한다. 그런데 공간과 장소가 다르고, 장소라는 것에 인간적인 요소를 부가하여 장소의 의미를 새롭게 접근하는 연구가 있다. 물론 반대로 장소가 아닌 공간에 의미를 부여하는 경우도 있다(김덕삼, 2020:163). 인문주의 지리학자인 이푸 투안(Yi-Fu Tuan, 段義孚)은 인간과 아직 관계가 형성되지 않은 곳을 공간(space)으로, 인간이 긴 시간에 걸쳐 의미를 부여한 곳을 장소(place)로 구분한다.

　사람이 제외되어 논하는 공간은 온전한 지리학이 될 수 없다는 입장에서 '장소'에 더 의미를 부여하는, 장소사랑 즉 토포필리아(topophilia)를 언급(김덕삼, 2018:182)한 학자도 있다. 의미 부여된 장소는 그 사람의 정체성을 규정하는 핵심적인 역할을 한다. 그래서 장소는 그 사람이라고 할 수 있는데, 자신의 정체성을 규정하는 핵심적인 장소를 자의나 타의에 의해 국내 혹은 국외로 옮기거나 옮겨야 하는 사람들이 있다. 우리는 그들을 '이주자'라고 부른다.

우리나라는 이주의 역사다. 최근 100년 동안 망명을 하거나 국제결혼, 이주노동, 유학 등 여러 형태로 세계 곳곳으로 이동하였다. 재외동포재단의 통계(2021년 6월 재외동포포털 기준)에 따르면 남·북미, 아시아, 아프리카 등 오대양 육대주에 약 750만 명이 거주하고 있다. 예전과 달리 국제적 위상이 높아진 오늘날 한국은 국제노동력의 송출국에서 유입국이 되어 개발도상국 노동자들의 목적국이 되었다. 고용허가제를 통해 2010년 3월 현재 취업 자격으로 입국한 외국인은 전문인력 4만 2,745명, 단순기능인력 51만 7,963명으로 총 56만 708명이며, 그 중 미등록 전문인력 2,616명, 단순기능인력 5만 2,705명이다. '고향'을 떠난 이주자들은 새로운 곳에서 아직 관계를 형성하지 못해 소속감 대신 소외감을 가질 수 있다. 이러한 그들의 정체성 변화는 곧 그곳 거주민에게 영향을 끼치기에 이들의 문제는 곧 공동의 문제가 된다.

이 글에서는 구소은의 《검은 모래》(은행나무, 2013)를 텍스트 삼아 강제든 자발적이든 삶의 터전을 옮겨야 하는 이주민들의 일련의 사건들 그리고 정체성의 변화, 이주의 역사를 들여다봄으로써 장소와 공간에 대한 문제를 더 구체적으로 이푸 투안의 토포필리아(topophilia)와 미셸 푸코의 헤테로토피아(heterotopia)와 관련지어 풀어가려고 한다. 이는 장소와 공간의 의미를 확장하여 현시대의 문제점을 재점검하는 것은 물론, 인간 너머의 또 다른 지평을 모색하려는 의도이다. 구소은의 《검은 모래》를 텍스트로 삼은 이유는 일본 내 거주하는 재일한인을 대상으로 한 꼼꼼한 취재와 문헌연구로 역사적 고증을 통해 리얼리티를 확보했기 때문이다. 궁극적으로 '예술'은 현실을 재현하는 작업이기에 작품 속 인물들은 그 당시 일본으로 건너갈 수밖에 없었던 노동자들을 대변하며 현재는 좀 더 나은 삶을 살고자 이주하는 개발도상국 출신 노동자들의 애환으로 환치될 수 있기에 과거에서 현재를 읽고 현재에서 미래를 볼 수 있는 장소 담론을 통해 문학작품을 사회적 독해력으로 탐색하고자 한다.

2. 디아스포라 문학의 경계 넘기

'디아스포라(diaspora)'는 본래 그리스 동사 '씨 뿌리다(speiro)'와 전치사 '위(dia)'가 합해진 합성어이다. 바빌론 유수(BC.586) 이후 팔레스타인 지역을 떠나 세계 각지로 흩어진 유대인이나 유대인 공동체를 의미하는 용어(임경규 외, 2016:9-10 참조)였지만 현대에는 그 의미가 확장되었다.

먼저 고전적 개념으로서의 디아스포라를 살펴보면 강제이주와 민족분산이라는 비극적인 경험을 공유하며 역사적 고국으로의 귀환을 염원하는 이주민 집단을 의미한다. 강제이주, 단절, 소외, 희생, 상실, 소외 등의 단어와 연관되면서 주로 부정적인 의미를 함축한다. 역사적으로 강제이주나 민족적 박해를 통해 영구적 분산을 경험한 유대인, 아르메니아인, 아프리카인이 이러한 디아스포라집단으로 알려져 있다. 현대적 개념으로는 정기적으로 혹은 가끔 연락을 취하며 고국과의 관계를 유지하며, 타국에 거주하는 동일한 출신배경을 가진 개인이나 집단과의 유대를 이어가는 디아스포라집단을 말한다. 디아스포라 집단은 '민족'에 근거를 두면서 동시에 '민족적' 경계, 국가를 초월하여 형성되는 네트워크와 흐름에 대한 이해를 용이하게 하는 'roots(뿌리)'와 'routes(경로)'가 결합된 개념이기도 하다. 여기서 '뿌리'는 디아스포라 집단이 가지는 민족적 정체성이고 '경로'는 이주 혹은 네트워크로 해석될 수 있다(신지원, 2015:11-14 참조). 본 연구에서의 디아스포라의 범위를 좀 더 넓게 하여 단기취업을 위해 해외에 거주하고 있는 자발적인 이주자를 포함하여 이민자, 망명자, 외국인 노동자 등 국경의 경계를 넘나드는 초국적 주체들과 그들의 네트워크를 통칭하기로 한다.

이렇게 해서 해외로 간 코리안디아스포라를 시대별로 살펴보면 상이한 목적에 따라 4시기로 구분할 수 있다. 러시아의 연해주와 중국·만주 등 북방으로 향했던 제1기(1860~1919), 대부분노동자들이 일본으로 향했던 제2기(1919~1945), 1965년부터 미국, 캐나다 등의 북미, 브라질 등의 남미 그리고 서독으로 이주했던 제3기, 마지막으로 1975년 이후 월남에 나갔던 한인들이 동남아시아와 호주 그리고 뉴질랜드로 이주했던 제4기 라고 할 수 있다(이광규, 1999:12).

한국의 디아스포라 문학 연구는 1986년에 처음 통계가 잡힌 이래로 한동안 관심을 끌지 못했다. 한국문학 연구자들이 관심을 가지기 시작한 것은 2002년이었고(강진구, 김성철, 2021:334) 2003년에서야 '국제한인문학회' 설립을 계기로 전환점을 맞는다. 국제한인문학회는 초대 회장을 중심으로 관련 분야 연구자들이 네트워크를 구축하여 국내·외의 활발한 공동연구를 진행한다. 그 결과 다양한 문헌 자료 발굴 및 연구는 물론 코리안디아스포라 문학 연구까지 활기를 되찾는다(강진구, 김성철, 2021:328). 코리안디아스포라 문학은 한글 문학과 한글 문단을 중심으로 진행되며 정체성 연구가 여전히 핵심적인 주제이자 큰 틀에서 한민족 통일문학사를 논의하고 있지만 미주 거주 동포문학의 경우는 소수자문학으로 '한국계 작가'라는 범주에서 논의되는 특징을 보인다. 또한 민족 문제 중심으로 주로 연구되었던 초기와는 달리 정체성이나 언어 그리고 코리안 디아스포라들이 생활하고 있는 공간과 사회에 대한 연구 등으로 최근에는 확산되고 있다.

본문에서 선정한 텍스트는 아직 선행연구가 되어 있지 않아 2019년 이후 발표된 디아스포라 문학 중에서 《검은 모래》와 서사 구조와 인물 및 주제가 매우 유사한, 2017년에 발간하자마자 뉴욕타임즈·USA투데이·영국BBC에서 '올해의 책으로 선정되어 애플 TV 8부작 드라마로 제작된 이민진의 《파친코》를 먼저 살펴보면 주로 '정체성 담론(강유진, 2019), (손영희, 2019), (이승연, 2019), (주혜정, 2020)과 장소담론(임진희, 2019)'으로 나눌 수 있다. 참고로 《검은 모래》는 2013년 은행나무에서, 《파친코》는 2018년(영문판은 2017년) 문학사상에서 각각 첫 출간되었다.

구소은의 《검은 모래》는 1910년부터 100여 년에 걸쳐 제주도를 중심축으로 남북한과 일본의 역사를 조망하는 4대에 걸친 가족사 형식을 취한다. 가족사 소설은 대개 가부장적 혈통(아들)을 중심축으로 삼는데 전지적 시점《검은 모래》는 제주도 여인의 운명과 신분을 상징하듯 모계 중심의 여인(딸)을 내세우고 있다. 구월→해금(딸)→건일(외손자)→미유(외증손녀)로 이어지는 서사구조이다.

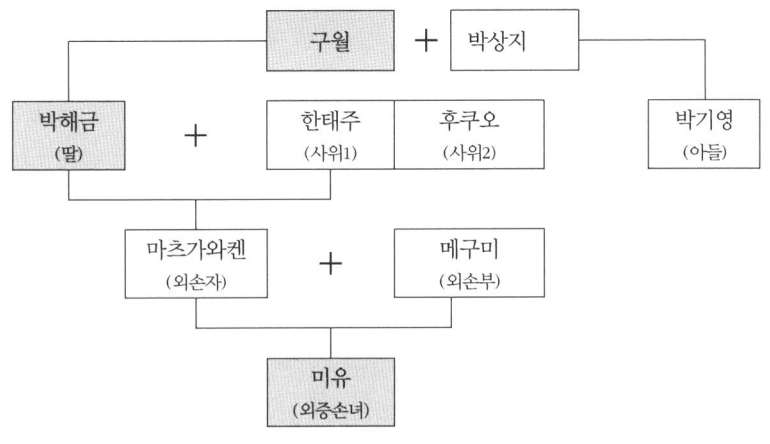

그림 1 가계도 (구월을 중심으로)

① 구월: 일제강점기가 시작되고 나흘 뒤에 태어난 제주도 우도 출신 해녀이다. 15세에 박상지와 결혼하여 딸과 아들을 두었으며 그녀 나이 17세에 가족 모두 일본으로 이주한다.

② 박상지: 구월의 남편이다. 원래 잘 사는 집안이었으나 나라를 빼앗긴 뒤로 민족사업에 뛰어들면서 가계가 기울기 시작한다. 선주, 어부, 중간업자(일본으로 물질하러 가는 해녀 인솔자)를 거쳤다가 강제징용대상자가 되어 나가사키 군수공장에서 노역 중 원폭 투하로 죽었을 것이라고 추정된다.

③ 박해금: 구월의 딸이자 해녀이다. 일어와 한국어를 어느 정도 할 수가 있다. 함경남도 지주 아들인 한태주 사이에서 아들(건일)을 낳지만 (한태주와는 정식으로 결혼식을 올리지 않았다) 한태주가 한국전쟁 참전으로 죽자 후쿠오와 결혼을 한다.

④ 박기영: 구월의 아들이다. 대학 졸업 후 월북한다.

⑤ 한태주: 함경남도 함흥 지주 출신이다. 경성제국대학 의학부에 다녔지만 막바지 징병을 피하려고 일본으로 건너가 게이오대학 의학부 예과 2학년에 편입한다. 그때 기영이 다니는 학교에 임시 교사로 있다가 해금을 알게 된다. 한국전쟁 참전 후 사망한다.

⑥ 후쿠오: 구월이 물질을 할 때 알게 된 후쿠오 선장의 청각장애인 아들이다. 그는 오래전부터 해금을 짝사랑해오고 있었다. 한태주가 죽자 해금과 결혼하여 '건일(켄)'을 친아들처럼 보살핀다.

⑦ 마츠가와 켄: 한태주가 아버지이나 아버지가 죽고 어머니가 일본인 남자 후쿠오와 결혼하자 원래 이름 '건일'을 '켄'으로 바꾸어 마츠카와 켄이 된다. 그는 역도산이 죽은 뒤 적극적으로 패싱을 선택한다. 미국 유학 중에 만난 일본여자 메구미와 결혼하여 미유를 낳는다. 요코하마에 있는 대학의 식물학과 교수가 된다.

⑧ 미유(외증손녀): 해금의 손녀이다. 해녀를 동경하던 그녀는 대학 서클 활동으로 스쿠버 다이빙을 하다가 극우 집안 남자와 사귀게 된다. 미유의 몸속에 한국인의 피가 절반이라는 말을 듣고 그는 미유에게 이별을 통보한다. 그녀는 한때 실연 등으로 정체성의 혼란을 겪지만 이를 극복하고는 해금이 물려준 '아리수'를 운영한다.

⑨ 임례/매형: 박상지의 누나이자 해녀이다. 구월의 가족보다 미야케지마에 먼저 정착한다. 그리고 임례의 남편(박상지의 매형)은 본 소설에서는 특별한 호칭 없이 '매형'으로 불린다. 해녀를 인솔하다가 한쪽 팔을 사고로 잃는다.

3. 이주하는 사람들: 국가장소 상실

사람들이 태어나고 자란 곳을 떠나 다른 나라로 '돈을 벌기 위해 이동한다는 것', 즉 이주에는 세 가지 종류의 관련 행위자들이 존재한다. 이동하는 사람, 보내는 나라의 사람(상황), 받아들이는 나라의 사람(상황). 이들은 각자의 위치에서 일정한 역할을 수행한다. 세 행위자 중 어느 누가 가장 중요한 역할을 하고 있다고 말할 수는 없다. 당시의 시대와 사회에 따라 각각의 다양한 양태를 보일 것이기 때문이다. 다시 말해서 국제노동력이 발생하는 합당한 미시적·거시적 이유가 있다고 한들 그 당시의 역사·구조적 맥락을 간과할 수는 없다. 이로 인해 개개인의 의도와 상관없이 시대에 따라 주체적인 행동가였다가 추방자로 전락하기도 한다. 국제 이동은 단순한 이동이 아니라 그 당시의 세계를 반영하는 거울이기 때문이다. 그리고 모두들 토포필리아를 찾아가는 여정이기도 하다.

토포필리아(topophilia, 장소애)는 이푸 투안이 정의한 "사람과 장소 또는 배경의 정서적 유대"(이푸 투안, 2011:21)이다. 인간이 태어나는 순간부터 소속되는 환경과 장소에 대한 인지적, 감정적 연계의식의 한 부분이라고 할 수 있다. 인간은 누구나 태어나면서 장소에 소속된다. 어린 시절의 추억이나 삶의 의미 있는 이정표들이 장소에 새겨지곤 한다. 이러한 장소에 대한 애틋한 감정적 교감이 이루어지는 곳을 토포필리아라고 한다. 토포필리아는 누군가의 시선이 머무르는 경관이 될 수가 있고 머릿속에 그려지는 추상적인 공간에 대한 느낌일 수가 있으며 때로는 학교, 집, 의자와 같은 물리적 대상에 대한 감정일 수 있다(오인혜, 2014:131). 렐프는 인간 실존의 터전이자 자신의 정체성을 형성하는 토대인 이상적인 장소 가운데 하나로 집을 상정한다(김덕삼, 2020:183). 《검은 모래》의 구월도 검은 모래밭이 있는 제주 우도에 '집'이 있었다. 하지만 모든 사람들이 자신이 태어나고 자란 곳에서 세상을 포용하면서 더불어 살아갈 수만은 없다. 구월이 상흔처럼 가지고 태어난 주권 상실, 즉 국가장소 상실은 모든 국민을 실향민으로 만들었기 때문이다.

1) 토포폴리아를 찾아서: 와다우라, 미야케지마

    나흘만 일찍 태어났어도 조선의 사람이었을 것을, 그 나흘이 늦어 나라 잃은 백성으로 억울하게 태어난 사람이 있었다. 억울한 것으로 따지자면 망국의 그날에 세상 빛을 본 사람에 견주면 좀 나을까. 그렇다 한들 결과는 마찬가지가 아니겠는가.
    조선 땅에서 조선인으로 태어났다고 해서 국적의 표식이 몸 어디에도 새겨져 있는 것은 아니지만, 잃어버린 나라라고 해서 그 땅에서 태어난 사람이 조선인이 아닌 것도 아니지만, 그래도 그게 그렇지가 않았다. 잃어버린다는 것은 돌이킬 수 없이 분하고 서럽고 아픈 일이기 때문이었다(구소은, 2013:13).[1]

  이 소설의 중심에 있는 구월은 "나흘만 일찍 태어났어도 조선의 사람이었을 것을, 그 나흘이 늦어 나라 잃은 백성으로 억울하게 태어난 사람"(13)이 된다. 태어나면서부터 나라 잃은 신세였지만 "태어나면서부터 잠녀였다."(14) 섬 속의 섬. 소가 누워 있는 모습을 닮았다 하여 '소섬'이라고 불리는 우도에서였다. "제주의 잠녀 중에서도 우도의 잠녀는 한층 더 모진 환경 속에서 물질을 하는 터라 억척같은 생활력과 강인한 생명력을 바탕으로 가족들의 생계를 책임"(17)져 왔다. 일제강점기, 제주 해녀, 억척(강한 생명력) 그리고 이주(단기 노동, 정착)가 작품 전반을 관통한다. 참고로 한국과 일본에서는 현재 해산물을 채취하는 여성을 '해녀(海女)'라고 부르며 같은 한자어를 사용한다. 작품 속 '잠녀(潛女)' 대신 본문에서는 문맥상 '해녀(海女)'로 표기한다.
  첫 단기 이주 공간은 1926년 4월부터 9월까지 5개월 동안 머무르면서 '물질'을 하였던 '와다우라'였다.

---

[1] 앞으로 구소은의 《검은 모래》(은행나무, 2013)에서 발췌한 인용문은 출처를 생략하고 가로 안에 쪽수만 적기로 한다.

구월은 17세 되던 해 봄, 어머니를 따라 기미가요마루를 타고 일본으로 첫 출가물질을 나갔다. 순종이 53세로 생애를 마치기 며칠 전이었다.

구월의 물질 솜씨는 잠녀들의 입에 오르내릴 만큼 그 또래들 중에서 단연 으뜸이었다. 구월의 할머니가 바다에서 채취하는 해산물보다 구월의 것이 훨씬 많았으며, 질적으로도 구월의 것이 더 좋았다. 과연 타고난 잠녀다웠다. 구월의 어머니는 비싼 이자를 각오하고 2인분의 뱃삯을 빌려 조합원 몇몇이 일본으로 떠나는 길에 구월을 데리고 갔다(20).

위의 인용문에서 '조합원 몇몇이'란 1920년 4월 16일 결성된 제주도해녀어업조합을 가리킨다. 해녀들은 일본뿐만 아니라 다롄과 칭다오 등 중국과 블라디보스토크까지 물질을 다녔다. 1930년대에는 4천여 명에 이르렀다. 그들은 매년 4월에 출가물질을 떠나 9월에 귀향했다. 제주도민이 심지어 여성이 일시적으로나마 고향을 떠나 타 지역에서 돈을 번다는 것은 19세기 말까지 상상할 수 없는 일이었다. 하지만 3~4월에 고향을 나서서 9~10월에 돌아오는 단기 이주 노동은 제주도 잠수들의 노동 패턴으로 일반화되었다. 이렇게 일시적으로 물질을 하고 귀향하는 것을 소위 '바깥에 나갔다'거나 '영업 갔었다'라고 했다. 그래서 민속학자 김영돈은 이를 '바깥물질'이라 명명하였다(안미정, 2016:503).

《검은 모래》에서 해금의 어머니 구월은 아예 일본에 정착한 예에 속한다(구소은, 2013:332-333). 구월의 어머니가 비싼 이자를 각오하고 2인분의 뱃삯을 빌리는 데에는 "심각한 빈곤에 허덕이던 제주 사람들이 일본으로 가면 이보다 나을 것"이라는 일종의 토포필리아를 찾아가는 과정이었다. 하지만 출발부터가 토포포비아(topophobia)였다. "비싼 뱃삯에도 불구하고 대다수의 조선인 승객들은 짐짝 취급을 당했다. 사람 머리의 세배 정도는 됨 직한 테왁과 해초 찌꺼기가 꾸덕꾸덕 말라붙어 있고 비릿한 해산물 냄새가 고스란히 배어 있는 망사리 그 외의 개인 소지품과 양념들을 바리바리 꾸려 넣은 보퉁이들에 짓눌린 잠녀들도 짐짝 대우 받기는 마찬가지였다. 연락선이라기보다는 난민을 실어 나르는 배 같았다."(21-22) 숙소도 온전할 리가 없었다. "새로 도착한 잠녀들을 위한 숙소는 비바람을 막는 정도의 겨우 모양새만 갖춰 지은 긴 장방형 주택이었다. 말이 주택이지 거의 창고 수준이었다."(22) 구월에게 그곳은 "다만 객지 생활이 주는 이질감에는 좀처럼 익숙해지지 않았다. 또한 우도에서 겪는 것과는 다른 궁색함이 가슴속에 맥놀이를 만들었다. 그 울림이 서럽게 느껴질 때도 있었다. 바다가 사나워 물질을 못하는 날이면 더욱 그랬다. 일본 사람들은 조선에서 건너온 잠녀들에게 결코 친절한 이웃이 아니었다."(24)

국가장소 상실의 사람들에게는 와다우라도, 첫 출가 물질을 다녀온 지 꼭 15년이 지났을 때, 구월의 가족이 정착했던 미야케지마(1941년 5월)도 그들에게는 '생존의 터전'이었지 집(고향)과 같은 토포필리아는 아니었다. "일본이라고 나은 것은 없었다. 그들도 못 먹고 못 입기는 별반 차이가 없어보였다."(93) 고국도 징용 등 명분을 내세워 남자들을 끌고 갔으며 1939년 1월 말부터는 중국 상해에 설치된 종군위안부를 시작으로 간호사, 여공, 여자 애국 봉사, 여자 정신대라는 명목으로 조선의 처녀들을 속여 전쟁터로 끌고 갔다. 국가장소 상실의 피지배층에게는 악착같이 돈을 벌어 돌아가고자 했던 고향도 현재 발을 딛고 있는 곳도 "무수한 목숨들이 일본 군부가 쥔 칼자루에 달려"(97)있을 뿐이었다.

1910년부터서 1945년까지 한국 역사는 일본에 의한 억압과 착취의 시대이자 봉건시대에서 근대국가로 전환되는 시기였다. 전반적으로 사회변화가 일어났던 이 시기에 태어난 곳을 떠나 일시적으로나마 타 지역이나 다른 나라로 가서 물질을 했던 제주 해녀의 역사는 항일항쟁 역사이기도 했다. 힘든 타향살이에 따르는 서러움과 애환 등을 견뎌낸 그들을 제주 여성의 진취적인 도전자로 해석하기도 했다. 하지만 그 이면에는 그녀들이 바깥물질을 할 수밖에 없는 구조적인 문제가 있었다. 해녀가 이동하기 위해서는 어장이라는 바다가 우선적으로 필요했으며 이와 더불어 해산물과 인력 유통이 이뤄지는 시장, 노동 인력의 수급, 이동 교통수단 등이 뒤따라야 했다. 수확한 해산물은 중국과 일본에서 제일 많이 소비했다. 일제강점기 해녀들의 출가물질이 빈번했던 것을 알기 위해서는 식민지 지배의 구조적 양상 및 동아시아의 교역체계 등을 먼저 알아야 했다(안미정, 2016:484-485).

이푸 투안은 "개인이든 집단이든 인간은 '나'를 중심에 두고 세계를 해석하는 경향이 있다."(이푸 투안, 2011:59)거나 "이주자와 정주자는 서로 다른 환경에 초점을 맞춘다."(이푸 투안, 2011:104)라고 하였다. 자기와 타자, 이주자와 정주자의 시선이 다르니, 사실도 달리 해석될 수 있다. 이런 주장은 장소의 일반적인 특징에 대한 설명에 한정되기에 장소와 공간에서 벌어지는 구체적인 문제에 대해서는 비판의 여지가 있다. 가령 장소에 대한 확장된 설명이나, 장소화가 되어 가는 과정에서 누가 주체이며 어떤 목적으로, 공간을 장소로 재편하는가에 관한 논의가 배제되어 있기 때문이다. 어떤 면에서 '공간의 장소화'는 '배치'의 문제이자 '정치', '권력', '경제적 분배' 등의 문제와 관련된다(김덕삼, 2018:176).

국가장소를 빼앗긴 일제강점기 시대 국민은 피지배층이었기에 지배층의 장소 분배와 배치에 있어서 고려의 대상이 아니었다. 표면적으로 돈을 벌기 위해서의 이주였지만 구월이 와다우라에서 5개월 동안 물질을 하거나 미야케지마에서 정착하게 된 것은 국가장소의 상실로 인한 고향에서조차 불평등한 위치에 서게 된 것이 직접적인 원인이라고 할 수 있다.

2) 귀국선이라는 환상적 토포폴리아: 박기영의 북한행

공간의 분배와 배치에 있어서 인간의 집착과 욕망은 공간의 점유율 및 권력 구조와 긴밀하게 연결된다. 푸코는 그의 저술에서 근대 공간이 자연적 공간이라기보다는 정치·경제적 공간에 더 비중을 두어야 한다고 말한다. 말하자면 정치·사회·경제·역사의 관계 속에서 생성된 공간의 권력화가 근대의 역사라는 것이다(이선영, 2014:160).

푸코가 공간을 정치·사회·경제·역사의 관계 속에서 생성된 관계에 따른 배치로 파악했을 뿐만 아니라 다음과 같이 언급했다. "좀 더 구체적으로 배치 또는 자리(place)의 문제는 인구통계학적 용어로 제기된다. 인간 배치에 대한 인구통계학적 문제는 단순히 세상에 인간을 위한 자리가 충분한지를 알아보는 문제가 아니라, 인간적 요소들의 분류나 측정이나 순환이나 저장의 형태와 인접한 관계들이 어떤 목적에 다다르기 위해서는 되도록이면 어떤 상황 속에 유지되어야 한다는 것이다. 우리는 공간이 배치된 관계의 형태로 주어진 시대에 살고 있다."(이선영, 2014:165 재인용) '어떤 목적'이란 관계 속에서 지배층의 목적이기에 애초부터 불평등한 위치에서 시작한 공간 배치는 중심부와 주변부로 나눠지고 주변부에 머물러 있는 사람의 어떤 노력에도 중심부로 들어갈 수 없는 구조적인 기형을 낳는다. 인종주의가 화석화된 일본 사회에서 살아가는 재일한인, 즉 자이니치(Zainichi)는 기형적인 사회구조적인 틀에 갇힌 경계인이라고 할 수 있다. 자이니치(Zainichi)는 일본에 태어나서 일본어를 사용하는 한국계 일본인인 재일조선인을 말한다. 이런 표현은 일본에 거주하면서도 일본인으로서의 지위를 갖지 못한 채 배제되고 차별된 역사를 내포한다(서경식, 2010:13-14). 이들은 일본뿐만 아니라 한국 혹은 북한의 어느 쪽에도 발을 딛지 못한 채 회색지대에 내몰려 있다.

"여기서는 미래가 없어. 있다 한들 너무 보잘 것 없어서 억울해."
기영은 졸업반이라 취직자리를 알아보고 있었고, 번번이 고배를 마셨다. 일본 사회는 완강하게 닫혀 있었고 민족적 마이너리티의 상처는 깊어만 갔다(241).

경계인으로서 맞부딪치는 사회적 불평등한 위치는 인종차별로 오고 이는 외국인 등록령 시행으로 제도화된다. 칙령 제207호 '외국인등록령'은 1947년 5월 27일에 발표되었다. 재일조선인을 '당분간 외국인으로 취급한다'는 내용이었다. 외국인도 일본인도 아닌 애매한 존재인 '제3국인'으로 규정된 순간이었다. 결국 샌프란시스코강화조약 발효(1952년 4월 28일)와 함께 일본 국적을 완전히 박탈당하고 외국인등록을 강요당했다. 또한 열 손가락 전부를 대상으로 하는 지문날인제도(1954년 4월 28일)가 시작되었다. 재일조선인에게는 영주외국인임에도 불구하고 지방참정권도 제한을 두는 등 다양한 제도적 차별이 적용되었다(이승희, 2016:80).

일본에서 한국인이 민족적 마이너리티로 남게 된 것은 일제강점기라는 역사적 상흔에서 비롯되었다. 일제의 약탈로 재산을 잃은 조선인들이 돈을 벌기 위해서, 혹은 징용으로 강제 이주하여 살다가 고국이 해방되자 150만 명 정도는 귀환했다. 하지만 고국의 분단 상황이 심각해지고 생계수단이 불투명해지자 약 60만 명은 일본에 잔류하는 쪽을 선택했다. 1947년 일본 정부는 '외국인 등록령'을 발표하여 재일한인의 일본 국적을 무효화시켰다. 이렇게 이들에 대한 억압과 차별을 법제화했다. 일본의 식민통치로 일본에 살게 된 재일 한국인은 일본의 패전 이후에는 일본이 국적을 인정하지 않고 노골적인 민족차별정책을 펼침으로써 '국민'의 테두리 바깥으로 쫓겨난 난민이 되고 만 것이다(서경식, 2006:123-125). 이렇듯 연합군 점령기에 일본은 재일한인을 일본 국민으로 묶어 자신들의 통제권을 유지시키는 수단으로 이용하면서도 참정권과 기본권 등은 보장해주지 않았다. 결과적으로 그들은 완전한 일본 국민으로서의 대우를 받지 못하고 항상 불리한 입장에 놓여 있어야 했다. 외국인 대우가 유리한 경우에는 일본인으로 처우하고, 자국민에 대한 대우가 좋을 때는 외국인으로 몰아가는 일본의 법적 대응은 그야말로 열등한 집단으로 사회적 지위를 줌으로써 주변화 시켰다. 인종화 과정을 통해서 취약한 사회적 계급으로 머물게 했다. 여기에서 말하는 '인종화'는 아주 단순한 피부색 판별이 아니다. 우리 집단보다 열등하게 바라보는 차별적이고 편견적인 판단력이며 이데올로기적인 시선이다. 일본 정부는 재일한인을 향한 노골적인 이데올로기적인 시선으로 벼랑 끝으로 점점 내몰아 가고 있었다.

> 디아스포라는 정착을 꿈꾸는 영원한 이방인이다. 그들의 삶에는 늘 결핍이라는 물이끼가 습진처럼 끼어 있다. 아무리 먹고살 만해도 그들의 가슴은 허기지고 두꺼운 옷을 껴입고 있어도 늘 춥다. 어디에도 속하지 못한 채 경계인으로 살아가는 삶을 설명한들 알 수 있을까(215).

위의 발췌문은 구월의 증손녀인 '미유'가 중학교 때 같은 반 급우였던, 재일한국인라고 고백하여 따돌림을 당했던 진우를 회상하면서 그가 그때 하고자 했던 말이 저런 의미였을까, 라고 추측하는 부분이다. 구월의 남편인 박상지는 매형(임례의 남편)과 함께 제주와 일본 사이를 오가며 인솔자 일을 하기 위해 제주도로 갔을 때 강제징용을 당해 미쓰비시 산하 조선소나 군수공장으로 끌려가야 했다. 가족과의 생이별은 물론 실종된 상태처럼 생사조차 확인할 길이 없었다. 단지 원폭이 투하되었을 때에 죽었다고만 추정(8월 9일)할 뿐이다. 뿐만 아니라 홀로 남은 구월이 억척스럽게 물질을 하여 해금과 기영의 교육에 힘썼으나 대학교를 졸업한 기영은 일본 사회의 뿌리 깊은 인종차별주의의 벽에 부딪혀 그 사회에 비집고 들어갈 틈조차 낼 수 없었다.

제국주의 일본이 패전하고 민주주의 국가로 전환된 이후에도 일본에 정착한 조선인이 사회적 차별과 제약을 여전히 받게 되는 현상에 대해 이승희는 식민지배의 역사 및 침략에 대한 일본사회의 반성이 이루어지지 않았기 때문에 일본에 남아있던 조선인에 대한 멸시관과 우월감이 지속된 것으로 보인다고 했다(이승희, 2016:79).

이들이 힘없고 가난한 조선인을 오도 가도 못하는 궁지로 몰아넣고는 만들어준 비상구가 바로 북조선으로 향하는 귀국선이었다. 일본뿐만 아니라 해방된 한국에 들어선 이승만 정권 또한 자국민을 궁지로 몰아넣기는 마찬가지였다. "정치적 아웃사이더는 자기 나라에 살면서도 이방인 취급을 당했다. 이승만 정권이 정치적 반대자를 지나치게 억압한 결과 수많은 재일조선인은 사실상 정치적 망명자가 되어버렸다. 제주 4·3사건으로 졸지에 도망자가 되어 일본으로 밀항해 들어온 양민들 또한 그러했다. 고향 땅으로 돌아갈 수도 없고, 일본 땅에서 살아갈 길도 막막한 그들이 어쩔 수 없이 선택한 것이 바로 귀국선이었다."(243)

기영 또한 해금에게 이렇게 말한다. "북조선에 가서 공부도 더 하고, 거기서 인정도 받고 출세도 하고 싶어. 한민족끼리라 누가 누구를 차별하거나 멸시하는 일도 없을 거야."(242) 그에게 있어 귀국선은 자신의 욕망을 실현시킬 수 있는 공간이었다. 이방인처럼 살고 있는 땅에서 숙명처럼 벗어나고자 했던 자이니치의 욕망을 조종하는 일본이 만들어낸 환상적인 토포필리아였던 것을 간과했다. 그렇기에 그의 선택은 '죽음'과 같았다.

1959년 12월 14일, 일본의 치밀한 프로젝트와 북한의 프로파간다 전략의 첫 테이프가 니가타에서 끊어졌다. 1956년 12월부터 1960년 말까지 약 1년 동안 5만 1,978명이었다. 1984년 마지막 만경봉호에 실려 떠난 귀국자까지 합쳐서 총 9만 3,340명이 북송단이었다. 그들 대부분 남쪽이 고향이었지만 내몰리듯 고국이라는 이름의 땅인 북조선으로 갈 수밖에 없었다. 1959년 12월 14일, 두 번째 북송단에 기영도 끼어있었다. 세월이 지나 해금은 기영이 처형당했다는 소식을 기영의 친구로부터 전해 듣는다. "북한에서는 1960년대 말에서 70년대 초반에 걸쳐 귀국자에 대한 대대적인 숙청의 파도가 휘몰아쳤"(247)고 "그 파도에 기영이 휘말리고 말았"(247)던 것이다.

3) 나만의 유토피아: 마츠가와 켄의 패싱과 '켄의 정원'

일본에서 태어나 오랫동안 살았어도 늘 주변부에 머물러 있는 소설 속의 재일한인들은 주로 세 가지의 선택권이 주어진다. 외국인으로 분류

되어 한국인으로 살아가는 것, 일본인처럼 살아가는 패싱(passing), 아예 일본 국적을 취득하는 귀화가 있다. 패싱은 예전에도 있었다. 미국 흑인 노예제도 이후에도 지속된 인종차별에 지친 물라토(mulato, 백인 혼혈)는 백인으로 패싱을 하였다. 패싱은 "백인으로 행세할 수 있을 만큼 피부색이 밝거나 자본주의 사회에서 백인만큼의 우월한 경제력을 가진 흑인들이 주어진 외적 조건으로 자신을 백인과 등치시키고 그들의 가치관을 여과 없이 모방하는 방식이다."(권신애, 2019:2) 노예제도가 폐지되었어도 흑인에 대한 차별이 지속되어 흑인들은 정치, 경제, 문화, 교육 등의 분야에서 어려움을 겪었고 이는 해방 이후에 한국으로 미처 돌아가지 못하고 일본에 남아있던 한인들이 겪었던 불평등과 비슷했다. 이제 패싱의 정의는 확장되어 동화주의(assimilation)와 같은 의미로 적용된다(이승연, 2019:211).

"조센징이었대."
"거짓말이야. 이름이 모모타 미츠히로라고. 그런데 리키도잔(역도산)이 어떻게 조센징일 수 있어?"
"그래, 말도 안 돼. 더러운 조센징일 리가 없지."
(……)
"자기도 조센징인 것이 부끄러우니까 그랬겠지."
(……)
헛소문일 거라고, 아이들이·하는 소리란 늘 그 모양이라고 폄하하고 싶었지만, 켄의 귀에 따갑게 박혀서 가슴까지 후비는 말이 있었다.
'조센징, 더러운 조센징, 조센징은 늘 말썽이야, 일본에서 싹 몰아내야 돼.'(257-258)

그 사건이 있은 후 해금과의 둘 만의 자리에서 일본말로 똑 부러지게 말한다.

"엄마하고 난 달라요. 엄마는 아직도 귀화를 하지 않았잖아요. 국적이 한국이잖아요. 난 일본인이에요. 난 일본 사람들과 똑같이 살 거란 말예요."(259)

건일은 해금과 한태주 사이에서 태어났다. 한태주가 죽자 해금은 후쿠오와 결혼하여 '건일'이라는 이름 중에서 '건'만 등록한다. 그 뒤로 건일은 '켄'이라 불리게 된다. 켄은 해금과 둘만 있을 때 한국말로 대화하는 것이 은밀해서 좋아했으나 역도산이 야쿠자의 칼에 찔려 어처구니없이 사망하자 생각을 달리하게 된다. 그는 "마츠가와 후쿠오에게 구원을 받지 못했더라면 그의 인생은 참담했을지도 모른다."(260), "일본인들의 편견과 멸시와 차별에 멍들어 외삼촌을 따라 귀국선을 탔을지도 모를 일"(260)이라며 자신의 처지를 한탄한다. 켄의 사례에서 보듯 재일한인들은 일본과 한국 간의 차별적인 문화 권력을 인식하며 성장한다. 일본 문화가 중심을 이루는 사회에서 한국 문화는 주변적인 것, 열등한 것으로 배치되기 때문에 두 생활세계 속에서 벌어지는 권력 작용을 보면서 갈등한다. 중심 문화를 내면화한 시선으로 바라보기 때문에 주변부 타자인 자기 가족에 대한 편견이 강해지고, 이것이 결국 '고향 상실자'로 만든다(정영혜, 2011:105-106).

고향 상실자인 켄은 지속적인 인종 차별의 피해자였던 삼촌(기영)과 어머니(해금)의 삶을 봐왔고 그런 삶이 자신에게 닥칠 것이라는 불안을 암암리에 역도산의 활약 뒤로 숨겨왔다. 하지만 그가 불명예스럽게 사망하자 상실감이 갑작스럽게 밖으로 튀어 나왔다. 동시에 주류 사회로 동화되기를 갈망하는 마음은 더욱 굳어졌다. 그는 패싱에 용이한 외형과 용모 그리고 언어 구사력을 지니고 있었다. 법적인 아버지 또한 일본인이었다. 마침내 그는 자신이 꿈꾸는 유토피아를 실현시키기 위해 노력한다.

켄은 도쿄에 있는 고등학교로 진학했다. 섬에도 고등학교가 있었지만 거기에는 가고 싶지 않았다. 섬을 떠나고 싶었고, 기필코 일본 사회에서 필요로 하는 엘리트가 되어야 했다. 그래서 죽어라 공부했고 도쿄의 명문 공립 고등학교에 합격했다. 어머니는 도쿄로 유학 보낼 아들을 위해 학비며 생활비를 한 푼이라도 더 벌려고 궂은 날씨에도 물질을 했고, 공항 건설 현장에서 노동일도 마다하지 않았다. 켄은 가슴이 미어졌지만 일부러 모른 척했다(261).

마침내 패싱을 선택한 켄은 완전히 다른 정체성을 가진 인물로 변한다. 한국 국적을 유지하는 해금과 심한 갈등 관계에 놓인다. 미국 유학 중 일본인 여자와 결혼해서 딸 미유를 낳을 때는 더더욱 경계하기에 이른다. 혹시라도 해금이 켄이 '켄'이 아니라 '건일'이었다는 자신의 정체성을 미유에게 말할 지도 모른다는 두려움에서였다. 켄의 유토피아는 영원하지 않았다. 굳건하다고 믿었던 학교에서의 그의 입지는 연줄 좋은 후배에게 빼앗겼고(279) 미유가 아주 우연하게 자신과 해금이 통화하는 것을 듣고는 그녀에게 자신을 향한 배신감을 갖게 했다(204). 결과적으로 그는 학생들을 가르치는 것에 환멸을 느끼고는 요코하마 인근에 있는 약학대학의 연구실로 옮긴다. 집에서는 '켄의 정원'을 만들어 유폐된 공간, 헤테로토피아적 공간으로 스스로를 밀어 넣는다.

세 사람이 이 집으로 옮겨 온 당시에는 일본식 정원이 꽤 운치가 있어 보기 좋았다. 그랬는데, 약학대학에서 약용식물을 연구하는 켄이 언제부터인가 하나둘씩 가져오는 이름도 생소한 식물에게 조금씩 자리를 내주더니 결국에는 지금의 정원이 되고 말았다. 엄밀히 따지면 정원이 아니라 거의 밭 수준인 뜰을 미유와 메구미는 '켄의 정원'이라고 부른다(130).

푸코가 말한 헤테로토피아는 일종의 반-배치(contre-emplacements)

이자 문화 내에서 발견할 수 있는 모든 다른 실제의 배치들이 동시에 재현되고 반론되고 전도된다는 점에서 실제로 실현된 일종의 유토피아이며, 위치를 정할 수 있음에도 그 모든 장소들 밖에 있는 장소들(lieux)이기도 하다. 헤테로토피아가 일종의 반-배치라는 것은 일반적인 배치와 어긋나고 규율과 질서의 범위를 넘어서는 배치라는 의미이다. 그것은 이질적인 배치로써 유럽사에서 정신병자, 부랑자, 패잔병을 분류하지 아니하고 한꺼번에 가두었던 대감호를 떠올리게 한다. 또한 헤테로토피아가 현실로 구현된 일종의 유토피아라는 점이다. 실제로 존재하지 않는 유토피아는 그러나 말이나 이미지를 통해서 언제든지 존재한다. 물론 헤테로토피아는 실제적 장소라는 점에서 유토피아와 대립된다. 헤테로토피아는 투사하거나 말로 이루어진 유토피아의 배치들과는 전적으로 다르다. 그렇지만 유토피아와 헤테로토피아의 관계는 없고 있음의 반대 개념이 아니라 투사하고 영향을 미치는 관계라는 점을 주목해야 한다(이선형, 2014:169-167).

　헤테로토피아 즉 일본사회의 여타 공간들과 구별되는 이질적 공간에서 경계적 정체성과 이질적 언어들이 충돌하는 공간인 헤테로토피아에서 환상적인 토포폴리아를 꿈꾸며 기영이 귀국선에 올랐듯이 켄 또한 자신만의 유토피아를 꿈꾸며 패싱을 했지만 그것 또한 마음먹은 대로 되지 않자, "학교 연구실로 가지 않는 날이면 켄은 식사 시간과 생리적 노폐물을 처리하는 일을 제외하고 정원에서 살다시피"(134) 할 정도로 일반적인 배치와 어긋나는 헤테로피아적 공간에 몸을 숨겨버린다. "그러다가 어느 순간 갑자기 식물에 대한 생각이 바뀌었다. 식물은 켄에게 한없는 신뢰를 보낸다는 사실을 깨달았던 것이다. 그 깨달음이 있고 나서 켄과 식물은 주체와 객체가 없는 평등의 관계를 맺을 수 있었다."(143)라는 인용문처럼 일상과 다른 공간에서 자신만의 세계 즉 유토피아를 만들어간다. 헤테로피아라는 실재적인 공간에서 유토피아라는 관념적인 공간으로 바뀌는 순간이다. 하지만 그것은 바깥세상과의 소통과는 무관한 것이다. 여전히 그는 가족들에게조차 "오타쿠"(135)로 불리고 "제 아무리 켄이 사랑하는 식물이라도 미유의 공백을 대신 메워줄 수는 없"(145)다고 인식할 정도로 딸과의 관계가 소원하다.

4. 소멸과 탄생

미유는 시부야의 맨션에서 지로와 나란히 소파에 앉아 캔 맥주를 마시며 텔레비전을 보다가 한국이 4강에 들어갔다는 소식에 환호성을 내지른다. 거기에 대한 지로의 조건반사가 너무 빠르다. 미간을 찌푸린 그의 목소리가 살짝 갈라진다.

"우리가 아니고 한국이야."

아예 정색을 하고 말하는 지로에게 미유도 차츰 불쾌한 마음이 든다.

"한국이면 안 된다는 거야?"

"16강도 감지덕지해야 할 판에 4강이라니, 말이 돼? 개최국이라 유리한 점도 작용했고 또 심판을 매수했을 게 분명해."

미유는 화가 머리 꼭대기까지 뻗치지만 꾹 참는다.

"아무래도 개최국이니까 유리한 점이 전혀 없다고는 못하겠지만, 그건 일본도 마찬가지잖아. 그리고 심판을 매수해서 4강까지 간다는 건 말도 안 돼. 기술과 실력이 없으면 안 되는 일이잖아."

"기술이나 실력은 일본이 한 수 위야. 거기에 비하면 한국은 운이 좋은 거고, 일본은 아시아 최강이야. 그리고 세계 문명의 초일류를 이끄는 나라 중에 하나고, 한국은 우리의 식민지였던 나라야. 참 성가신 나라지. 우리가 키워준 게 화근이라고 생각해."

지로의 자만심이 팽창하고 있다. 미유는 자신의 귀가 의심스럽다. 지금까지 알고 있던 지로는 어디에 있을까. 미유의 할머니가 한국인이라는 것을 아는 지로의 반응치고는 너무 저돌적이다. 순간 미유는 궁금해진다. 자신의 실체를 알면 그가 어떻게 나올지, 꼬집어보고 싶다.
"나, 지로에게 고백할 게 있어."
"고백? 무슨 고백?"
미유가 등을 꼿꼿이 세우고 진지하게 말하자 그도 얼떨결에 자세를 바로잡아 앉으며 묻는다. 지로가 무척 궁금하다는 눈빛을 보낸다. 미유는 잠시 뜸을 들이다가 심호흡을 하고 나서 말을 잇는다.
"나, 우리 할머니만 한국인인 줄 알았어. 그런데 아빠도 한국인이야. 그러니까 나는 쿼터가 아니라 하프야."(208-209)

미유는 대학생이 되었을 때 교내 서클 활동으로 스쿠버다이빙을 선택한다. 오랜 세월 해녀로 살아온 할머니의 영향도 있지만 어릴 때부터 바닷속에 대해 유달리 호기심이 강했다. 그곳에서 여학생들의 선망의 대상인 히로타 지로를 만나 사랑에 빠진다. 히로타 지로는 소위 말하는 일본 우익 집단에서도 단연 최고의 가문이다. 그에게 자신의 몸에 2분의 1이 한국인의 피가 흐른다고 말하면 이별 통보를 받을 것을 알면서도 고백한다. 결론적으로 지로와 헤어지지만 오히려 자신이 감수해야 할 몫이라고 생각한다. 그렇다고 아버지 켄을 이해하지 못하는 것도 아니다. "켄은 일본 사회에서 한국인으로 살아가는 것이 얼마나 어려운지를 진작 알았을 것이다. 그래서 숨겼으리라. 출신이 부끄러워서가 아니라, 딸에게 험한 세상 살게 하고 싶지 않은 부모의 마음이었을 것이다. 미유는 그렇게 이해하고 싶다."(207) 해금이 켄을 위해 후쿠오와 사랑 없는 결혼을 했듯 켄 또한 한사코 해금을 외면하려 했던 것도 결국은 미유를 위해서라고 할 수 있다.

서로를 위로하는 마음과는 달리 겉으로 드러나는 양상은 달랐다. 켄은 미유를 해금과 떼어놓고 싶어 했으나 미유는 유난히 해금을 따랐고 요코하마에서 미야케지마에 있는 해금을 자주 방문했다. "오래전부터 미유는 자신의 혈관 속에 한국인의 피가 4분의 1 정도 흐른다는 것에 아무런 거부감이 없었다. 그것은 미유가 사랑하는 할머니의 피니까. 눈에 보이지도 않는 4분의 1이 2분의 1로 바뀐 것뿐이다. 겉으로 변한 것은 아무것도 없다. 더 이상 고민할 것도 방황할 필요도 없"(206)다고 생각했던 것이다.

앞서 언급했던 대로 어떤 한 곳에 지속적으로 흔적을 남기는 것은 공간에서 장소로 만드는 중요한 행동양식이다. 장소는 어떠한 행위에 대한 기억, 어떠한 존재에 대한 기억을 특별하게 지속시킨다. 하지만 공간을 장소화 하는 주체가 목적에 따라서 재편하는 과정에서 관계는 권력에 따라 위치를 달리한다. 그럼에도 불구하고 '그곳에 누가 있느냐'에 따라서 장소가 사람을 규정하는 것이 아니라 사람이 장소를 규정하기도 한다.

> 미유는 훤칠한 키에 피부가 희었다. 훤칠한 키는 켄을 닮아서 그렇고 흰 피부는 메구미를 닮아서 그렇다고 쳐도, 그 외에 그들의 닮은 부분은 거의 없었다. 쌍꺼풀 없이 초롱초롱한 큰 눈에 목선이 길고 아름다운 것은 물론이고, 양 끝이 살짝 올라간 입매가 늘 미소를 머금은 듯한 모습은 영락없이 구월이었다(287).

해금이 미유의 모습에서 구월을 보듯 이 세 사람은 어딘가 닮아있다. 한 핏줄이니 당연한 결과일 수도 있지만 그것은 장소를 대하는 태도에 있어서다. 해녀였고 해녀의 핏줄을 물려받은 이들은 거친 바다와 싸우며 당당히 이겼고 불의를 보면 참지를 못했다. 강인한 생명력으로 버텨왔지만 세상을 품을 때는 넉넉했다. 아무리 힘들어도 어떤 변명도 하지 않았다. 장소와도 자기 자신과의 관계에서도 솔직했다. 이것은 현실과의 또 다른 질서인 자급자족적이고 자기폐쇄적인 공간인 헤테로토피아적 공간에 갇히는 것이 아니라, 현실에 실재하지 않은 관념적인 유토피아에 몸과 마음을 의탁하는 것이 아니라, 사회의 정상적인 공간에 이의제기하고 반박할 수 있는 실재하는 장소에서 적극적으로 삶을 영위했기에 가능했다. 그야말로 "저항과 경계넘기"(Genochio, 장세룡, 2009:307 재인용)였다.

이것 또한 헤테로토피아의 또 다른 얼굴이다.

헤테로토피아는 이푸 투안이 말한 인간과 관계맺음이 아직 이루어지지 않은 '열린 공간'(Open space)을 마치 '빈 종이'(blank sheet)와 같다고 비유한 것과 같다. 그래서 소설 도입부에 제시되는 미야케지마라는 공간은 아직 이주자들에게 의미부여가 되지 않은 곳이기에 장소라고 할 수가 없다. 비록 처음에는 나를 규정하지는 않았지만 비어 있는 만큼 동시에 채워 넣을 곳이 많은 여백과 같은 무한한 능동태를 부여한다. 그래서 구월과 해금 그리고 미유가 보낸 시간만큼 추억이 축척되어 미야케지마는 그들이 그토록 찾고 싶어 하던 토포폴리아가 된다. 자신들이 내내 거주했던 곳이 바로 그곳이었던 것이다.

미야케지마는 오사카에서도 증기선으로 36시간이나 타고 가야 도착하는 도쿄 남쪽에 있는 섬이다. 메이지시대였던 1903년, 돈을 벌기 위하여 제주도의 뱃사공이었던 김녕리 사람 김병선이 몇 명의 해녀들을 데리고 가장 먼저 정착했던 곳이다. 우도처럼 검멀레가 있었으며 여러 번의 분화와 화산재로 폐허와 복구가 반복된 곳이자 언제 화산이 폭발할지 모르는 곳이었다. 그곳에 구월이 그리고 해금이 있었고 이제는 미유가 해금이 물려준 여관을 운영하며 '메주를 쑤어 장을 담그는 장소'가 되었다. 남방계 식물과 북방계 식물이 한데 어울려 자라는 지형적 특성상 켄의 감금 장소였던 '켄의 정원'에서 나오게 한 곳이면서 켄의 마음을 열게 한 '장소'였다. 구월이 고래가 되어 바다(자연)로 귀의하듯 미야케지마는 사람도 자연의 일부로 존재케 하는 곳이었다.

김덕삼은 그의 논문에서 장소 연구가 왜 중요한지 현시점의 문제와 연결하여 개선해야 할 점 다섯 가지를 제시한다. 이는 구월과 해금 그리고 미유가 세상을 바라보는 시선과 그리 다르지 않기에 간략하게 요약한다. 첫째, 인간이 중심이 되는 일상이며 둘째, 공간적 사고와 장소적 사고의 균형이다. 셋째, 현실 속에 인간 중심의 장소로 제대로 자리 잡기 위한 노력과 실천이고 넷째, 공간과 시간의 상대적 변화를 바탕 삼아 과거와 현재의 문제를 인식하여 미래를 준비하는 정신과 탐구이며, 마지막으로는 다른 생명체와 상생하는 장소로서 생각하기 위한 공간이다(김덕삼, 2018:177-182 참조). 마지막을 좀 더 언급하자면 이푸 투안 등 대부분의 학자는 장소를 인간 중심으로 봐왔다. 사람이 배제된 공간에서 인간 중심의 장소로의 이동은 과거에 비해 획기적인 인식 변화라고 할 수 있으나 요즈음 기후 변화나 환경오염 등의 심각성을 고려한다면, 환영할 만한 일은 아니다. 인간 중심에서 다른 생명체와의 상생을 위해 고민하는 장소여야 가속화 되는 지구 온난화로 인한 인류재난을 최소화할 수 있기 때문이다. 더불어 경계적 정체성을 가지고, 문화적 획일성에 저항하는 디아스포라적 공간의 성격에도 초점을 맞춰야 한다. 중심도 없고 주변도 없는, 어느 누구나(어떤 사물이나) 중심에 설 수 있는 트랜스 아이덴티티(trans-identity)의 장소여야 한다. 우리는 해금이 임종 때 말한 것처럼 여전히 '여행 중'이기 때문이다.

> "내가 아주 어렸을 때, 우리 부모님과 동생을 데리고 기마가요마루라는 커다란 연락선을 타고 제주를 떠나오는 순간부터 여행이 시작되었던 거야. 우리 식구들은 일본에서 돈 많이 벌어서 고향에 돌아가자고 약속했거든. 그러니까 아직도 여행 중인 셈이잖니? 참 길고도 긴 여행이지."(321)

5. 상생을 꿈꾸며

구소은의 《검은 모래》는 1910년부터 100여 년에 걸쳐 제주도를 중심축으로 삼고 남북한과 일본의 역사를 조망하는 4대에 걸친 가족사 형식을 취한다. 가족사 소설은 대개 가부장적 혈통(아들)을 중심축으로 삼는데 《검은 모래》는 제주도 여인의 운명과 신분을 상징하듯 모계 중심의 여인

(딸)을 주인공으로 부각시키고 있다. 구월을 중심에 두면서 구월→해금 (딸)→건일(외손자)→미유(외증손녀)로 이어지는 서사구조이다.

  이들의 4세대에 걸친 재일한인 디아스포라의 삶을 장소담론으로 탐색한 이 글은 국가장소 상실이라는 일제강점기 시대의 이주와 정착, 장소 안에서의 권력 관계로 인해 주변화 되는 재일한인들의 애환을 박기영의 북한행과 마츠가와 켄의 패싱의 실례로 이푸 투안의 토포필리아와 푸코의 헤테로토피아 담론으로 살펴보았다. 더불어 한때 정체성의 혼란으로 어려운 시기를 견뎌야 했던 미유가 자신의 몸속에 제주 해녀의 자연친화적이고 생명력이 강한 피가 흐르고 있다는 것을 인식하고는 피해자에서 도전자로 거듭나는 과정을 지켜보았다. 이런 정체성 변화는 모두 장소와 밀접하게 관련이 있어서 공간을 장소로 하는, 지형도까지 바꾸게 했다. 그렇기에 더욱 다른 생명체와 상생하는 장소로서의 중요성을 구소은의 《검은 모래》를 텍스트 삼아 현 시대를 돌아보는 계기를 마련하고자 했다.

참고문헌

강진구, 김성철(2021). "텍스트마이닝을 활용한 코리안디아스포라 문학 연구 경향 분석", *우리문학연구* 69, 325-359.
강유진(2019). "역사가 우리를 망쳐놨지만, 그래도 상관없다: 이민진, 이미정 옮김(2018), 문학사상", *교양학연구* 9, 253-261.
권신애(2019). "〈솔로몬의 노래〉에 나타난 미국 흑인들의 자본주의적 생존 방식의 문제", *새한영어영문학* 61(1), 1-18.
구소은(2013). *검은 모래*, 은행나무.
김덕삼(2019). "인문지리학자의 '장소'와 '경험'에 대한 도가적 접근 – 제프 말파스와 노장사상을 중심으로", *대순사상논총* 33, 351-379.
_____(2020). "이푸 투안(Yi-Fu Tuan)과 제프 말파스(Jeff Malpas)의 '장소'에 관한 연구, *인문과학연구* 39, 163-187.
미셸 푸코(2012). *말과 사물*, 이규현 옮김. 민음사.

서경식. 임성모, 이규수 옮김(2006). *난민과 국민사이 - 재일조선인 서경식의 사유와 성찰*, 돌베개.

서경식. 김혜신 옮김(2010). *디아스포라 기행*, 돌베개.

서명숙(2019). "엘리자 수아 뒤사팽의 『파친코 구슬』에서 본 디아스포라 서사", *프랑스문화연구* 43, 75-104

신지원(2015). "국제이주와 발전의 연계 담론에서 디아스포라의 역할에 대한 비판적 검토", *디아스포라연구* 9(2), 7-36.

안미정(2016). "식민지시대 한일해역의 자원과 해녀의 이동", *한국민족문화* 58, 484-485.

염운옥(2019). *낙인찍힌 몸: 흑인부터 난민까지 인종화된 몸의 역사*, 돌베개.

이선형(2014). "관계 속의 공간 - '헤테로토피아(hétérotopie)', 사이버스페이스 그리고 연극, *드라마연구* 42, 157-183.

장세룡(2009). "헤테로토피아: (탈)근대 공간 이해를 위한 시론", *대구사학* 95, 285-317.

조영희(2015). "국제이주와 개발: 글로벌 이주 거버넌스의 형성과 이민정책의 변화", *국제정치 연구* 18(1), 151-173.

차노휘(2021). "제주 우도의 검은 모래밭에서 미야케지마까지 디아스포라 장소 담론 - 구소은의 ≪검은 모래≫를 중심으로", *문화와융합* 43(8), 59-80.

허 경(2011). "미셸 푸코의 '헤테로토피아' - 초기 공간 개념에 대한 비판적 검토", *도시인문학 연구* 3(2), 233-267.

● 이 장은 문화와융합 학술지 43권 8호에 실린 필자의 논문(차노휘, 2021)을 바탕으로 재구성되었다.

05장

포스트디아스포라, 한국어문학의 새로운 접경
-박미하일론

1. 코리안 디아스포라와 고려인 문학

　해외 한인문학 연구에 있어서 민족이라는 집단정체성에 대한 이해는 특정 문화권과 지역적 조건 속에서 자리매김해 온 내력과 그에 따라 축적된 문화요소들을 토대로 모국과 거주국의 관계를 상호조명하는 특수한 문화적 공론장을 필요로 한다. 한민족의 해외 이주와 정착이 1세기를 넘어 세대적층으로 인한 세대간 민족정체감의 불일치가 크게 늘어가고 있고, 기존의 해외 한인문학 연구가 주목하였던 모국에 대한 집합적 기억의 공유와 고유한 민족문화의 정체성 유지 문제는 해외 한인 사회의 다면적 분화에 따라 다양한 이형성과 접맥되며 문화적 다양성의 진폭 역시 크게 확대되고 있기 때문이다. 20세기 디아스포라 문학에서 민족정체성이 고정된 상수였다면, 오늘날 해외 한인문학에서 그것은 가변적인 변수로 변화하고 있으며, 이러한 해외 한인문학의 과도적 성격과 특질들은 해외 한인들이 처한 환경과 문화에 따라 매우 이질적인 양상으로 나타나고 있다(나소정, 2018:6)

　코리안 디아스포라 가운데 이러한 변화의 양상을 집약적으로 보여주는 사례가 고려인이라고 할 수 있다. 고려인의 이주 역사는 1863년 조선으로부터 원동(연해주) 지역으로의 이주를 시작으로, 일제강점기 기간 동안의 지속적인 집단 이주, 1937년 스탈린 정권에 의한 중앙아시아로의 강제이주, 1991년 구소련의 해체와 CIS 지역 독립국가들의 민족주의 정책으로 인한 러시아로의 재이주를 거쳐 2000년대 이후로 크게 늘어난 한국으로의 역이주에 이르기까지 이산의 규모와 범위가 매우 다중적이고 복합적인 양상으로 전개되어 왔다.

코리언 디아스포라들의 이주 초기를 농업이민과 망명이민, 노동이민 등의 성격으로 유형화할 수 있는데, 이가운데 연해주로 이주한 이들은 조선말의 큰 기근과 수탈을 피해 국경을 넘은 농업이민에 해당된다. 중국 조선족 역시 농업이민으로 이주를 시작하였으나 일제강점기를 지나며 망명이민이 더해졌고 이들은 중국내 소수민족으로 자치구를 형성하고 한글교육과 민족교육을 토대로 조선사람으로서의 민족정체성을 유지하며 중화인민공화국의 인민으로 귀속되었다. 그러나 고려인은 연해주에서의 정착 단계에서 스탈린 정권에 의해 중앙아시아로 강제이주한 이후 CIS 지역으로 분산 거주하게 되었고, 생존을 위해 유례없이 빠르고 강하게 거주국의 문화와 언어에 동화되었다. CIS 지역의 고려인들은 집단농장(꼴호즈)을 중심으로 생활하였지만 구소련의 연방체제에서의 공용언어인 러시아어 교육을 받으며 세대간 언어소통이 어려워질 정도로 급속하게 한글과 한국어사용이 줄어들게 된다. 해외 한인들이 거주 지역별로 사용하는 언어에 대한 표본조사에 의하면 중국에서의 한글 사용이 80%를 상회하는 반면, 중앙아시아 지역에서는 현지어 또는 기타 언어를 사용하는 비율이 80%를 넘는 것으로 조사된다.

표 1 해외 한인의 지역별 주 사용 언어 (정성호, 1997:121)

	중국	일본	미국	중앙아시아
한글	81.2	10.3	94.2	15.4
현지어	17.2	89.7	5.8	56.1
기타 언어	1.6	0	0	28.6

여기에 더하여 1990년대 구소련이 해체된 이후로 CIS 지역 독립 국가들은 자민족 우대 정책을 펼치고 러시아어 대신 자국어 사용을 강제하였는데, 이 과정에서 고려인들은 차별과 배제를 겪으며 또다시 러시아로 대거 이주하게 된다.

고려인이라는 명칭은 CIS 지역에 정착한 한인들과 러시아에 정착한 한인들을 두루 가리키는 말로, 이들의 여권에 종족과 인종을 기재하는 표지이자 이들이 거주국으로부터 구별되어 불리우는 이름이기도 하다. 역설적으로 이러한 점들이 고려인들로 하여금 민족적 연대감과 소속감을 강화하고 자신들의 정체성을 재확인하게 되는 계기로 작용하고 있다. 윤인진에 의하면, 고려인이 언어, 문화적으로 현지사회에 동화되었음에도 불구하고 강한 민족정체성을 유지하는 것은 소수민족으로 구별되고 다르게 대우받고 있는 것에 기인하는데, 신체적으로 러시아인, 토착민과 구별되는 고려인에게 동화는 본인의 의사와 희망 여부에 따라서 선택할 수 있는 사항이 아니기 때문이다. 특히 구소련 체재와 현재의 독립국가연합 체제에서는 개인의 민족성을 여권 및 각종 공문서에 기재하였고, 교육, 직업, 이동의 자유 등 개인의 생활기회를 제약했고, 고려인은 본인이 원하든 원하지 않든 다민족 성원들에 의해서 고려인으로 구별되고 인식되었다. 다인종, 다민족 사회에서 타민족들에 의해서 고려인이 개인으로서가 아니라 특정 소수집단의 성원으로서 구별되고 인식되는 과정과 그 결과가 고려인의 민족정체성 형성과 유지에 지대한 영향을 미치며,. 이로 인해 이민 3세와 4세들이 비록 현지 주류사회에 언어적, 문화적, 구조적으로 동화하였다 하더라도 고려인으로서의 민족정체성과 애착의 수준은 강하게 유지되는 것으로 보여진다(윤인진, 2002:8-9).

다인종, 다민족 국가였던 구소련에서의 이주경험과 1990년대 이후 중앙아시아 지역에서 러시아로의 재이주 과정에서 고려인들은 러시아의 다문화적 성격에 상당하게 동화되며 세대별로 사용하는 언어가 확연히 다른 것이 특징이고, 민족정체성의 구성적 성격과 문화적응의 양상에 있어서도 다른 지역의 해외한인사회와 구별되는 독특한 특질들을 보여준다.

고려인들은 1986년 이후 페레스트로이카와 글라스노스트의 개혁개방기까지 100여 년의 세월동안 한국과 단절되어 있었다. 고려인에 관한 국내 학계의 연구는 1990년 한러수교를 전후로 활발하게 진행되었고, 고려인문학에 관한 연구도 같은 시기에 시작되어 2000년대 이후로 본격적으로 이루어지고 있다. 한국과의 교류와 방문이 열리면서 CIS 지역과 러시아에 흩어져 거주하는 고려인 작가들의 작품들이 국내에 소개되고 있지만, 기존의 해외한인문학 연구가 한국어로 창작된 작품에 집중되어 있는 까닭에 러시아어로 창작하는 현역 고려인 작가들의 작품들을 대상으로 하는 본격적인 연구물은 미진한 실정이다.

고려인문학은 러시아와 중앙아시아 지역의 한인문학을 아우르는 것이지만, 역사의 격변기를 지나오면서 현재의 고려인문학은 한글 창작보다 러시아어 창작이 주류를 이루고 있는 것이 현실이다. 상대적으로 집단정체성을 유지하며 한글창작이 활발하게 이어지는 조선족문학과는 크게 구별된다. 현재 활동하고 있는 고려인 작가들은 CIS 지역 출신국의 현지어와 한국어에 상대적으로 취약하고, 모국으로서의 한국과 조국으로서의 러시아, 고향으로서의 원동 또는 CIS 지역이라는 민족과 국가의 경계를 가로지르는 문화적 혼종성과 경계인으로서의 자각을 전경화한다는 점에서 특징적이다. 쿠르트 레빈에 의하면 집단생활의 장에 가해지는 장력들 사이에서 원래의 집단이 가져왔던 특질들과 새로운 집단의 양식들이 혼재된 상태에 놓인 '경계인(marginal man)'(Kurt Lewin, 1987)은 복수의 이질적 집단에 동시에 속하거나 어떤 집단에도 명확하게 속하지 못하는

'사이'의 존재이다. 이중정체성 혹은 다중정체성 문제는 해외한인문학에서 공통적으로 발견되는 특질이지만 고려인문학은 그 성격이 매우 다중적이고 다층적이라는 점에서 주목을 요한다.

2. 고려인 3세대 작가의 화두

현역 고려인 작가 가운데 이 글에서는 러시아와 한국을 오가며 왕성한 작품활동을 해오고 있는 박미하일의 작품세계를 주목하고 있다. 그 이유로 첫째 박미하일의 선조들은 일찍이 연해주로 이주한 고려인 첫 세대이자 연해주에서 중앙아시아로의 이주와 러시아로의 이주, 그리고 한국으로의 역이주를 경험하고 이러한 자전적 요소와 이주의 역사를 지속적으로 재현해 왔다는 점, 둘째 예술가소설로 계열화되는 일련의 작품들에서 줄기차게 고려인의 형상에 천착해 온 점, 셋째 그의 작품에 나타난 구소련-중앙아시아-러시아-한국으로 이어지는 여러 다문화적 요소와 민족경계의 양상은 고려인문학의 전형과 변모를 가늠하는 한편으로 변화하는 해외한인문학의 과도적 성격의 한 사례로서 유용한 참조점을 제공한다는 점, 넷째 러시아 중앙문단에서 활발한 활동을 이어가는 동시에 최근 한국에 거주하며 작품세계에 새로운 전기를 마련해 내었다는 점, 마지막으로 그럼에도 불구하고 아직까지 박미하일의 작품세계에 대한 본격적이고 종합적인 연구가 제출된 바 없다는 점을 들 수 있다.

박미하일의 소설들은 국내에 상당한 분량으로 번역되었지만, 다수의 작품이 제호가 바뀌거나 작품의 상당한 분량이 개작된 경우도 많다. 카자흐스탄에서 러시아로 이주하여 재출간하거나, 국내 번역 출판 과정에서 박미하일은 기발표작을 꾸준히 개작하였고, 이 과정에서 원제목을 새롭게 번역한 경우가 빈번하다. 이해를 돕기 위해 이 글에서는 가장 최근에 출간된 단행본을 분석대상으로 하고 원전들과 원제를 병기하였으며, 작가의 검수를 거쳐 작가연보를 부록으로 첨부하였다. 작가의 주요 행보와 문학적 연대기를 정리하는 것은 기초자료로서 의미가 있을 것이다.

박미하일은 여러 국적과 거주국을 지나오면서 러시아어로 창작을 이어온 현역 작가이자 화가로서의 활동도 병행해 오고 있다. 러시아와 한국, 미국 등지에서 유수의 문학상을 수상하며 러시아 중앙문단에서 활발한 활동을 해오고 있으며, 국내에 가장 많은 작품이 번역 소개된 고려인 소설가이기도 하다. 특히 박미하일의 소설은 구소련의 개혁개방기 이후를 기점으로 불안정하고 혼란한 시대상을 반영하며 고려인의 삶과 정체성을 그려내는 데 집중되어 있다.

박미하일(Пак Михаил)은 고려인 5세대이면서 고려인 작가 3세대에 속하는 작가로, 그동안 박미하일은 한국에서는 재러 한인작가로, 러시아에서는 고려인작가로 불리웠다. 고려인문학사의 시기와 세대 구분은 논자별로 상이하지만, 대체로 고려인의 집단이주 역사 및 구소련 체제의 변화와 관련하여 시대별로 획정되는 것이 일반이며, 연해주에서의 고려인 문단 초기에 활동한 작가들을 1세대 작가군, 중앙아시아에서 활동을 이어받은 작가들은 2세대 작가군, 그 이후 세대를 3세대 작가군으로 나누고 있다(김종희, 2006; 김필영, 2004; 권기배, 2012; 오창은, 2011; 이정선, 2003; 정덕준, 2006).

표 2 고려인 문학사의 시기와 세대 구분

김필영	정덕준	김종회	권기배	오창은	이정선
제1기(1923~1953): 수난기	제1기: 민족의식과 항일의지를 전경화한 연해주 시기	제1기(1923~1953):태동기/암흑기	제1시기/1세대 (1925~1937): 망명문학의 태동기	제1유형: 연해주 세대 문인 제1세대	제1기(1923~1937): 태동기
제2기(1954~1969): 발전기	제2기: 생존을 위한 고투를 보여주는	제2기(1954~1985): 형성기	제2시기/2세대 (1938~1954): 망명문학의	제2유형: 중앙아시아 이주문인	제2기(1938~1953): 암흑기

	강제이주기		정체기	제2세대	
제3기(1970~1984): 혼란기	제3기: 기억의 복원과 하나되기로 요약되는 스탈린 사후 적응기	제3기(1986~1990): 문화적 해빙기/혼란기	제3시기/3세대 (1954~1990): 망명문학의 성장기(러시아어로 작품활동을 한 1세대)	제3유형: 소련 망명 문인	제3기(1954~1964): 성장기
					제4기(1964~1990): 분화기
제4기(1985~1991): 변혁기	제4기: 민족정체성의 재정립을 특징으로 하는 개혁개방기	제4기(1991~): 과도기	(1991~현재): 망명문학의 과도기(러시아어로 작품활동을 한 2세대)	제4유형: 러시아어 창작의 제3세대	제5기(1991~): 과도기

한글창작의 명맥이 거의 끊긴 고려인문학의 계보에서 박미하일은 매우 독특한 위치를 점하고 있는데, 본격적인 논의를 펼치기 위해 작가의 생애와 이주의 편력을 잠시 살펴볼 필요가 있다. 그의 작품세계는 고려인으로서 유랑한 작가의 자전적 생애와 이주의 경험들이 주요한 골조를 이루고 있고, 그것은 고려인의 약사라 해도 무방할 만큼 고려인의 과거와 현재, 그리고 미래를 그리는 데에 바쳐지고 있기 때문이다.

그 배경에는 중앙아시아 3국과 러시아, 한국 등 5개국이 등장한다. 박미하일의 고조부는 1863년 연해주로 건너간 '조선인'이었다. 그곳에서 증조부는 러시아 여인과 결혼하였고 중앙아시아 지역으로 강제이주 당한 그의 선친들은 '고려인'이 되었다.

고려인작가 박미하일이 태어난 곳은 우즈베키스탄, 성장한 곳은 타지키스탄, 본격적으로 창작활동을 시작한 곳은 카자흐스탄이었다. 카자흐스탄의 알마티는 구 소련작가동맹 고려인분과 가운데 가장 활발한 활동을 벌이는 고려인 문단의 중심 무대였다. 박미하일은 여기서 『고려일보』 신문사 활동, 고려인문단과 고려인협회의 수장을 역임하기도 하였다.

『고려일보』는 연해주에서 1923년 창간된 『선봉』, 강제 이주 이후 중앙아시아에서 발행된 『레닌기치』를 이어받은 고려인의 중심적인 매체였다. 이주 초기의 고려인들은 이 신문의 문예면을 중심으로 한글문학 창작을 이어왔고, 중앙아시아로의 강제이주로 한글교육이 중단된 이후로 고려인 한글문학의 명맥을 보존한 매체이기도 하다. 스탈린 사후 1954년 『레닌기치』는 카자흐스탄소비에트사회주의공화국공산당 중앙위원회 기관지로 지위가 승격되어 구소련 전역에 배포되었다. 1962년 조직된 구소련작가동맹 고려인분과 가운데 카자흐스탄 고려인작가 분과는 가장 중심적인 활동을 펼치며 고려인문학의 전성기를 이끌었다. 박미하일은 고려인문학의 전성기가 쇠퇴할 무렵 러시아어로 등단하여 작품활동을 이어가는 3세대 작가군에 속한다. 구소련의 붕괴 이후 작가는 러시아 모스크바로 이주하여 한국을 오가며 작품활동을 이어나가고 있다. 현재 작가가 거주하고 있는 곳은 한국이다.

19세기로부터 21세기에 이르는, 무려 5대에 걸친 여정은 '조선'을 떠나 '한국'으로 돌아오는 과정이었다고 할 수 있다. 그의 전작들은 이러한 그와 그의 가문의 내력들을 배경으로 하고 있다. 구소련 시절, 그가 아직 CIS지역에 머물던 당시 발표한 「해바라기 꽃잎 바람에 휘날리다」는 연해주로 건너간 조선안-초기 이주민들의 정착과정을 사실적으로 담아내고 있다. 자전소설 「천사들의 기슭」에는 젊은 화가가 주인공으로 등장하며 현지 주류사회에 동화되지 못하고 정체성의 혼란을 겪으며 성장해야 했던 고려인 청년세대의 문제가 그려진다. 줄곧 고려인의 삶과 현실을 주요한 중심 소재로 다루어왔던 그의 작품세계는 러시아 이주를 전후로 새로운 변화와 모색이 나타나는데, 구소련 해체 이후의 러시아의 현실을 배경으로 한국과 한국인, 한국어에 대한 모티프를 전경화하는 것이 그것이다. 「밤은 태양이다」의 주인공 비껜찌 전은 고려인으로 러시아어로 시를 쓰면서 한국어에 대해 질문을 던지는 인물이며, 러시아인 아버지와 고려인 어머니 사이에서 태어난 혼혈아 드미뜨리 라-마로프를 주인공으로 내세운 「사과가 있는 풍경」은 중앙아시아 고려인과 구별되는 재러 한인의 삶과 현실을 두드러지게 그리고 있다. 그리고 한국에 머물며 출간한 「헬렌의 시간」에는 제주도를 배경으로 한국인 강소월이 주인공으로 등장하고 있다. 박미하일의 작품세계와 작가의 행보가 보여주는바, 그의 소설은 '나는 누구인가'라는 정체성 찾기의 실존적 물음과 밀착된 것이라 할 수 있다. 박미하일의 작품세계 전반에 걸쳐 등장하는 인물들은 구소련의 개혁개방기 이후 러시아와 CIS 지역의 재편과정에서 불안정한 시대를 살아가는 고려인 청춘들의 초상이라 할 수 있는데, 그가 가장 최근에 발표한 근작 「헬렌의 시간」에는 한국인과 러시아인을 비롯하여 세계 각국의 등장인물이 등장하지만 정작 고려인은 등장하지 않는다.

박미하일에 관한 기존의 연구들에서 빈번히 지적되는 바를 먼저 언급하자면, 그의 초기작들은 거주국의 주류사회에 적응하지 못한 채 소외당하지 않기 위해 안간힘을 쓰는 고려인을 주인공으로 내세우지만, 서사구조의 극적 전개나 미적 수월성에 미진한 점이 있고 사회적 모순과 암울한 현실에 대한 비판에 있어서 구체성을 획득하지 못하고 있다는 점이 중론이다. 실제 그의 작품에는 우연한 만남의 연속과 정처없는 방랑, 이방인이라는 자의식에도 불구하고 작품의 결말부에 이르면 먼 미래의 희망과 평화를 기원하는 일종의 정신적 고양과 추상적 보편으로의 귀결이 관찰된다. 이는 소설가이자 화가이기도 한 작가의 회화적 상상력과 문체, 사회주의 체제 하에서 소수민족 작가로서 생존하기 위해 견지해 나가야 했던 중립적 정치 감각, 그리고 원동이나 CIS 지역으로의 강제이주를 직접 경험하지 않은 3세대 작가가 본 고려인의 현실인식과 정체감이 복합적으로 작용한 결과로 보여진다. 그러나 한편으로는 그의 소설 전반의 스펙트럼을 펼쳐 볼 때 박미하일의 작품세계 전반에 걸쳐 이러한 지점들은 점진적으로 유의미한 방향과 양상으로 변화하고 있다는 점에서 주목을 요한다.

3. 박미하일의 작품세계

해외한인문학을 살펴볼 때 중요한 것은, '누가, 어디에서, 무엇으로 그것을 쓰는가'이다. 주지하다시피 기존의 디아스포라 관점에서 '그것'이 매우 중요했기 때문이다. '누가'의 문제는 한민족의 후예임을 자각하는 작가, '어디에서'는 이주의 과정과 정착한 거주국에서의 특수한 상황과 배경을 토대로 그려지는 한국과의 상호관계성, '무엇으로'는, 한국어로 문학을 창작하는가의 문제이며, 그것은 각각 속인주의, 속지주의, 속문주의로 요약된다. 기존의 한국문학에서 해외한인문학을 연구할 때 이 세 조건을 충족시키는 것은 중요했다.

그렇다면 박미하일은 누구이며 어디에서 무엇으로 썼는가. 그의 경우 러시안과 코리안의 혼혈 고려인 작가이며, 중앙아시아에서 러시아를 거쳐 한국에서, 러시아어로 창작하는 경우에 속한다. 그리고 지금은 한국어로 창작을 병행하고 있다.

박미하일은 고려인의 정체성뿐 아니라 러시아인으로서의 정체성을 의도적으로 지우지 않는다는 점, 거주국에 정착하지 않고 지속적으로 이주를 해왔으며 현재 한국에 '체류' 중이라는 점, 아직까지 한국어로 창작한 작품을 갖고 있지 않다는 점에서 해외한인문학의 전체 지형에서 매우 독특한 좌표를 보여준다. 그의 작품세계를 전체적으로 조망하기 위해서는 작가의 이주편력과 주제의식의 변화 과정, 그리고 그것의 재현의 양상에 있어 유표화되는 특질들을 연대기별로 재구성하여 살펴볼 필요가 있다.

1) 초기작

박미하일이 작가로 활동하기 시작한 1970년대 후반은 고려인 문단의 세대교체가 이루어지는 한편으로 독자층은 현저히 줄어들고 있는 시기였다. 1957년 7월, 소련 최고회의에서 중앙아시아 지역 한인들의 특별거주지 제한 조치를 해제하면서 집단농장(콜호즈)을 중심으로 농업 기반의 정착생활을 해왔던 고려인들이 새로운 일자리를 찾아 도시로 이주하고 이에 비례해 현지사회의 적응과 동화가 빠른 속도로 진행되었다. 박미하일이 본격적으로 작품을 발표하기 시작한 1980년대 후반에서 1990년대 초반은 소비에트연방의 개혁개방기를 지나 구소련의 해체라는 변혁기이자 사회적 혼란기였다. 이러한 역사적 격변과 맞물려 고려인 문단은 새로운 상황에 마주했는데, 민족적 정서와 정체감에 대한 표현이 이전 시기보다 한층 자유로워진 반면, CIS 지역 독립 국가들이 자국어를 사용하기 시작하면서 러시아어로 창작하는 고려인 3세대 작가들은 발표매체와 언어, 소비에트인민으로서의 국적을 한꺼번에 잃게 된 것이 그것이다. 구소련 해체 이후 박미하일은 러시아로 이주하여 작품활동을 이어나가는데, 그의 소설들은 바로 이러한 고려인들의 언어, 국적, 민족정체감의 상실과 회복 과정을 기민하게 포착하고 있다. 여기서는 작품의 발표연대 순으로 초기작을 살펴보기로 하자.

「천사들의 기슭(Пристань ангелов)」(1986)은 1986년 카자흐스탄 문예지 『Простор(프라스토르)』에 발표. 1995년 국내에 소개된 첫 작품집 『해바라기 꽃잎 바람에 날리다』(전성희 역, 새터)에 수록되었다. 1998년에는 카자흐스탄 알마티 사주스(Жазушы) 출판사에서 단행본으로 출판되었다. 이 작품은 박미하일의 자전적 소설로 가난한 고려인 화가 아르까지 임이 주인공으로 등장한다. 그는 15년째 그림을 그려오고 있지만 전시회를 한 번도 갖지 못한 불운한 인물이다. 아르까지는 정신적 방황과 물리적 궁핍에 익숙해져 있지만, 그 중심에는 자신이 조선인의 외모를 가진 러시아인이라는 점에서 정체성의 갈등을 겪는 인물로 그려진다. 이승하는 주인공 아르까지 임과 박미하일이 겹쳐지는 부분으로 "자신이 조선인(고려인)이라는 사실을 철저히 인식"하고 살아가면서 "사회주의 체제 하에서 순수예술을 지향하는 화가"라는 점을 들고, 이 작품의 비극적 결말은 고려인의 불행한 운명을 암시하는 장치로 분석하며 이 작품을 "카자흐스탄, 우즈베키스탄, 타지키스탄 등지에서 살고 있는 고려인의 정체성을 정면으로 다룬 최초의 소설"이라고 고평한 바 있다(이승하, 2011:138). 관념적이고 수동적인 아르까지와 달리 그의 아내 넬리는 몸을 버려가면서까지 첫 개인전을 성사시키지만 바로 전날밤 그림이 모두 불타버리는 사건이 일어난다. 이 소설은 그림들이 모두 소실된 이후 회고의 시점으로 기술되어 있다. 아래의 장면은 이 소설에서 작중인물과 작가가 포개지는 주요한 대목이라고 할 수 있다.

> 나는 조선을 주제로 한 그림을 아직 한 점도 그려보지 못했다. 나는 조선인이고 내가 이 사실에 대해 생각하고 있지 않다고 말할 수는 없다. 오히려 그 반대로 나는 끊임없이 이것에 대해 생각해왔다. 〈내가 누구인가?〉라는 생각 하나만으로 정신이 퍼뜩 들 때가 있다. 유럽인이기도 하고, 조선인 얼굴을 한 러시아인이기도 하고, 종이에다 그 알 수 없는 문자로 내 이름조차 쓸 줄 모르는 인간이기도 하고, 조금 실수를 하기는 하지만 그래도 어렸을 적에 아우깐의 노인들한테서 물려받은 언어로 말은 어느 정도 할 줄 아는 인간이기도 하다. 조선에서 그 말이 제대로 통할 수 있을까? 내가 누구일까라는 질문에 대한 답을 나는 찾지 못했다 (박미하일, 1995:149-150).

그가 조선적인 것을 주제로 한 그림을 그리지 못하는 이유가 후술되는데, 그것은 "양친으로부터 물려받은 이 아픔이 부끄러움처럼 가슴 깊은 곳에 들어앉아 있기 때문"이라는 것이다. 아르까지는 고려인 노인들의 마을, 아우깐에 드리운 "무언의 아픔"이 양친에게 이어지고, 그것이 자신에게 부끄러움으로 남아있음을 고백한다. 박미하일의 초기작에서 주목되는 것은 주인공이 조선인이라는 정체성을 조선어와 연관지어 사유하고 있다는 점이다. 동일 언어를 사용하고 역사적 전통을 공유하는 문화적 집단으로서의 민족 개념은 특정 국가 안에서 이들을 다른 민족과 구별해

주는 동시에 명백한 유대를 이루게 하는 것이라 할 수 있다(이순형, 1991). 박미하일은 그의 초기작에서부터 러시아어로 창작하는 고려인 3세대 작가의 현실을 직시하고 언어와 민족의 관계를 새롭게 사유하고자 한다는 점에서 특징적이다. 조선어를 잃어버린 조선인으로 살아가기가 그의 소설의 화두가 된다는 점은 거주국의 소수민족으로 존재하는 동시에 민족집단 내부에서도 세대 간 소통이 어려워지는 고려인의 현실을 반영하는 것이라는 점에서 이전 세대 고려인 작가들과 구별되는 지점이라고 할 수 있다.

「해바라기 꽃잎 바람에 날리다(Смеющийся человечек Хон До)」(1995)는 1994년 러시아 모스크바의 스베티고르(Святигор) 출판사에서 간행한 소설집 『Смеющийся человечек Хондо(웃는 남자 혼도)』에 수록되고, 이듬해 1995년 국내 번역된 소설집 『해바라기 꽃잎 바람에 날리다(Смеющийся человечек Хондо)』의 표제작이기도 하다. 이 소설의 서두에는 러시아로 향하는 두 척의 배에 올라탄 조선인들이 등장한다. 전작에서 고려인 마을 아우깐에 남아있던 침묵의 노인들로부터 거슬러 올라가 연해주에 정착한 초기 이주민들의 신산한 삶을 사실적으로 재현한 작품이다. 이 소설은 조선조 말의 흉년과 기근으로 피폐해진 조선을 떠나 연해주로 이주한 과정과 초기 고려인공동체의 개척기, 정착 과정에서의 고난과 시련들, 그리고 고려인 2세 최월국이 화가가 되기 위해 모스크바로 이주하는 과정을 그리고 있다. 주인공의 이름이 '월국'이라는 점 자체가 상징적이기도 하지만, 이 소설이 연해주의 이주로 그치지 않고, 모스크바로 다시 떠나는 고려인 2세를 기입하고 있다는 점이 새롭다고 보아야 할 것이다. 박미하일의 초기작에서 주인공 또는 주요 인물들이 고려인 청년 화가의 형상으로 나타난다는 점도 부기해 둘 만 하다.

작가는 이 책의 서문에서 선조들에 의해 구전되었던 고조부의 이야기를 그렸다고 쓰고 있는데, 이 작품에서 눈여겨 볼 부분은 초기 이주민을 대했던 러시아인들과의 관계가 매우 우호적이고 그 연대가 강조되고 있다는 점이다. 이 작품의 상당부분은 고려인들과 연대한 러시아인들의 선의와 호의를 묘사하는 데 할애되는데, 이는 작가가 고려인의 삶과 현실에 있어서 러시아의 영향과 그 접점에 대한 인식이 심화되고 있음을 반증하는 것인 동시에 고려인의 당면한 문제성이 개인에 국한되는 것이 아니라 집단적인 것임을 자각하는 것이라는 점에서 중요하다. 또한 후기작에 이르기까지 고려인 주인공 못지않게 그의 작품 속에 주요한 형상을 이루고 있는 러시아인의 비중을 고려한다면, 박미하일의 작품세계에서 자기정체성은 일정 부분 러시아인으로서의 자각을 포함하고 있다는 점을 유의해야 할 것이다.

2) 중기작

「해바라기(подсолнечник)」(2001)는 2001년 재외한국인재단 및 펜클럽 문학상, 2012년 재외동포문학상 수상작으로, 국내에는 2004년 문예지 『문학사상』(2월호)에 게재되었고 2018년 상상에서 출판된 『사과가 있는 풍경(Натюрморт с яблоками)』에 수록되어 있다.

이 소설에는 체첸의 그로즈니 지뢰 폭발사고로 다리를 잃은 고아 이반이 주인공으로 등장한다. 현실에서 취한 소재와 함께 이 소설에는 이반이 마주하는 두 개의 현실이 병치되어 있다는 점에서 흥미롭다. 이반은 삼촌이 얻어준 원룸에서 독립된 생활을 하지만 그가 이 원룸 밖의 세계와 소통할 수 있는 창구는 소일거리 삼아 만드는 인형극 동화가 유일하다. 이반은 매일 단지 내의 아이들을 대상으로 휠체어 위에 만든 작은 극장에서 「아기 해바라기 렘」의 이야기를 들려준다. 소설 속의 액자식으로 삽입된 이 인형극 이야기들은 "한때 세계여행을 꿈꾸었던" 이반의 이야기이기도 하다. 이내관은 인형극의 주인공인 '렘'이 다리를 잃은 이반의 대리인으로, 그를 대신하여 세계 여러 나라를 여행하는 이야기를 통해 구속과 억압으로부터 벗어나 자유를 갈망하는 작가의 심리를 반영한다는 점에서 작가와 이반, 렘은 서로 분리될 수 없는 존재라고 보았는데(이내관, 2020:160), 이는 이 작품의 특별한 장치들의 의미를 보편심리로 축약한 것으로 보여진다. 이 인형극에서 중요한 것은 그것이 제한된 양식과 공간을 전제하고 있는 것이라는 데서 찾아지기 때문이다. 인형극 속에서 엄마 해바라기는 아기 해바라기 렘을 "작은 태양"이라고 부르면서 "들판만 보지 말고, 좀 더 멀리 가서 세상을 보"라고 보내고, 렘의 모험은 아프리카와 북극과 말레이시아, 캐나다를 거쳐 언젠가는 한국에 닿을 것이라고 예고된다. 이 동화같은 이야기에 산문적 현실이 개입하는 것은 이웃 리리야의 별장 초대이다.

> "존경하는 관객 여러분!"
> 이반이 차분한 어조로 입을 열었다. 장비 뒤에 있는 그의 얼굴은 누구에게도 보이지 않았다. 아이들 앞에서 공연할 때는 흥분됐었지만, 잔뜩 먹고 마셔서 풀어져 있는, 자신감에 넘치면서도 따분해하는 이런 어른들 사이에 있는 지금은 마음이 차분했다. 저들에게 동화 따위가 필요하기는 할까? 절대 그렇지 않을 것이다. (중략)
> 다들 손뼉을 쳤고, 리리야는 뭔가 놀란 듯한 눈빛으로 이반을 보았다.
> "맞아! 우리 다들 어렸을 때는 뭔가 특별하고 동화 같은 것을 좋아했고, 마법적인 것을 기대하며 살았는데! 어느덧 삶이 우리를 삼켜버렸어……." (중략)
> "이건 동화니까요. 애들은 자라면서 동화는 잊게 되겠죠. 그래도 난 바깥세상과 나를 이어주는 이 가느다란 실을 잡고 있을 테죠."(박미하일, 2018:153-154, 164)

이반은 별장에 모인 취객들이 동정과 연민으로 건넨 사례금을 거절하고 돌아오면서 리리야와 자신이 "서로 다른 세상"에 속해 있으며 "서로 넘을 수 없는 벽"이 있다고 느낀다. 자신이 속한 세계로부터 절연된 동시에 이 단절이 스스로 극복될 수 없는 것이라는 자각이 뚜렷하게 전경화된 작품으로, 직업도 없이 연금으로 생활하는 "불구자, 장애인", 인형극이라는 상상적 매개와 어린 관객의 제한된 조건 속에서만 세계와 소통하는 그의 현실은 이후에 발표되는 작품들에서 보다 다양하게 변주된다.

「사과가 있는 풍경(Натюрморт с яблоками)」(2001)은 2001년 러시아 까따예프 문학상 수상작으로, 2005년 러시아 모스크바 스베티고르(Святигор) 출판사에서 단행본으로 출간되었다. 국내에는 2007년 수산출판사에서『발가벗은 사진 작가』로 소개되었으나, 2018년『사과가 있는 풍경』으로 개제되어 재출간되었다.

「사과가 있는 풍경」에는 러시아인 아버지와 고려인 어머니 사이에서 태어난 혼혈 고려인 드미트리 라-마로프가 등장한다. 그 역시 예술가로 한 번도 생계수단으로 삼은 적은 없지만 사진을 찍는 작가이다. "사과가 있는 풍경"은 그의 졸업앨범을 촬영했던 사진사이자 연인이었던 그러나 지금은 자유의 나라 미국으로 훌쩍 떠난 에밀리야의 작품명이다. 친구가 빌려준 별장에 임시로 거주중인 드미트리는 일거리를 찾아 도시를 쏘다니는 것이 주된 일과이다. 모스크바 주류사회에서 밀려나 거리를 방황하는 이 인물의 내면이 그려진다.

> 그는 분주하게 지나가는 잡다한 인파를 바라보며 그 속에서 자신을 한번 찾아보았다. 말 그대로 드미트리 라-마로프 자신이 아니라, 자신을 닮았을지 모르는 사람을 말이다. 쌍둥이라든가 분신에게서나 찾아볼 수 있는 외형적인 닮은꼴은 찾을 수 없겠지만, 내면적이고 정신적인 면에 있어서는 닮은꼴을 찾을 수 있을지도 모르니까!(박미하일, 2018:15-16)

작중 모스크바의 거리에는 '프라하의 봄'에 체코 민중들과 하나가 되었던 전력의 노숙자가 구걸을 하고, 각종 증명서와 졸업논문 따위를 파는 장사치가 성행한다. 우즈베키스탄에서 고려인 문학을 연구하는 박안토니나에 의하면, 이 작품에서 박미하일은 구소련의 붕괴 이후 러시아에서 산업화와 시장경제가 급속하게 진행되는 시기를 소수민족의 시선에서 기민하게 포착해 내고 있다(박안토니나, 2011:361-362). 드미트리는 변화하는 거리의 혼란 속에 쇼윈도에 전시된 마네킹을 자신의 닮은꼴로 오인하고 경비원들에 붙들려 "뜨내기에 빈털터리", "부랑자", "불량배"로 몰린다. 실제 구소련 해체 이후로 러시아로 이주한 고려인들은 하향 직업 이동을 경험하는 경우가 많았고, 그에 따라 사회경제적 지위가 하락하고 상대적 빈곤과 차별에 마주해야 했다.

박미하일의 소설에서 고려인 청년의 형상은 주로 거주국 주류집단에서 소외된 소수민족 예술가로 초점화되는데, 이는 다수집단으로부터 일정한 배제와 분리를 경험하는 동시에 부분적 동화와 주변화를 겪고 있는 고려인 3세대 작가의 내면과 현실을 반영하고 있는 것이라 할 수 있다. 작중에서 러시아인 아버지의 직업이 벽돌 공장 기술자인 반면 고려인 어머니의 직업은 학교 물리선생이었다는 설정 역시 이러한 불평등이 반영되어 있는 것이라 볼 수 있다. 그러나 작가가 보다 세심하게 주의를 기울인 부분은 이 혼혈의 정체성이 무엇을 지시하는가와 관련이 있다.

"그런데 당신은 완전한 러시아인이 아닌 것 같아요. 그래요? 별 뜻은 없어요. 제 경우만 해도 여러 가지 피가 섞여 있거든요……. 우리 집안에는 러시아인도 있고, 폴란드인, 우크라이나인도 있어요, 할아버지는 스페인 분이셨구요. 단순 기술자셨죠."

"당신 말이 맞아요. 난 혼혈이에요. 아버지는 러시아인이고 어머니는 고려인이죠."

"어머니 쪽으로는 검은 머리색만 물려받았나 봐요. 나머지는 유럽 사람 같은데."

알리나는 그의 얼굴을 유심히 살펴보았다.

"가족 중에 동양과 서양을 대표할 수 있는 사람이 있으면 참 재미있을 것 같아요. 그렇지 않아요? 다양한 문화, 관습, 언어. 한국말 할 줄 알아요?"

"일상적인 인사 정도만."

"정말 재밌을 것 같아요. 한국말 어려워요?"

"글쎄요……. 어렸을 때 외할머니께서 가르쳐줬어요. 그분이 돌아가시고 나서는 점차 잊어버렸죠."

드미트리는 잠시 말이 없었다. 그는 외할머니를 머릿속에 떠올려 보았다. 무척이나 절제하면서 살았던 엄격한 그 분의 얼굴은 햇볕에 그을려 있었고, 동양적이면서도 묘한 과묵함을 지니고 계시던 분이었다. 그의 모친은 닮기는 했지만 할머니와는 좀 다른 부분이 있었다. 모친은 그와 한국어로 말한 적이 한 번도 없었다. 아마 개인적으로 힘겨웠던 운명 때문이리라. 1937년, 연해주에 있던 한국인들을 정부가 중앙아시아로 이주시켰을 당시 모친은 겨우 열 살이었다. 이런 얘기를 드미트리는 부친에게서 들었다. 모친은 늘 자신의 국적을 감추는 듯 했고, 드미트리가 태어났을 때 그가 외형적으로는 그녀를 전혀 닮지 않은 것을 보고는 드러내 놓고 좋아했다고 한다. 그녀는 억압과 공포의 흔적들을 안으로 눌러 담고 살았으며, 자기 아들이 열등감에 시달리는 일이 없기만을 바라고 있었다(박미하일, 2018:62-63).

실제 작가의 증조모가 러시아인이기도 하였지만, 이 작품에 이르러 고려인에 대한 작가의 인식은 한층 심도있게 분화되고 있음을 확인하게 된다. 어머니의 자기 부정과 할머니의 기억, 잃어버린 모국어에 대한 중층적인 시선을 통해 언어적, 문화적 동화에도 높은 수준의 민족적 동일시와 애착을 가지고 있다는 점을 피력하는 것으로 해석되기 때문이다. 이 작품에서 또 한 가지 부기해 둘 것은, 위 대화에 등장하는 알리나의 존재이다. 알리나는 러시아 여성으로 드미트리의 사진을 미국인 사업가에게 소개해 처음으로 그 가치를 화폐로 환산해 주는 역할을 담당한다. 사진에는 기억과 시간이 담겨 있어서 그것을 판다는 것은 "일종의 시간 거래"로, 드미트리는 사진과 교환한 달러를 들고 축제와 같은 밤을 보낸다. 박미하일 소설 전반에 걸쳐 무기력하고 수동적인 남성 고려인 주인공과 능동적인 러시안 여성이 대조되고, 이 여성인물들은 주인공의 환금성 없는 예술을 세상에 중개하기 위해 한결같이 조력자 또는 구원자로 형상화된다는 점은 특별한 주목을 요한다. 이와 더불어 눈여겨 볼 것은 성별에 따라 주어지는 이 낙차라고 할 수 있다. 다음은 드미트리가 축제의 밤을 보내고 홀로 전철에 올라 집으로 돌아가는 길에 등장하는 한 남자의 장광설이다.

> 대도시에서 길고 긴 노동 시간을 마친 사람들이 장바구니나 서류 가방, 신문, 책 등을 들고서, 이런저런 좋고 나쁜 소식들을 안고서 자신들의 보금자리로 돌아가고 있었다. 평소 같았으면 자질구레한 물건들을 파는 잡상인들이 끊임없이 전철 안을 돌아다녔을 시간이었다. 그들은 실, 바늘, 단추, 슬리퍼, 고기 다지는 칼, 그릇, 전기스탠드, 건전지, 본드, 신발 깔창, 아동도서, 바퀴벌레 잡는 덫, 사탕, 약초 등등 온갖 것들을 다 팔고 다녔다. 악기를 연주하는 사람들과 노래하는 사람들도 다녔다. 그러나 지금은 그들이 없다. 면도도 하지 않은 키 큰 어떤 남자만 눈에 띄었다. 모자도 쓰지 않고, 다 해진 윗도리를 입은 그 남자는 천장으로 손을 뻗치면서 객차가 떠나가라 소리를 질러대고 있었다.
> "존경하는 신사 숙녀 여러분! 경애하는 시민 여러분! 저는 신년벽두에 우리 힘겨운 러시아의 여성들을 찬미하고자 합니다! 아, 여성들이여! 그대들의 연약한 어깨에 새로운 시련의 무게가 다시금 얹어지는구나! 하지만 나는 아노니, 그대들은 과거의 괴로운 시간들을 견뎌냈던 것처럼 이 모든 것들을 견디어낼지니! 그대들은 온 몸을 쭉 펴고, 아름다움이 철철 넘쳐흐르는 위대하고 근사한 존재가 되리니! 여성들이여, 그대의 눈물을 닦아주며 러시아는 부활할 것이다. 러시아는 동이 클 것이다!

여성들이여, 조국은 그대들에게 보답하기 위해, 그대의 발치에 엎드려 이 세상의 모든 꽃들을 바칠 것이로다!"(박미하일, 2018:117-118)

「밤은 태양이다(Ночь - это тоже солнце)」(1996, 2019 개작)는 1996년 동명의 단편으로 카자흐스탄 문예지『Простор(프로스토르)』에 발표되었다가 2012년『밤 그 또 다른 태양(Ночь - это тоже солнце)』으로 번역되었고(전성희 역, 북치는마을), 개작을 거쳐 2019년『밤은 태양이다(Ночь - это тоже солнце)』(전성희 역, 상상)로 개제하여 재출간되었다. 1996년에 발표된 단편을 2012년과 2019년 두 차례에 걸쳐 장편으로 개작하였고, 상당한 분량이 새롭게 쓰여졌기에 시기상 적절성 문제를 감안하여도 전체 작품의 연대기별로 살펴볼 때 초기작과 후기작 사이에 놓인 작품이라 보아야 옳을 것이다.

이 소설은 주인공 고려인 시인 비켄티 전이 카자흐스탄 알마티에서 러시아 모스크바를 거쳐 상트페테르부르크로 이동하는 과정에서 만나는 다양한 인물군상의 역학관계가 돋보이는 작품이다. 기차에서 우연히 만난 레라와 모스크바의 골목을 쏘다니던 비켄티 전은 러시아 경찰의 불심검문에 잡혀 경찰서로 연행된다.

"증명서를 좀 보여주시겠습니까?"

그는 차분하면서도 준엄한 어조로 명령했다.

나는 그에게 여권을 보여주었다. 놀란 레라는 자기도 가방을 열어 보여야 하는 건지 몰라 당황스러운 표정을 지었다. 경사는 그녀를 한번 훑어보기만 할 뿐 내 여권을 펴보지도 않았다. (중략)

"전 씨, 카자흐스탄에서 언제 왔소?" (중략)

"모스크바에 친척이나 친구가 있소?"

"아니요, 아무도 없는데요."

"모스크바에서 뭘 하려는 거요?"

"상트페테르부르크로 가는 길입니다."

"거기에는 누가 있소?"

"아무도 없는데요."

"그럼 무슨 일로 가는 거요?"

"특별한 이유는 없어요. 한 일주일 정도 페테르부르크에 머물고 싶을 뿐입니다."

"일주일 동안 뭘 할 건데요?"

"구경도 하고, 여기조기 다녀도 보고."

"거리를 돌아다니는 게 전부란 말이오?"

"그렇습니다."

"이해가 안 되는군."

"카자흐스탄공화국과 러시아 간에는 사람들이 자유롭게 왕래하는 협정이 되어 있는 걸로 아는데요, 나는 내가 원하는 곳에 갈 수 있는 권리도 없다는 말입니까?"

경위는 여전히 책상에 앉아 뭔가를 쓰고 있을 뿐, 지금 일어나고 있는 일에는 아무런 관심도 보이지 않았다.

"하지만 당신은 상트페테르부르크에서 뭘 할 생각인지 답변을 해야만 합니다."

경사는 집요하게 물고 늘어졌다.

"시를 쓸 겁니다."

나는 애서 눌러 참으며 대답했다.

"시?" (중략)

"카자흐스탄에서 온 시인 한 명이 어째서 러시아 시민에게 위험한 존재인지 모르겠군요."

"그럼 당신이 시인이란 말이오?"

경사는 잠시 생각에 잠겼다.

"어떤 언어로 시를 쓰고 있죠?"

"러시아어로요."

"한국어가 아닌 러시아어가 당신 모국어요?"

"한국어도 제 모국어지만, 이제는 한국어로 말하는 사람이 아주 드물죠. 젊은이한테는 별 필요가 없고, 나이든 사람들은 세상을 뜨고 있으니까요."

"한국에 친척은 있나요?"

"아니요. 우리 조상은 19세기에 러시아로 왔습니다. 고향과의 관계는 단절됐죠. 고조부께서는 어부셨고, 표트르 벨리키 만에 있는 고려인 이주자들 어민조합원이셨습니다. 그렇게 살다가, 알렉산드르 2세 시절에는 정부가 고려인들을 존중해줘서 여러모로 도움을 주기도 했죠."

"책에 나올 법한 재밌는 역사군."

경사가 말했다.

"저는 언젠가는 이런 역사를 서사시로 써야 한다고 생각하고 있어요."(박미하일, 2019:54-58)

다소 길지만, 이 부분에는 카자흐스탄 국적을 가지고 러시아어로 문학을 하는 작가의 초상이 정면으로 부조되어 있기에 유의하지 않을 수 없다. 우여곡절 끝에 페테르부르크에 도착한 비겐티 전은 화물선에 기거하면서 낮에는 거리를 쏘다니고 밤이면 닻도 없이 얼어붙은 네바강에 정박해 있는 낡은 화물선의 경비원이 된다. 이 소설에는 10여 편의 삽입시와 물고기 우화(무리를 떠나 사라진 물고기 한 쌍과 남은 무리들의 이야기로, 고려인의 이주 역사를 은유한다.)가 들어 있는데, 비겐티 전의 서사와 시편들이 직조되면서 차가운 석조도시 페테르부르크의 풍경과 젊은 시인의 내면 풍경이 겹쳐 공명을 빚어낸다. 정수연·박양하·김영미는 소련 해체 이후의 사회적 혼란을 마주한 고려인의 삶과 불안 심리를 작중에 삽입된 시편들에 주목하여 분석한 바 있다. 이 연구는 주인공 비겐티 전에게 '떠남'의 여정이 소비에트연방 해체 이후의 불안정한 사회에서 이방인으로 살아야 하는 고려인의 정체성 탐색 과정을 반영한다면, '시 쓰기'는 자기 존재를 증명하는 유일한 행위라는 점을 지적하면서, 작중에서 주인공이 당신은 누구이고, 무슨 일을 하는 사람인지에 대한 질문을 반복적으로 받는다는 점에서 여전히 경계인으로 살아갈 수밖에 없는 고려인의 사회적 위치가 내포되어 있다고 분석했다(정수연, 박양하, 김영미, 2019:250). 그러나 이 작품의 주요 서사와 삽입시들은 다소 이질적인 부조화를 보여주며, 경계인으로서의 자기 이해는 오히려 인물들과의 관계에서 보다 뚜렷이 부각된다는 점을 지적하지 않을 수 없다. 삽입시와 우화들은 주제화에 기여하는 한편, 단편소설을 장편소설로 개작하는 과정에서 인물에 지속성과 일관성을 부여하기 위한 장치로 기능하는 것으로 분석된다.

이 소설의 새로운 점은 시민의 자유와 더 나은 미래를 찾아 도시를 배회하는 비겐티 전을 중심으로 다채로운 인물들이 등장한다는 점에서 찾아진다. 개혁개방기로부터 혼란의 시대를 살아오면서도 자신의 예술정신을 수호하려는 러시안 조각가 보리스와 부유하고 친절한 한국에서 온 한의사 권은필, 그리고 화물선에 남겨졌던 그의 시뭉치들을 남몰래 출판하여 비겐티 전에게 선물하는 거리의 여자 예르나가 그들이다. 예르나가 작중에서 이 시집에 붙인 이름이 이 작품의 제호이다. 전작들에서와 같이 세계와 주인공을 매개하고 연결하는 위치에 여성인물이 자리하고 있다는 점은 이 작품에서도 확인되는 바이다.

이 작품에서 고려인 비겐티 전이 러시안과 코리언을 만나는 설정은 특별한 주목을 요하는데, 박미하일은 비로소 조국과 국가, 민족과 고향을 바라보는 시선에 거리를 확보하는 데 성공한 것으로 해석되기 때문이다. 이상갑과 정덕준이 공동연구에서 예리하게 지적한바, 박미하일의 초기 소설에 등장하는 고려인들은 "러시아에서도 한국에서도 '이방인'이라는 사실 때문에 상실감과 부끄러움"을 느끼는 동시에 "러시아인도 한국인도 아니기 때문에 좁은 '국가주의'나 '민족주의'에 견인되는 것을 경계"한다. 그러나 한러수교 이후 발표된 작품들에서는 거주국과 남북한에 대한 시각, 그리고 국가관, 민족관에 변화를 보이고 있는 고려인의 문제를 적실하게 재현해내며 그 예로 한국인을 등장인물로 내세우거나 고려인 주인공의 '한국말', '한국어'에 대한 관심을 빈번히 표현하고 있다(이상갑, 정덕준, 2013:140-153). 한국어를 사용하는 한의사 권은필이 작중의 고려인 주인공과 직접 대면하고 대화하는 자리에로 음각되어 있는 것은 그런 측면에서 매우 심장한 변화라 할 수 있을 것이다.

위의 인용에서 비켄티 전이 미구에 고려인의 이주 역사를 서사시로 남기겠다고 다짐하는 것은 이러한 인물구도의 변화와 긴밀한 상관이 있다. 이 소설의 결말부에는 "거대한 나라가 무너지고 이제는 각자 자기 굴 속에 박혀"버린 시대, 모두가 홀로 외롭게 출발지는 있으나 목적지나 도착지가 없는 운명을 짊어지고 길을 떠나야 하는 상황, "제 자리"를 못 찾고 "허우적대면서, 그런데도 출구는 없"는 상태에 놓인 비켄티 전에게 언제든 자신의 집으로 와서 머물기를 청하며 언제까지나 기다릴 것을 약속하는 예르나(레라)가 선명하게 음각된다. 그러나 비켄티 전은 자신의 시집 몇 권만을 가지고 다시 길을 떠나기로 마음먹는다. "백 년이 지난 후에는 돌 껍데기에서 벗어날 수 있는 기력이 생기"리라 위안하면서 "새로운 '나'의 탄생"을 소망하며 또다시 세상을 편력하고 주유하기로 하는 것이다.

3) 후기작

「헬렌의 시간(Мандарины для Хелен)」(2013)은 2013년 『Мандарины для Хелен(헬렌을 위한 만다린)』의 제목으로 카자흐스탄 문예지 『Простор(프로스토르)』에 발표되었고, 같은 해 러시아 모스크바 유노스티(Юность) 출판사에서 단행본으로 간행되었다. 2017년 『헬렌의 시간(Мандарины для Хелен)』(유형원 역, 상상)으로 국내에 번역되었다.

최근까지 활발하게 작품활동을 이어가고 있는 작가에게 후기작을 지목하는 것은 다소 성급할 수 있으나, 이 작품이 이전의 작품세계와 매우 명확한 질적 차이를 보여주고 있으며 그의 작품세계 전반과 대조해 볼 때 분수령과 같은 작품이 될 것이기에 본고에서는 이 작품을 후기작으로 보고 논의를 진행하고자 한다.

어쩌면 이 소설은 긴 밤이 지나고 떠오른 또 다른 태양에 관한 이야기이다. 이 작품에서 박미하일은 전작들에서 벼려왔던 새로운 질문을 던지고 있다. 국가와 민족, 문화적 차이를 아우르는 윤리적 공동체에 관한 질문이 그것이다. 한국인 강소월과 유럽식 이름을 가진 에티오피아 여성 헬렌이 등장하는 이 작품에는 "다양한 언어를 사용하고 있는 사람들, 이들의 문화와 종교가 다르지만 품위 있고 각자의 매력을 가지고 다른 대륙에서 살아가는 사람들"의 이야기가 담겨 있다. 이는 유랑하는 이방인, 주류사회에서 배척당하는 주변인으로서의 고려인의 삶과 현실을 그려내었던 그의 전작들과 뚜렷이 구별되는 것이지만, 한편으로는 다민족국가였던 구소련에서의 경험을 바탕한 것이라는 점에서 '나는 누구인가'라는 화두의 심화요 확장이라고 볼 수 있다. 그런 맥락에서 「헬렌의 시간」은 그의 작품세계에서 중요한 분기점이 될 것이다. 모국 또는 거주국의 '우리/들'로부터 유리되어 '나'를 구성하여야 했던 자기정체성의 문제는 이제 거주국이 된 한국에서 새롭게 구성되고 있기 때문이다.

이 소설은 에티오피아에서의 체류를 마치고 귀국한 엔지니어 강소월이 제주도의 감귤농장의 일꾼으로 들어가 농장의 운영자로 정착하기까지의 이야기를 담아내고 있다. 앞서 고려인의 초기 집단거주 양태가 꼴호즈(집단농장)을 중심으로 하였다는 점을 상기해 보면, 이러한 설정은 작품의 배경과 인물, 사건이 모두 한국에 초점화되어 있지만 제주는 실재하는 모국이기보다 새로운 기원이 될 상상된 공동체의 성격을 갖는다는 점에 유의하여야 한다. 고려인들이 꼴호즈를 중심으로 '고본질'이라 불리우는 계절임차농을 하며 CIS 지역에 자신들의 근거를 마련하였다는 것은 주지의 사실이다. 이러한 맥락에서 보면 작가는 주인공 강소월에 러시아를 지워지지 않게 기입하고 있다고 보아야 할 것이다.

이 소설은 주체의 형성 과정에서 그 경계가 다양하고 다변적이며 세계 각국을 편력한 등장인물들의 관계가 매우 수평적이고 대등하게 연결되어 유동한다는 점이 특징적이다. 이 소설에 이르면 주류와 비주류의 경계가 없으며, 때문에 이분법적인 패러다임을 넘어서게 되고, 타자성은 n개로 분화된다.

「헬렌의 시간」에 등장하는 인물들의 면면을 보면, 한국인 강소월은 3개의 공식 언어를 사용하는 에티오피아에서 동료 러시안으로부터 러시아어를 배운다. 강소월이 제주의 감귤농장으로 이끌고자 하는 헬렌은 에티오피아 변방 소수민족 오모로족 출신으로, 강소월의 가정부였다가 에티오피아의 도시 아디스아바바로 이주하여 새롭게 일자리를 찾은 인물이다. 그녀와 강소월은 암하라어로 제한된 의사소통을 한다. 제주 감귤농장의 여주인은 일본인과 한국인의 혼혈이면서 그의 전남편은 프랑스인과 한국인의 혼혈이며 그들은 유학경험으로 5개 국어에 능통하다. 강소월과 서울에서 우정을 나눴던 소녀는 스위스와 유럽을 거쳐 한국에 잠시 귀국한 인물로 4개국어를 구사한다. 「헬렌의 시간」에 해설을 쓴 작가 윤후명은 이 소설이 세계성의 축도를 보여준다고 평한 바 있다. 언어의 문제는 줄곧 박미하일의 소설에서 정체성의 문제와 직결되었다는 점을 상기하면, 이러한 인물들의 이력이 다분히 의도된 것이라는 사실을 짐작할 수 있다.

또 한 가지 이 소설에서 주목되는 지점은 시간과 공간에 대한 사유를 보여주는 동굴 모티프이다. 제주에 정착한 네덜란드인 하멜의 후손과 함께 강소월이 찾아간 동굴 에피소드는 '공간이면서 시간인 장소'에 대한 묘사가 그려진다. 강소월은 이 동굴 속에서 오래된 선조들의 과거와 자신의 현재, 그리고 먼 미래의 시간을 동시적으로 경험하는데, 이 때 동굴은 일종의 헤테로토피아라고 할 수 있다. 작가는 주인공의 내면을 빌어, 가능하다면 과거로 돌아가 지난날의 과오를 바로잡고 전쟁과 학살로부터 생명을 되돌리고 평화로운 미래를 바라보고 싶다고 고백한다. 그러나 그것은 가능하지 않고 주인공은 "지상에서의 삶을 살아온 모든 이들의 시간은 흘러간다"는 깨달음을 얻는다. 그의 소설에 일종의 정신적 고양을 통한 비약적인 결말이 한계로 지적된다는 점은 앞서도 언급하였다.

여기서도 한 가지 아쉬운 점을 지적하지 않을 수 없다. 이 소설의 결말부는 박미하일 소설 전반에서 관찰되는 한계를 여전히 극복하지 못하고 있기 때문이다. 한국인 강소월이 제주도 감귤농장에 정착하기 위해서 그에게는 에티오피아의 헬렌이 필요한 것이다. 헬렌이 없고서는 이 여정은 완성되지가 않는 것이다. 불안정하고 불완전한 남자를 구원하는 여성인물로 지구 반대편의 헬렌에게 요구되는 것은 무엇인가. 헬렌은 에디오피아의 소수민족 출신으로 가난한 가정부이며, 도시로 일자리를 찾아 떠나간 여성이다. 그녀는 박미하일의 초기작에 등장했던 고려인 청년의 형상과 흡사하다. 따라서 이 결말은 전연 새로운 이주의 시작이면서 식민지의 이름으로 불리우던 여성과 이제 막 이름을 되찾은 남성의 낯선 혼종이며, 이 조합의 배치는 그런 점에서 정신성으로 귀결되는 일종의 봉합이라고 보여진다.

그럼에도 불구하고 이 작품과 관련하여 또 하나의 중요한 사실은, 우리는 이 작품을 더 이상 기존의 디아스포라 문학의 범주에서 충분히 다룰 수 없을 것이라는 점이다. 박미하일은 한국에서 창작활동을 하면서 한글로도 창작을 병행하고 있고, 작가가 서문에서 밝혔듯이 이 작품은 한국인 독자를 염두하고 집필한 것으로, 타자의 시선으로 바라본 한국사회를 그려내고 있기 때문이다.

"이 소설은 내가 한국을 배경으로, 한국을 소재로, 그리고 한국인을 주인공으로 등장시켜 서술한 첫 번째 작품이다. 오랜 세월 러시아 권에서 생활해야 했던 나는 많은 한국 분들의 도움으로 나 자신의 역사적 고향, 한국의 문화에 관한 새로운 지평에 눈을 뜰 수 있게 되었다. (중략) 나는 과연 이것이 한국의 독자들에게 어떻게 읽힐 것인지에 대해

떨림과 흥분을 감출 길이 없다."(박미하일, 2017:293-294)

우리는 이 작품을 통해 '우리는 누구인가'라는 낯선 물음과 마주하게 된다. 그것은 한국문학의 다문화소설과도 뚜렷이 구별되는 목소리이다. 해외한인문학이 한 세기를 넘어가며 현지화되어 가는 과도기에 출현한 이 새로운 작품사례를 우리는 종래의 방식으로 소환할 수 없다. 해외한인문학에서 나타났던, 혹은 그러할 것으로 기대되었던 모국 지향의 정체성과 거주국 지향의 정체성이 이 경우 반대로 드러나기 때문이다. 거주국으로서의 한국과 모국으로서의 러시아, 이 새로운 인식과 패러다임이 보여줄 다음 페이지에는 무엇이 쓰일 것인가. 그것은 분명 한국어문학의 새로운 접경이 될 것이다. 그래서 우리는 이 작가가 들려줄 다음 이야기에 귀기울이지 않을 수 없는 것이다.

4. 국적없는 메트로폴리스의 예술가

해외한인문학을 대하는 연구자의 시선과 작가의 발화하는 목소리는 어떻게 만나질 수 있는가. 한국 내에서 연구를 진행하는 연구자의 정체성이 한국 안팎에서 이주성과 토착성이 겹쳐지는 지점에서 문화적 소통을 하며 생산되는 문학의 특이성을 포착해내는 데에는 분명한 난점이 있다. 박미하일의 초기 소설에 주목한 논자들은 방랑하는 유목적 주체, 고려인으로서의 정체성과 이방인으로서의 자기 인식을 주제적 접근으로 해석한다. 「헬렌의 시간」을 분석한 연구들은 슬라브적인 것과 한국적인 것의 융합, 지구촌 시민을 위한 한국문학의 세계화, 세계인들을 위한 문학적 보편성을 다문화적인 요소로 녹여내는 동시에 제주라는 로컬리티를 반영한 모범적인 사례로 해석하면서 그를 더 이상 고려인작가가 아니라 한국인작가라고 불러야 한다는 주장도 있다. 고려인 작가, 재러 작가, 한인

작가, 한국인 작가. 이 글은 그 중간지대를 사유하면서 '발견'한 특이지점, 새로운 카테고리의 가능성에 관한 것이라 할 수 있다.

　박미하일 소설에 등장하는 인물들은 화가, 사진작가, 인형극 동화작가, 시인 등, 예술가소설로 계열화된다. 「헬렌의 시간」의 주인공 강소월 역시 엔지니어에서 농장주로 변하지만, 에티오피아에서의 경험을 기고하는 에세이스트이기도 하다. 박미하일 자신이 소설가이면서 화가(러시아 공훈화가)로도 활발한 활동을 이어오고 있고, 그의 소설들은 대부분 자전적 경향을 내보인다는 점에서 박미하일과 예술에 대한 논의는 매우 중요한 논점이다. 그의 소설에서 예술은 가치를 보존하는 방어적 성격을 가진다고 보여진다. 조선적인 것을 주제로 하는 그림, 시간과 기억을 붙잡는 사진, 동심과 향수를 박제하는 인형극, 그리고 불완전한 러시아어로 창작된 습작 시꾸러미를 든 채 도시를 배회하면서도 미구에 선조들의 역사를 서사시로 기록하고 싶은 시인이 있다. 주인공뿐 아니라 주변 인물들에 있어서도 이 성격은 유지된다. 「밤은 태양이다」에서 고려인 시인 비켄티전의 러시안 친구인 보리스는 개혁개방기 이후로 전시회를 열지 못하고 고립된 조각가이지만 자신만의 독자적이고 이상적인 예술을 포기하지 않는다. 「헬렌의 시간」에는 엔지니어지만 그림을 그리는 러시안이 등장하고, 스위스에서 귀국하여 잠시 한국에 체류하며 불어로 시를 쓰는 소녀가 등장한다. 박미하일 소설에서 예술이 보존하는 가치라는 것은 비단 자기 정체성의 뿌리로서 민족을 지시하지 않는다. 그의 소설에서 예술은 변화하는 세계에서 교환될 수 없는 것, 국경이나 문화, 언어와 민족을 넘어서는 공용어, 바꾸어 말하면 그러한 제약으로부터 자신을 지켜내는 보루로 해석된다.

　포스트디아스포라 관점에서 접근할 때 박미하일 문학에서의 공간과 장소성 문제는 단순히 이주의 경험에 기반한 의미 규정을 넘어선다. 앞서의 분석을 토대로 박미하일의 문학에서 공간과 장소성 문제는 크게 둘로 나뉠 수 있다. 그 하나는 고려인문학에서 나타나는 중앙아시아와 러시아의 공간, 이 경우 작가에게 모국이자 조국이다. 다른 하나는 「헬렌의 시간」에서 보듯이 선조들의 모국이자 역사적 고향, 그리고 거주국으로서의 한국이라는 공간이다. 그러나 그의 작품 전반을 놓고 보면 작가가 거주하는 공간이면서 작중에 재현된 공간은 대체로 일치한다. 카자흐스탄과 러시아에서 발표한 작품들과 한국에서 발표한 작품들을 작가의 이주의 경험에 기반하여 분석할 때, 러시아어 독자와 한국독자들을 향한 질문은 본질적으로 다르지 않다고 보여진다. 「헬렌의 시간」에서 '한국'은 그의 정체성의 뿌리이면서 정신적 고향이 아니라 선조들의 모국이자 역사적 고향이고 더 냉정하게 본다면 고유명사 '한국'이기 때문이다.

이러한 점들을 문학 내적으로 접근해 박미하일의 소설에서 공간성 문제로 살펴보면, 그의 소설에 등장하는 예술가들은 예외없이 일정한 자기 소유의 주거지가 없고, 언제나 누군가의 선의에 의해 제공된 임시거처에 머물고 있다는 점에 주목해야 한다. 그의 소설에서 일상의 공간은 언제든 공유될 수 있고 대체될 수 있는 곳으로 그려진다. 단편 「해바라기」의 동화작가 이반은 고아로 삼촌이 마련해준 원룸에 기거하고, 「사과가 있는 풍경」의 사진작가 드미트리 라마로프는 친구가 빌려준 별장에 살며, 「밤은 태양이다」의 시인 비켄티 전은 주인이 떠난 낡은 화물선에 머물고 있다. 「헬렌의 시간」에서 주인공 강소월은 이모가 맡긴 아파트에 살다가 제주로 내려가며, 제주도의 감귤농장 역시 전주인이 그에게 임의로 양도하는 것으로 그려진다. 그의 소설에서 작중인물들은 '집'에 대한 관념, 정착할 보금자리에 대한 애착을 보이지 않으며, 대신 변화하는 도시의 거리를 배회하는 인물들로 그려진다. 그의 소설에서는 고향이나 집보다 이 메트로폴리스가 갖는 장소성이 중요하다. 박미하일의 소설에서 예술가들은 산업화가 진행되는 도시의 복판(러시아의 모스크바 또는 페테르부르크, 또는 한국의 서울)에 서 있다. 그들은 생계를 위해 일자리를 찾아 도시를 떠돌아다닌다. 집 없음, 일자리 없음, 짝 없음, 이 마이너리티가 극대화되는 장소가 메트로폴리스이다. 그의 소설은 이러한 보편적 좌표

설정으로 단독자가 되는 예술가를 전경화한다는 점에서 어쩌면 이 장소성의 특징은 무장소라고 해야 할 것이다. 박미하일의 소설은 메트로폴리스에서 시민 되기로부터 시원의 공간을 거쳐 제주로 향하고 있다. 박미하일의 소설은 100여 년에 걸쳐 조선으로부터 한국으로 돌아오는 여정이었고, 이러한 여정은 아직 현재진행형이기에 여기가 도착지라고 말할 수는 없을 것이다. 그의 선조가 조선을 떠난 지 158년이 흘렀고, 작가는 30년 전부터 매해 한국을 방문하다가 지금은 동시대 한국 청주에 '정착'이 아닌 '체류' 중이기 때문이다. 다만 분명하게 말할 수 있는 것은, 그의 소설 속 주인공들은 민족과 고향으로의 귀환이 아니라 자신이 머물고 있는 공간의 시민이 되기를 일관되게 원한다는 것이다.

이 글에서는 포스트디아스포라의 관점에서 해외한인문학의 과도적 성격과 특질들을 박미하일의 소설세계를 중심으로 살펴 보았다. 고려인 5세대이자 고려인 작가 3세대에 속하는 박미하일은 한국에서는 재러 한인작가로, 러시아에서는 고려인 작가로 불리워 왔다. 그의 소설은 문화적 혼종성의 다양한 양태와 경계인으로서의 자각을 갱신하는 부단한 탐색의 결과로 보여진다. 자전적 경향의 예술가 소설로 계열화되는 일관된 박미하일의 작품세계는 고려인문학의 전형과 변모를 보여주는 동시에 변화하는 해외한인문학의 과도적 성격의 한 사례로서 유용한 참조점을 제공해 준다고 할 수 있을 것이다.

참고문헌

권기배(2012). "디아스포라와 망각을 넘어 기억의 복원으로: 러시아 및 중앙아시아 한인 망명문학 연구(2) – 미하일박의 문학세계 연구", *외국학연구* 20, 133-149.

김종회(2005). "구소련지역 고려인문학의 형성과 작품세계: 아나톨리 김과 박 미하일의 작품을 중심으로", *동북아문화연구* 9, 133-156.

김필영(2004). *소비에트 중앙아시아 고려인 문학사(1937-1991)*, 강남대학교출판부.

나소정(2018). "20세기 중국 조선족문학의 집단정체성과 문화적응 양상- 민족경계의 분화와 변천을 중심으로", 문화교류연구 7(4), 5-26.

_____(2021). "포스트디아스포라, 한국어문학의 새로운 접경:박미하일론", 문화와융합 43(10), 303-328.

오창은(2011). "고려인 문학에 나타난 정체성의 정치- 양원식 소설을 중심으로", 한국문학논총 57, 207-237.

윤인진(2002). "세계 한민족의 이주 및 정착의 역사와 한민족 정체성의 비교연구", 재외한인연구 12, 5-64.

이명재 편(2002). 소련 지역의 한글문학, 국학자료원.

이상갑, 정덕준(2013). "1990년대 이후 CIS지역 고려인 문학 연구- 박 미하일의 소설을 중심으로", 한국문학이론과비평 59, 139-160.

이승하(2011). "재러시아 고려인 작가 박미하일 소설 연구", 배달말 48, 125-150.

정덕준(2006). "재외 한인문학과 한국문학- 연구 방향과 과제를 중심으로", 한국문학이론과비평 32, 13-31.

정성호(1997). "해외 한인의 지역별 특성", 한국인구학 21(1), 105-128.

Barth, F.(1969). *Ethic Groups and Boundaries: The Socisl Organization of Culture Differences*, Boston: Little.

Berry, J.W.(2003). "Conceptual approaches to acculturation", In K.M. Chun, P.B. Organista, & G. marin(Eds.), *Advances in Theory, Measurement, and Applied Reasearch*, Washington D.C.: American Psychological Association.

Kurt Lewin. 박재호 역(1987). 사회과학에서의 장 이론, 민음사.

[부록] 박미하일(Пак Михаил) 작가 연보

1949년 우즈베키스탄 타슈켄트 출생

1959년 타지키스탄으로 이주

1970년 타지키스탄 두샨베 미술대학 졸업, 화가로 데뷔

1976년 구소련 카자흐스탄 알마티에서 단편「사울렌」을 발표하며 문학활동 시작

1986년 소설「Пристань ангелов(천사들의 기슭)」, 카자흐스탄 문예지『Простор(프로스토르)』발표

1990년 단편소실「За порогом ночей(밤샐 무렵)」, 모스크바 고려인 작가 공동작품선집

『Страницы лунного календаря(음력의 장들)』, 카자흐스탄 알마티 사주스(Жаз
    ушы) 출판사
1990년 카자흐스탄 알마티의 한국어교육센터에서 한글을 수학
1991년 카자흐스탄 알마티 한국어교육원의 연수프로그램으로 한국 첫 방문
1993년 한국 서울 첫 개인전
1994년 소설집 『Смеющийся человечек Хондо(웃는 남자 혼도)』, 러시아 모스크바 스베
    티고르(Святигор) 출판사
1995년 소설집 『해바라기 꽃잎 바람에 날리다(Смеющийся человечек Хондо)』, 국내
    첫 번역 출판(전성희 역, 새터)
1996년 소설 『Ночь-это тоже солнце(밤, 그 또 다른 태양)』, 카자흐스탄 문예지 『Просто
    p(프로스토르)』 발표
1998년 자전소설 『Пристань ангелов(천사들의 기슭)』, 카자흐스탄 알마티 사주스(Жазу
    шы) 출판사
1998년 러시아 모스크바로 이주
1999년 해외동포문학상 수상 (미국 로스엔젤레스, 단편소설 「기다림」)
2000년 중편소설 「Натюрморт с яблоками(발가벗은 사진작가)」 발표
2001년 재외한국인재단 및 펜클럽 문학상 수상 (단편소설 「해바라기」)
2001년 러시아 발렌찐 까따에프 문학상 수상(중편소설 「Натюрморт с яблоками(발가벗
    은 사진작가)」)
2002년 소설집 『Танец белой курицы(흰 닭의 춤)』, 러시아 모스크바 스베티고르(Святиг
    ор) 출판사
2004년 『Смеющийся человечек Хондо(웃는 남자 혼도)』, 러시아 모스크바 스베티고르
    (Святигор) 출판사
2004년 단편소설 「해바라기」, 국내 문예지 『문학사상』 2월호에 게재
2004년 이문열 『사람의 아들』 번역, 러시아 모스크바 리테라뚜라(литература) 출판사(한
    국문학번역원 지원)
2005년 중편소설 『Натюрморт с яблоками(사과가 있는 풍경)』, 러시아 모스크바 스베티
    고르(Святигор) 출판사
2006년 에세이집 『Сеульские каникулы(서울 휴가)』, 러시아 모스크바 일리가르(Илига
    р) 출판사
2007년 장편소설 『Легкое путешествие по реке(예올리, 강으로의 짧은 여행)』 1부,
    카자흐스탄 알마티 사주스(Жазушы) 출판사

2007년 러시아 커터예프 문학상 수상(장편소설『Легкое путешествие по реке(예올리, 강으로의 짧은 여행)』)

2007년『발가벗은 사진 작가(Натюрморт с яблоками)』, 국내 번역 출판(전성희 역, 수산), KBS 예술문학상 수상

2008년 러시아 톨스토이 야스나야 뽈랴나 문학상 수상

2009년 시「추억」,「신기루」, 국내 문예계간지『시작』가을호에 게재

2010년 소설집『Облака на юге(남쪽에 구름)』, 러시아 모스크바 일리가르(Илигар) 출판사

2010년 러시아 쿠프린 문학상 수상(단편소설집『Облака на юге(남쪽에 구름)』)

2010년 윤후명『둔황의 사랑』번역, 러시아 모스크바 일리가르(Илигар) 출판사(한국문학번역원 지원)

2012년『밤, 그 또 다른 태양(Ночь - это тоже солнце)』, 국내 번역 출판(전성희 역, 북치는마을)

2012년 재외동포문학상 수상(단편소설「해바라기」)

2013년 소설『Мандарины для Хелен(헬렌을 위한 감귤)』, 카자흐스탄 문예지『Простор(프로스토르)』발표

2013년 장편소설『Мандарины для Хелен(헬렌을 위한 감귤)』, 러시아 모스크바 유노스티(Юность) 출판사

2015년 장편소설『Легкое путешествие по реке(예올리, 강으로의 짧은 여행)』1,2부, 러시아 모스크바 포드비크(Подвиг)출판사

2015년 장편소설『개미 도시(Муравьиный город)』, 국내 번역 출판(전성희 역, 맵씨터)

2016년 박경리『토지』1권 번역, 러시아 모스크바 노비크로노그래프(Новый хронограф) 출판사(한국문학번역원 지원)

2017년『헬렌의 시간(Мандарины для Хелен)』, 국내 번역 출판(유형원 역, 상상)

2018년『사과가 있는 풍경(Натюрморт с яблоками)』, 국내 번역 출판(전성희 역, 상상)

2019년『밤은 태양이다(Ночь - это тоже солнце)』, 국내 번역 출판(전성희 역, 상상)

2019년 박경리『토지』2권 번역, 러시아 모스크바 노비크로노그래프(Новый хронограф) 출판사

2020년 장편소설『Белые озёра(하얀 호수)』, 러시아 모스크바 포드비크(Подвиг)출판사

2020년 장편소설『예올리(Легкое путешествие по реке)』, 국내 번역 출판(전성희 역, 상상)

* 그림 전시회

프랑스 파리(1995, 2006), 카자흐스탄 알마티(1997, 2005), 러시아 모스크바(1998. 1999, 2001), 한국 서울(1993, 1995, 2000, 2002, 2004, 2006, 2008, 2010, 2011, 2012, 2013, 2014, 2015, 2016, 2018, 2019, 2020, 2021,2022)

● 이 장은 문화와융합 학술지 43권 10호에 실린 필자의 논문(나소정, 2021)을 바탕으로 재구성되었다.

2부
인간탐색과 공감의 윤리

06장
박인환 시에 나타난 '희망'과 '불안'의 두 세계 | **정애진**

07장
다니자키 준이치로의 『악마』에 나타난 '악마'의 실체 | **임만호**

08장
대비적으로 고찰한 한·중 근대지식인 우울 모티프 고백소설 | **엄진주**

09장
네덜란드 황금시대, 하녀의 진주 귀걸이 | **하혜주**

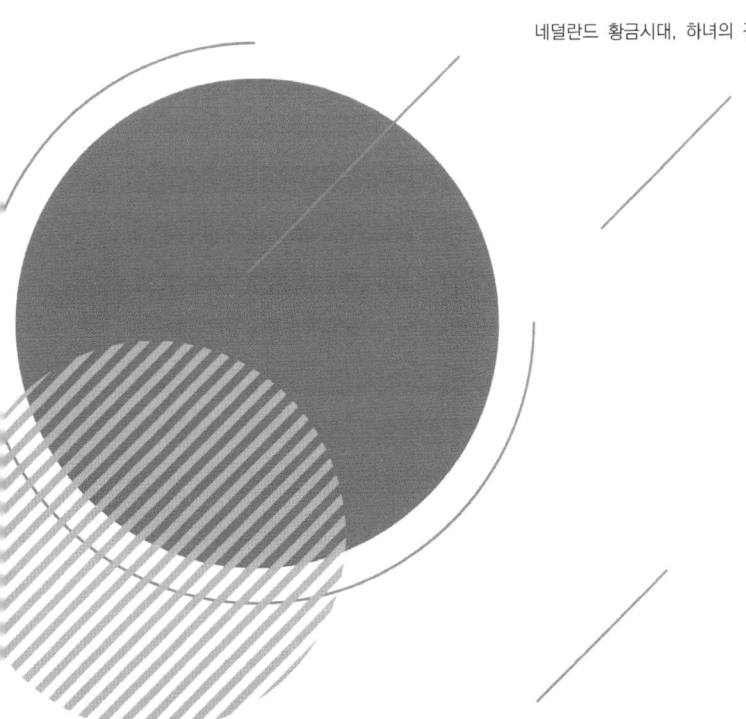

06장

박인환 시에 나타난 '희망'과 '불안'의 두 세계

1. 연대의식을 통한 '희망'으로서의 여정과 '불안'의 태동

초기 박인환에 대한 연구는 대체로 부정적인 의견들이 팽배했으며, 그 시각 또한 고정되어 있었다. '내적 체험이나 고민 없이 이국 취향 등에만 기대어 시를 쓰고 있다', "어휘력과 빈곤, 이미저리의 불통일, 경박한 멋내기"(이동하, 1993:24-28)라는 지적과 '50년대 모더니즘이 선언적 역할에만 그쳤을 뿐 1930년대 모더니즘을 능가하지 못했다'(김춘수, 1993:182)는 의견이 대표적이다. 이외에도 1950년대 모더니즘 운동의 중심적 일원으로 거론되는 경우를 제외하면 박인환 시에 대한 심도 있는 연구는 활발히 이루어지지 못한 것이 사실이다.

이 같은 흐름은 1990년대 이후 조금씩 변화를 보여 왔다. 특히 김영철은 그의 논문에서 박인환의 시세계가 '문단사적 베일', '모더니즘의 베일'로 가려져 있음을 강조하며, '모더니즘의 실패'로 요약되곤 하는 박인환에 대한 부정적 평가를 다시금 재고해보아야 함을 주장했다. 박인환은 모더니즘 시인으로서 뚜렷한 입지를 다진 것은 아니며, 오히려 "비판적 리얼리즘 시나 6.25 체험을 바탕으로 한 현실인식의 시에서는 일정한 성과를 거두고 있다"(김영철, 1996:117-140)는 것이다. 김영철을 시작으로 박인환의 작품을 모더니즘 계열의 시가 아닌, 리얼리즘 계열의 시로 보아야 한다는 시각의 논문이 상당수 발표되었다.

 2000년대 이후에는 박인환의 문학사적 위치가 재조명되면서 '영화 평론', '아메리카니즘', '정신분석' 등 새로운 시각의 연구가 활발히 진행되었다. 그러나 여전히 '센티멘털'과 '허무주의', '통속성' 등 박인환 시의 한계로 여겨지는 측면들이 제대로 해명되지 않음으로써 아직까지도 그의 작품 세계가 다소 한정적이고 좁은 영역에서 이야기되고 있는 것이 사실이다. 이와 관련하여 정영진(정영진, 2013)은 박인환에 대한 부정적 평가가 긍정적인 평가로 뒤바뀌어 오는 과정에서 시인의 정체성이 시대적 보편성 속에 용해되고, 개인의 주체적, 실천적 성취의 측면 또한 삭제돼버린 점을 문제로 지적하고 있다.

 이 글에서는 그간의 연구사에 주목하여 '전후 문학', '1950년대 모더니즘', '신시론과 후반기 동인' 등으로 고정되어 있던 연구 시각에서 벗어나 시인의 전기적 생애를 관통하는 역사적 격변과 그에 대한 대응 방식으로서의 시 쓰기 양상을 살펴보고자 한다. '해방 정국', '좌우이데올로기의 대립'과 이로 인해 발발한 '6.25 전쟁' 등은 박인환의 시작(詩作) 활동에서 큰 전환점으로 작용했다. 시대에 대응하는 주체의 시선을 '희망'과 '불안'의 두 양상으로 나누어봄으로써 그의 작품 세계를 보다 폭넓게 이해하는 자리를 마련하는 것이 이 글의 수행 과제이다. "불안정한 연대"는 박인환에게 크나큰 정신적 고통을 주었고, 시 쓰기는 그가 "가장 의지할 수 있는 마지막 것이었다(박인환, 1955:238)." 박인환은 해방기의 혼란한 상황 속에서도 미래에 대한 '희망'을 놓지 않았으나, 1950년대 격변의 시기를 거치며 '희망'을 견지하던 시적 주체의 태도는 '불안'으로 이행해갔다. 그러나 박인환 시에 나타나는 '불안'을 단순히 '현실 극복 의지가 없는 절망의 토로'로 이해해서는 안 된다. 오히려 그의 작품에는 '불안'의 기분을 통해 '나'의 존재 가능성을 발견하고, 본래적인 자아를 회복함으로써 절망의 시대를 극복하고자 하는 시적 주체의 고투가 담겨 있다. 즉, 박인환은 시 쓰기를 통해 불안정한 시대와 조우하고자 하였으며, 자기 가능성을 향해 끊임없이 나아가고자 한 시인이라는 점에서 큰 위상을 가질 수 있다. 이렇게 볼 때, 박인환의 시를 '센티멘털리즘', '과도한 감상성'의 한계에서 벗어나 보다 폭넓은 관점에서 조망할 필요성은 충분할 것이다.

박인환이 시단에 첫 발을 내딛은 '해방기'는 문학사에서 중요한 의미로서 서술되어왔다. 1939년 일제에 의해 자행되어 온 문화말살 정책으로 이른바 '암흑기'를 거쳐야 했기에, 해방은 문단 내 모든 작가들에게 새로운 시작(詩作)의 신호탄이 되었다. 해방 후 한국 사회에는 새로운 세계에 대한 기대와 희망의 바람이 일기 시작했다. 일제 식민주의의 핍박과 억압의 굴레 속에서 불현듯 찾아든 해방의 반향은 무척이나 낯선 감각이었으나, 눈에 띄는 변화들을 미래지향적으로 받아들이는 추세였다. 해방정국이라는 공간 속에서 한국 문단은 미래에 대한 긍정적 전망과 열정으로 한 시대와 조우하고 있었다.

그러나 당시 한국사회가 해방 후 도래할 세계에 대한 기대감으로 들떠 있었던 것과는 대조적으로, 박인환이 바라본 현실은 오히려 어둡고 불안한 모습으로 비춰지고 있다. 박인환은 『새로운 도시와 시민들의 합창』 서문에서 '증오', '안개', '자본의 군대' 등의 표현을 통해 현실 상황에 대한 부정적 태도를 드러낸다. 1945년 광복 이후, 완전한 독립 국가를 이루기 위한 움직임들이 발 빠르게 이어졌지만, 긍정적인 전망만을 기대할 수는 없었다. 17세기 후반부터 20세기 초까지 이어져온, 약소민족을 대상으로 한 서구 열강의 압제는 지울 수 없는 기억들을 남겼으며, 그 흔적 또한 단번에 해소될 수 있는 것이 아니었다. 2차 세계대전이 막을 내린 이후에도 세계에 뻗어 있는 제국주의의 영향과 식민지 상황은 여전히 유효했다. 일제의 식민지배에서 벗어난 한국 사회에는 미국의 거대 자본주의가 새롭게 등장하여 또 다른 식민지적 상황을 만들어내고 있었기 때문이다.

이데올로기의 대립과 신제국주의의 팽창이 "증오와 안개 낀 현실"을 만들어내는 상황 속에서 박인환은 문학을 통해 현실을 객관적으로 인식하고 더 나아가서는 시대를 변화시키고자 했다. 그는 "식민지의 애가"나 "토속의 노래"와 같은, 과거의 관습을 고수하는 태도는 새 시대에 어울리지 않는다고 생각했다. 시인이 미래로 나아가고자 택한 방법은 현실과의 투쟁을 통해 '희망'을 발견하는 것이었다.

> 어제의 날개는 망각 속으로 갔다./부드러운 소리로 창을 두들기는 햇빛/바람과 공포를 넘고/밤에서 맨발로 오는 오늘의 사람아//떨리는 손으로 안개 낀 시간을 나는 지켰다./희미한 등불을 던지고 열지 못할 가슴의 문을 부쉈다.//새벽처럼 지금 행복하다./주의의 혈액은 살아 있는 인간의 진실로 흐르고/감정의 운하로 표류하던 나의 그림자는 지나간다.//내 사랑아/너는 찬 기후에서 긴 행로를 시작했다. 그러므로/폭풍우도 서슴지 않고 참혹마저 무섭지 않다.//짧은 하루 허나/너와 나의 사랑의 포물선은/권력 없는 지구 끝으로/오늘의 위치의 연장선이/노래의 형식으로 내일로/자유로운 내일로……
> — 박인환, 「사랑의 parabora」 전문(박인환, 2008:175)

이 시에서는 과거의 시간을 잊고 밝은 미래로 도약하고자 하는 희망적 움직임을 확인할 수 있다. 이 시에서 시적 화자가 기다리고 있는 미래는 "오늘의 사람"으로 의미화 된다. '나'는 그가 오기를 손꼽아 기원하며 "떨리는 손으로 안개 낀 시간을" 지키고 있다. 현실의 부정적 상황은 다가올 미래를 위해 반드시 견뎌야 할 "바람과 공포"가 되어 '나'를 짓누른다. "희미한 등불"은 저 먼 곳의 "내일"을 비추기에는 너무도 미약한 것이라 화자를 불안하게 하지만 "열지 못할 가슴의 문을 부"숨으로써 그에 대한 믿음을 더욱 견고히 하고자 한다. "맨발"은 "오늘의 사람"이 '나'에게로 오는 여정이 그리 순탄치만은 않을 것임을 예고한다. 그러나 시적 화자는 "찬 기후"에서 시작해 "폭풍우", "참혹"으로 이어지는 고난의 길 따위는

"무섭지 않"다고 말하며 암담한 현실 앞에 당당히 맞서고자 한다. 이것은 우리가 함께 만들어 나갈 "사랑의 포물선", 즉 '희망'을 놓지 않고 있기에 가능한 일이 된다. '희망'은 "아직 완성되지 않은 긍정적인 특징을 지니고 있다"(Ernst Bloch, 2004:22)는 점에서 무한한 방향성을 내포한다. 이 시를 통해 박인환은 제국주의의 압제와 이데올로기와 같은 "권력"이 작용할 수 없는 미래, 즉 "자유로운 내일"을 꿈꾸면서 이상적인 미래가 펼쳐지기를 긍정적으로 기원하고 있다.

「사랑의 parabola」에서 확인할 수 있는 '희망'은 비단 박인환 개인에만 한정되는 것은 아니다. 현실 참여 의지가 개인에게서 공동체까지 뻗어나갈 때, '희망'은 "가치 있는 목표를 향한 행동을 추동"할 수 있는 가능성으로 그 범위가 확장될 수 있다. 박인환은 이러한 동력을 기반으로 "게으른 희망"이 아닌, "현실적인 희망"(Martha Nussbaum, 2020:256)으로 나아가고자 했으며, 이를 구체적으로 실현하기 위한 방법으로 민중들을 주체로 둔 '연대 의식'과 '시민정신'을 주창했다.

> 동양의 오케스트라/가믈란의 반주악이 들려온다/오 약소민족/우리와 같은 식민지의 인도네시아 (중략) 제국주의의 야만적 제재는/너희뿐만 아니라 우리의 모욕/힘 있는 대로 영웅 되어 싸워라/자유와 자기 보존을 위해서만이 아니고/야욕과 폭압과 비민주적인/식민 정책을/지구에서 부숴 내기 위해/반항하는 인도네시아 인민이여/최후의 한 사람까지 싸워라//참혹한 몇 달이 지나면/피 흘린 자바 섬에는/붉은 칸나의 꽃이 피려니/죽음의 보람이 남해의 태양처럼/조선에 사는 우리에게도 비치려니/해류가 부딪치는 모든 육지에선/거룩한 인도네시아 인민의/내일을 축복하리라//사랑하는 인도네시아 인민이여/고대문화 대유적 보로부두르의 밤/평화를 울리는 종소리와 함께/가믈란에 맞추어 스림피로/새로운 나라를 맞이하여라
> ─ 박인환, 「인도네시아 인민에게 주는 시」 부분(박인환, 2008:47)

1948년 2월에 발표된 「인도네시아 인민에게 주는 시」에서는 식민지 항쟁을 촉구하는, 보다 격양된 자세가 관찰된다. 이 시에서 시인은 인도네시아를 "우리와 같은 식민지"로 동일화하여 인식하고, 나아가 타인의 고통을 간접적으로 느끼는 방식으로서의 공감을 이루어낸다. 넓은 영토를 서구 열강에 내어주고 모든 힘을 빼앗긴 인도네시아는 말레이시아, 캄보디아, 베트남과 같이 피식민 국가로서의 비애를 경험한 나라이다. 시적 화자는 인도네시아가 경험해야 했던 식민지 상황이 비단 그들만의 아픔은 아니었음을 알고 있다. 때문에 8연과 9연에서 그 목소리는 더욱 결연하고 분명해진다. 인민의 해방을 마땅히 요구할 수 있어야 하며, "식민지의 고아가 되"기를 거부해야한다는 것이다. 이 시의 핵심은 "최후의 한 사람까지" 야욕과 폭압으로 점철된 식민 정책을 몰아내기 위해 투쟁한다면 평화의 종소리가 울려퍼지는 "새로운 나라를 맞이"할 수 있으리라는 희망이다. 그리하여 시인은 인도네시아 인들의 항쟁이 나아가 "조선에 사는 우리에게도 빛이" 될 것이라는 낙관적 미래를 예견하고 있는 것이다.

살펴본 것처럼 박인환은 '불안정한 연대(年代)'를 헤쳐 나가기 위한 하나의 방법으로 '공감을 통한 연대(連帶)'의 필요성을 제시했으며, "시대와 역사에 대한 대항의식"(맹문재, 2006:17)으로서의 시 쓰기를 통해 희망찬 새 시대를 맞이할 수 있으리라고 보았다. 그러나 1950년 5월에 발표된 「1950년의 만가」를 기점으로 박인환의 시대 인식은 '희망'에서 '불안'으로 이행해가는 모습을 보인다.

> 불안한 언덕 위에로/나는 바람에 날려 간다/헤아릴 수 없는 참혹한 기억 속으로/나는 죽어 간다/아 행복에서 차단된/지폐처럼 더럽힌 여름의 호반/석양처럼 타올랐던 나의 욕망과/예절 있는 숙녀들은 어데로 갔나/불안한 언덕에서/나는 음영처럼 쓰러져 간다/무거운 고뇌에서 단순으로/나는 죽어 간다/지금은 망각의 시간/서로 위기의 인식과 우애를 나누었던/아름다운 연대를 회상하면서/나는 하나의 모멸의 개념처럼

죽어 간다

　　　　　　　- 박인환, 「1950년의 만가」 전문(박인환, 2008:190)

「1950년의 만가」는 박인환의 시에서 처음으로 '불안'이라는 단어가 사용되었다는 점에 의미 있게 살펴볼 만한 작품이다. 이 시가 발표된 이 작품이 발표될 당시, 박인환이 마주한 현실 상황은 무척이나 암담했다. 시기적으로는 한국전쟁이 발발할 무렵이었기에 안팎으로 혼란스럽고 긴장된 분위기가 고조되고 있는 상황이었으며, 박인환 개인에게는 심적 고통을 안겨준 사건이 연이어 벌어진 것이다.

첫 번째로 '후반기 동인의 해체'가 있다. 1948년 결성된 신시론 동인이 구성원 간 이념의 차이로 인해 해체된 후, 1949년 '후반기(後半期)'라는 이름으로 다시 결속하였으나 이렇다 할 성과를 내지 못하고 다시 해체 수순을 밟게 되었다. 이로써 '우리'라는 공동체의식을 기반으로 희망의 새 시대로 나아가고자 했던, "서로 위기의 인식과 우애를 나누었던 아름다운 연대의 기억"은 쓰라린 과거가 되고 말았다.

두 번째로는 '남로당 사건'을 들 수 있다. 그의 초기 시는 대체로 현실주의, 탈식민주의 등으로 개념화되는데, 그중 「열차」, 「인도네시아 인민에게 주는 시」 등은 시인의 좌익 성향을 방증하는 구체적 작품으로 거론되기도 한다. 실제로 박인환은 1949년 7월, 『자유신문』 기자로 근무하던 중 다른 네 명의 기자들과 국가보안법 위반 혐의(남로당 평당원 혐의)로 체포된 바 있다. 결국 무혐의로 풀려났으나, 이 일은 박인환 개인에게 있어 악몽 같은 기억이자 지우고 싶은 과거의 흔적이었을 것이다.

『선시집』의 후기 또한 박인환의 시세계가 '희망'에서 '불행'으로 나아갔다는 논의에 힘을 실어준다.

　　여하튼 나는 우리가 걸어온 길과 갈 길 그리고 우리들 자신의 분열한 정신을 우리가 사는 현실 사회에서 어떻게 나타내 보이며 순수한 본능과 체험을 통해 본 불안과 희망의 두 세계에서 어떠한 것을 써야 하는가를 항상 생각하면서 여기에 실은 작품들을 발표했었다.

『선시집』후기에서 확인할 수 있듯, 당시 박인환은 현실 사회를 "불안과 희망의 두 세계"로 인식하고 있었다. 박인환의 초기 시가 미래지향적인 '희망'의 세계를 반영하고 있었다면, 『선시집』의 시편들은 한국전쟁 당시 시인이 마주해야 했을 '불안'의 세계로 요약될 수 있다. 박인환은 신시론, 후반기 동인 활동 당시 발표했던 작품들을 『선시집』에 수록하지 않았다. 이 같은 점은 박인환 스스로도 해방 후 '초기 시'로 집약되는 시작(詩作) 활동을 자신의 시적 여정에 포함시키고 싶어 하지 않았다는 방증이 된다. 이 글에서는 박인환의 초기 시와 그 이후의 시를 구분하는 분명한 기준이 존재할 것이며, 그 기준을 '희망'과 '불안'으로 요약할 수 있다고 보고 논의를 진행한다.

2. 세계 속에 '내던져진' 자아와 '불안'의 개시(開示)

'불안'은 박인환의 시를 이해하는 데 중요하게 연구되는 개념 중 하나이다. 그의 시에 나타나는 불안은 단순히 일상적인 감정을 넘어 삶에 대한 근본적인 질문과도 맞닿아 있다는 점에서 특히 눈여겨볼 만하다(박지은, 2018). 1950년대 문학에서 실존의 문제는 빼놓을 수 없는 주요한 화두이며, 실존주의는 불안이라는 감정과 밀접한 관련을 갖고 있다(최창근, 2013:149). 한국 전쟁 발발 직후, 당대의 문인들은 인간의 이성적 사고로는 제어할 수 없는 공포와 허무, 불안 등의 감정을 작품에 담아 승화하고자 했다. 그 결과 1950년대 전후 시에서 삶과 죽음에 대한 성찰과 고뇌는 심도 있게 다루어져 왔으며, 실존의 문제는 전후 한국 문단의 근간을 이루는 중요한 테마가 되었다. 당시 박인환 또한 실존주의에 대한 지대한 관심을 드러냈던 시인이었으므로 실존주의는 그의 시에 나타나는 '불안'을 보다 명증하게 해석할 수 있는 기틀이 될 수 있다. 특히 실존주의 철학자 중 하이데거는 '불안'이라는 기분을 중심으로 하여 세계-내-존재로서 발딛고 살아가는 현존재의 존재적 특성을 규명하고자 했는데, 그의 이론은 박인환 시의 중심 키워드인 '불안'과 이를 통해 자신의 진정한 존재 의미를 찾아가는 시적 주체의 여정을 설명할 수 있다는 점에서 유의미한 지점을 갖는다.

플라톤과 데카르트로 대표되는 서양 철학에서 인간은 이성을 가진 존재로 규정되어 왔다. 인간의 본질을 '이성'으로서 해명하고자 한 것이다. 반면 하이데거는 인간이 '스스로에 대해 끊임없이 질문을 던지며 삶의 이유와 존재의 의미를 고민할 수 있는 존재'라는 점에 주목한다. 이 고유한 특성은 다른 동물과 인간을 구분 지을 수 있는 분명한 지점이 되며, 하이데거는 인간이라는 존재자를 다른 존재자와 구별하기 위해 '현존재'라는 개념을 사용한다.

현존재에게 가장 큰 문젯거리가 되는 것은 다름 아닌 자기존재 그 자체이다. 세계 내에서 자신이 어떻게 존재하고 있는지, 또 어떤 존재로 규정될 수 있는지에 대한 관심은 끊이지 않는 물음을 야기한다. 이렇게 "자신의 존재에 있어서 자신의 존재 자체를 문제 삼는' 현존재의 존재방식"(박찬국, 2014:37)을 통해 인간은 실존한다.

> 미끄럼판에서/나는 고독한 아킬레스처럼/불안의 깃발 날리는/땅 위에 떨어졌다./머리 위의 별을 헤아리면서/그 후 20년/나는 운명의 공원 뒷담 밑으로/영속된 죄의 그림자를 따랐다. (중략) 처음 미끄럼판에서/내려 달린 쾌감도/미지의 숲 속을/나의 청춘과 도주하던 시간도/나의 낙하하는/비극의 그늘에 있다.
>
> — 박인환, 「낙하」 부분(박인환, 2008:60)

인간은 탄생에서 죽음에 이르기까지의 삶을 문제 삼으며 '나는 누구인가', 또 '어떻게 살 것인가'라는 고민을 멈추지 않는 존재이다. 특히 전쟁이라는 삶의 배경은 인간 본질에 대한 존재물음을 더욱 가속화시킨다. 「낙하」는 세계 속에 '내던져져 있음'을 통해 나타나는 현존재의 존재론적 불안 의식을 구체적으로 보여주는 작품이다.

시적 화자는 '나'라는 존재의 시작을 마치 "미끄럼판에서" "땅 위에 떨어"진 것처럼 예기치 않게 일어난 사건으로 인식하고 있다. '나'는 그 어디서도 '세계'를 경험하고, 또 살아본 일이 없다. 어떠한 예행연습도 없이 불안의 세계로 추락한 '나'에게 '세계'는 처음 겪는 일이 된다. 낯선 세계 속에서 '나'는 스스로를 "고독한 아킬레스"라고 칭한다. 그리스 신화 속 인물인 아킬레스는 트로이 전쟁의 가장 위대한 영웅으로 일컬어진다. 그 어떤 이도 당해낼 바가 없었던 불사(不死)의 아킬레스였지만 치명적인 약점이었던 발뒤꿈치가 세상 속으로 드러남으로써 결국 죽음을 맞이한다. 작은 신체 일부를 극복하지 못하는 순간, 아킬레스는 세상에서 가장 연약한 존재가 되고 만 것이다. 이 시의 시적 화자 역시 적막하고 메마른 세상 속에서 자신의 존재 가치가 상실되는 기분을 느낀다. 스스로 짊어지기조차 버거운 삶의 무게는 찬란한 청춘의 기억마저 비극으로 퇴색시켜버리고 만다. 이 세계에 태어나는 순간부터 시적 화자에게는 "영속된 죄의 그림자"가 운명처럼 부여된다. 신과의 약속을 어기고 선악과를 따먹은 아담과 이브의 원죄를 물려받은 인간으로서, '나'는 죄를 떠안은 채 세계에 내던져졌다. 세상에 떳떳하게 설 수 없다는 부끄러움은 "처음 미끄럼판에서/내려 달린 쾌감"마저 잊게 한다. 계속해서 밑으로 가라앉아가는 감각만이 '나'를 지배할 뿐이다. 이로써 '나'가 극복해야 할 스스로의 약점은 자기 존재, 동시에 "불안의 깃발이 날리"고 있는 세계가 된다.

수도 서울의 표정. 서울역의 웅장한 건물과 그 앞 광장의 일부에는
폭격으로 인한 처참한 상흔을 입고 있다.

(중략)

그렇게 사람들이 군집했던 서울역 광장은 쓸쓸하고 이곳저곳에 파편이 산재하고 있는가 하면 시체는 치워 버렸으나 북한 괴뢰군의 모자가 수삼 남아 있었다.

남대문은……그렇게 서울 시민에게 매혹의 대상이었던 남대문은 적 치하의 고통을 반영하는 암담한 자체(姿體)로밖에는 나에게는 보이지 않았다.

- 박인환, 「서울역에서 남대문까지」 부분(박인환, 2008:534)

시인이 마주해야 하는 세계는 참담함 그 자체이다. 탱크가 무참히 휩쓸고 간 거리에는 아직 연기가 피어오르고 있고, 사람들은 그 길을 울며불며 정처 없이 지난다. 이렇게 전쟁은 '나'의 생활 반경인 서울 전체를 전혀 다른 세상으로 바꾸어 놓았다. 전쟁 이전의 평화롭고 희망찬 세계의 모습은 기억 속에만 남아 현실의 부정함과 냉정함을 더욱 사무치게 만든다. 서울역과 남대문을 지나는 일상 속에도 삶의 무력감은 산재해 있다. 폭격을 맞아 만신창이가 된 서울역 광장은 쓸쓸함을 자아내고, 인생의 허무감마저 들게 하는 것이다. 서울 시민들의 교통의 요지로서 오고가는 사람들로 북적였던 서울역에는 이제 "북한 괴뢰군의 모자"만이 남아 "적 치하의 고통"을 실감하게 한다. "수도 서울의 표정"이었던 서울역은 과거 아름다웠던 시절을 뒤로한 채 역사의 산증인이 되어 서서히 쓰러져 간다.

인간에게 일상의 세계는 안정감과 익숙함을 느끼게 한다. 세계의 구성 요소들은 이미 '나'라는 존재에게 맞추어져 있기 때문에 우리는 조금의 변화조차 달가워하지 않는다. 일련의 방식으로 해석된 세계에서 인간은 이미 주어진 형태의 삶을 살아간다. 틀에 맞춰진 삶의 형식은 권태로움을 초래하기도 하지만 편안한 세계를 벗어나려는 노력으로 이어지지는 않는다. 인간은 변화를 두려워하는 존재이다. 세계의 안락함에 안주하고자 하는 인간에게 가장 큰 두려움으로 다가오는 것은 '일상의 공간이 허물어지는 순간'이다. 이때 근본기분인 '불안'은 일상의 세계를 낯설게 만듦으로써 섬뜩한 기분을 자아내고, 이를 통해 현존재는 삶의 무상감에 사로잡히게 된다. "소중하게 생각해온 모든 것들이 무가치하게 나타나"는 것을 넘어 "자신의 삶 전체가 무의미하고 공허"(박찬국, 2002:51)하게 느껴지게 되는 것이다.

모든 것이 의미를 잃어버린 절망의 상황에서 인간이 마지막으로 의지할 수 있는 대상은 '신'뿐이다. 삶보다 죽음이 가까운 세계에서 인간은 한없이 무력해진다. 생명의 위기가 눈앞에 근접할수록 삶에 대한 집착은 더욱 커져만 가고, 건조한 생활의 풍경 속에서 종교는 삶의 의미와 목표 그 자체가 되기도 한다. 그러나 박인환의 시에서 '신'은 전능한 힘을 잃어버린 무능력한 존재로 표상된다. 세계의 존재들이 고유의 가치를 잃어버린 무(無)의 세계는 곧 '신(神)의 부재'하는 세계가 된다.

> 저 묘지에서 우는 사람은 누구입니까.//저 파괴된 건물에서 나오는 사람은 누구입니까.//검은 바다에서 연기처럼 꺼진 것은 무엇입니까.//인간의 내부에서 사멸된 것은 무엇입니까.//1년이 끝나고 그다음에 시작되는 것은 무엇입니까.//전쟁이 뺏어 간 나의 친우는 어디서 만날 수 있습니까.//슬픔 대신에 나에게 죽음을 주시오.//인간을 대신하여 세상을 풍설로 뒤덮어 주시오.//건물과 창백한 묘지 있던 자리에//꽃이 피지 않도록.//하루의 1년의 전쟁의 처참한 추억은/검은 신이여/그것은 당신의 주제일 것입니다.
>
> — 박인환, 「검은 신이여」 전문(박인환, 2008:75)

전쟁의 잔인성은 인간의 존엄성을 훼손시키고 수많은 질문을 낳게 했다. 우리는 왜 이 같은 가혹한 운명을 짊어지고 살아가야 하는가, 우리는 왜 지극히 평범한 일상의 기쁨조차 누릴 수 없는가라는 한탄과 원망의 물음이 그것이다.

시적 화자는 무너진 세계에서 고통 받고 있는 사람들을 목격한다. "묘지에서 우는 사람", "파괴된 건물에서 나오는 사람" 등 전쟁의 잔혹함을 직접적으로 경험한 이들의 절규는 구원자인 신의 존재에 대해 회의감을 품게 한다. '과연 신은 우리와 함께 하는가'라는 의문은 신을 향한 몇 가지의 질문으로 구체화되며, 모든 질문의 방향이 '죽음'에 닿아 있다. '죽음'은 인간과 절대자인 신을 분명히 구분 지을 수 있는 지점이다. 인간의 삶은 탄생과 함께 죽음으로 이어지며, 삶의 유한성은 필연적으로 존재론적 불안을 야기한다. 이러한 인간의 죽음에 직접적으로 관여할 수 있는 신은 인간에게 경외심의 대상으로서, 또 한편으로는 두려움의 대상으로서 규정된다. 시적 화자는 '죽음'의 책임을 "신"에게 물으려 하지만 "신"은 아무런 대답도 하지 않는다. 화자는 무정한 신에게 "슬픔 대신 죽음을" 달라고, "세상을 풍설로 뒤덮고" 죽음이 지난 자리에 "꽃조차 피지 않게" 해달라고 간청한다. 화자의 기도 속에 자애롭고 관대했던 "신"의 모습은 온데간데 없다. 신은 재앙의 한가운데서 인간에게 "전쟁의 처참한 추억"을 선사하는 부정적 존재가 된다.

> 신이란 이름으로서/우리는 최종의 노정을 찾아보았다.//어느 날 역전에서 들려오는/군대의 합창을 귀에 받으며/우리는 죽으러 가는 자와는/반대 방향의 열차에 앉아/정육처럼 피폐한 소설에 눈을 흘겼다.//지금 바람처럼 교차하는 지대/거기엔 일체의 불순한 욕망이 반사되고/농부의 아들은 표정도 없이/폭음과 초연이 가득 찬/생과 사의 경지에 떠난다.//달은 정막보다도 더욱 처량하다./멀리 우리의 시선을 집중한/인간의 피로 이룬/자유의 성채(城砦)/그것은 우리와 같은 퇴각하는 자와는 관련이 없었다.//신이란 이름으로서/우리는 저 달 속에/암담한 강이 흐르는 것을 보았다.
>
> — 박인환, 「검은 강」 전문(박인환, 2008:151)

불안이라는 근본 기분 속에서 세계는 '무(無)의미성'으로 개시되지만, 현존재는 그 안에서 자신의 실존을 끊임없이 자각함으로써 세계를 선명하게 바라볼 수 있게 된다(소광희, 2003:129~130). 시적 화자는 "신"에게 전쟁의 잔혹성과 그에 따른 책임을 묻는 대신, 부조리로 점철된 암흑의 세계를 선명하게 응시하고자 한다.

삶과 죽음은 가깝지만 전쟁이 벌어지고 있는 상황에서도 세계는 유지되며, "우리"의 삶 또한 꾸준히 이어진다. 역전은 "생과 사"의 노선을 극명히 보여주는 공간이다. 폭음 앞에서도 "초연"한 자세를 취하면서, 누군가는 "생"의 영역으로, 누군가는 "사"의 영역으로 떠난다. "농부의 아들"은 사회의 평범한 일반인을 상징하는 인물로, 시인은 자유와 평화를 위해 희생하는 이들이 특별할 것 없는 우리의 주변인임을 이야기하고 있다. 그러나 '나'는 수많은 죽음으로 쌓아올린 "자유의 성채(城砦)"와는 "관련이 없"는 자이다. "달 속에" 흐르는 "암담한 강"은 미래에 대한 부정적 전망을 보여주기 이전에 불안정한 '나'의 마음을 투영하고 있다. 누군가의 희생을 통해 '나'의 삶이 유지될 수 있다는, "피폐한 소설"을 읽으며 현실을 방관하는 태도는 비겁한 짓이라는 반성과 자각은 자기 존재의 가능성을 엿보게 되는 계기가 된다. 이 시를 통해 시인은 개인의 인생을 결정하고 이끌어나가는 것은 "신"이 아닌 자기 자신임을 역설하고 있는 것이다.

3. 죽음으로의 이행을 통한 본래적 존재의 회복 의지

박인환 작품에서 엿볼 수 있는 '불안 의식'은 '죽음'에 대한 사유로 이어지면서 그 의미가 더욱 확대되는 양상을 띤다. 죽음은 인간의 삶이 유한함을 일깨워줌과 동시에 실존에 대한 자각을 불러일으킨다. 삶의 종말은 생을 강제로 완결시켜버림으로써 존재의 실존에 가장 큰 위협이 되기 때문이다(Martin Heidegger, 2016:316). 인간에게 공포심을 불러일으키는 것은 죽음이 내포하고 있는 '가능성'이다. 대부분의 인간은 자신의 삶에서 죽음을 멀찍이 떨어뜨려놓으려 한다. 자신이 언제든 죽을 수 있다는 사실을 애써 망각함으로써 본능적으로 죽음을 회피하려는 것이다. 그러나 전쟁은 죽음으로부터 벗어나고자 하는 인간의 본성을 저지함으로써 상상할 수 없는 불안감을 초래한다. 아이러니하게도 인간은 '나'의 죽음을 경험할 수 없다. 죽음은 한 개인의 삶을 완벽히 끝내버림으로써 현실에서의 존재 자체를 불가능하게 만들기 때문이다. 그러므로 현존재는 필연적으로 나의 죽음이 아닌 "다른 사람의 죽음을 심각하고 강렬하게 경험"(Martin Heidegger, 2016:306)하게 된다.

  음산한 잡초가 무성한 들판에/용사가 누워 있었다. (중략) /옛날은 화려한 그림책/한 장 한 장마다 그리운 이야기/만세 소리도 없이 떠나/흰 붕대에 감겨/그는 남모르는 토지에서 죽는다.
      - 박인환, 「한 줄기 눈물도 없이」 부분(박인환, 2008:146)

  전쟁 때문에 나의 재산과 친우가 떠났다./ (중략) /그의 부드럽고 원만하던 얼굴이 환상처럼 어린다./미래에의 기약도 없이 흩어진 친우는/공산주의자에게 납치되었다./그는 사자(死者)만이 갖는 속도로/고뇌의 세계에서 탈주하였으리라.
      - 박인환, 「잠을 이루지 못하는 밤」 부분(박인환, 2008:148)

  입술에 피를 바르고/미스터 모는 죽는다./ (중략) /결코/평범한 그의 죽음을 비극이라 부를 수 없었다./산산이 찢어진 불행과/결합된 생과 사와/이러한 고독의 존립을 피하며/미스터 모는/영원히 미소하는 심상을/손쉽게 잡을 수가 있었다.
      - 박인환, 「미스터 모(某)의 생과 사」 부분(박인환, 2008:109)

전쟁 상황은 세계 곳곳에 죽음의 그림자를 드리운다. 삶보다 죽음이 친숙해진 세계에서 존재의 불안은 점차 심화된다. 인간은 세계 속에 홀로 존재할 수 없으며, 세계는 수많은 존재자들의 관계맺음을 통해 개시된다. 모든 인간은 세계 안에서 필연적인 관계로 이어져 있기에, 전쟁이 몰고 온 가혹한 시련은 타인의 존재를 깨닫게 하는 계기가 된다.

시인은 작품을 통해 전쟁에 참전한 육군 용사, 그리운 친우, 이름 모를 한 남자의 죽음을 이야기한다. 이들은 '나'와 직접적인 관련이 없거나, 혹은 친밀한 사람들이다. 그 어떤 친연성도 없는 사람들은 '죽음'이라는 공통의 비극을 공유하며 같은 자리에서 '호명'된다. 인간은 자신의 죽음을 예견할 수 없고, 갑작스럽게 찾아온 죽음은 "눈을 뜨고도 볼 수 없는"(박인환, 2008:104) 참담한 감정을 불러온다. 불안이 극대화되는 지점은 도처에 깔린 죽음의 대상이 타인이 아닌, 내가 될 수도 있다는 깨달음의 순간이다. 인간의 실존을 위협하는 죽음과 극도의 불안은 한 개인을 무참히 무너뜨린다. 나약한 인간 존재가 죽음이 가져오는 불안에서 벗어날 수 있는 유일한 방법은 죽음을 있는 그대로 받아들이는 것뿐이다.

(상략) 밤마다 나는 장미를 꺾으러/금단의 계곡으로 내려가서/동란을 겪은 인간처럼 온 손가락을 피로 물들이어/암흑을 덮어 주는 월광을 가리키었다. 나를 쫓는 꿈의 그림자/다음과 같이 그는 말하는 것이다.……지옥에서 밀려 나간 운명의 패배자/너는 또다시 돌아올 수 없다……/ (중략) /허나 봄이 되니 수목은 또다시 부풀어 오르고/나의 종말은 언제인가/어두움처럼 생과 사의 구분 없이/항상 임종의 존엄만 앞두고/호수의 물결이나 또는 배처럼/한계만을 헤매이는/지옥으로 돌아갈 수도 없는 자/이젠 얼굴도 이름도 스스로 기억치 못하는/영원한 종말을/웃고 울며 헤매는 또 하나의 나.

― 박인환, 「종말」 전문(박인환, 2008:94)

시적 화자는 체념적인 자세로 생의 종말을 기다리고 있다. 그러나 간절히 기다릴수록 죽음은 '나'에게서 멀어진다. "종말의 목표"를 향해 달려도 "숨 가쁜 호흡은 끊기지 않고/의식은 죄수와도 같아질 뿐"이다. 전쟁은 존재의 의미를 무화시키고, 그 자신을 무력하게 만듦으로써 '살아 있음'을 '죄'로 명명하게 한다. 시적 화자는 "금단의 계곡"에서 "장미를 꺾"는 행위를 통해 자신의 양심을 회복하고자 한다. 그러나 또 다른 자아는 본래의 '나'를 "지옥에서 밀려 나간 운명의 패배자"로 명명하며, 참회의 공간으로 다시는 돌아올 수 없음을 이야기한다. '나'의 생은 세계 속에서 수많은 빚을 지고 있다. "양주 값", "구두 값", "책값", 그리고 "관(棺) 값"은 '나'를 마음대로 "죽을 수도 없는" 존재로 만들어버린다. 시간이 지남에 따라 물가는 천정부지로 치솟고, 봄이 되면 나무들은 너도나도 몸을 부풀린다. 무심히, 그러나 빠르게 흘러가는 세계의 연속성 안에서 '나'는 삶의 굴레를 "웃고 울며 헤맬" 뿐이다.

　이 시는 얼핏 보기에 현실과 맞서 싸우고자 하는 적극적인 의지 없이 소극적인 감성만을 토로하고 있다는 점에서 그동안 회자되던 박인환 시의 한계성을 드러내고 있다고 여겨질 수 있다. 그러나 '자기반성'이 또렷하게 드러난다는 점에서 또 다른 의미로 해석될 여지가 충분하다. "옛이나 현재나 변함이 없는 나"라는 문제인식을 통해 비본래적 자아에서 본래적 자아로 나아갈 수 있는 가능성을 엿볼 수 있기 때문이다. '불안'은 현존재로 하여금 "자신의 존재가능성을 스스로 떠맡거나 선택하는" '본래성'으로의 이행을 가능케 하며, 이를 통해 현존재는 '자기 자신의 가능성을 회복할 수 있다(이기상, 2009:125). 시적 화자는 변해가는 세계 속에서 여전히 과거에 머물러 있는 '나'를 반성하고 있다. 이러한 반성을 통해 현존재는 세계의 다른 존재자들의 판단과 시선을 통해 자기를 인식하는 것이 아닌, '나' 자신으로서의 고유한 의미를 발견하게 된다.

　　　평범한 풍경 속으로/손을 뻗치면/거기서 길게 설레이는/문제 되는 것을 발견하였다./죽는 줄거움보다도/나는 살아나가는 괴로움에/그 문제 되는 것이/틀림없이 실재되어 있고 또한 그것은/나와 내 그림자 속에/넘쳐흐르고 있는 것을 알았다. (중략) 문제되는 것/평범한 죽음 옆에서/한없이 우리를 괴롭히는 것//나는 내 젊음의 절망과/이 처참이 이어주는 생명과 함께/문제 되는 것만이/군집되어 있는 것을 알았다.

— 박인환, 「문제 되는 것」 부분(박인환, 2008:102)

무의미의 세계는 세계-내-존재인 현존재의 비판적 시선을 통해 새로운 세계로 다시금 '개시(開示)'된다. 시적 화자는 늘 그 자리에 존재하는, 그 어떤 의미성도 갖지 않는 "평범한 풍경 속"에서 "문제 되는 것을 발견"한다. '나'의 삶을 가득 메우고 있는 "암흑의 세상에 허다한 그것들"을 인식하게 되는 순간, 비로소 시적 화자는 "살아나가는" 것이 "괴로움"으로, "죽는" 것이 "즐거움"으로 인식되는 역설적 현상을 "문제"로서 직시하게 된다. 세계의 부조리에 의문을 제기하고, 나아가 비판하고자 하는 태도는 새로운 '나'를 발견할 수 있는 기회로 작용한다. 반성은 인간의 참된 실존을 가능하게 하는 조건이다(Karl Theodor Jaspers, 1999:32). 이제 '나'는 죽음에 굴복하기보다 그것이 야기하는 불안을 견뎌내고, '나'의 고유한 삶을 되찾아야 한다는 결단으로 이어진다. 죽음이 '나'라는 존재를 무화(Das Nichts nichtet)시킬 것이라는 불안에서 자유로워지는 순간, 현존재는 본래적 가능성을 얻게 된다.

나는 바람이 길게 멈출 때/항구의 등불과/그 위대한 의지의 설움이/불멸의 씨를 뿌리는 것을 보았다.//폐(肺)에 밀려드는 싸늘한 물결처럼/불신의 사람과 망각의 잠을 이룬다.//피와 외로운 세월과/투영되는 일체의 환상과/시(詩)보다도 더욱 가난한 사랑과/떠나는 행복과 같이/속삭이는 바람과/오 공동묘지에서 퍼덕이는/시발과 종말의 깃발과/지금 밀폐된 이런 세계에서/권태롭게/우리는 무엇을 이야기하는가.//등불이

꺼진 항구에/마지막 조용한 의지의 비는 내리고/내 불신의 사람은 오지 않았다./내 불신의 사람은 오지 않았다.

― 박인환, 「불신의 사람」 전문(박인환, 2008:85)

　시적 화자는 바람 부는 항구에 서 있다. "등불"은 앞날의 희망을 예견하듯 밝게 빛나야 하지만, '나'의 눈앞에 펼쳐진 "항구의 등불"을 보며 서러움의 감정을 느낀다. 어두운 현실을 밝게 비추려는 "위대한 의지"는 "공동묘지에서 퍼덕이는" "종말의 깃발" 앞에서 그 의미를 상실해가고 있기 때문이다. 시적 화자가 "밀폐된 이런 세계"에서 벗어나고자 택한 방법은 '믿을 수 없는 사람', 즉 "불신의 사람"을 애타게 기다리는 일이다. '나'가 기다리고 있는 "불신의 사람"이란 본래적인 나, 즉 시적 화자가 생각하는 '이상적 자아'를 뜻한다고 할 수 있다. 이렇게 볼 때, 시적 화자가 '새롭게 도래할 나'를 기다리는 장소가 "항구"라는 점은 눈여겨보아야 할 부분이다. "항구"는 새로운 세계를 받아들이는 역할을 하면서 동시에 '안'의 것을 '밖'으로 내보내는, 두 가지 특성을 갖고 있는 공간으로 볼 수 있기 때문이다. 즉, "항구"에 서서 "불신의 사람"을 기다리는 행위는 '죽어버린 자아', '낡은 자아'를 해체하고, 현실과의 적극적인 투쟁을 가능케 하는 '본래적 자아'로의 변모를 향한 자세로 이해될 수 있다.

　이제 "등불"마저 사라진 항구에서 시적 화자는 여전히 "불신의 사람"을 기다린다. 인간의 실존은 "고독하게 되는 사건(Vereinsamung)"(박찬국, 2002:52)을 통해 보다 분명하게 드러날 수 있다. 고독 속에서 '나'는 비로소 권태로운 세계에서 벗어나고자 하는 욕망은 본래적 자아로의 이행을 더욱 결연하게 만든다. 격정적으로 타올랐던 "위대한 의지"는 "조용한 의지의 비"가 되어 내리고 있다. 이로써 "내 불신의 사람은 오지 않았다"는 인식은 "내 불신의 사람"을 향한 '기다림의 행위'가 멈추지 않을 것임을 예지하고, 박인환의 시적 주체는 '본래적 존재로의 회복에 한 걸음 가까이 다가설 수 있게 되는 것이다.

전술한 것처럼, 1920년대부터 1950년대에 이르기까지 한국 사회는 불안정한 시대에 직면해 있었다. 유년 시절과 청소년기를 피식민 국가의 한 개인으로서 살아왔던 박인환은 일제강점기뿐만 아니라 해방과 임시정부 수립, 곧이어 한국전쟁으로 이어지는 역사를 몸소 '체험'했다. 박인환의 전기적 생애는 한국근현대사의 질곡 그 자체였으며, 그의 작품 세계에 막대한 영향을 미쳤다.

우리 민족에게 해방은 '조국의 주권 회복'과 더불어 '새로운 국가의 건설 가능성'으로 의미화 되었다. 민족과 국가의 정신적 기반을 재정비하고자 하는 움직임과 함께, 문단 내에서는 식민지 시대의 문학을 청산하고 한국 문학이 나아갈 방향성을 새로이 확립해야 한다는 필요성이 대두되기 시작했다. 박인환의 초기 시는 해방 후 혼란한 사회 정세 속에서 자기정체성을 규정하기 위한 시적 여정의 결과물이었다.

박인환은 제2차 세계대전 이후의 세계를 제국주의의 또 다른 이면으로 인식하고 제3세계 국가들과의 '연대'를 통해 현실의 부조리를 타파, 즉 탈식민화를 꾀하고자 했다. 더불어 소련과 미국을 중심으로 한 이데올로기가 전 세계로 확대되어 가고 있는 시대에서 좌우 구별이 없는 문학의 지평을 열고자 했다. 박인환은 신시론, 후반기 동인 활동을 하며 이러한 자신의 의식을 확대해나가고자 했다. 그러나 동인들 간의 불화와 활동의 무산, 국가보안법 위반 혐의로 체포되었던, 일명 '남로당 사건'을 겪으며 허무와 절망의 감정은 가속화되었다. 결과적으로 박인환의 해방기 탈식민주체로서의 주체화는 실패하고 만 것이다. 그가 경험한 실패는 개인의 정신적 트라우마(Trauma)를 불러일으키기에 충분했고, 6.25전쟁을 전후로 하여 박인환의 시가 '희망'에서 '불안'으로 이행하게 되는 계기로서 작용했다.

박인환 시에 나타나는 '불안'은 영문도 없이 황폐한 세계에 '내던져졌다'는 인식에서부터 시작된다. 시인이 마주해야 하는 세계는 참담함 그 자체이다. 전쟁은 안락한 일상의 공간을 한순간에 무너뜨림으로써 인간으로

하여금 삶의 무상감을 느끼게 한다. 세계의 존재들이 고유의 가치를 잃어버린 세계는 무(無)의 세계가 되고, 박인환은 이 같은 세계를 '신의 부재'로서 표상한다. 전능한 힘을 잃어버린 신은 인간의 삶을 구원할 수 없다. 개인의 인생을 결정하고 이끌어 나가는 것은 '신'이 아닌 자기 자신임을 깨닫게 되는 순간, 시적 주체는 '죽음'에 한 걸음 더 가까워진다.

'죽음'은 박인환의 시세계를 아우르는 핵심 키워드이다. 흥미로운 것은 박인환의 시에 나타나는 '죽음'은 인간의 실존을 위협함과 동시에 실존에 대한 물음을 더욱 극대화시키는 독특한 지점을 갖는다는 것이다. 그의 시에서 그려지는 죽음에 대한 사유는 순응적 태도에 가깝다. '죽음'은 인간 존재에 유한성을 부여함으로써 삶에 대한 의지를 고취시킨다. 즉 '죽음'을 '나'와 가까운 것으로 받아들임으로써 존재적 가능성을 확인하게 되고, 비본래적 존재를 넘어 본래적 존재로의 이행이 가능해지게 된다.

'허무주의'와 '감상성'은 박인환 시의 한계점으로 오랫동안 회자되어 왔다. 그의 시에 나타나는 '센티멘털', 즉 '우울'의 정조는 부정적 해석을 심화시키는 요인이 되기도 했다. 그러나 박인환의 작품이 '시대를 극복하고자 한 고뇌의 산물'이라고 보았을 때, 그의 시는 다양한 해석의 방향성을 내포하게 된다. 역사의 질곡을 체험하며 마주한 '희망'과 '불안'의 두 세계에서, 시인은 '시 쓰기'를 통해 자신의 존재 의미를 끊임없이 확인하고자 했다. 이 같은 점은 박인환의 시가 더 이상 '지나친 감상성'의 영역이 아닌, '시대정신을 반영한 개인의 성취'로 이해되어야 함을 시사한다고 할 수 있을 것이다.

참고문헌

김영철(1996). "박인환의 현실주의 시 연구", *冠嶽語文研究* 21(1), 117-140.
맹문재(2006). *박인환 깊이 읽기*, 서정시학.
박인환, 맹문재역(2008). *박인환 전집*, 실천문학사.

박지은(2018). "박인환 시의 불안, 죽음 의식과 이를 통한 시쓰기의 문제", *한국시학연구* 55, 207-239.
박찬국(2014). *하이데거와 존재와 시간 강독*, 그린비.
_____(2002). *하이데거와 윤리학*, 철학과성실사.
소광희(2003). *하이데거 존재와 시간 강의*, 문예출판사.
이기상(2009). *존재와 시간: 인간은 죽음을 향한 존재*, 살림.
이동하(1993). *박인환*, 문학세계사.
정애진(2021). "박인환 시 연구 – '희망'과 '불안'의 두 세계를 중심으로", *문화와융합* 43(11), 463-480.
정영진(2013). "연구자를 통해 본 문학연구(자)의 정치성", *상허학보* 37, 121-162.
최창근(2013). "1950년대 실존주의의 유행과 '불안'에 대한 고찰", *감성연구* 6, 143-168.
Ernst Bloch. 박설호 역(2004). *희망의 원리*, 열린책들.
Karl Theodor Jaspers. 황문수 역(1999). *이성과 실존*, 서문당.
Martha Nussbaum. 임현경 역(2020). *타인에 대한 연민*, 알에이치코리아.
Martin Heidegger. 전양범 역(2016). *존재와 시간*, 동서문화사.

● 이 장은 문화와융합 학술지 43권 11호에 실린 필자의 논문(정애진, 2021)을 바탕으로 재구성되었다.

07장

다니자키 준이치로의 『악마』에 나타난 '악마'의 실체

1. 강박관념에 숨겨진 '타나토스'

1912년 2월, 다니자키 준이치로(谷崎潤一郎, 이하 '다니자키'라 함)는 『중앙공론(中央公論)』에 단편소설 「악마(惡魔)」를 발표하였다. 이 작품은 다니자키의 초기 작품으로, 다른 작품에 비해 거의 전무하다시피 연구되지 않았으나 그의 작품에 일관되게 흐르는 마조히즘이나 페티시즘 등과 같은 이른바 '악마주의'적 성향을 엿볼 수 있다는 점에서 다니자키 작품 연구에 있어서 의의가 있다고 말할 수 있다. 사실 다니자키 스스로도 「악마」와 동일 인물이 등장하며 스토리 전개에 있어서도 서로 연계되어 있는 「속 악마(続悪魔)」(1913)를 발표할 당시 모두(冒頭) 부분에, 편집자의 독촉에 의해 "적어도 두 배 이상으로 되어야 할 분량을, 무리하게 짧게 줄이고 말았다"라고 말하며 「악마」를 저평가하고 있다(安部十三, 2021). 하지만 그럼에도 불구하고 아베 토미(安部十三)가 '강박관념에 지배당한 인간의 심리를 정면으로 취급한 작품'(安部十三, 2021)이라고 서술한 바와 같이 「악마」는 젊은 주인공 사이키(佐伯)의 파괴적인 심리 변화, 말하자면 공간과 등장인물로 투영된 공포와 불안은 물론, 강박관념이나 신경쇠약으로 인해 파멸의 세계로 치닫는 과정을 여과 없이 보여주고 있다고 하겠다.

특히 여기서 주목해야 할 점은 바로 사이키의 스카톨러지(scatology)적 행위라고 볼 수 있다. 다시 말해 분뇨에 대한 애완적인 관심이나 취미, 성적 취향(위키피디아, 2021)인 것이다. 구체적으로 사이키의 숙모인 테루코(照子)의 콧물이 묻은 손수건을 남몰래 핥는 행위야말로 기존의 선행연구에서 말하는 페티시즘이나 변태 행위를 넘어, 말하자면 삶의 본능을 파괴하고 죽음과 동일시하는 행위, 즉 타나토스(Thanatos)라고 말하지 않으면 안 된다. 프로이트는 자기 보존적 본능과 성적 본능을 합한 삶의 본능을 에로스(Eros)라 하였고 공격적인 본능으로 구성되는 죽음의 본능을 타나토스라 하였다. 삶의 본능에서 성격 발달에 가장 큰 영향을 발휘하는 것이 성본능이고 이것에 내재하는 정신적 에너지는 리비도(Libido)이다. 죽음의 본능은 인간 자신을 사멸하고 살아있는 동안 자신을 파괴하고 처벌하며, 타인이나 환경을 파괴시키려고 서로 싸우며 공격하는 행동을 하게 된다. 이런 삶과 죽음의 본능들은 서로 중화를 이루기도 하고 대체되기도 하는 것이다.

따라서 본고에서는 「악마」에 나타난 사이키의 시선을 중심으로, 공간적·시간적 배경과 등장인물 등을 재분석하고자 한다. 그러기 위해서는 우선 사이키가 대학입학을 계기로 나고야를 떠나 도쿄 숙모 하야시 히사코(林久子) 집에 하숙하게 된 2층의 상징적 의미를, 그리고 2층에서 만난 사촌 테루코와 숙모 집에 기거하는 서생(書生, 남의 집 가사를 돌보며 공부하는 사람) 스즈키(鈴木)를 통하여 사이키의 불안과 망상이 점차 형상화되어 가는 과정을 살펴보고자 한다. 나아가 콧물이 묻은 손수건을 핥는 스카톨러지 행위에 나타난 '비밀의 낙원'은 무엇인지, 나아가 궁극적으로 작품에서 말하는 '악마'의 정체가 과연 무엇인지 규명하고자 한다.

2. 2층, 그 불안한 공간

작품 도입 부분에서는 사이키가 대학에 다니기 위해 기차를 타고 도쿄에 가는 장면으로 시작되고 있다. 그러나 사이키가 기차 안에서 느낀 여러 감정의 증상들은, 작품 전개상 어째서 그가 강박관념이나 신경쇠약 등으로 말미암아 광기나 죽음 등 불안과 공포의 감정을 가지게 되었는지 그 원인을 유추할 수 있다.

> 나고야에서 도쿄로 오기까지 동안, 그는 몇 번이나 도중에 정차장을 내리거나, 머물거나 했는지 모른다. 이번 여행에 한해서 겨우 1시간이나 타고 있으면, 이내 기차가 무서워진다. 마치 자신의 쇠약해진 정신을 위협하는 듯한 기세로, 굉굉히 달려가는 차량 울림의 무시무시함. 칙칙 폭폭 요란스레 미친 듯 소리를 내며 기관차가 철도 위든 터널 안으로 달려 들어갈 때는, 머리가 혼란스럽고, 간담을 서늘케 하여, 당장이라도 졸도할 것 같은 기분에 가슴을 울렁거리게 했다. (중략) "앗, 더 이상 견딜 수 없어. 죽는다. 죽는다." 이렇게 외치면서, 들판과 산을 넘어 달려가는 기차 창문틀에 매달린 적도 있었다(「악마」, pp.273-274).

사실 기차는 메이지(明治)유신 이후, 본격적으로 상용화되면서 각 지역을 연결하여 사람과 상품, 원료 등을 쉽게 운송시켰고, 또한 이러한 결과로 새로운 지식이나 기술, 제도들 또한 철도를 통해 전국적으로 확산이 되면서 일본 근대화를 더욱 촉진 시킨 역할을 하였다. 하지만 이러한 근대화의 상징이라고 말할 수 있는 기차는 기존의 일본 사회 및 일상생활을 영위하던 사람들의 변화 또한 급격한 진행을 초래하게 되었는데, 다시 말해서 기차의 빠른 속도로의 이동은 지역 간의 거리(혹은 시간)를 단축시켰을 뿐만이 아니라, 그로 인해서 도시나 마을 발전 속도 또한 이전과 비교할 수 없을 정도로 하루하루 다르게 변화해 갔던 것이다.

그러한 의미에서 본다면 현재 사이키가 기차 안에서 느끼는 감정은 바로 일본의 급격한 근대화에 따른 반작용— 근대화에 따른 부작용— 이라고 생각해 볼 수 있다. 왜냐하면 만일 일본의 빠르게 근대화되는 과정을 달리는 기차 창밖의 스쳐 가는 광경에 비유한다면, 그것을 바라보는 사이키는 '꽝꽝히 달려가는 차량 울림의 무시무시함. 칙칙폭폭 요란스레 미친 듯 소리를 내는 기차의 속력에 "앗, 더 이상 견딜 수 없어. 죽는다. 죽는다."고 말하며 "강박관념이 해일처럼 머릿속을 날뛰더니 단지 이유도 없이 온몸을 전율하고 두근거림은 심해져 지금 당장이라도 괴로워 기절할 듯"(谷崎潤一郎, 1972:274) 위기의식을 느끼고 있기 때문이다. 그렇기에 사이키는 기차를 '괴물'로 볼 수밖에 없는 것과 동시에, 이러한 근대화에 따른 변화를 단지 무비판적으로 수용하지 않으면 안 된다는 강박관념이나 신경쇠약은 결과적으로 '폐인이 되든가', '죽든가' 양자만이 남아 있던 것이라 하겠다.

그리고 이러한 사이키의 심리작용은 단순히 기차 안에서만 느끼는 일회적 불안과 공포가 아니다. 그가 도쿄에 도착한 후 숙모 집 '하야시(林)'에 와서도 이어지고 있는데, 특히 사이키가 머물게 된 '2층'에서는 기차 안에서 느꼈던 강박관념이 반복해서 나타나고 있음을 알 수 있다.

> 그는 자신이 거처할 방이 전해진 여섯 다다미(畳)인 2층에 올라갔다. (중략) 한낮에 이르러 햇볕이 푸른 하늘에 넘쳐나고, 난간 밖에 멀리 보이는 혼고(本郷) 고이시카와(小石川) 높은 건물의 집이고 숲이고 대지(大地)로부터 증발하는 열기 속에서 자욱이 피어오르며, 전차나 사람들 목소리 등의 소음이 하나가 되어, 먼 아래쪽으로부터 왁자지껄 울려온다. (중략) 왠지 자신이 있는 곳이 **12층**과 같은, **높은 탑 꼭대기**에 있는 방으로도 상상되었다(「악마」, p.280)(진하게 인용자).

사이키가 도쿄에 살면서 하숙하게 될 2층은 그 스스로가 느낀 '12층과 같은', '높은 탑 꼭대기'처럼 근대화라는 일상생활을 기반으로 쌓아 올린 까닭에 불안과 공포를 야기시키는 공간이다. 공포와 관련하여 다니자키는 「공포(恐怖)」에서 "정말로 지금 생각해도 싫은, 불쾌한, 그리고 화가 치밀고 어이없는 이 병은 'Eisenbahnkrankheit(철도병)'이라 이름 붙은 신경병의 일종이며 철도병이라고 해도 내가 걸린 녀석은 자주 세상 여자들에게 있는 것과 같은 배멀미라든가 현기증과는 전혀 다른 고뇌와 공포를 느끼는 것이다"(谷崎潤一郎, 1913)라고 자신만의 공포를 정의 내린 바 있다.

더욱이 숙모와의 대화 중 "조금 강한 지진이 흔들어 봐, 그런 집은 순식간에 짜그라져 버릴 테니까,"(谷崎潤一郎, 1972:277)에서 '지진'이라는 말은, 언제라도 무너질 위험성이 높다는 점에서 그의 불안감을 가중시키고 있다. 즉 사이키가 2층에서의 '열기'나 '전차나 사람들 목소리 등의 소음'에서 오는 불안과 공포는 흡사 기차 안의 모습을 그대로 재현한 것이라고 볼 필요가 있다. 그러므로 사이키는 이전부터 오랜 방탕한 생활로 인해 생긴 '나쁜 병'을 고치려고, 도쿄에 오면 남몰래 병원 의사에게 진찰을 받으려고 결의하였지만, 2층이란 공간은 주사를 맞거나 약을 복용 하려는 마음은 물론, 건강을 회복하려는 삶의 의지마저 사라지게 하고 있다.

하지만 이 불안한 2층이야말로 사이키에 있어서 근대화된 일상생활과의 차단일 뿐만 아니라, 다른 새로운 누군가와의 만남을 단절시키는 공간이기도 하다. 이를테면 일요일에 숙모가 같이 가부키(歌舞伎)를 보러 가자고 권유해도 사이키는 "저는 사람들이 모여 있는 곳에 가면, 왠지 무서워서 견딜 수 없어요"(谷崎潤一郎, 1972:283)라며 거절하거나, "매일 학교 출석하지 않아도 돼요"라고 하든가 "오늘은 조금 기분이 좋지 않아요"(谷崎潤一郎, 1972:294)라고 말하며 학교도 가지 않고 오로지 2층에 머물며 술(사이키에게 있어서 마취제)과 담배라는 방탕한 삶— 사회 부적응자— 을 가능하게 해줌으로써, 자신만의 고립된 세계, 예를 들어 학교에서 공부하는 학생들을 냉소적으로 바라보며, 비록 자신이 있는 공간은 다르지만, 그들 또한 근대화된 공간에 갇혀있다는 사실을 알게 된다.

> 세상 학생들은 잘도 그런 자리를 앞다투며 교실에 몰려 들어가, 무의미한 강의를 열심히 필기하고 있다. 교사가 말하는 것을 한마디 놓치지 않으려고 빨리 붓을 놀리며, 묵묵히 기계처럼 일하고 있는 녀석들의 얼굴은, (중략) 왜 초라하고, 왜 비참하고, 왜 불행한지를 모를 것이다. (중략) "누구라도 빨리 미쳐버리는 자가 이기는 거다. 불쌍한 여러분, 미치광이만 되어 버리면, 이런 고생은 하지 않아도 끝납니다." (「악마」, pp.282-283)

여기에서 사이키 눈에 비친 학생들은 근대화된 공간에 적응하기 위하여 맹목적, 획일적, 기계적 모습으로 묘사되고 있다. 그리고 사이키는 이들의 모습이 초라하고, 비참하며, 불행하다고 비판하며, 미치광이(아니면 죽음)가 된다면 이러한 현실의 속박에서 벗어날 수 있다고 말하고 있다. 하지만 이 말은 바꿔 말해서 자신 또한 학생이기에 그러한 근대화된 일상생활에서 벗어나기 위해서, 혹은 강박관념이나 신경쇠약으로 미치광이가 되었다는 것을 의미하기도 한 것이다. 따라서 학생들이 일상생활에 무비판적 사회적응자의 모습을 거부한 사이키는, 근대화에 대한 강박관념과 신경쇠약에 따른 불안과 공포를 느끼면서 2층이란 폐쇄된 공간에서 사회 부적응자로 갇혀있을 수밖에 없는 것이라 하겠다.

이처럼 도쿄로 오는 기차 안이나 숙모 집 '하야시(林)'의 2층은 근대화된 현실을 응축해 놓고 있으며, 그와 동시에 도쿄에 오기 이전부터 사이키가 가졌던 강박관념이 점차 불안과 죽음에 대한 공포로 구체화되고 있음을 알 수 있다. 또한 다른 의미에서 '하야시(林)'는 숲이란 의미를 지니는 단어로 사이키의 내면 심리가 마치 숲속 햇빛이 차단된 어두운 곳에 무엇이 존재하는지 알 수 없는 것을 상징적으로 비유하고 있다고도 생각해 볼 수 있다. 그런데 이러한 증상은 당시 일본의 급격한 근대화에 따른 변화에 적응하지 못하는 한 개인이 사회 부적응자로 되어가는 모습에 따른 것이라 말하지 않으면 안 된다.

그 결과 사이키는 자신의 병적 증상이 심해짐에 따라 더욱더 일상생활을 거부하게 되었으며, 그에 대한 반작용으로 폐쇄된 2층에서 자신만의 망상의 세계를 확장 시키고 있다고 하겠다. 그리고 이러한 망상의 세계 속에서 사이키는 강박관념에 지배당하면서, 쇠약해진 신경의 내부로부터의 불안과 공포가 점차 자기 파괴라는 죽음으로 형상화하고 있는데, 그것은 바로 2층에 등장하는 테루코(照子)와 스즈키(鈴木)라는 인물을 통해 구체적으로 현실화되고 있는 것이다.

3. 사이키의 망상이 그려낸 테루코

이처럼 작품 도입 부분인 기차 안에 나타난 사이키의 강박관념에 따른 불안, 공포 등은 점차 가중되면서 사이키가 2층에 머무는 시간이 경과함에 따라 하나의 자기 파괴적인 성향인 죽음의 실체로 현현(顯現)하게 되는데, 그것은 바로 2층에 올라온 사촌 테루코(照子)와 스즈키(鈴木)로 표상되는 그들을 통해서 사이키의 불안정한 망상적 심리를 구체적으로 형상화시키고 있다. 이러한 사이키의 강박관념에 의한 망상의 세계는 우리들이 우리들 의식 여러 상태를 동시에 지각할 수 있도록 병치하며 하나의 의식 상태를 다른 하나의 의식 상태 안에서 자각하는 것이 아니고 서로 나란히 있는 것으로 자각(조르쥬 뿔레, 1994:9)하는 것처럼 2층에 있는 사이키의 다양한 심리 상태는 테루코와 스즈키를 통해 구체화하고 있다고 생각해 볼 수 있다.

우선 1층 객실에서 사이키가 테루코를 봤을 때의 모습을 다음과 같이 묘사하고 있다.

도쿄풍의 세련된 머리에, 갈색 격자무늬의 유카타(浴衣) 위에 잔주름이 있는 화려한 비단 여름 하오리(羽織)를 입고, 객실 안이 꽉 찬 것처럼 큰 몸집의 호리호리한 몸을, 답답한 듯 부드럽게 숙이며, **도회(都會) 처녀**가 시골에서 상경한 남자에게 인사하는 때처럼, 안심과 자랑이 흘끗 보이는 태도로 테루코는 사이키에게 가볍게 인사했다(「악마」, p.279)(진하게 인용자).

사이키가 과거 여러 차례 도쿄에 왔을 때, 테루코의 "순진하고 천진난만한 소녀" 모습은 사라지고, 이제는 시대에 걸맞은 세련되고 조숙한 여성으로 나타나고 있다. 그리고 이러한 테루코의 모습은 사이키의 대척점이 있는 존재라고 볼 수 있다. 왜냐하면 도시적이며, 삶의 의욕이 넘치는 테루코의 모습이야말로 오히려 지금까지 사이키의 근대화된 일상 세계에서 가졌던 강박관념이나 불안, 공포의 근원이 되기 때문이다.

사이키가 도쿄에 도착하여 인력거를 타고 숙모 집에 가는 도중, 오카야마(岡山)에 있었던 쓰타코(蔦子)의 기억을 떠올리며 **"잔혹한 도회(都會)의 자극으로, 육체는 쪼이고, 뼈는 혹사당해, 애처롭게 상처 입고 쓰러져 있는 자신의 시체를, 그는 실제로 본 것처럼 느꼈다."** (「악마」, p.276)(진하게 인용자)

다시 말해서 사이키가 오카야마(岡山)에 있을 당시, 게이샤 쓰타코가 "일부러 도쿄에서 객사하러 가지 않아도 되지 않습니까?"(「악마」, p.276)라는 말에서도 알 수 있듯이, 사이키는 자신의 '나쁜 병'의 근원은 근대화로 인해 급격히 변화한 도시나 마을이며, 그러한 도시인 도쿄 생활에 적응하지 못할 경우, "폐인이 되던가" 아니면 "죽어 버리든가" 둘 중 하나를 선택하지 않으면 안 되었던 것이다. 그러므로 테루코와의 만남, 예컨대 테루코(照子)라는 이름은 '照る'는 '비추다'는 의미로, 만일 테루코가 근

대화된 현실 세계를 비춘다는 존재로 유추해 본다면, 이것은 사이키에 있어서 폐인 혹은 죽음을 의미하기도 한 것이다.

더욱이 이러한 테루코의 모습은 2층에 올라온 스즈키와의 대화를 통해서 더욱 극명하게 나타나고 있다.

> 저는 단지 당신에게 충고하고 싶은 것입니다. 테루코 씨는 어지간히 보통 여자가 아닙니다. 평소에는 내숭을 떨고 있습니다만, 뱃속에는 마치 남자를 업신여기고 있습니다. (중략) 테루코의 마음은 어머니보다도 제가 잘 압니다. 그녀는 매우 잔혹하고, 남자를 가지고 마음대로 조종하는 마음이 들더라도, 반하는 일은 없습니다(「악마」, pp.288-289).

스즈키가 말하는 테루코, 즉 내숭적이고, 남자를 업신여기며, 매우 잔혹하고, 남자를 가지고 마음대로 조종하려는 모습은, 마치 사이키가 말한 '도회의 처녀' 또는 '잔혹한 도회'의 이미지와 부합된다. 결국 이 말은 사이키에 있어서 테루코는 서로 양립할 수 없는 존재이며, 나아가 테루코가 2층에 올라오면 올라올수록 사이키는 더욱더 죽음으로 추락할 수밖에 없다는 의미하기도 한다.

그런데 여기서 주목해야 할 점은, 사실 스즈키는 어릴 적 뛰어난 수재로, 숙부가 생전에 "장래에 훌륭한 사람이 된다면, 꼭 테루코의 사위로 맞이하겠네."(「악마」, p.285)라는 말을 듣고, 열심히 공부하고 있는 사이 바보가 된 인물로 묘사되고 있다는 것이다. 즉 사이키는 기분 나쁘고, 항상 어두운 얼굴을 한 스즈키의 모습을 통해서 자신의 미래의 모습을 엿보고 있다고 유추할 수 있다.

> 어쩌면 나는 그 녀석에게 죽을지도 모른다. 아무리 그 녀석을 위해 이익을 줘도, 가능한 테루코에게 다가가지 않도록 하여, 진실을 다하면 다할수록, 결국 그 녀석은 나를 원망하며, 끝내는 죽을지도 모른다. (중

략) 점점 자신이 테루코와 사랑에 빠져, 역시 죽어야 하는 운명에 빠지지는 않을까? (중략) 걷잡을 수 없는 흐릿한 공포가 사이키의 머릿속에 들끓고 있다(「악마」, pp.293-294)(진하게 인용자).

1층 현관 옆 넷 다다미(畳)에 사는 스즈키를, 숙모와 테루코는 요물(魔者)로 취급하며 업신여기고 있는데, 이것은 마치 일상생활에 있어서 패배자와 같이 보아도 무방하다. 왜냐하면 숙부가 말한 '장래에 훌륭한 사람'이란 말할 필요도 없이 근대화된 사회에 잘 적응하며 살아가는 사람을 가리키고 있기 때문이다. 바꾸어 말해서 근대화 도시에 부합한 인간이 아니라면 그것은 현실 세계에 있어서 패배자 – 사회 부적응자 – 가 다름 아니기 때문이다. 그러한 의미에서 스즈키의 패배자적 모습이야말로, 바로 사이키 자신의 미래 자화상이 투영되어 있다고 보아야 할 것이다. 그 이유는 처음에는 성실하고 착한 스즈키의 경우 테루코를 좋아하게 된 결과, 지금의 '폐인'과 같은 삶— 그것은 2층에서 1층으로의 하강을 의미하기도 한다— 을 보내고 있다고 한다면, 사이키 또한 혹시 모른 가까운 미래에 테루코와 사랑에 빠져 폐인이 되던가? 아니면 죽어 버리던가? 라는 양자택일만 남아 있을 수 있기에 그렇다. 그렇다면 테루코를 둘러싼 스즈키와 사이키 관계는 서로가 일본 근대화에 적응하지 못하는 인물로 볼 수 있으며, 특히 사이키에 있어서 스즈키의 존재는 어떤 의미에서 자신의 자아 분열적 모습을 재현하고 있다고 보아야 할 것이다. 프로이트는 "나 자신이 다른 인물과 함께 나오지만 동일화의 해소로, 그 인물들은 실상 나 자신이었다는 것을 나타내는 꿈도 있다. 즉 나는 하나의 꿈속에 나 자신을 몇 가지로 어떤 때는 직접, 어떤 때는 다른 인물과의 동일화하는 길을 통하여 몇 가지로 표현할 수 있는 것이다"(프로이트, 1995:153)고 언급하였듯이 사이키에 있어서 2층은 망상의 세계이며 그 속에 등장하는 스즈키 또한 사이키의 강박관념에 따라 자아를 투영시키고 있다고 볼 수 있다. 예를 들어, 2층에서 사이키가 숙모와 대화하던 도중, 숙모를 살해하려는 상상과 테루코와 대화하던 도중에 만일 스즈키가 살해하려고 한다면 바로 숙모일 것이라는 테루코의 말은 사이키의 망상과 스즈키의 현실이 서로 자아 분열적 관계가 있다는 것을 보여주는 것이다.

　이처럼 사이키가 머무는 2층 공간에 스즈키와 테루코가 등장한다는 것은 사이키가 차단하고자 했던 현실 세계로의 침식을 의미한다.

> 　스즈키뿐만 아니라, 자신도 테루코가 접근하고 나서, 쓸데없이 신경이 고민되어, 바보가 될 것처럼 생각되었다. 실제로 그녀와 대화한 후에는 온몸이 피곤하다. 그녀는 남자 머리를 쥐어뜯는 듯한 면이 있는 것 같다. …… 사이키는 그렇게 생각했다(「악마」, p.285).

　특히 테루코의 등장은 사이키에게 있어서 죽음(혹은 미치광이)에 대한 공포의 대상이라고 볼 수 있다.

> 　테루코는 살며시 앞으로, 덮치듯이 상체를 앞으로 내밀며 왔다. "그런데도 (스즈키가) 오빠를 죽이러 하다니, 그런 일은 있지 않아. 설령 두 사람 사이에 어떤 일이 있더라도……" 사이키는 갑자기 뭔가 두려운 눈빛을 하며, "테루코, 나 머리가 아프니까, 다음에 애기하러 와 주지 않을래?"라고 초조해진 말투로, 단숨에 내쏘았다(「악마」, p.296).

　테루코는 스즈키가 사이키를 죽일 수 없다고 말하며, 그의 앞으로 다가오고 있는데, 여기에서 사이키는 테루코의 말, 즉 스즈키는 사이키를 죽일 수 없다는 말을 긍정하는 반면, 그녀가 자신을 덮치려는 행동에서 죽음의 공포를 느끼고 있음을 알 수 있다. 테루코의 행동에 대한 사이키의 죽음의 공포는 구체적으로 다음과 같은 것이다.

> 　테루코는 하루에 몇 번이고 2층에 올라온다. 그 몸집이 큰 여자의

납작한 발이, 자고 있는 머리맡을 삐걱삐걱 걸으면, 사이키는 자신의 몸을 짓밟히는 듯이 느꼈다(「악마」, p.294).

이것은 사이키가 스즈키를 자신의 분열된 제2의 자아로 인식한다면, 스즈키가 한 말, 다시 말해서 테루코는 보통 여자가 아니며, 평소에 내숭을 떠는, 그리고 잔혹하고 남자를 가지고 마음대로 조종한다는 말에 따른 것이라고 보아야 한다.

따라서 사이키는 테루코가 2층에 올라 올 때마다. 자신의 무능력함을 드러내면서 점차 강박관념에 따른 불안과 공포가 죽음이라는 실체로써 받아들여야 했고, 그리고 이러한 죽음의 실체로부터 벗어나기 위해서 사이키가 생각해 낸 삶은 역설적이 게도 스카톨러지 행위를 통한 죽음과의 동일시라고 할 것이다.

4. 스카톨로지, 그 죽음의 동일시

2층은 점차 테루코와 스즈키의 등장에 의해서 현실 세계로 침식되어 간다. 그리고 이러한 일상생활로의 전이는 사이키로 하여금 서서히 죽음의 세계로 내몰리게 하는 장치로서 역할을 하고 있다. 하지만 사이키는 이러한 죽음에 직면한 상황에서 스카톨러지(scatology) 행위를 통해 삶의 의지를 나타내고 있다.

"아가씨가 손수건을 잃어버렸다고 합니다만, 어디 있는지 아십니까? 잘은 모르나 코를 푼 더러운 것이니, 가져 오라고 말씀하셨습니다만. ……" (중략) 이불 아래에서 손수건을 꺼내어, 엄지와 검지손가락으로 눈앞에 집어 올렸다. (중략)

이것이 콧물 맛이군. 왠지 비린내로 숨이 막히는 것을 핥을 것 같은,

진하지 않은 짠맛이 혀끝에 남을 뿐이다. 그러나 이상하게도 신랄한, 당치도 않는 만큼 재미있는 것을 나는 알아차렸다. 인간의 환락 세계의 이면에, **이런 비밀스런, 기묘한 낙원**이 숨겨져 있다는 것을…… (중략) 문득 미치광이가 골짜기 밑으로 빠진 것처럼 공포에 내몰리면서, 정신 없이, 그저 열심히 날름날름 핥는다(「악마」, p.297)(진하게 인용자).

2층에서 감기에 걸린 테루코가 콧물을 푼 손수건을 놔두고 간 것을, 식모 오유키(お雪)가 찾으러 올라왔지만 결국 못 찾고 내려가자, 사이키는 이불 안에 숨겼던 테루코의 손수건을 꺼내 핥기 시작하고 있다. 그런데 여기서 사이키가 콧물이 묻은 손수건을 핥는 스카톨러지적 행위를 단순히 변태적 성적 행위로만 단정해서는 안 된다.

즉 사이키의 강박관념이나 신경쇠약 등으로 인한 망상의 세계를 표상으로 한 죽음을 구체적, 현실적 실체로 만들어내고 있다. 불안이 위험을 알려 주는데 피하지 못한다면 불안은 눈덩이처럼 불어나 마침내는 그 사람을 짓눌러 버리게 되고 신경쇠약에 걸리거나 심리적으로 많은 고통을 겪으므로, 위험을 막기 위해 아무것도 할 수 없다면 불안이 고조되어 사람들은 절망에 빠지거나 허탈해지고 심지어 죽음으로까지 내몰린다(최창호, 1996:164). 또한 사이키가 "나는 이렇게 점점 테루코에게 짓밟혀 간다. 그녀는 도마뱀처럼 길고 가느다란 그리고 부드럽고 연약한 몸으로, 스즈키와 함께 자신의 운명 위에 먹구름 같이 뒤덮을 것이다."(谷崎潤一郎, 1972:297)라고 말하는 것처럼 망상의 세계에 존재하는 죽음의 공포가 테루코로 실체화되면서 스즈키의 패배자적 모습과 같이 자신 또한 그렇게 될 것이라고 보고 있는 것이다.

따라서 테루코가 2층에 등장할 때마다 사이키는 2층이란 공간에서 더욱더 죽음과 마주하지 않으면 안 되었던 것이다. 그러므로 테루코의 등장이 사이키에게 죽음의 본능을 야기시켰고, 결과적으로 스카톨러지 행위를 통해 자신의 내면에 잠재되어 있던 죽음으로의 지향을 드러낸 것이라

하겠다. 왜냐하면 손수건을 핥는 행위는 어떤 의미에서 테루코라는 살아 있는 생물에서 분리되어 나온 무생물(죽음)을 핥음으로써 죽음— 타나토스(자기 파괴적 본능) — 과 동일시하는 행위로 볼 수 있기 때문이다. 아베 토미는 "사이키는 자신 안에 퍼져가는 신경의 혼란을 제지하는 수단이 육체에 고통을 주어 혼내는 쾌락과 고통에 의해서 밖에 얻을 수 없으며, 완전히 멈추기 위해서는 죽음으로 끝낼 수밖에 없다는 것을 자각하고 있다"(阿部十三, 2021)고 언급한 바와 같이 사이키의 강박관념과 신경쇠약에 따른 불안과 죽음의 공포는 죽음에 의해서만 해결할 수 있다고 하겠다. 또한 자크 라캉이 "욕망의 완성은 죽음을 통해서 가능하다"(자크 라캉, 1995:19)라고 말한 것처럼 죽음을 통해서만 욕망을 획득하지만, 사이키의 경우 실제로 죽은 것은 아니기 때문에 죽음과 동일시하는 행위의 반복만이 계속되지 않으면 안 되는 욕망의 한계를 드러내고 있다고 하겠다. 그리고 이것을 마치 사이키가 강의실 안에서 학생들이 강사의 강의를 들으며 열심히 노트에 필기하는 모습을 보고 "모든 뇌수(腦髓)가 죄다 죽어버려, 단지 손만 살아 있다"(谷崎潤一郞, 1972:282)는 것과 유사한 행위라고 말하지 않으면 안 된다.

이와 같은 자기 파괴적 본능과 자신을 생명이 없는 무기질로 환원하고자 하는 욕구인 스카톨러지 행위는 사이키에게 간접적이고 추상적으로나마 죽음을 체험하게 하는데, 이것은 사이키가 일상생활— 구체적으로 테루코— 에서 느끼는 강박관념이나 신경쇠약으로 인한 불안과 공포에서 벗어나게 해줌으로써 오히려 실제 삶을 유지할 수 있게 하는 역할을 하고 있는 것이다. 나아가 사이키의 '재미있는' 발견, 다시 말해서 손수건을 핥는 스카톨러지 행위는 지금까지 2층과 차단된 근대화된 일상생활을 이어주는 하나의 역할을 하고 있다.

다음 날 아침, 사이키는 자리에서 일어나자, 재빨리 손수건을 양복 안주머니에 넣고, 살금살금 스즈키 앞을 도망치듯 학교로 갔다. 그리고 화장실 문을 굳게 닫고, 그 속에서 몰래 손수건을 펼치거나, 연못가 잡초 수풀에 숨어, 야생짐승이 인육을 뜯어 먹듯이 쩝쩝 핥았다. (중략) 그 사이에 손수건은 콧물의 흔적 또한 남김없이 말끔하게 노랗게 말라 굳어 있었다(「악마」, p.298).

이처럼 사이키의 스카톨러지 행위는 단순히 2층에서만 한정된 것이 아니다. 그것은 학교와 같은 1층 세계에서도 반복적으로 나타나고 있다. 그리고 이러한 스카톨러지 행위 — 죽음의 동일시 — 가 지속하는 한 사이키가 근대화된 현실 세계에 살아나갈 수 있는 대안이라고 말할 수 있다.

하지만 만일 '콧물의 흔적 또한 남김없이 말끔하게 노랗게 말라 굳어'서 스카톨러지 행위를 제대로 할 수 없게 된다면, 사이키는 다시 이전의 세계, 강박관념과 불안으로 인한 죽음의 세계로 되돌아갈 수밖에 없게 된다. 그러므로 사이키는 스카톨러지라는 재미있는 그리고 새로운 발견 — 사이키가 생각한 '비밀의 낙원' — 을 한 이상, 콧물이 묻은 손수건과 유사한, 또 다른 테루코에게서 분리된 무생물 — 스즈키에게 분리된 무생물이 아닌 — 을 찾지 않으면 안 되며, 이것은 사이키의 일상적 삶에 무한 반복되어야 하는 이유이기도 하다. 한편 「악마」의 초출 원고에서는 테루코의 손수건 이외에, 테루코가 먹다 남은 과자를 줍거나, 양말이나 게타(下駄)를 핥고 마지막에는 "변소에 몰래 들어가 볼까?"라고 꾀하는 장면에서 끝난다. 즉 사이키의 '비밀스러운, 기교한 낙원'은 명확히 스카톨러지로 직결하고 있는 것이다(阿部十三, 2021)고 할 수 있다.

"이젠 적당히 항복해."라고 말하는 것처럼, 테루코는 변함없이 2층에 올라와서는 콕콕 사이키의 신경을 찔렀다. (중략) 사이키는 손수건 사건을 간파당했다고 생각하며, 피해 다니면서도 마음껏 조롱당하고, 고민에 빠져갔다. 그 부드럽게 커진, 매끈매끈한 팔다리가 발달된 육체 아래로, 영혼이 뭉개지고, 발버둥치고 안달해도, 도망갈 수 없는 답답함에, 그는 동정을 바라는 듯한 눈을 하면서, "테루코, 이 음탕한 년!"이라고 신음하는 듯한 목소리로 노호(怒号)해 보고 싶다고 생각하니, "아무리 유혹해도 항복할 것 같으냐. 나에게는 너에게도 스즈키에게도 모르는, **비밀의 낙원**이 있다구." 이러한 억지를 부리며, 냉소하는 기분이 들었다(「악마」, p.298)(진하게 인용자).

그 결과, 테루코의 유혹— 항복— , 그것은 근대화로 인한 획일적, 기계적 사회화로의 유혹이 있다 하더라도, 사이키에게는 스카톨러지라는 행위로의 도피라는 '비밀의 낙원'이 있는 이상, 비록 4년간의 대학 시기이지만 2층에서의 계속적으로 삶을 영위할 수 있게 되는 것이다. 그와 동시에, 이것이야말로 테루코와 스즈키로 표상되는 현실 세계에 대한 복수이자, 냉소라고 말하지 않으면 안 된다.

5. 악마의 실체

이상과 같이, 다니자키의 「악마」에 나타난 사이키의 강박관념이나 신경쇠약의 배경 및 그로 인해 불안과 죽음의 공포의 실체에 대해서 살펴보았다. 사이키가 살던 시대는 일본이 메이지 이후 근대화로 발전된 시기이며, 사이키는 이러한 급격한 근대화를 도쿄로 가는 기차로 상징하면서, 그 변화에 적응하지 못한 사회부적응자적 모습을 보여주고 있다. 그리고 도쿄에 도착한 후 숙모 집 2층에 머물게 되는데, 2층이라는 불안한 공간은 사이키의 일상적 현실 세계에 대한 도피처이면서, 그와 동시에 그의 강박관념이나 신경쇠약에 따른 불안과 공포는 점차 테루코와 스즈키라는 표상적 인물을 통해 죽음으로 현실화되고 있음을 알 수 있었다.

하지만 항상 기분 나쁘고, 어두운 얼굴을 한 스즈키의 모습에서는 과거 숙부가 테루코의 사위로 삼겠다는 말에 열심히 공부했으나, 결국엔 (일류

대학에 떨어진 이유인지) 바보가 된 지금 숙모와 테루코에게 미움을 받으며 한낱 서생으로 전락하고 마는, 말하자면 패배자적 모습에서 사이키의 분열된 제2의 자아이자, 미래의 자화상이라고 볼 수 있다. 이에 반하여 도시적이며, 삶의 의욕이 넘치는 테루코의 모습에서는 스즈키가 말한 내숭적이고, 남자를 업신여기며, 매우 잔혹하고, 남자를 가지고 마음대로 조종하려는 '도회의 처녀' 또는 '잔혹한 도회'의 이미지를 갖고 있는 까닭에, 이것은 사이키와 서로 양립할 수 없는 존재이며, 나아가 테루코가 2층에 올라옴에 따라 사이키는 추락할 수밖에 없다는 것을 의미하기도 한다.

 이처럼 사이키는 2층에 테루코의 등장으로 인하여 점차 죽음의 세계로 내몰리는 상황에서, 테루코가 콧물을 푼 손수건을 핥는 행위는 단순히 변태적 성적 행위가 아닌, 죽음의 동일시 -자기 파괴적 본능- 라고 볼 수 있다. 그리고 이러한 스카톨러지 행위는 사이키에게 망상 세계에서 죽음을 체험하게 함으로써 현실 세계의 불안이나 공포에서 벗어나게 해줄 뿐만 아니라, 학교와 같은 일상생활을 영위하게 해주는 대안 — 재미있는 그리고 새로운 발견 — 으로 제시되고 있다고 볼 수 있다.

 따라서 사이키가 말한 '비밀의 낙원', 다시 말해서 테루코에게서 분리된 무생물(죽음, 손수건에 묻은 콧물을 비롯한 그와 유사한 대체물)을 통한 스카톨러지 행위가 무한 반복되는 한, 그의 삶이자 현실 세계 또한 유지할 수 있다고 보아야 할 것이다. 그러한 의미에서 본다면 작가 다니자키가 말하고자 한 '악마'란 선과 악이라는 보편적이자 이분법적인 것이 아니다. 그것은 바로 근대화로 급격히 변화한 일본의 모습이기도 하며, 아니면 그러한 근대화에 적응하며 살아가는 테루코, 혹은 적응하지 못하고 항상 어둡게 살아가는 스즈키, 강박관념이나 신경쇠약으로 인한 불안과 죽음의 공포에서 벗어나고자 반복적인 스카톨러지 행위를 하는 사이키를 가리키고 있다고 보아야 할 것이다.

참고문헌

임만호(2021). "다니자키 준이치로의 「악마」에 나타난 '악마'의 실체 – 주인공의 강박관념에 숨겨진 타나토스를 중심으로", *문화와융합* 43(8), 339-364.

자크 라캉. 권택영 역(1995). *욕망이론*, 문예출판사, 19.

조르쥬 뿔레. 조종권 역(1994). *프루스트적 空間과 存在의 辨證法*, 도서출판 동인, 9.

최창호(1996). *나는 얼마나 자유로운가*, 도서출판 동녘, 164.

프로이드. 홍성표 역(1995). *꿈의 해석*, 홍신문화사, 153.

谷崎潤一郎(1972). *悪魔*(谷崎潤一郎全集 1), 中央公論社, 273-298.

사전 및 기타

谷崎潤一郎(1913). *恐怖*, 「大阪毎日新聞」

阿部十三, 「谷崎潤一郎」と「続悪魔」について :

http://www.hananoejp/culture/bouken/ouken144.tml 침조 (2021년 5월 30일 최종 검색).

위키피디아: https://ko.wikipedia.org/wiki/%EB%B6%84%EB%B3%80%ED%95%99 참조 (2021년 6월 10일 최종 검색).

● 이 장은 문화와융합 학술지 43권 8호에 실린 필자의 논문(임만호, 2021)을 바탕으로 재구성되었다.

08장

대비적으로 고찰한 한·중 근대지식인 우울 모티프 고백소설

1. 근대문명과 지식인의 우울

　식민지 조선인은 다양한 정신질환을 겪었다. 요즘은 상식적인 공식처럼 인식되는 '신체 만병의 원인은 스트레스'라는 의학 분야의 일반적인 담론이 100년 전 조선 사회에서도 동일하게 논의되었던 것이다. '근대'라는 새로운 패러다임에 직면한 당대 사람들은 왜 정신적 문제를 겪었을까. 근대 문학 텍스트에서 왕왕 재현되는 정신착란, 신경쇠약, 우울증에 대해 당대에 발행된 각종 통계자료 및 신문기사는 그 발생 원인을 '근대의 과잉 혹은 결핍', 혹은 '탄압받는 식민지인의 증상'으로 분석했다(천정환, 2011:231-247).
　이러한 근대문명과 정신질환과의 관계성은 비단 조선 사회에서만 적용되었던 것은 아니다. 조선처럼 완전한 식민지 상태는 아니었지만 진보와 근대를 받아들이는 대신 유구한 전통의 왕조가 소멸하는 망국의 정서가 짙었던 중국에서도 마찬가지였기 때문이다(천정환, 2011:239). 자살로까지 이어지게 하는 원인인 우울증 담론은 국외 문학 텍스트 속에서도 어렵지 않게 발견될 정도로 만연해있었다. 그렇다면 新문명 지식 혹은 근대성을 획득하기 위해 정신적 고통은 반드시 수반되는 것인가. 분명한 것은 근대와 정신질환 간의 관계성은 단지 질병 혹은 의학적인 관점에서가 아니라 문화·사회적, 문학·저널리즘적으로 함축되어 담론화 되었다는 사실이다. 이는 일종의 우울 모티프로 환원되어 문학 텍스트 속에서 재현된다.

'한국 근대문학 속에 재현되는 우울 기제의 속성은 사회적이고 문화적이며, 근본적인 발생 원인은 피식민 지배와 근대화가 중첩되는 역사적 특이성에서 기인한다'는 주장(김연숙, 2011:420)을 입증하기 위해서는 우선 동아시아 국가의 근대화 과정을 상기해 볼 필요가 있다. 일본을 포함한 아시아 대부분 국가는 제국을 중심으로 한 서세동점의 팽창 결과 거의 강제적으로 서구의 문명권 내로 흡수되었다. 그리고 기존의 전통과 사상 문명은 근대의 시작과 함께 비문화적이고 비근대적인 것으로 간주되었다. 가장 앞선 시기 일본이 그러했고, 이어서 중국과 조선이 차례로 근대문명의 영향권으로 편입되며 기존의 가치 체계가 붕괴되고 새로운 질서가 수립되는 과정을 겪었다. 다만 일본은 근대화를 이루고 난 이후 그들에게 新문명을 강제적으로 주입했던 제국의 모습으로 스스로 변모하여 새로운 역할을 수행했다는 점이 중국 내지는 조선과 다르다. 그렇다면 신분을 제국으로 탈바꿈한 일본의 근대문명은 주변국의 정신세계, 특히 새로운 지식 문명을 가장 먼저 수용하고 전파하는 사명을 지닌 지식계층에 어떠한 영향을 주었는가.

당시 중국과 조선은 공통적으로 망국의 정서를 공유하고 있었다. 이미 국권 피탈 후 피식민 지배의 위치에 있었던 조선과, 불평등 21개조를 요구하는 일본에 자국의 국토를 순차적으로 할양해야만 했던 중국은 공통적으로 일본의 대척점에 서 있던 상태였다. 같은 해에 전개된 3·1운동과 5·4운동은 일본을 중심으로 하는 제국의 힘의 논리에 저항하는 것이었다. 문제는 당시 일제가 '대륙진출'이라는 목표 실현을 위해 혈안이 되어 있던 시기였음에도 불구하고, 근대화 진행 과정 중에 있었던 조선과 중국의 지식층은 일본을 통한 근대적 지식의 수용을 중단할 수 없었다는데 있다. 관점에 따라서 이율배반적일 수 있는 양국 지식층의 '선각자'로서의 입지는 이처럼 복잡한 역사적 속성 위에 성립된 것이었다. 특히나 일제에 의한 국권피탈과 근대화가 거의 동시에 이루어진 조선의 경우 더욱 그러하다. 1910년 이후는 정치적으로는 피식민지배가 시작되고 이에 대한 저항과 근대 시민의 탄생을 염원하던 시기이자, 경제적으로는 근대적 자본시장의 형성 및 산업체제 혁신을 꾀하던 시기였다. 제국에 대한 저항과 근대화 실현의 욕망이 공존하던 시기, 당대 지식층이 짊어져야했던 제국에 대한 지향과 학습 시도는 일종의 시대적 과업이자 당위성이 되었다. 당대의 지식층은 이렇듯 상호 모순적인 속성을 내재한 집단이었고 이는 근대를 수용하는 그들의 태도에 직간접적인 영향으로 작용했다.

지식인들이 선각자로서 느꼈던 우울의 정서는 전쟁체제로 접어들기 시작한 1930년대까지 지속적으로 이어진 것으로 확인된다. 1930년대 문헌에 따르면 '근대'로 인해 발생한 우울 기제는 일반 대중에게 확산되었으며 학생 및 청년층에서 '동란'으로까지 표현되는 등 다발적으로 발현되고 있었다는 점을 확인할 수 있다(정경은, 2010:361-389). 그렇다면 근대의 속성 중 어떤 부정적 기제가 당대 사람들의 우울한 정서 형성에 지속적으로 영향을 준 것인지에 관한 의문을 제기하지 않을 수 없다.

근대로의 패러다임 전환은 기존 사회에서 인정되는 가치의 기준을 해체하고 완전히 새로운 기준과 관점으로 대체하는 것이다. 이때 강요되는 전통적 진리 및 가치체계의 無化는 근대에 대한 부정적 정서 형성에 결정적 작용을 할 수 있다. 그 과정에서 발생한 정신적 핍박과 우울한 감정은 일시적인 증상에서 그치는 것이 아니라 만성적인 정신질환으로 변질되어 문학 속에 형상화되고, 또한 작중 인물들의 우울한 양상은 근대 지식인이 내재한 보편적인 한 유형이 된다(김연숙, 2011:420). 근대 지식인은 선각자, 계몽의 주체, 근대문물의 전파자임과 동시에 근대의 이면에 존재하는 부조리와 허구성, 제국의 폭력성과 자국의 무력함을 함께 감내해야 하는 존재였다.

일본의 근대화는 새로운 지식을 탐구하는 인접국 지식인들에게 상호 대립적인 관점으로 인식되었는데, 즉 제국이 갖는 폭력성과 근대국가에서 두드러지는 과학 및 문명 진보의 양가적 측면이 그것이다. 기존에 없는 새로운 담론의 출현은 자연스러운 것이었으며 지식인들은 이를 적극적으로 관찰하고 연구했다. 시대적 담론에 대한 문인들의 관찰 결과는 1910년대에 들어서면서 본격적으로 창작되기 시작한 유학 체험 소설에서 찾아볼 수 있다.

이 글에서는 근대의 도래와 당대 지식인의 우울함이 어떤 관계성을 가지고 또한 어떤 양상으로 문학 속에 재현되었는지 알아보기 위해 한국과 중국의 소설 네 편을 대비적으로 고찰하였다. 재일 유학생이 주인공인 이광수의「방황」과 위다푸(郁達夫)의「침륜(沈淪)」, 유학 이후 지식인의 삶을 조망한 현상윤의「핍박」과 루쉰(魯迅)의「술집에서(在酒樓上)」는 가장 앞선 시기 근대문명 수용에 참여했던 지식인의 내면 양상을 묘사한 지식인 소설의 전형이다(김현실, 1995:120-121). 이 작품들은 내면고백의 형태를 하고 있는 자전적 소설로 볼 수 있다. 이에 주인공과 작가 사이 유지되는 유사성을 통해 화자의 진실과 발화의 목적을 알 수 있다(우정권, 2003:13). 유학 시절과 이후 시대의 지식인 양상을 대비적으로 살펴보는 이유는 근대문명을 수용한 동아시아 지식인들이 '각성'을 통해 체득한 사실이 무엇인지 추적하고 이를 통해 지식인의 보편적 사고 양상의 본질에 더욱 근접할 수 있기 때문이다. 또한 시차를 두고 생산된 소설 텍스트 및 한중 소설을 비교하는 일은 '근대와 제국'이라는 대명제가 동아시아 지식층의 정신기제와 어떠한 연관성이 있고 또한 상호 동질성은 무엇인지 고찰하기 위해 필요하다.

한국과 중국은 정신적·학문적 교류의 유구한 역사를 공유한다. 유사한 시기에 개항 및 근대화의 과정을 겪었고, 특히 중국과 한국의 지식인은 일본의 근대 知識場에서 만나 교류했다. 피식민 지배와 항일투쟁의 과정을 겪으면서 고통과 억압을 받은 공통점도 있다. 문제는 이러한 비슷한 사적 궤적에도 불구하고 유사한 속성을 가진 작품 비교가 여전히 활발하게 이루어지지 않고 있다는 점이다. 이에 그동안의 개별 연구를 취합하고 상위 범주의 담론 연구 진행에 관한 필요성이 제기된다. 이는 동아시아 근대 담론 연구의 한 축인 '제국-식민지' 간의 상호관계성 논의를 위해 필요한 작업이다.

2. 근대지식인들의 재일 유학시절과 귀국 이후의 모습

1) 우울한 재일 유학생들: 이광수의 「방황」과 위다푸의 「침륜」

개항 이후, 기존에 통용되었던 가치 판단의 준거 및 사회 운영 방식에 대한 근본적인 변화가 요구되면서 조선과 중국 사회의 지식인 집단은 대륙 밖의 세상에 관심을 기울이기 시작한다. 양국 지식인들이 우선적으로 선택한 변혁의 길은 근대화 성공 사례를 학습하는 것에서 시작되었다. 그 노력의 일환인 일본 유학은 상당수의 지식층이 우선적으로 선택한 것이었다. 민관 지원을 통해 추진된 일본 유학 사업단에는 양국 근대문학의 형성 및 초기 발전을 주도했던 1세대 문인들이 다수 포함되어 있었고, 이광수, 루쉰, 현상윤, 위다푸가 이 유학생 집단에 포함된다. 일본에서 유학하며 근대 문물을 학습했던 그들은 일종의 선각자 내지는 지식의 전달자로서의 사명감을 부여받은 집단이라고 볼 수 있다.

'소설'과 '언문일치'를 근대문학의 성격을 대표하는 특징으로 전제한다면, 한국과 중국의 근대소설은 이광수와 루쉰(魯迅)의 글쓰기부터 본격적으로 시작되었다고 할 수 있다. 각각 1917년, 1918년에 발표된 「無情」과 「狂人日記」는 일본의 앞선 문명을 체험한 1세대 근대 작가들의 성과이다. 일찍이 러시아와 영국의 근대적 소산을 접한 후 일본 근대문학을 주창하고 이끌었던 후타바테이 시메이(二葉亭四迷)와 나쓰메 소세키(夏目漱石)와 마찬가지로 아시아 유일의 근대국가 일본을 체험한 이광수와 루쉰은 귀국 후 당대 자국 문학에 새로운 실험을 진행하며 '자각'의 시의성을 강조했다. 위다푸는 형의 일본 유학길에 동행한 후 9년이라는 긴 기간을 일본에 체류하면서 근대적 지식을 학습했다. 당시 일본에서 유행하던 세계 문학을 탐독하면서 유미주의적이고 자연주의적 문학 세계를 형성했던 그는 1921년 「침륜(沈淪)」을 발표하면서 평단과 독자의 호응을 받으며 중국문단에 화려하게 데뷔했다. 한학을 공부했던 현상윤은 스물두 살인 1914년에 일본 유학을 시작했고 체류 기간 중 학업은 물론 구국독립운동 및 문학 창작 등 다방면에서 활동했다. 1914년부터 1917년까지 다수의 시와 소설을 발표했는데 작중에는 그의 일본 체험의 모습 및 문명에 대한 관점이 잘 드러나 있다. 이들 네 명은 모두 초기 일본 유학집단에 속하는 지식인들이자 근대문학의 태동 및 초기 발전기에 활동하며 근대문학 양식 수립에 일조한 작가들이다. 또한 이들은 비슷한 시기에 일본 유학을 하면서 다양한 교집합을 공유했다(이호규, 권혁권, 2009:30).

추측하건대 일본에 도착한 그들은 먼저 '관찰'이라는 행위를 통해 놀라움과 감탄의 감정을 체험한 뒤 순차적으로 열등감과 조급함, 혹은 우울과 낙오의 감정을 느꼈을 것이다. 또한 그들은 기존 사회에서는 존재하지 않는 새로운 대상에 대해 내재화하거나 혹은 거부를 통해 밀어내기를 했을 것이다. 내재화를 결정한 사람의 경우도 그 과정이 순조롭게 진행된 것은 아니다. 그들의 정신세계는 대개가 새로운 패러다임을 수용하는 과정에서 기존 질서와 마찰했다. 지식인을 제재로 하는 소설 속 주인공들의 근대문명사회에 대한 거칠고 불친절한 태도는 아이러니하지만 新문명을 받아들이기 위한 통과의례 과정의 소설적 발현이었을 수 있다. 이러한 추정이 가능한 이유는 그러한 불친절한 수용 태도가 한중 양국의 소설 작품에서 공통적으로 발견되기 때문이다.

이광수는 자신의 체험을 텍스트화 하는 자전적 소설을 많이 발표한 만큼 「방황」(『靑春』, 1918.)에도 유학시절의 체험과 문제의식을 십분 담고 있다. 위다푸는 일본 체류 중 근대국가와 중국의 격차를 인식하며 자기 비하와 우울증에 지속적으로 시달렸으며, 문학이라는 탈출구를 통해 이를 극복하려고 했다. 「침륜(沈淪)」(『沈淪』, 1921.)은 바로 그의 일본 체험 과정 중에서 발생한 내적 갈등과 고통이 집약되어 있는 텍스트이다. 주목할 만한 지점은 두 텍스트 모두 비관적이고 우울한 정서를 보인다는 유사성을 가지며 특히 자연 묘사 및 죽음에 대한 언급 등 많은 부분에서 공통적인 양상을 보인다는 점이다.

먼저 「침륜」부터 살펴보면, "그는 요즈음 가련할 만큼 고독함을 느꼈다."(위다푸, 1989:285)로 시작하는 소설은 시종일관 우울하고 비관적인 정조가 지속된다. 총 여덟 단락으로 구성되어 있는 소설은 장소의 이동과 인물의 등장, 상황 변화에 따라 주인공의 감정이 수시로 변화한다. 대개는 부정적인 정조이지만 조울증을 의심하게 할 만큼 감정이 일순간에 고조되는 모습도 보여준다. 삼인칭으로 포착되는 주인공 '그'의 감정 변화를 종류별로 구분하고, 또한 감정의 발생에 영향을 주는 주요 외부 인자를 정리하면 다음과 같다.

표1 「침륜」 속 주인공의 감정 표출 양상

구분	표현 방식	감정의 발생 인자
긍정적	나른함, 평온함, 고고함, 초연함	자연, 날씨, 태양 빛, 여성, 어머니, 꿈, 공상, 문학, 시, 산책
부정적	고독, 비분, 울분, 수치심, 후회, 자책, 조롱, 자기비하, 망상, 조소, 상심, 비애, 원망, 싫증, 상실감, 반항심, 적개심, 공포심, 열등감	조숙한 성품, 중국, 중국인, 근대문명, 여성, 학우, 학교, 교과서, 일본인, 군중, 몽상/환상, 성충동, 형제 간 갈등

분석을 통해 부정적인 감정 양상의 발생원인 중 높은 빈도로 언급되는 것은 '중국 및 중국인', '여성 및 성충동', '일본인 및 군중' 임을 알 수 있다. 즉 부정적 감정의 형성에 주로 근대적 요인 및 중국의 요인이 개입

되어 있는 것이다. 이러한 부정적인 감정은 중국과 일본 양자 간 대립적인 구도가 형성될 때 주로 발현하는데 이는 유학생인 자신이 스스로 극복할 수 없는 요인이기에 후반부로 갈수록 우울의 정도가 더 증폭되는 양상을 보인다.

주인공 '그'의 부정적 심리는 주로 일본이라는 타국 공간 속에서 유학생 신분의 외국인이 타인과의 접촉을 통해 발생하는 성질의 것이다. 고독과 우울의 감정은 그가 군중 속에 속해 있을 때나 혼자 존재할 때나 동일하게 느끼는 것으로, 그 원인은 도태감으로 인한 것이다. 주인공은 다수의 일본인, 학우, 동경 거리의 군중은 물론 심지어 중국인 유학생 모임에서조차 고독감을 느낀다. 이로 인해 중국인 친구로부터 신경쇠약증에 걸렸다는 말을 듣기도 한다. 그런데 사실 이러한 심리 양태는 일본에 오기 전부터 이미 발현한 것이다. 지나치게 조숙한 그는 유년시절부터 중국 내 기존 교육체제와 사회적 풍토에 대한 불만을 가지고 있던 인물이다. 스스로 타인과 다르다고 생각했고, 학교 제도권 내에서는 명령에 따른 일률적인 복종을 거부했으며 자유를 억압하는 '폐풍'에 저항했다. 결국 전통적인 학교 제도를 수용하며 타인과 조화롭게 교류하지 못했고 자퇴한 후 집안 서재에서 자신만의 정신세계를 넓혀가며 칩거했던 것이다. 타인과의 교류와 학교 교육 대신 그가 선택한 것은 독서와 번역을 통해 중국 제도권 밖에서 실현 가능한 자신만의 '낭만적 꿈'을 구상하는 일이었다.

이러한 그의 삶의 태도는 일본 유학중에도 그대로 이어진다. 즉 주인공 '그'는 전근대적 방식의 중국 교육체제에 대해 만족하지 못했던 인물이며 탈중국을 통해 자신의 정신세계와 존엄성을 인정받고자 했다. 그는 중국에서 일찍이 개인의 자아를 발견했음에도 불구하고 거대 집단의 공통된 의견을 중심으로 운영되는 경직된 중국사회에서 인정받지 못했던 것이다. 작중 중국은 근본적으로 '그'의 우월한 주체성을 인식하지 못하는 낙오된 공간으로 의미화되어 있다.

이러한 부정적 감정의 양상은 「방황」에서도 추출된다. 소설 속 서사는 겨울을 배경으로 일본 학교 기숙사 방에서 감기로 누워있는 주인공 '나'의 독백으로 진행된다. 감정 표현 방식에 있어서 「침륜」과의 차이점이라면 「침륜」에서는 감정의 성격이 직접적인 어휘로 제시되었다면 「방황」에서는 장면 및 심리묘사를 통해 간접적으로 제시되고 있다는 점이다. 작중 화자의 감정은 다음과 같은 양상으로 표출된다.

표 2 「방황」 속 주인공의 감정 표출 양상

구분	감정의 표현
긍정적	생명, 꺼지다 남은 숯불, 어떤 日人, 우유 두병, K君, 아내, 은인, 친구, 신문사, 친구들의 훗훗한 입김
부정적	회색구름, 하늘이 근심 있는 사람 모양으로, 차디찬 하늘, 나를 통으로 집어 삼킬듯하다, 무서운 생각, 차디찬 눈, 하늘의 차디찬 손, 내 조고마한 발발떠는 생명, 소름이 뚝뚝 끼친다, 마치 죽은 사람의 살, 차디찬 안개, 세포를 얼게 하려는 듯하다, 무서운 의무, 세상이 그립지도 아니하고 생명이 아깝지도 아니하다, 적막, 괴로워라, 大寒에 발가벗고 선 내 몸, 의무, 압박, 病人, 박약, 굵은 빗방울, 중(승려)

주인공 '나'는 혼자 머무르는 방에서 1인칭 내면 서술을 통해 감정을 표현한다. 그가 느끼는 대다수의 부정적 감정의 원인은 「침륜」의 주인공과 크게 다르지 않다. 어휘 분석을 통해 볼 수 있듯 '나'는 과도하게 압박을 느끼고 있는 것으로 보인다. 차갑고 매서운 날씨는 그가 느끼는 '무서운 의무'의 또 다른 모습이다. 그의 생명은 무서운 의무 앞에서 발발 떨며 겨우 연명하고 있다. 大寒의 추위 속에 발가벗긴 채로 배척당한 자신의 모습을 상상하며 '나'는 차라리 세상을 버릴 것을 꿈꾸며 우울감을 느낀다.

〈표 2〉를 통해 알 수 있듯 그의 우울적 정조는 자연과의 대면 상황을 묘사한 장면에서도 선명히 드러나는데 이는 「침륜」과도 유사한 부분이다. '자연'은 두 텍스트에서 주인공의 감정에 긍정과 부정적 정조를 형성하는 근원적인 요인으로 작용한다. 이러한 현상은 두 작가가 동일시기 일본 유학을 했던 경험에서 비롯된 것으로 추정할 수 있다. 일본을 통해 서구문명, 특히 서구 문학을 경험한 지식인들은 당시 일본에서 유행하던

생명주의에 기반한 문예사조를 수용했는데, 그 결과 그들이 생산한 텍스트에는 우주와 자연 등을 예찬한 낭만주의적 표현으로 가득 차 있다(유봉희, 2019:275-276). 이러한 당대 일본 지식장에서 유행했던 문학적 경향성은 두 텍스트에서 고스란히 재현된다. 특징적인 점은 두 작품 모두 자연에 대한 표현에서 긍정과 부정의 양가적 속성이 동시에 드러난다는 점이다. 「침륜」의 주인공은 자연과 대면하면서 마치 조울증에 걸린 것처럼 긍정과 부정의 감정을 연속적으로 토출했고, 「방황」 속 주인공은 자신의 우울한 감정에 대한 표현을 극대화하기 위해 자신을 향한 지인들의 긍정적 감정양태와 이에 대비되는 차갑고 공격적인 모습을 한 자연의 양태를 서사 속으로 끌어들이는 시도를 했다.

이러한 그의 우울의 기원을 찾기 위해서 생각해 볼 문제는 지식에 대한 당대 조선 사회의 인식이 어떠한가 하는 점이다. 조선사회에서는 전통적으로 청빈함이 사대부가 견지해야 하는 삶의 태도이자 사회적으로 존경받는 미덕으로 인식되어 왔다. 그러나 이러한 사고방식은 근대를 기점으로 변화하기 시작했는데, 즉 새로운 시대의 패러다임에 의거한 조선 사회는 시대의 요구에 부합하는 현실적인 실력을 갖추지 못한 열등한 나라였던 것이다(오연희, 2014:259). 근대라는 프리즘은 조선 사회의 지식체계와 판단 기준에 굴절을 가져왔다. 이광수를 포함한 근대 초기 지식인들의 도일 유학은 이렇듯 사회진화론으로 재편된 주류 지식 담론에 근거한 일종의 현실타개책으로 기획되고 추진된 것이었다.

가치관의 변화는 곧 학문을 통해 도달하고자 하는 지향점에 대한 정의를 바꿔놓았다. 과거에는 자신을 수양하고 이를 통해 궁극에는 입신의 경지에 이르는 것이 일종의 보편적인 출세의 방식이었다(유봉희, 2019:262). 이러한 입신출세는 개인차원의 각성과 수련이라는 범주 내에서 진행되고 또 실현되는 것이었다. 이를 통해 혹자는 빈곤에서 탈출하여 일가를 이룰 수 있었고 또 다른 혹자는 부와 지위를 세습할 수 있었다. 그런데 근대에 이르러서는 지식의 효용 가치와 적용 범주가 개인 차원에서 머무르지 않고 민족적 개념으로 확산되었다. 이때 지식인들이 가장 중요하게 인식한 임무는 바로 개인의 실력양성을 통해 민족의 실력 양성을 실현하는 것이었다. 즉 지식을 습득하고 이를 다시 전파교육을 통해 확산하는 것이 그들이 생각하는 실력양성의 구체적 방법이었고, 이를 가능케 했던 수단이 바로 교육이었던 것이다(오연희, 2014:259). 해외유학은 지식 체계의 패러다임 변화에 주목한 신지식인들이 택한 민족 계몽의 지름길이었다. 이광수도 현실적인 사명감을 견지한 채 유학길에 올랐다. 해외유학을 다룬 국내 1910년대 소설들은 이와 같은 비전을 담고 있는 것이었다.

그런데 재일 유학생을 주인공으로 삼아 1918년에 발표한 「방황」에서는 작가 특유의 계몽적 비전은 제시되지 않고 대신 암울하고 비관적인 정조로 가득하다. 심지어 주인공은 자살과 탈속의 충동을 느끼며 청운의 꿈을 품고 건너온 일본에서의 여정을 종결하고자 한다. 이렇듯 급작스러운 정조 변화의 이유는 무엇인가. 앞서 설명한 조선 지식장의 패러다임과 연계해서 생각해보자.

㉠ 그리고 나는 이러한 생각을 하였다. 만일 내가 지금 앓는 병이 차차 중해져서 마침내 죽게 되면 어찌할꼬. 그러나 내게는 슬픈 생각도 없고 무서운 생각도 없다. 아무리 하여도 이 세상이 아까운 것 같지도 아니하고 이 생명이 아까운 것 같지도 아니하다. 이것이 보고 싶으니, 또는 이것을 하고 싶으니, 살아야 하겠다는 아무것도 내게는 없다. 도리어 세상은 마치 보기 역정나는 서적이나 연극과 같다. 조금 더 보았으면 하는 생각은커녕 어서 이 역정나는 경우에서 벗어났으면 하는 생각이 날뿐이다. 생명은 내게는 무서운 의무로다. 나는 생명이라는 의무를 다함으로써 아무 소득이 없다. 나는 그동안 울기도 하고 혹 웃기도 하였다. 그러나 그것은 내게 아무 가치도 없는 것이다. 그따위 웃음과 울음을 보수로 받는 내 생명의 의무는 내게는 무서운 괴로운 짐에 지나지

못한다. 나는 조금도 세상이 그립지도 아니하고 생명이 아깝지도 아니하다. 내 금시에 '死'를 만나더라도 무서워하기는커녕 "왜 이제야 오시오" 하고 반갑게 손을 잡고 싶다. 이러한 생각을 한 것은 오늘이 처음이 아니로다(이광수, 2003:135-136).

 ⓒ 싸늘한 생활! 옳지 그것은 싸늘한 생활이로다. 그러나 세상의 의무의 압박과 애정의 기반(羈絆)없는 싸늘하고 외로운 생활! 옳다 나는 그를 取한다. 이렇게 생각하고 나는 눈을 떠서 실내를 둘러보았다. 휑하게 빈 방에는 찬바람이 휙 돌아간다. 나는 금강산 어느 암자 속에 누은 듯 하다. 유리창으로는 여전히 회색 구름 덮인 차디찬 하늘이 물끄러미 나를 들여다본다(이광수, 2003:141-142).

 계몽가의 모습을 하고 있는 주인공은 지식의 습득 및 전파를 통해 민족을 계몽한다는 사명감을 견지하며 지난 6년 동안 '보리밥에 된장찌개'만 먹으며 매일 여섯 시간 이상을 조선 청년을 가르치고 때때로 글을 써서 매체에 투고하며 고생스러운 생활을 이어오고 있는 상황이다. 입신의 욕망은 차치하고 조선과 청년세대들을 위한 공적 분야에 힘쓴 자신의 행위에 대해 '가치 있는 것'이라는 의미를 부여하며 생존해 온 그다. 하지만 현 시점에서 결국 얻은 것은 소득이 아닌 병이요, 남은 것은 조국의 상황에 대한 회한의 감정뿐이다.
 이는 결국 근대적 지식이 조선 사회의 진화에 대한 해결책이 되지 못함을 인식하게 되면서 생기는 감정으로 볼 수 있다. 유학을 통한 입신출세 경향 및 사회진화론이 만개했던 시기에 도일한 유학생들은 1차적으로 근대적 문물을 적극적으로 수용하고 이를 자국에 대입할 방법론을 모색했다. 그러나 수용체로서의 자국 지식장은 진화를 현실화 할 수 있는 조건을 갖추지 않고 있었고 게다가 근대 초기 일본 지식장의 조건과는 큰 오차가 있던 상황이었다. 중국의 경우 내부 권력 투쟁이 빈번하게 발생하고 있었고, 조선은 이미 제국의 식민지가 되어 있었기 때문이다. 즉 제국의 입장에서 수용되고 통용되는 지식이 식민지 조선에서는 동등한 방식으로 이입되기 어려운 제도적 한계가 있었던 것이다. 피지배 사회 체계 속에서 동일한 지식의 적용이 어려웠던 점은 당대 지식인이 직면했던 가장 큰 제약이자 구조적 한계라고 볼 수 있다.

결국 민족이 직면한 문제 해결의 한계점을 명확하게 인식한 주인공 '나'의 의식 추이는 ①의욕적·희망적 → ②불안·압박 → ③서운함 → ④소외감·고독의 과정을 거쳐 마지막으로 ⑤허무·절망·무기력 등의 양상으로 변화하며 서사 전체의 우울 정서를 형성한다. 이와 같이 두 텍스트는 공통적으로 지식인 개인이 극복하기 어려운 상황을 드러내고 이로 인한 우울의 양상을 보인다. 그렇다면 그들이 직면한 또 다른 우울의 기제는 무엇인지 이어서 살펴보도록 하자.

「침륜」 속의 '그'는 일본으로 이동한 이후에도 외국 번역서 특히 사상서와 문학서에 천착했으며, 소설과 시를 읽고 난 뒤 비애와 절망의 감정을 느끼곤 했다. 이는 해당 작품의 주인공에 대한 감정 이입의 결과이다. 즉 스스로를 주인공들과 동일시하는 것인데, 자신을 진보적이고 이성적이며 근대적 사고를 하는 인물 유형으로 정의하는 것이다. 신대륙에 도착한 청교도를 떠올리며 "그 십자가를 짊어진 유랑민들이 그의 고향 해안을 떠나왔을 때도 아마도 나처럼 비장한 마음으로 눈물흘렸겠지"(위다푸, 1989:296)라고 독백을 하며 그는 이곳에서 근대적 주체를 발견하고 또한 근대적 지식을 학습하여 궁극적으로는 조국의 근대화에 기여할 것에 대한 일종의 사명감을 명확히 인지한다. 이렇게 그는 '개인'이라는 자아 탐색과 근대화에 대한 분명한 목적의식을 가지고 있었다. 문제는 이를 실현하는 과정에서 드러나는 그의 우월감이 스스로를 고립시키는 결과를 가져오게 된다는 점이다. 중국에서 그가 기존의 질서에 융합하지 못하고 집단에서 스스로 이탈해 나온 결과가 일본 유학으로 이어졌다면, 이제는 또 다른 이탈 및 이동이 가능한 새로운 대안이 없고 다만 군중 속 소외의 감정만이 남게 되는 것이다.

그는 요즈음 어느 곳을 가든지 늘 앉으나 서나 편안함을 느끼기 어려웠다. 그는 학교에 갈 때도 그의 일본 학우들이 모두 자기를 배척하는 것같이 느껴졌다. 그의 몇몇 중국 학우들을 찾아가 보지 않은 지도 오래 되었는데, 왜냐하면 찾아가 보고 돌아오면 그의 마음이 도리어 공허함을 느꼈기 때문이었다. 그의 몇몇 중국 학우들은 아무리 해도 그의 마음 속을 이해할 수가 없었다. 그는 찾아갈 때는 동정을 조금 얻어서 돌아오려고 했으나 그곳에 도착해서 몇 마디 말을 나누고 나면 찾아간 게 잘못이었다고 스스로 다시 후회하지 않을 수 없었다. 어떤 때 친구와 의기투합하여 얘기할 때면 그는 곧 일시적인 열기에 휩싸여 그의 안팎 생활을 모두 친구에게 얘기해 주지만, 돌아올 때면 그는 다시 실언했음을 스스로 후회하며 심리적인 자책이 친구를 찾아가지 않았을 때보다 도리어 훨씬 더 심했다. 그의 몇몇 중국 친구들은 이로 인하여 모두들 그가 신경쇠약증에 걸렸다고 하였다(위다푸, 1989:301).

그가 일본인 집단에 대해 느끼는 소외감의 원인은 전근대적 체제를 유지하고 있는 조국에 대한 자격지심과 이에 따른 심리적 위축이라고 볼 수 있다. 이는 자기비하와 망상, 수치심과 조소, 적개심과 울분 등과 같은 또 다른 형태의 부정적 심리기제로 작용한다. 또한 그는 근대국가 및 근대적 주체들을 자신 및 중국과 나란히 병치함으로써 양자 간에 선명하게 대비되는 '우열'의 차이점을 명확히 인식한다. 아울러 중국인 유학생과의 부조화는 중국의 전근대적 속성과 그들을 일치화한 결과라고 볼 수 있다. 즉 중국인 동학들을 자신의 내적 문제에 대해 충분히 이해하고 그에 대한 해결을 제시해 주지 못하는 존재로 인식하고 또한 그들을 전근대의 모습을 한 중국의 상태와 동일시하는 것이다. 이러한 태도는 같은 국적의 유학생 집단에서 스스로를 고립시키는 결과를 가져오게 된다. 결국 주인공 '그'가 느끼는 부정적 심리상태의 원인은 일본과 일본인에 대한 열등감에서 비롯되는 우울의 정서와, 전근대 사회의 폐단과 모순을 갖고 있는 조국 및 중국인 유학생과 자신을 분리하면서 생기는 자발적인 소외 행위에 있다고 볼 수 있다.

한편 「방황」 속의 인물은 위와는 반대로 활발한 사회활동을 하며 많은 친구와 지인 그리고 아내가 있고, 글을 쓰고 교원생활을 하며 살아가는 인물이다. 하지만 그는 항상 압박을 느끼며 자신은 사회에서 단절되어 있다고 느낀다. 심지어 그는 기숙사에 돌아오는 일본 학생들의 경쾌한 발자국 소리에도 불쾌감과 소외감을 느낀다. 감기에 걸린 그에게 우유를 들고 문안을 오는 동료도 있지만 그들은 주인공의 고립감 해소에 도움이 되지 않는다. 결국 그는 일본과 조선에서 활동하고 인정받지만 그러한 긍정적인 인자를 내면에서 모두 거부하며 스스로를 고립시키는 모습을 보인다.

조선 사회의 한계를 인식하고 결국 비전을 상실한 주인공 '나'는 많은 주변인들의 기대와 애정을 받는 인물이다. 그런데 그에 대한 주변인의 관점은 사실 일종의 대의를 기저에 둔 것이다. 즉 그에 대한 긍정적인 감정이 순수하게 인간적인 유대관계 속에서 발생한 것이 아닌 시대적 과업과 의무의 실현 주체라는 일종의 당위성을 부여받으며 형성된 것이라는 점이다. 이러한 불균형적인 인간관계는 표면적으로는 풍요롭게 보이지만 지식인 계몽가인 주인공이 직면한 문제 해결에는 근본적인 도움을 주지 못한다. 태생적으로 종국에는 빈곤할 수밖에 없는 연대의식은 차갑고 건조한 이국땅에서 더욱 부각되고, 그러한 상황은 결과적으로 그를 억압하는 부정적 기제로 작용하게 된다.

반대로 생각하면 공적으로 구축된 '나'의 인간관계는 곧 그가 지식인으로서의 사명을 이행하지 않게 되면 상실되는 성격의 것이다. 기실 작중에서는 「침륜」과 같은 일본인에 의한 소외의 장면이 드러나지 않으며 또한 주인공이 느끼는 고독과 우울의 근본적인 원인 역시 직접적으로 제시되지 않는다. 결국 모든 부정적 감정의 기인은 자신의 내면에 있다는 의미인데, 현 시점에서 주인공의 심적 변화는 '허무 및 포기'의 단계에 도달해 있다.

목표를 포기하고 지향점을 상실한 주인공은 사회라는 프레임 속에서 기존에 구축해 놓은 관계를 더 이상 유지하기 어렵고 또한 자신의 존재 이유를 찾기 어려운 상황에 처해있다. 주인공의 방황은 결국 현실과 이상, 문제와 타협의 중간 지점에 위치한 그의 내적 갈등과 고통을 의미한다. 한편 이 텍스트가 자전적 소설의 특징을 선명하게 드러내고 있다는 점을 생각했을 때, 식민지 조선에 대해 기존의 계몽가로서의 관점을 유지할지 아니면 방향을 비틀어 지향점을 재설정할지에 관한 주인공의 내적 갈등은 작가 자신이 겪는 방황의 재현이라는 해석도 가능하다(유봉희, 2019:271).

그렇다면 두 주인공은 이와 같은 내면의 우울 문제를 어떤 식으로 극복하려고 하는가. 기실 「방황」 속 주인공의 정신적 방황은 그가 사회적으로 인정받는 선구자적 위치에 있기 때문에 더욱 심화된 측면도 있다. 즉 현재 자신이 획득하고 있는 것, 예컨대 사회적 지원과 주변인들의 신뢰는 조건적이라는 명제가 부여되어 있기 때문이다. 왜냐하면 민관이 제공하는 유학 지원은 계몽가로서 국가적 과업을 수행하고 계몽에 앞장서는 임무에 매진한다는 조건부 지원이기 때문이다.

그러나 '나'는 애초에 설정된 목표가 본래의 취지와 방향성 그대로 실행되기 어렵다는 사실을 이미 인지하고 있다. 이에 현재 획득한 사회적 지위와 권한을 유지할 것인지, 아니면 새로운 목표를 수립하고 현재 획득하고 있는 것을 포기할 것인지를 두고 갈등한다. 지식인의 존재 가치의 유무는 공동체 속 자신의 역할에 따라 결정되어진다(우정권, 2003:16). 또한 소외감은 공동체 속으로 편입되는 것을 통해 극복할 수 있는 것이며 이는 근대적 개인이 사회적 주체성을 가지기 때문에 더욱 그러하다. 그렇기 때문에 새로운 방향을 설정함과 동시에 필연적으로 기존에 획득한 가치를 상실하게 된다는 것을 '나'는 분명하게 인식하고 있다. '허무와 포기의 단계에 머물고 있는 그는 의무와 현실이라는 두 개의 대립적 상황 속에서 방황한다.

그러나 뚜렷한 의사 결정이 이루어지지 않은 상태에서는 방황이 지속될 수밖에 없다. 결과적으로 번민의 크기는 증폭되고 내면의 우울기제 역시 끊임없이 자아를 압박하는 형태로 고착화된다. 사실 그의 문제는 사회적 책무에서 벗어날 수 있어야 해결되는 것이다. 주류 지식인에게 부여된 근대화에 대한 책무는 스스로 우울을 극복할 수 없도록 하는 근본 원인이다.

「방황」에서는 우울의 극복을 위한 그 어떤 시도나 의지를 보여주지 않는다. 또한 두 개의 선택지 중에 결정을 내리지 못하고 다만 그러한 현실에서 도피하고자 하는 모습을 보여준다. 결국 그는 죽음을 택하거나 혹은 승려가 됨으로써 자신에서 부여된 모든 억압과 의무에서 벗어나고자 하는 충동에 사로잡힌다. 현실도피적인 그의 감정은 도달해야 하는 분명한 지향점 혹은 해결방법을 찾지 못하고 방황한다. 그는 자신의 존재를 기존 체제의 밖으로 이동시킬지, 혹은 스스로를 無用한 존재로 만들어 자신이 속한 곳에서 도피할지조차 분명히 결정하지 못한다. 행동과 실천이 부재한 '나'는 목적 없이 방황하며 내면의 문제를 해결하지 못하고 방치하는 모습을 보여준다.

그렇다면 「침륜」의 주인공은 자신의 우울기제를 어떻게 극복하려고 하는가. '그' 역시 유학 생활 중 경험하는 열등감과 외로움, 소외로 인한 내면의 고통을 근본적으로 해결하지 못한다. 다만 그 문제를 새로운 주체, 즉 그가 만나는 여성 및 성(性)에 대한 집착증으로 치환한다. 작품이 발표되던 시점에 발생한 5·4운동은 개인의 자유 실현을 강조했는데 이는 곧 개인적 감정과 욕구의 표출과도 연관된다. 이 작품 주인공은 그와 조우하는 여성과 성에 대한 욕구 표출을 통해 자신의 부정적 감정을 최대한도로 표출하고자 시도한다.

길에서 만난 일본 여학생은 그에게 처음으로 부끄러움과 후회의 감정을 들게 한 주체이다. 그리고 하숙집의 딸은 주인공이 사랑과 욕정의 감정을 느낀 대상이지만 그는 감정을 표현하지 못하고 도망친다. 그리고 그는 유곽을 방문하여 매춘부를 찾게 된다. 그의 패배주의적 감정은 최종적으로 매춘부라는 대상 앞에 도착하게 되며, 그녀를 통해서도 문제는 해소되지 않고 오히려 증폭된다. 그리고 그는 문제를 떠안고 바다에 투신한다.

그가 일본 유학을 시도하고 생활을 유지할 수 있었던 데에는 두 가지 동력이 작용했다고 볼 수 있다. 첫째, 사회학적인 동력이다. 중국 권역 밖에 있는 새로운 지적 대상을 향한 갈망과 자아 탐구이다. 그리고 낙오된 조국이 갖고 있는 모순과 전근대적 체제에 대한 문제인식이다. 사회학적 동력은 주인공이 끊임없이 우울감과 비애감을 느끼게 하는 근본적인 원인이자 그럼에도 불구하고 그의 유학생활을 지탱해주는 동력이기도 하다.

둘째는 생물학적 동력으로, 이는 삶에 대한 본능 즉 에로스와 죽음에 대한 본능이다(H.마르쿠제, 2017:41-47). 문제는 쾌락의 원칙은 문명의 진보에 대항적인 속성이 있기 때문에 억제되는 성질을 갖는다는 점이다. 주인공은 자유로운 삶과 쾌락에 대한 시도를 추구했지만 그것을 제어한 것은 그의 인자에 내재화되어 있는 문명사회의 '틀'이다. 이에 그는 자신의 행위에 대해 자책하고 조소했던 것이다. 문명과 성욕 간의 갈등 구조에서 주인공은 제3자가 되어 주변화 되고 자신의 문제 해결에 적극적으로 개입하지 못하게 된다. 즉 자신의 문제에서 타자화 되는 것인데, 이는 결국 이성과의 정상적인 유대관계를 맺지 못한 주인공이 자신의 성적 욕구를 수음 행위로 표출하는 행위로 이어진다(H.마르쿠제, 2017:61-63).

작중에서는 위의 두 가지 동력이 주인공의 부정적 감정 상태와 유기적으로 연결되어 있고 상호 인과관계를 형성한다. 주인공은 여성과의 조우를 통해 내적으로 그들을 욕망했지만 실현하지 못한다. 그 과정에서 얻게 되는 수치심과 비애, 원망의 감정은 곧 수음 행위에 대한 몰입으로 이어지고 또한 동시에 일본인에 대한 적개심으로 변모한다. 그리고 최종적으로 여성들과의 만남에서 느끼는 패배적 감정의 근본적인 발생 원인을 '부강하지 않고, 강하지 않은 중국'의 탓으로 치환한다. 그는 복수를 다짐하지만 문제의 본질 앞에서 항상 좌절하고, 지식의 습득 대신 문학과 대자연을 탐닉하는 것으로 상황을 회피하는 행동 패턴을 보인다.

결론적으로 일본에서 유학중인 지식인 '그'는 당대 중국 지식인의 속성 중 일면을 형상화 한 것으로 볼 수 있다. 그는 근대화에 대한 필요성을 인정하면서도 구제도 속에서 기득권 혹은 지배계층으로서 누렸던 권한을 포기하지 않는다. 또한 개혁과 발전에 대한 실천 의지가 없고 무능력하지만 이상과 욕망이 지나치게 높은 특징을 보인다. 「침륜」의 주인공은 당대 중국 지식인의 모순적 태도의 형상화이며, 그의 우울적 성향과 성적욕망의 표출은 근대화라는 시대적 당위성과 개인이라는 새로운 주체가 충돌하면서 발생한 결과로 볼 수 있다.

결국 그가 자신의 우울과 패배의식을 극복하기 위해 최종적으로 선택한 대안은 자신이 유일하게 안식하고 치유할 수 있는 자연이었다. 자연, 문학, 바다와 같은 이상 세계로의 도피를 통해 근대와 전근대의 우열관계를 단절시키고 체제와 자신을 분리시키는 것이 우울기제를 제거할 수 있는 유일한 방법이었던 것이다. 이는 「방황」 속의 주인공이 승려가 되기를 꿈꾸거나 혹은 죽음을 통해 '조금도 아깝지 않은 생명과 세상'과 단절하기를 희망했던 것과 동일한 속성이다. 결국 약소국이자 식민지인인 한·중 지식인이 느끼는 우울의 근본 원인은 근대식 체제 안에서 '배제'되는 자가 느끼는 공통의 감정이자(김연숙, 2011:424), 조국과 시대로부터 부여받은 책무와 그 책무를 성공적으로 수행하기 역부족인 상황과 조건에 대해 명확히 인식하면서 발생했던 것임을 알 수 있다.

2) 방황하는 개혁 낙오자의 우울: 현상윤의 「핍박」과 루쉰의 「술집에서」

그렇다면 일본유학생의 귀국 이후의 상황은 어떠한가. 현상윤은 1918년 대학 졸업 후 귀국하고 곧바로 중앙학교 교사로 부임하며 교직생활을 시작했다. 이후 문학텍스트의 창작활동을 중단했고 대신 독립운동에 가담하여 활동했다. 이에 그가 1917년에 발표한 「핍박」(『青春』)은 그의 문학 생애 후반기에 생산된 소설 텍스트이다. 1인칭 서술형이 시도된 최초의 근대단편작품인 「핍박」은 유학생 출신 지식인이 귀국 후 사회에 적응하지 못하고 거리를 배회하며 내면의 고통을 받는 내용을 담고 있다. 소설은 양건식의 「슬픈 모순」(『반도시론』, 1918.)과 더불어 1930년대까지 지속적으로 창작된 '빈곤하고 무능력한 룸펜 지식인 소설'의 원형으로 볼 수 있다.

현상윤은 대학 졸업 전부터 자신이 배운 제국의 논리가 우승열패와 약육강식의 진화론적 논리를 견지하고 있음을 인식하고 「비오는 저녁」(『學之光』, 1915) 등의 작품을 통해 단(斷)제국적 의향을 내비쳤다. 제국의 우열 논리가 식민지의 패배주의를 심화시키는 원인이라는 점을 자각했던 그는 귀국 후 독립운동에 참여하며 일제와 비타협적인 입장을 유지했고, 특히 「핍박」을 통해 조선의 현실인식 및 민족 자각에 대한 필요성을 피력했다. 이는 지식인이자 민족주의자로서의 그가 수행해야 하는 시대적 사명이기도 했다.

루쉰은 중국인이 일본인들에게 조리돌림 당하며 멸시받는 모습에서 충격을 받은 후 근대적 지식 전파가 아닌 사상 개화의 시급성을 인식했고, 이를 위해 자신의 지향점을 사상 개혁의 방향으로 선회했다. 그는 「狂人日記」(『新靑年』, 1918)와 「阿Q正傳」(『晨報副刊』, 1921.12.~1922.2.) 등 문명개화 및 신해혁명을 배경으로 하는 작품을 순차적으로 발표하며 몽매한 중국 민중의 각성을 촉구했다. 귀국 후 신해혁명과 5·4운동을 겪은 루쉰이 속한 지식인 사회는 근대적 계몽주의 운동 및 민주주의 반제국 혁명운동을 모두 경험한 집단이다. 그러나 젊은 계층 및 지식인층을 중심으로 확산하던 근대적 가치관의 정립과 근대적 자아 발견에 대한 희망은 5·4운동 퇴조기에 발생한 군벌 간 다툼과 제국주의의 팽창과 함께 축소되기 시작했다. 결국 1920년대 지식인들은 다시 암울한 사회상에 직면하게 되었고, 이는 그들의 문학 작품에 반영되어 우울한 관념을 형성했다. 루쉰이 1924년에 발표한 「술집에서(在酒樓上)」는 바로 이러한 당대의 우울 정서를 담고 있는 작품이다. 「핍박」과 「술집에서」는 일본에서 귀국한 작가가 쓴 지식인 모티프 소설이라는 점과 작중 주인공이 도시와 향촌에서 근대 지식인으로서의 삶을 살고 있다는 점에서 유사한 속성을 지니는 텍스트이다.

 주목할 점은 작품을 쓴 두 작가 모두 귀국 전부터 근대적 모습을 한 제국의 이중성을 인식하고 있었다는 점이다. 이것은 그들이 귀국 후 독립운동 및 신해혁명, 5·4운동에 적극적으로 가담했던 이유이기도 하다. 하지만 그들이 추구하는 반봉건, 반제 운동은 실패했다. 현상윤은 식민지 거리를 배회하는 잉여 지식인을 그린 「핍박」 발표 후 문학 창작을 중단했고, 루쉰은 첫 작품집 『呐喊』(1923)의 마지막 수록작 「마을굿(社劇)」을 1922년에 발표한 뒤 사상적으로 방황했다. 그리고 개혁 이후의 허무함과 상실감, 우울의 정서를 담고 있는 「술집에서」를 발표하기까지 1년 3개월 동안 침묵했다(김영구, 김진공, 2007:61). 그렇다면 귀국 이후 지식인들은 어떤 모습으로 사회에 참여했고, 그들이 창작한 소설 속 지식인은 어떤 모습으로 형상화되어 있는가. 또 그들이 우울함을 느끼는 이유는 과연 무엇인가.

 「핍박」은 리얼리즘적 기조를 견지하고 있었던 현상윤이 식민지의 현실을 충실히 반영하여 재현한 소설이다. 우승열패와 도태의 구조에서 승산이 있을 수 없었던 식민지 지식인은 자신이 획득한 근대적 소산을 유용하게 활용하기 어려웠다. 일제강점기 수많은 빈민 지식인과 귀국 후 요직에 자리 잡거나 안정적인 생활을 할 수 없었던 유학생들은 잉여 시간동안 의식적으로 만보를 하거나 혹은 목적 없이 거리를 배회했다. 주인공 '나'도 그러한 지식인 중 한명이다. 무의식적으로 상시 마음에 압박을 느끼는 그는 지식인으로서 책무를 다하지 못하는 것에 대한 일종의 죄의식을 갖고 있는 인물이다. 그는 가정과 지역사회, 더 나아가 민족과 국가의 진보를 위해 교육의 기회를 제공받았음에도 불구하고 실제로 기여하는 바가 거의 없다. 이는 그가 지식인이기 때문에 받게 되는 심적 이중고이기도 하다.

식민통치 하의 지식인들이 자신이 체험하고 학습한 근대적 지식을 확산할 수 있는 것은 두 개의 방식을 통해서였다. 하나는 안에서 밖으로 향하는 근대화의 방향에 자신의 지식을 보태는 것이고, 또 다른 하나는 밖에서 안을 향해 지식을 확산하는 것이다. 이광수는 첫 번째 방식을 선택했다. 그는 조선이 일본화 될 수 있도록 자신의 지식을 공유했다. 루쉰과 현상윤은 밖에서 안을 향해 근대적 관점을 확산했다. 그 결과 자국에 실재하는 문제점과 현실이 고스란히 검출된 것이다. 그러나 이미 실질적으로 망한 것과 그렇지 않는 것 사이에는 수용의 방식 및 태도에서 차이가 있을 수밖에 없다(이호규, 권혁건, 2009:38). 즉 루쉰의 문학은 잠깐이긴 했지만 자국민들이 각성하고 자아를 찾는 길을 터주었다. 하지만 현상윤이 밖에서 안으로 넣어 보낸 지식은 식민지 조선에서는 무용한 것이었다. 제국의 힘에 기생하고, 조선 땅에서 조선의 속성이 모두 밖으로 빠져나가 점차 일본의 모습을 갖춰나가는 데 일조하는 것만이 사회적 우위를 보장 받을 수 있는 길이었기 때문이다(이만영, 2016:221-222).

「핍박」의 '나'는 이러한 이유로 조선 사회에 제대로 자리 잡지 못하고 방황하는 인물이다. 부모의 지원과 사회적 인간관계가 유지되고 있는 그는 비교적 안정적인 삶을 영위하고 있다. 비록 식민지인 신분이고 또한 사회적으로 일정 계층에 속하는 소속감을 느끼지는 못하고 있지만 최소한 그는 빈곤과 폭력에 직접적으로 노출되지 않는다. 그런데 그는 가장 안전하고 개인적인 공간인 '방 안'에서 자신의 정신적 문제를 인식한다. 그가 추정하는 문제의 원인은 '힘들게 일본 유학까지 가서 습득한 근대적 사상(ism)'인데 아무리 생각해도 그것이 근본적인 원인인 것 같지 않다. 기실 이러한 증세는 귀국 후 꽤 오랜 기간 그를 괴롭혀 왔다. 우울, 압박감, 두통, 무기력함은 갈수록 심해져서 이제는 거리를 나설 때마다 자신을 향해 사람들이 욕설과 비난을 퍼붓는 것 같은 환각과 환청을 경험한다. 이에 그는 개인적 공간을 벗어나 사회적 공간인 거리로 나가 정신적 문제의 원인을 찾고자 한다. 그의 주변 사물과 환경 속에서는 도무지 원인을 찾지 못했기 때문이다. 하지만 양반 계층 출신의 지식인으로서 농민과 지배권력 사이에 위치하며 중간자적 계층에 속해있던 그는 집을 나선 뒤 응당 어디로 가야할지, 누구를 만나고 어떤 대상을 탐색해야 할지 분명히 알지 못하고 다만 목적 없는 만보를 시작한다. 그렇게 무료하게 걷고 있는 그에서 노골적인 말이 비수처럼 날아든다.

"임자 공부도 잘 했다니 일 안하고 돈 모으는 법이 무엇임마?" 하고 말을 낸즉 옆에 앉았던 콧장단 잘 하는 수길이 형은 거짓 외돌이 아비를 비웃는 양으로

"여보소 그런 소리 그만 두게…… 저 사람 덕에 우리가 다 살 터인데…… 아 우리야 야만이 아니기에 그럼마 흥—"하고 말을 끼우니 잠자코 앉아 듣던 존위님은 담뱃대 든 긴 활개를 한껏 펼치면서

"얘 ○○야 너 내가 참말이다. 그만치 공부를 하였으면 판임관이 나는 하기가 아주 쉽겠구나. 거 제일이더라. (중략) 싯누런 금줄을 두르고 길쭉한 검을 늘였는데 참말 좋더라— 너도 그걸 해보아라"하고 권면적 은근한 말을 준다(현상윤, 2004:17).

그는 거리에서 만난 사람들을 통해 자신의 정신적 문제의 원인이 당대 사회와 관련이 있음을 알게 된다. 그가 인식한 원인은 크게 두 가지로 나눌 수 있다. 우선 지식인 계층의 존재 가치가 상당부분 소멸되었거나 혹은 평가절하 되고 있다는 점이다.

근대 초기부터 사회진화론에 입각해 진행된 유학은 국가 차원에서 장려된 것이었다. 유학생들은 근대지식의 전파 교육자로서 나라와 민족을 대표하여 시대적 과제를 수행했던 자들이다. 그런데 일제의 식민지화가 본격적으로 진행 중인 현재의 조선 사회에서 그들이 제시하는 지식과 경험은 무용한 것이 되었다. 과거 전도유망했던 지식인이 현재는 "약하고 게으른 놈", "용렬한 놈", "미욱한 놈", "배우기에 게으른 놈", "어리고 철없

는 놈"으로 인식되고 있다. 근대적 지식을 배운 '인간'이 '놈'으로 격하된 것이다. 무엇이 이들을 평가절하 하는 잣대로 작용했는가.

당대 식민지 체제 하에서 일반 민중들이 평탄한 삶을 영위할 수 있는 길은 지배체제에 순응하는 것이었다. 또한 사회의 진화를 실현하고 더 나아가 출세하는 길 역시 제국의 체제에 적극적으로 편승하는 것이었다. 생활적으로는 의존적이고 정치적으로는 종속적인 피식민 체제가 각 분야에 자리 잡으면서 주종을 결정하는 기준이 대폭 바뀐 것이다. 예컨대 과거에는 지식과 진리를 찾고 덕을 연마하는 것이 최고의 미덕이자 출세의 방법으로 인식되었다면 현재는 토지조사국이나 경무국에 취직하여 경관이 되거나 판임관, 기수 등 직업을 갖는 것이 최고의 가치를 창출하는 계층으로 인식되기 시작한 것이다. 정신적·학문적 정진보다는 기술에 매진하는 것이 고차원적인 가치가 있는 것이고 남에게 권할 만한 것이 된 것이다.

절대 다수의 농민들이 바라는 지식인의 존재 이유는 '그의 덕을 보고 내 삶이 나아지는 것'이다. 권력을 행사하여 자신과 지역사회의 가림막이 되어 일제의 폭압에서 구원해 주는 것, 풍족하게 먹고 입을 수 있다면 아무래도 좋다는 전근대적 욕구는 결국 지식을 통한 계몽은 물론 지식을 대하는 '나'의 태도가 그들에게 아무 의미가 없다는 것을 의미한다. 전근대적 판정 기준이 여전히 효력을 발휘하는 곳에서 근대 지식인은 필요 없는 잉여적 존재로 전락하고 이는 곧 지식인의 우울을 야기하는 원인이 된다. 이렇듯 선각자이자 계몽가로서의 지식인의 역할이 축소되거나 혹은 소멸했다면 그 원인은 가치 평가의 기준점이 이동했기 때문일 것이다. 이는 지식인이 느끼는 우울의 두 번째 발생 이유이기도 하다. 그렇다면 새로운 가치 기준은 대체 무엇인가.

"야 이놈아 우리는 우리 이마에 흐르는 땀을 먹는다. 손이 조금이나 미안이나 고통이 있을 소냐⋯⋯ 어리고 철없는 놈아 무엇이 어째―권리니 의무니 윤리니 도덕이니 평등이나 자유이나 무엇이 어째. 나는 다 모른다—"를 연해 연방 부른다. 빨리 걸어도 뜨게 걸어도 이 소리는 끊이지 아니 한다— 나는 인생과 행락이란 것을 생각하다 생각할 수록 에 가슴이 답답하다. 목은 더 타고 손은 더욱 단다(현상윤, 2004:18-19).

1910년대 후반 조선 사회에서 계몽교육은 담론의 중심에서 점차 가장 자리로 이동하기 시작한다. 「핍박」 속에는 '민족, 문명, 개화, 교육, 계몽' 등의 단어가 등장하지 않는다. 또한 '권리, 의무, 도덕, 평등, 자유' 같은 근대적 이념은 실생활에서 효용가치가 없는 부정적인 것으로 조롱받는다. 현 시점에서 중요한 가치는 민족이 아닌 개인과 지역 공동체의 안위이다. 일제에 의해 재편되고 있던 당대 사회 구조 속에서 개인적 차원에서 추구할 수 있는 가장 중요한 가치는 결국 빈곤과 수탈, 폭력과 억압의 범위에서 최대한 멀리 떨어지는 것이었다. 근대적 계몽과 자아 발견 등의 비실재적이고 의식주에 닿아있지 않는 관념적 문제는 지역사회 혹은 민중들에게 적극적으로 논의되지 않고, 대신 기능적이고 현실적인 능력만이 중요한 가치이자 지도계층이 응당 견지해야 하는 미덕으로 인정받는다.

농부들의 집회에 갔다가 자신을 향해 날아오는 조소와 비판을 받은 뒤 집에 돌아온 주인공 '나'는 저녁 무렵 귀가하는 농군 떼를 만나고, 이때 비로소 자신의 우울과 무기력의 원인이 무엇인지 알게 된다. 즉 원인은, 자신이 일본에서 학습한 근대적 지식은 지배와 피지배의 불균형적 관계가 구축된 식민지 조선에 곧장 적용할 수 없다는 점이다. 이에 더해 사회진화의 방법론이 근대적 계몽 교육이 아니라 일본의 시스템에 편제되는 것으로 재정의화 되는 인식 변화 역시 그가 파악한 현 상황이다. 그런데 민중들의 이러한 인식 변화에 비판을 할 수 없는 것은 자신조차도 거리에서 만난 무장 경찰을 보면서 스스로를 그들의 관찰을 받는 대상이자 약자로 인식했기 때문이다. 근대 과학과 기술을 등에 업은 제국이 갖고 있는 권력과 힘의 크기를 누구보다 분명하게 파악하고 있던 그는 사회의 체제 변화 및 주류 담론이 일본 기생적으로 변하는 현실에 대해 비판적으로 대응할 능력과 의지가 모두 결여되어 있는 모습을 보인다.

당대 지식인 우울 기제의 근본적인 원인이 식민지 통치체제에 있음에도 불구하고 현실적인 측면에서 일제에 편승하는 것이 보편타당한 진리로 인식되는 모습은 모순적이지 않을 수 없다. 이는 결국 지식인 우울 극복의 방법이 근본적으로 차단되어있다는 것을 의미한다. 결국은 본질적인 문제이기도 한 식민지인에 대한 일제의 제도적인 핍박과, 일제의 제도 속으로 편입하여 지식인으로서의 역할을 수행해 주기를 종용하는 사람들이 주는 핍박이 일종의 이중의 굴레로 작용하며(이만영, 2016:221) 그의 우울은 극복할 수 없는 문제로 고착화된다. 정신적 문제는 호전될 가능성을 상실하고, 결국 그의 '순수'했던 계몽 의지는 이제는 '순진'한 이상향에 지나지 않는다. 또한 지식인으로서의 개인은 국가와 민족을 위해 할 수 있는 것이 없는 무능한 존재로 전락하고 만다.

기실 작품에서 갈등 요소 혹은 지식인의 번민의 이유가 선명하게 제시되지는 않는다. 다만 지식인이 자신의 이상향과 지식의 효용성을 타인에 의해 가치절하 당하고 무용한 것으로 끊임없이 조리돌림 당하며 핍박받는 모습을 현실적으로 묘사하고, 또한 지식인으로서의 성장의 한계가 명확한 식민지 조선 사회 풍경을 조망하는 것이 전부이다. 그러나 분명한 것은 일제의 식민지 운영 체제 속에서 계몽 지식의 확산 시스템이 와해되고 심지어 계몽의 대상이 농민에서 지식인으로 전복된 상황에서 지식인이 느끼는 자괴감과 절대적 우울의 폭은 훨씬 넓어지게 된다는 점이다. 그럼에도 불구하고 작품은 이와 같은 핍박을 느낄 수밖에 없는 당대 지식인에 대해 연민적인 시선을 제시하지 않고 마지막까지 그에게 쏟아지는 비웃음과 꾸짖음, 욕설과 비방을 묘사하며 핍진성을 유지한다. 「핍박」은 사회 체제 변화 이후 방향성 모색에 실패한 무기력하고 무능한 식민지 지식인이 느끼는 우울의 심연과 그 발생 원인을 보여준다.

「술집에서」는 신해혁명 이후 10년이 지난 시점을 배경으로 하고 있다.

이 소설은 새로운 가치 추구와 반봉건 제도에 대한 개혁의 열기가 사그라든 1920년대 초반 시점을 살고 있는 지식인의 모습을 보여준다. 이는 당시 루쉰이 실제로 견지했었던 지식인으로서의 태도 변화를 십분 반영한 것이라고 할 수 있다. 일본에서 귀국 후 루쉰은 작품을 발표하며 반봉건 사상 및 민중의 자각을 강조했지만 급격한 시대의 변화 속에서 자신조차도 나아가야 할 길을 잃고 방황했다. 작품은 이와 같은 당대 지식인의 형상을 묘사하고 있다.

지식인 화자 '나'의 시점으로 진행되는 이 소설은 그의 과거 동료이기도 한 또 다른 지식인과의 대화를 통해 본격적으로 전개된다. 과거 혁명 동지 관계였던 두 사람은 정서적으로 상호 유대관계를 형성하고 있는 것처럼 보일 수 있으나 실상은 그렇지 않다. 혁명의 열기가 소멸되고 1920년대에 가까워진 시점에서 두 사람의 지향점은 서로 다르다. '나'는 개혁에 대한 미련을 다 털어버리지 못했지만 그의 옛 동지 '여위보(呂緯甫)'는 개혁투쟁을 지나간 역사로 생각하고 현실에 순응하는 삶을 살고 있다. 소설의 구성은 간단하다. 주인공 '나'는 여행 도중 옛 고향에 돌아와 여관에 머물고 있다. 도시를 산책하던 중 과거부터 잘 알던 술집(一石居)에 들어가게 되고 그곳에서 옛 동료를 만나 대화를 나누고 헤어지는 내용이다. 화자인 '나'는 고향의 정경과 익숙한 장소인 술집의 모습, 그리고 옛 동료 여위보를 세밀하게 관찰한다.

겨울을 배경으로 하는 이 작품은 전반적으로 어둡고 우울한 분위기로 전개된다. 작품을 지배하는 우울의 정서는 두 가지 요인에서 기인한다고 볼 수 있다. 소설은 오랜만에 방문한 고향에 대해 차갑고 삭막한 모습으로 묘사하는 것으로 시작되는데, 그러한 고향의 생경한 모습은 '나'의 우울함 형성의 발단을 제공한다. 두 번째 요인은 두 인물이 나누는 대화를 통한 연대 의식의 붕괴에 있다. 우선 작품 속 장소와 인물에 대한 정경 묘사의 측면부터 살펴보도록 하자.

㉠ 고향 S시: 한 겨울 눈이 내린 뒤의 쓸쓸한 풍경/ 잿빛 하늘/ 보기 흉한 얼룩 반점의 담벽/말라죽은 이끼/ 차가운 바람과 눈발
㉡ 술집 일석거: 협소하고 우중충한 모습/ 낡아빠진 간판/ 폐허가 된 정원(廢園)
㉢ 옛 동료 여위보: 창백한 장방형의 얼굴/ 정기를 잃은 눈/ 기력이 쇠하고 수축한 얼굴/행동과 몸놀림이 둔함 (루쉰, 1989:173-183)

시기상 근대화 이후의 농촌사회가 작중 배경인데, 화자의 시선에 포착된 대상은 모두 부정적인 이미지로 형상화되어 있다. 고향과 단골 술집의 모습은 낡고 색이 바랬고, 그곳을 채우던 익숙한 사람들도 다 떠난 뒤다. 공간은 고정되어 있지만 공간을 채우는 모든 요소가 변해버린 상황에서 주인공은 '실향과 유사한 감정을 느낀다. 근대화의 진척으로 과거 익숙한 지역이 근대적인 모습으로 탈바꿈 하는 일반적인 사례임을 생각하면, 타향살이 후 귀향하는 원주민이 고향이라는 공간을 낯선 외양으로 인식하는 것이 일반적이다. 이는 근대화로 인한 실향을 다룬 텍스트에서 익숙히 등장하는 모티프이다. 그런데 「술집에서」에서 제시하는 옛 고향은 근대화의 손길이 미치지 않은 상태로, 다만 시간만이 경과한 노화한 모습이다. 이것은 이전 시기 개혁과 혁명을 통해 획득하고자 했던 근대화의 기대가 실현되지 않았음을 의미한다.

주인공은 남쪽의 고향을 떠나 북방에서 일정 기간 체류한 것으로 추정되는데, 北平을 중심으로 연안 대도시에서는 근대화의 물결이 지나가며 새로운 모습으로 점차 변모했던 반면 자신의 고향은 여전히 낙오된 전근대의 모습을 유지하고 있다. 그러한 현실은 젊은 개혁자들이 제시했던 희망찬 미래상이 결국 실현되지 않았음을 의미한다. 그리고 과거 개혁에 열정적으로 몸담았던 주인공은 현재 귀향 후 우울감과 상실감이 배가

된 모습을 하고 있다. 뒤틀리고 소외된 근대성은 변혁을 주도했던 주류 지식인이 느끼는 우울의 근원일 수 있다.

전반적으로 색감이 배제된 작중 배경은 모노톤의 회백색으로 점철되어 있으며 우울의 기제를 극복할만한 별다른 계기나 희망적 요소가 발견되지 않는다. 무채색의 세상을 잠깐 밝혀준 것은 방치된 폐원에 있는 동백나무에 달린 붉은 꽃이다. 하지만 꽃이 발산하는 붉은 색감은 영원하지 않다. 작품은 불투명하고 어두운 거리로 다시 시점 이동하며 끝나기 때문이다. 무채색의 세상에 다시 매몰된 붉은 꽃잎과 황폐한 정원, 그리고 기력을 상실한 외양을 하고 나타난 지인은 낡아버린 혹은 상실한 고향과 상동성을 가지는 대상이라고 볼 수 있다. 결국 이는 작중 인물의 우울을 배가시키는 주요 요인일 수밖에 없다.

옛 동지 여위보의 모습 역시 전과 같지 않다. 혁명에 참가했던 왕년의 그는 "민첩하고 총명했던"(루쉰, 1989:175) 인물이었으나 지금은 '심부름꾼의 발소리보다 느리게 걷고', '기력이 전혀 없고 창백한 모습'과 어딘가 모르게 '위축된' 모습을 하고 있다. 이러한 행동변화는 개혁에 실패한 자에게서 공통적으로 드러나는 표상이다. '尙武정신' 즉, 힘과 정신력을 모두 잃은 5·4운동 이후의 지식인들은 사회 조직, 가치관과 사상, 객관적인 행위가 유기적으로 결합된 사회 체계에서 가장 큰 폭으로 '변질'된 집단이었다. 이들의 외형과 내면 묘사를 통해 혁명 실패 이후의 지식인 계층에서 나타나는 우울과 낙오의 정서를 확인할 수 있다.

한편 두 인물 간의 대화는 어떠한 우울적 기제를 형성하는가. 먼저 대화 내용부터 살펴보기로 한다.

㉠ 그는 주머니에서 궐련을 한 개피 꺼내서 불을 붙여물고는 입에서 내뿜는 연기를 바라보면서 감개가 깊은 듯이 말했다.
"쓸데없는 일을 한 거지 뭐. 아무 것도 안했던 거나 마찬가지야."
(루쉰, 1989:175-176)

ⓛ "나는 어렸을 때, 벌이나 파리가 한 곳에 있다가 무엇에 놀라면 곧 날아갔다 한 바퀴 빙 돌고는 곧 또다시 원래의 위치로 돌아오는 걸 보고 정말 우습기도 하고 측은하게도 생각했었지. 그런데 뜻밖에 지금 내 자신이 바로 그 조그만 원을 한 바퀴 돌고는 다시 날아 되돌아 온 거야. 또 생각지도 않게 자네도 돌아왔으니 말일세. 자넨 좀 더 멀리 날 수 없었나?"

"글쎄, 뭐랄까? 아마 나 역시 잠시 조그만 원을 한 바퀴 돈 것에 불과하겠지."

나 역시 웃는 듯 마는 듯이 말했다.

"그런데 자네는 무엇 때문에 되돌아왔나?"

"역시 쓸데없는 일 때문이지 뭐."(루쉰, 1989:176)

ⓒ "앞으로? …… 나도 모르겠어. 자넨 우리들이 미리 예상했던 일 중에서 마음먹었던 대로 된 게 하나라도 있다고 믿나? 난 지금 아무것도 모르겠어. 내일 어찌 될지 조차도 모르겠고, 당장 일 분 후의 일마저도 ……." (루쉰, 1989:183)

위의 글은 과거 자신들이 참가했던 혁명에 관한 후일담으로 볼 수 있는데, 두 사람의 대화 주제는 크게 둘로 나눌 수 있다. 인용문 ㉠과 ㉡은 과거 두 인물의 참여했던 개혁에 대한 자평으로 해석할 수 있다. 그들은 근대적 가치의 수용과 구제도의 악습 철폐를 위한 자신들의 노력에 대해 실질적인 성과를 보지 못한 것으로 평가하고 있다. 다시 원래의 위치로 돌아왔다는 것은 그들의 개혁 시도에 다소나마의 진척도 없었다는 의미이며, '쓸데없는 일'이라는 박한 평가를 함으로써 과거 연대의 기억을 다만 씁쓸하게 추억할 뿐이다.

근대와 계몽개혁 추진 시기, 전면에 내건 이념은 모두에게 명백하게 '쓸데가 있는 일'이었지만, 현실은 그 반대가 되고 말았다. 두 지식인이 근대 초기 조국의 개혁과 계몽을 위해 행했던 것은 표면적으로는 긍정의 효과를 위한 것이었지만 실상 그 행위의 본질은 폭력적 성향으로 구성되어 있었다. 그들은 개혁을 위해 성황당 신상의 수염을 뽑는 과감성까지 보인 바 있지만, 현 시점에서 그들의 행위는 다만 폭력적이고 유치한 행위로밖에 치부되지 않는다. 과거 그들의 행위는 홍위병의 파괴적 성향과 다르지 않다. 중국의 강제적 개화 및 근대화, 그리고 전통의 가치에 대한 홍위병과 문화대혁명의 폭력성은 상통한다. 문화대혁명의 모습이 사상의 승리 위에 폭력과 피로 뒤덮였던 것처럼, 중국의 근대도 망국의 정서와 그로 인한 집단적 우울함으로 인한 잿빛으로 형상화 된다. 그런데 홍위병이 폭력적 수단을 통해 무모하긴 하지만 결국 사상의 승리라도 쟁취했다면 근대의 선각자는 대체 무엇을 쟁취했는가.

 지식인 주인공은 혁명의 쟁취를 위한 여정을 떠났으나 이제 다시 원점으로 돌아오게 되었다. ⓒ에서 언급한 것처럼 그들이 개혁을 향해 쏟았던 열정의 불씨는 소기의 목적을 달성하지 못하고 사그라들었다. 또한 시대의 변화에 따라 그들의 지식과 소신, 비전과 투쟁 정신은 무정하게 내버려졌다. 근대 초기, 루쉰은 지식인 주인공을 등장시킨 다수의 소설을 통해 미래에 대한 희망적인 전망을 내놓았지만 1920년대 이후 지식인 당사자의 평가를 통해 과거 제시한 비전이 실현되지 못했다는 사실이 확인된 셈이다. 이는 작중 인물들이 느끼는 비애감의 근본적인 속성과 다르지 않다. 두 사람은 술집에서 우연히 만나 과거에는 '쓸모 있는 일'이라고 믿었던 일이 이제는 그 반대가 되어버린 현실에 관한 대화를 나눈다. 동료 여위보는 대화의 절반 이상을 자신이 최근에 했던 일에 대해 설명하는데 이는 '나'에게는 아무 의미가 없는 일이다. 두 사람의 연대 관계는 붕괴되었고 이제는 더 이상 아무도 희망적인 제안을 하지 않는다.

 '나'는 여전히 개혁에 대한 미련을 갖고 있는 인물이다. 방황에 가까운 그의 여행은 개혁 이후의 현실을 점검하고 대안을 제시하고자 하는 목적에서 출발한 것일 수 있다. 하지만 아직 뚜렷한 방향성을 찾지 못하고 단순한 방랑에 가까운 여행을 하고 있다. 여위보는 개혁에 대한 의지를 꺾은 채 현실에 순응하는 지식인으로 살고 있다. 여전히 방황하며 패배감과 우울감에 사로잡힌 지식인과, 개혁의 환상성을 인식하고 현실에 순응한 또 다른 지식인은 1920년대 중국 지식인 사회의 우울한 초상이다.

여로소설의 형태를 갖추고 있는 「핍박」과 「술집에서」의 주인공은 걷는 행위를 통해 당대 사회의 모순과 자신의 한계를 발견했다. 차이라면 「술집에서」의 화자는 자신이 관찰한 것을 서술하고 「핍박」의 화자는 자신이 타인에 의해 관찰당하는 대상이라는 점이다. 두 작품에서 공통적으로 발견되는 우울하고 무기력하며 방향감을 상실한 지식인의 모습은 제국의 지배력이 가일층 심화되고 정치 사회적 체제 변화가 가속화 되었던 당대 사회 안에서 지식인들이 뚜렷한 역할을 수행하지 못한 채 패배자와 낙오자의 이미지로 인식되었음을 의미한다. 두 작품 모두 당대의 현실을 가감 없이 담아내기는 했지만 뚜렷한 방향과 미래상을 제시하지 못한 것은 결국 조선과 중국 사회가 지식인들을 통한 계몽과 지식 전파가 어려운 구조로 변질되었기 때문일 것이다.

3. 동아시아적 관점으로 살펴본 근대지식인 재현 양상

지금까지 근대지식인을 다룬 한국과 중국의 고백소설 네 편을 중심으로 지식층이 근대의 소산을 어떤 방식으로 인식하는지 양상을 고찰해보았다. 또한 근대시기 유사한 맥락으로 진행된 양국의 근대 수용 역사 중 발생하는 우울의 기제는 무엇이고 지식인의 우울 정서 형성에 어떤 영향을 주었는지 살펴보았다.

이광수의 「방황」과 위다푸의 「침륜」은 근대일본에서의 유학 체험을 제재로 한 작품이다. 작중 주인공들은 약소국 국민이자 식민지인으로 전근대의 모습을 한 자국의 모습을 근대국가와 대비하며 우울감에 쉽게 빠지는 모습을 보였다. 일본이라는 근대식 제도 안에서 배제되거나, 조국에서 부여받은 지식인 선각자로서의 책무에 부담감을 느끼거나, 혹은 그 책무를 성공적으로 수행하기 어려운 자국의 상황과 조건에 대해 인식하면서 우울의 감정이 발생했던 것을 알 수 있다. 현상윤의 「핍박」과 루쉰의 「술집에서」를 통해서는 유학 이후 자국에서의 지식인의 삶의 모습과 그들에게 만연한 우울의 기제의 원인이 무엇인지 살펴보았다. 분석 결과 사회 구조적 변화에 따라 근대적 계몽 지식이 더 이상 주류 담론으로 논의되지 않고, 따라서 계몽지식인의 역할이 소멸한 시기에 우울의 기제가 발생했음을 알 수 있다. 식민지 조선의 경우 지식인을 통한 계몽적 개혁이 수용되지 못하는 본질적인 이유는 일제의 식민지배가 심화되고 정치 사회의 구조가 재편되었던 것과 관련이 있다고 볼 수 있다. 진보와 개혁, 우울과 패배주의라는 양가적 속성은 근대시기 지식인의 인물상과 정서를 형성하는 두 가지 보편적 기제라고 볼 수 있다. 이 글에서 분석한 네 개의 소설 텍스트는 이와 같은 근대의 보편적 속성의 영향을 받은 지식인의 우울함의 정서와 그 발생 기제를 설명한다.

동아시아 근대담론 연구에 관한 필요성이 제기된 이후 현재까지 많은 연구 성과가 축적되었지만 한국의 연구는 주로 일본과의 연계성 탐색에 집중되어 있다. 그러한 점에서 일본 유학이라는 테마를 중심으로 유사한 역사를 공유하는 근대 한국과 중국 간 양상 비교는 의미 있는 시도라고 생각한다. 이와 같은 비교 데이터가 축적되면 한·중·일을 중심으로 하는 동아시아 근대 담론 연구, 더 나아가 제국과 피식민 담론 등 보다 거시적인 연구 자료로 활용할 수 있을 것이다.

참고문헌

김연숙(2011). "한국문학에 나타난 '우울'의 계보학", *새국어교육* 88, 419-440.
김영구, 김진공(2007). *중국현대문학론*, 한국방송통신대학교출판부.
김현실(1995). "근대지식인의 고백체 내면지향 소설에 관한 연구", *현대소설연구* 2, 101-122.

루쉰(1989). *술집에서: 루쉰소설전집*, 김시준 역, 중앙일보사, 173-183.

엄진주, 이정용(2021). "대비적으로 고찰한 한·중 근대지식인 우울 모티프 고백소설", *문화와융합* 43(8), 339-364.

오연희(2014). "한국 근대소설에서 무능력자의 형상화 양상과 그 의미", *비평문학* 52, 255-278.

우정권(2003). "고백소설의 구성 요건", *한국근대고백소설작품선집1*, 도서출판 역락, 9-19.

유봉희(2019). "동아시아 사회진화론·입신출세주의·교양주의, 그 관계의 의미망과 1910년대 한국 단편소설의 지형도- 이광수·진학문·양건식·현상윤을 중심으로", *한국문학과 예술* 30, 259-287.

위다푸(1989). *침륜: 예환지·침륜 외*, 전인초 역, 중앙일보사, 283-318.

이광수(2003). *방황: 한국근대고백소설작품선집1*, 우정권 편저, 도서출판 역락, 133-142.

이만영(2016). "초기 근대소설과 진화론- 현상윤, 양건식, 염상섭의 작품을 중심으로", *비교한국학* 24(2), 209-240.

이호규, 권혁건(2009). "노신과 이광수의 유학체험과 소설의 형상화 비교연구", *中國學* 32, 25-50.

정경은(2010). "근대 학생들의 문명인식 고찰", 한국학연구(35), 361-389.

천정환(2011). "식민지 조선의 정신질환과 자살: 근대초기의 자살 3-2", *내일을 여는 역사* 44, 231-252.

현상윤(2004). *핍박: 슬픈모순(외)*, 범우, 13-19.

H.마르쿠제(2017). *에로스와 문명*, 김인환 역, 나남.

● 이 장은 문화와융합 학술지 43권 8호에 실린 필자의 논문(엄진주, 이정용, 2021)을 바탕으로 재구성되었다.

09장
네덜란드 황금시대, 하녀의 진주 귀걸이

1. 소설적 상상력과 영화적 변용

　17세기 네덜란드 장르화는 많은 문학 작품과 영화의 소재가 되어왔다. 특히 많은 소설가들은 베르메르의 작품을 소재로 삼았다. 그의 작품을 소재로 한 소설에는 트레이시 슈발리에(Tracy Chevalier)의 「진주 귀고리 소녀(Girl With a Pearl Earing)」(1999), 존 베일리(John Bayley)의 「빨간 모자(The Red Hat)」(1998), 수잔 브릴랜드(Susan Vreeland)의 「델프트 이야기(Girl in Hyacinth Blue)」(1999) 등이 있다. 베르메르 작품이 후대의 많은 작가들과 예술가들을 매료시키는 이유 중 하나는 그의 삶에 대해 알려진 것이 거의 없고, 남겨진 작품 또한 많지 않아 허구적인 상상이 가능했기 때문으로 알려져 있다.

　베르메르 작품을 소재로 한 작품 가운데 가장 많이 알려진 작품은 앞서 언급한 트레이시 슈발리에의 소설 「진주 귀고리 소녀」와 이를 영화화한 피터 웨버(Peter Webber) 감독의 〈진주 귀걸이를 한 소녀〉일 것이다(이하, 회화와 소설, 영화 모두 '진주 귀걸이'로 통일하여 기술).

　소설 「진주 귀걸이」는 작가 슈발리에가 자신의 상상력과 미술사적 지식을 바탕으로 쓴 작품으로, 베르메르의 삶에 관한 '전기' 또는 '역사'이며,

예술가 소설이라 할 수 있다. 영화 〈진주 귀걸이〉는 기본적으로 소설이 가진 이야기의 흐름을 따르지만, 소설의 일부 플롯을 생략하거나 통합하는 등의 방식을 통해 변용된 작품이다.

소설「진주 귀걸이」와 동명 영화의 주인공은 베르메르가의 하녀인 그리트(Griet)이다. 하녀를 대상으로 하는 기존의 많은 예술 작품들은 '계급'과 '섹슈얼리티'를 중심 주제로 하고 있다. 특히, 수많은 소설과 영화에서 재현하는 하녀들은 남성의 관음적 시선에 의해 성적 대상으로 물신화되고, 대중의 성 역할 고정관념을 강화시키는 수단이 되어 왔다. 〈진주 귀걸이〉 소설과 영화에서도 '계급'과 '섹슈얼리티'는 중심 주제이다. 그러나 〈진주 귀걸이〉 소설과 영화에서 그리트는 하녀에게 기대되는 역할과 계급질서 해체에 도전하는 캐릭터로 그려진다.

소설「진주 귀걸이」는 앞에서 언급한 바와 같이 베르메르의 전기적 사실과 작가의 문학적 상상력으로 재구성한 소설이다. 이는 현 시대를 살고 있는 작가의 현재적 시선에서 과거를 재현했다는 사실을 의미한다. 결국 작가가 아무리 실존인물인 베르메르를 사실적으로 재현했다고 하더라도 소설 속에서 그려지는 시대적 배경과 인물, 사건들은 허구 서사일 수밖에 없다.

이러한 사실을 염두에 두고 여기서는 베르메르의 〈진주 귀걸이〉에 대한 개괄적인 이해를 바탕으로 동명 소설과 영화에 나타나는 하녀상을 현재적 시점에서 비교 분석할 것이다. 특히 작품 속 하녀인 그리트가 베르메르의 집에서 경험하는 계급갈등을 살펴보고, 그녀를 대하는 등장인물들의 태도를 젠더와 섹슈얼리티 관점에서 종합적으로 고찰하고자 한다. 이를 통해 이야기의 원천이 매체의 차이에도 불구하고 어떠한 유사점이 있는지, 또한 매체 특성에 따라 어떻게 변주되어 나타나는지 알 수 있을 것이다.

2. 네덜란드 장르화 속 하녀

1) 장르화, 인형의 집과 하녀

　베르메르의 〈진주 귀걸이〉 속 소녀가 소설과 영화에서 어떻게 묘사되고 있는지 그 구체적 양상을 살펴보기 위해서는 작품의 배경이 되는 17세기 네덜란드 시대에 대한 기본적인 이해가 필요하다. 여기서는 '당시의 하녀 실태', '장르화 속 하녀상', '베르메르 그림 속의 하녀'를 중심으로 시대적 특징을 파악하고자 한다.

　17세기 네덜란드의 부유한 가정에서 하녀를 두는 것은 일반적이었다. 미술 사학자 사이먼 샤마(Simon Schama)에 의하면 당시 네덜란드에서는 10~20%의 가정이 최소한 한 명 이상의 하녀를 두었다(Schama, 1987: 455). 당시의 하녀는 중세의 노예와는 달리 가사 노동을 제공하고 그에 상응하는 대가를 받는 일종의 임금노동자에 해당한다. 따라서 남의 집 하녀가 된다는 것은 '직업'을 가지게 되는 것이며, 이는 가정형편이 어려운 하층계급의 생계를 꾸리는 주요 수단이었다.

　하녀는 17세기 네덜란드 장르화에 가장 빈번하게 등장하는 직업여성 중 하나다. 피터 드 호흐, 요하네스 베르메르, 니콜라스 마스, 헤라르트 다우 등 많은 화가들은 하녀를 대상으로 하는 많은 그림을 그렸다. 그러나 그들의 그림 속 하녀가 누구인지는 거의 알려져 있지 않다. 미술 사학자 다이앤 볼프탈(Diane Wolfthal)에 의하면, 네덜란드 장르화 속에 등장하는 하녀 가운데 이름이 알려진 하녀는 피터 반 데르 헐스트(Pieter van der Hulst)가 그린 〈리베 라르스다테르(Live Larsdatter)〉에 등장하는 '리베 라르스다테르'이다(Wolfthal, 2013:247). 그녀는 당시의 네덜란드 과학자 튀코 브라헤(Tycho Brahe)의 하녀였다.

　17세기 네덜란드 하녀들이 주인집에서 어떠한 일을 하였는지는 장르화에서 보다 당시에 제작된 〈인형의 집(dolls' houses)〉을 통해 잘 알 수 있다. 인형의 집은 사람들의 주거형태를 보여주는 미니어처이다(김소희, 2019:87). 인형의 집에서 하녀의 방은 잘 보이지 않는 곳에 위치하고 있으며 방은 작고 단순한 디자인의 침대가 놓여져 있다. 인형의 집에는 실내외 빗자루, 수세미, 대걸레, 먼지떨이 등 각기 다른 기능을 하는 다양한 청소도구들이 구비되어 있어 하녀들의 일상을 짐작할 수 있다(Wolfthal, 2013:255-260).

2) 베르메르 회화 속의 하녀

베르메르는 렘브란트(Rembrandt, 1606~1669)와 프란스 할스(Frans Hals, 1580년경~1666년경) 등과 함께 17세기 네덜란드 황금시대를 대표하는 화가이며, 이탈리아의 카라바조(Caravaggio, 1573~1610), 벨기에의 루벤스(Rubens, 1577~1640), 스페인의 벨라스케스(Velázquez, 1599~1660) 등과 함께 바로크 회화를 대표하는 화가 가운데 한 명이다. 연구자들에 의해 차이가 있지만 많은 연구자들은 그의 현존하는 작품을 36점 정도로 추정한다.

베르메르는 주로 당시의 일상생활을 화폭에 담은 풍속화 화가로, 그의 작품 속에는 여성들이 많이 등장한다. 그림의 모티브는 여성과 생활, 노동, 연애, 매춘 등이다. 그의 여러 작품은 '그림 속의 그림(Picture-within-a-picture)', 이른바 '미장아빔(Mise en abyme)' 기법을 사용하여 그림의 주제를 담아내었다. 미장아빔은 다양한 예술장르에서 소설 속 소설, 영화 속 영화, 그림 속의 그림 등과 같이 프레임 안에 프레임이 계속 반복되는 것을 말한다. 17세기의 네덜란드 장르화에서 많이 볼 수 있는 기법으로 베르메르의 작품에도 많이 등장한다. 그의 작품 〈편지를 쓰는 여인과 하녀(Lady Writing a Letter and maid)〉(1670~1671년경)에는 그림 속 그림으로 〈모세의 발견(The Finding of Moses)〉을 볼 수 있고, 〈합주(The Concert)〉(1664년경)와 〈버지널 앞에 앉아 있는 여인(Lady Seated

At A Virginal)〉(1670~1672년경)에는 〈뚜쟁이(Procuress)〉(1656년)가 등장한다.

　베르메르의 작품 가운데 〈우유를 따르는 여인〉은 하녀가 모델이다. 그림 속의 여인이 베르메르가의 하녀 타네커(Tanneke)로 추정된다는 주장도 존재하지만, 실제 그 모델이 누구인지는 명확하지 않다. 그러나 〈진주 귀걸이〉 소설과 영화에서는 그 모델이 베르메르가의 하녀 타네커라고 묘사하고 있다. 베르메르의 작품 가운데 하녀가 등장하는 그림으로는 이 외에도, 〈연애편지(The Love letter)〉(1669~1670년경)와 〈편지를 쓰는 여인과 하녀〉 등이 있다.

　하녀는 17세기 네덜란드 장르화에서 남성의 성적 대상으로서 그려지기도 하였다. 그러나 베르메르의 작품 〈우유를 따르는 여인〉에서 알 수 있듯이, 작품 속의 하녀는 수수한 옷차림, 자연스러운 표정과 담담히 일하는 모습으로 그려지고 있어, 당시에 중시되었던 미덕을 나타내고, 소매 밑으로 보이는 튼튼한 팔뚝은 그녀의 강인함을 보여준다(그림 1). 당시의 장르화 가운데는 이 그림과 같이 소매를 올리고 팔뚝을 드러낸 하녀의 그림이 많다. 그 예로는 헤라르트 다우의 〈창가의 하녀〉와 피터 코넬리스 반 리크(Pieter Cornelis van Rijck)의 〈키친 메이드(The Kitchen Maid)〉(1628) 등이 있다.

　이 글에서 살펴보고자 하는 하녀는 이 그림 속 하녀가 아니다. 슈발리에가 소설에서 그리고 있는 하녀는 베르메르의 〈진주 귀걸이〉 속의 소녀이다(그림 2). 이 그림은 일종의 '트로니(Tronie)'로 알려져 있다. 트로니는 '머리', '얼굴'을 뜻하는 단어로 특정 인물을 그린 초상화와는 달리 허구의 인물의 두상을 부각시켜 그린 그림을 말한다. 그러나 이 그림에 대해 알려진 정보는 많지 않다. 이 그림에는 오직 "IVMeer"라는 화가의 서명(Vandivere et al., 2019:1)만 있을 뿐, 그림의 제작년도가 언제인지, 또 작품 속 인물이 누구인지 알려진 것은 없다.

그림 1 우유를 따르는 여인(1657~1658년경)　　그림 2 진주 귀걸이를 한 소녀(1665년경)
(출처: Rijksmuseum, Amsterdam)　　　　　　(출처: Mauritshuis, Hague)

이 소녀는 노란색의 겉옷을 입고 머리에 파란색 터번을 두르고 있다. 커다랗게 뜬 눈과 살짝 벌어진 입, 무언가를 동경하는 듯한 표정으로 고개를 돌려 앞을 바라보고 있어 보는 이들에게 신비감을 준다.

〈진주 귀걸이〉그림 속 소녀의 시선은 그림 밖에서 그녀를 바라보는 감상자에게 향하고 있어, 그림을 보는 감상자와 보여지는 소녀의 시선이 부딪치고 있다. 이는 즉 객체로 남아야 할 그림 속 소녀가 그림 밖에서 그 그림을 보고 있는 감상자를 바라보는 주체가 되어 주체(그림을 보는)/객체(보여지는)의 위계를 뒤흔드는 것이다. 이처럼 베르메르의 〈진주 귀걸이〉는 전통적인 르네상스 프로필 초상화 속의 수동적인 시선과는 달리 시선의 평등을 보여주고 있다.

3. 회화의 소설적 재현

1) 계급의식과 차별

소설 「진주 귀걸이」는 그림을 매개로 한 베르메르와 그리트 간의 사랑을 그리고 있다. 이 소설의 특징은 1인칭 시점으로 전개된다는 점이다. 즉, 화자인 그리트가 베르메르의 집에서 생활하면서 보고 들은 것을 이야기한다. 이 때문에 독자들은 그리트가 하녀로서 경험하는 갈등과 좌절 등을 읽어낼 수 있지만, 다른 등장인물이 가지고 있는 내면의 생각과 감정은 이해할 수 없다. 따라서 그리트에 대한 베르메르의 감정의 본질을 파악하기는 어렵다.

결국 독자들은 소설의 스토리뿐만 아니라 그의 작품을 그녀의 관점에서 경험하게 된다. 그리트가 베르메르의 작품을 해설하고 안내하는 역할을 하고 있는 셈이다. 이처럼 소설은 그리트를 통해 베르메르의 삶과 그의 창작과정을 이야기하면서 회화와 문학 간의 경계 허물기를 시도하고 있다.

이 소설은 실존인물을 재현한 캐릭터들과 허구적으로 창조된 캐릭터들이 뒤섞여 다양한 인물 군상의 이야기를 들려준다. 소설에서 베르메르와 그의 부인 '카타리나(Catharina)', 딸 '매지(Maertge)'와 '코넬리아(Cornelia)', 장모 '마리아 틴스(Maria Thins)' 등은 실존 인물이고, 후일 그녀의 남편이 되는 '피터(Pieter)'는 허구적 인물이다. 실제로 베르메르는 부인 카타리나와의 사이에 죽은 아이 4명을 포함하여 15명의 자녀가 있었다. 당시 네덜란드 북서부 지방 가정의 가족 구성원의 수가 3.7명(Van der Woude, 1972:299-318)인 것에 비하면 베르메르의 자녀수는 많은 편이었다.

소설 「진주 귀걸이」의 공간적 무대는 베르메르 가족이 사는 집이다. 이 집은 베르메르 일가에게는 사적 공간으로서 집이지만, 하녀 생활을 하게 되는 그리트에게는 직장으로서의 공적 영역이다. 집은 여성성을 상징하는 공간이지만 주인 가족과 하녀라는 계급성이 내재된 공간이기도 하다. 이 집의 공간 가운데 계급성이 강하게 나타나는 공간은 '부엌'과 '그리트의 방'이며, 계급질서의 균열이 발생하는 공간은 '화실'이다. 먼저, 부엌은 베르메르 일가에게 완전히 종속되어 있는 하인 타네커와 그리트가 상주하는 공간이다. 부엌은 일반적으로 주로 여성의 무급노동이 수행될 것으로 여겨지는 남성 부재의 '여성의 공간'으로 간주되어지지만, 이 집에서의 부엌은 집 주인 가족의 통제와 사회적 규범만이 존재하는 '하녀들의 노동 공간'이며 주인집 여성들이 부재한 공간이기도 하다.

그리트가 베르메르의 집으로 처음 들어간 날, 타네커가 안내한 그리트의 방은 아무런 빛도 없는 지하에 위치하고 있었다. 그녀의 어두운 방은 환한 햇빛이 드는 주인집과 대비되며, 공간의 수직적 분리 효과를 극대화한다.

> 타네커는 나를 다시 안으로 데려가더니 한 창고 방의 바닥에 나 있는 구멍을 가리켰다. 그곳에는 아래로 내려갈 수 있도록 사다리가 걸쳐져 있었다. "넌 저기서 자게 될거야⋯⋯"(슈발리에, 2003:32)

화실은 이 작품의 주요한 공간적 배경이 된다. 원래 화실은 아내도 들어갈 수 없는 베르메르의 사적인 공간이었다. 그러나 화실은 그리트의 등장으로 계급질서의 균열이 일어나는 공간으로 변하게 된다. 화실은 그리트가 베르메르를 돕고 그림을 배우는 공간, 그리트와 베르메르가 공감하고 그 둘의 신체 접촉에 따른 성애적 분위기가 표출되는 공간이 된다.

소설「진주 귀걸이」에서 계급성이 나타나는 것은 주거 공간만은 아니다. 등장인물들의 의상과 음식에서도 계급 차이는 드러난다. 물론 베르메르 회화 속 하녀의 옷과 여주인의 옷에 빈부의 차이가 크게 나타나지 않는다(배수정, 2013:32). 이는 베르메르 회화에서 뿐만 아니라, 17세기 네덜란드 장르화에서 공통적으로 드러나는 특징이다(Wolfthal, 2013:232). 하지만 소설에서는 의상이 계급을 대변하는 것으로 묘사된다. 그리트는 '노란 망토의 부드러운 모피'(슈발리에, 2003:224)는 그녀가 입을 수 있는 옷이 아니고, 머리에 두르는 천 색깔도 '파란색이나 노란색은 귀부인들의 색깔' (슈발리에, 2003:230)이라 생각한다.

소설에서 진주 귀걸이는 상류층만이 착용할 수 있는 상징물이다. 이는 그리트의 의식을 통해 알 수 있다. 베르메르가 그림을 위해 그리트에게 진주 귀걸이를 할 것을 요구하지만 그녀는 이를 처음에는 거부한다. 그러나 베르메르의 설득으로 그녀는 진주 귀걸이를 착용하게 된다. 그리트가 카타리나의 진주 귀걸이를 착용한다는 것은 계급의 경계를 허무는 것을 암시한다. 즉, 귀걸이를 전유하는 것만으로도 계급의 차이를 극복할 수 있음을 보여주는 것이다. 또한 계급 차이로 인해 발생하는 편견과 갈등은 베르메르와 그리트의 관계를 통해, 개인의 가치관과 사랑에 의해 파괴될 수 있는 것임을 보여준다. 그럼에도 불구하고 그리트는 하녀의 신분을 벗어난 뒤에도 여전히 진주 귀걸이는 상류층만이 할 수 있는 것으로 생각한다.

> "손에든 진주 귀고리를 내려다보았다. 귀고리를 가지고 있을 수는 없었다. 이것으로 내가 대체 무엇을 할 수 있을 것인가? (중략) 그렇다고 이 귀고리를 달고 다닐 수도 없었다. 하녀도 그렇지만 푸줏간의 아내도 이런 물건은 하지 않는다."(슈발리에, 2003:291)

소설「진주 귀걸이」에는 많은 음식들이 등장한다. 이 음식들은 주인집과 하녀의 집 사이의 이항대립을 통해 계급 차이를 보여준다. 그리트는 파인애플은 자신이 먹을 수 있는 과일이 아니며, 자신의 집은 가난하여 생선 스튜도 먹기 힘들다는 생각을 한다.

마리아 틴스는 잔치를 위해 새끼 양고기와 송아지 고기, 혓바닥살,

통돼지 한 마리, 산토끼와 꿩, 거세한 수탉, 굴과 바닷가재, 캐비아, 청어, 스위트 와인과 최고급 에일 맥주, 빵집에서 준비한 특제 케이크 등을 주문했다. (중략) 파인애플을 본 것은 그때가 처음이었지만 울퉁불퉁하고 따끔거리는 표면 때문에 그다지 끌리지는 않았다. 하긴 내가 먹을 수 있는 과일도 아니었다(슈발리에, 2003:103).

피터는 우리 집이 얼마나 가난한지 정확하게 판단할 수 있었을 것이다. 대신 엄마는 생선 스튜를 만들었는데, 그 안에는 새우와 바닷가재도 들어 있었다. 어떻게 이 새우와 바닷가재 살 돈을 마련했는지 엄마는 절대 말하지 않았다(슈발리에, 2003:151).

이상과 같이 소설 「진주 귀걸이」 속에는 등장인물들이 생활하는 공간과 의상, 음식에 계급성이 존재하고 있는 것을 알 수 있다. 그러나 이러한 계급성은 등장인물들이 그리트에게 가지는 의식을 통해 더욱 명확하게 드러난다. 이 소설에 나타나는 그리트에 대한 베르메르의 부인 카타리나, 장모 마리아 틴스, 딸 코넬리아의 태도는 계급 차별적이다. 먼저 카타리나는 자신이 대하는 사람들의 계급에 따라 뚜렷한 구분을 한다. 자신의 계급을 명확하게 인식한 그녀는 하녀들을 '항상 뭔가 훔치는 족속들'(슈발리에, 2003:268)로 규정한다. 실제로 그녀는 자신의 딸인 코넬리아가 머리빗을 감추었을 때도 그리트가 그 머리빗을 가져갔다고 의심한다.

계급차별 의식은 베르메르의 후원자인 반 라위번(Van Ruijven)에 의해 더욱 강화된다. 라위번의 '부(富)'에 의한 계급 차별화는 베르메르 일가에도 적용된다. 그는 자신의 '부'를 이용해 베르메르에게 그리트가 자신의 집에서 일하게 해 달라고 요구하거나, 그리트와 함께하는 그림을 그려 줄 것을 강요한다. 자신의 욕망을 위해 라위번은 자신이 후원자라는 사실을 상기시키고, 베르메르 일가의 실질적인 경제권을 가지고 있는 마리아 틴스는 가족의 경제적 파산을 막기 위해 요구에 응해야 하는 처지가 된다.

2) 젠더와 섹슈얼리티

　17세기 네덜란드 사회에서 결혼한 남성은 집밖으로 나가 가족 부양을 책임지는 가장으로서의 역할을 하고, 결혼한 여성은 가사와 양육을 책임져야 했다. 그러나 베르메르 가정에 있어서는 이와는 다르게 나타난다. 카타리나는 가정에서 별 다른 활동이 없다. 카타리나가 집안에서 하는 일은 그녀의 어머니와 하녀의 도움을 받아 아이들을 돌보는 것뿐이다. 오히려 베르메르가 아이들 양육에 개입한다. 예를 들면, 그리트가 카타리나의 빗을 훔쳤다고 음모를 꾸민 사실을 알게 되었을 때, 베르메르는 아이를 올바르게 키우지 못한 카타리나를 추궁한다(슈발리에, 2003:186).
　베르메르가 양육 문제에 개입하는 것은 17세기 네덜란드 사회의 이상적인 가정상과는 다른 모습을 보여주는 것이라 할 수 있다. 당시의 규범으로는 자녀를 돌보아야 하는 것은 카타리나의 책임이지 베르메르가 관여할 일이 아니기 때문이다.
　베르메르의 가부장적 태도는 그의 유언에서 극명하게 드러난다. 그는 자신이 죽기 전, 진주 귀걸이를 그리트에게 전해주라고 아내에게 유언을 한다. 그러나 이 유언은 아내인 카타리나의 마음을 아프게 하고, 그리트는 이런 카타리나에게 미안한 감정을 가지게 한다.

> "남편이 너와 나를 위해 결정한 거다. 이제 이 귀고리는 네 것이니 가져가거라." 나는 망설이다가 손을 뻗어 귀고리를 접었다. (중략) "이제 가거라." 몰래 눈물을 삼키느라 잠긴 듯한 목소리로 카타리나가 명령했다. "그가 부탁한 것은 이제 끝났다. 더 할 일은 없다." (중략) 나는 진심으로 카타리나에게 미안한 감정을 느꼈다(슈발리에, 2003:290).

　이처럼 베르메르의 가부장적 욕망은 그가 죽은 이후에도 그녀들의 욕망을 무시, 억압하고 있다.

가부장적 젠더 이데올로기는 그리트의 가정에 있어서도 재현된다. 그리트의 아버지는 아들 프란스의 도제살이 비용을 대기 위해 열심히 일했고, 자신의 사고 이후에도 프란스는 여전히 도제살이를 계속한다. 이에 비하여 그리트는 어떤 교육도 받지 못했으며, 가정 형편이 어려워지자 남의 집 하녀로 내몰린다. 여기서 중요한 사실은 그리트의 희생에 의해 가족의 생계와 프란스의 도제살이가 유지된다는 점이다. 가족들은 그리트의 노력과 희생을 안타까워하면서도 그녀에게 지워져 있는 무거운 짐을 덜어줄 어떠한 노력도 보이지 않는다.

그리트의 어머니는 피터가 그리트에 관심이 있다는 사실을 알고 난 후, 피터에게 호감을 가진다. 그리트가 집에 들렸다가 주인집으로 돌아가는 길에 어머니는 피터에게 잘 대해 줄 것을 그리트에게 당부한다. 이 말에 그리트는 어머니가 "피터가 집에 가져올 수 있는 고기에 대한 허기"(슈발리에, 2003:118) 때문에 자존심을 버렸을 것으로 믿는다.

결국 그녀의 어머니는 그리트가 살아갈 수 있는 힘을 외부(피터)에서 찾고 있는 것으로, 어머니(여성)의 피터(남성)에 대한 의존성을 볼 수 있다. 그러나 피터에 대한 의존은 그리트 자신의 의존이기도 하다. 그녀는 그 이유를 일요일에 골목길에서 피터와 함께 서 있는 것에서 찾는다. 가부장적 사고방식은 피터도 가지고 있다. 피터는 그리트에게 결혼해줄 것을 재촉한다.

"모든 사람이 다 나이가 들 때까지 기다리는 것은 아니야. 그리고 너의 가족은 나를 필요로 해." 우리 집이 가난해서 부모님이 자기에게 의존하고 있다는 사실을 피터가 언급한 것은 처음이었다(슈발리에, 2003:220).

사실, 그리트에게 결혼은 힘든 하녀 생활을 끝내줄 탈출구이자 가난을 벗어나게 해줄 계기가 될 수 있을 것이다. 문제는 피터의 태도가 그리트를 보호의 대상으로 간주하는 남성 중심적 사고방식을 고수하고 있다는데 있는 것이다. 그에게 남성인 자신은 관심을 가지고 돌보아야 하는 주체가 되고, 여성은 어린 아이처럼 걱정하고 돌보아야 하는 대상으로 존재한다. 이처럼 소설 속에 등장하는 남성들은 가부장적 사고방식을 드러내는데 비하여 그리트는 물론 카타리나도 그들의 사고에 대한 도전을 실천하지는 못한다.

가부장제 사회에서 남성은 바라보는 주체가 되고 여성은 보여지는 대상이 된다. 일반적으로 화가는 남성의 시선으로 여성 모델을 통제하고, 모델은 주체가 아닌 객체, 대상으로만 위치한다. 즉, 남성 응시에서 응시하는 쪽과 응시를 당하는 쪽 사이에 권력의 불균형이 존재한다. 그러나 소설「진주 귀걸이」에서는 남성 화가인 베르메르와 여성 모델인 그리트의 응시는 전통적인 관계를 전복한다. 서로 다른 신분과 계급을 가지고 있음에도 불구하고 그들 간의 응시는 평등함을 보여준다.

"그를 바라보았다. 그의 눈은 이제 내게로 향해 있었다. 그가 나를 보고 있다. 서로를 응시하는 동안 한줄기 뜨거움이 파문을 일으키며 내 몸을 관통했다. 나는 그의 눈을 계속 들여다보았고, 마침내 그는 시선을 거두며 헛기침을 했다."(슈발리에, 2003:228)

남성을 바라보는 주체로, 여성을 보여지는 대상으로 위치시키는 이분법은 여성을 남성의 시선, 즉 성적 욕망의 대상으로 차별화한다. 이 때문에 가부장제가 지배적인 사회에서 하녀는 계급적으로, 또 성적으로 복합차별의 대상이 된다.

소설「진주 귀걸이」에서도 그리트는 전술한 계급적 억압뿐만 아니라 남성들의 욕망의 대상으로 재현된다. 특히, 베르메르의 후원자인 반 라위번은 적극적인 남성 시선을 가진 전형적인 남성이다. 그에게 베르메르의 하녀인 그리트는 손쉬운 점령대상일 뿐이다. 그는 그리트를 성적 욕구를 해결할 수 있는 대상으로 인식하고 있고, 자신의 성적 욕구 충족을 위해서는 폭력성마저 서슴지 않는다. 베르메르도 그리트를 성적 지향적인 시선으로 바라보지만, 반 라위번처럼 그리트를 적극적으로 대상화하지는 않는다. 그러나 반 레이윈후크(Van Leeuwenhoeck)의 말처럼 베르메르는 자신의 그림 속에 그녀를 소유하고 싶어 할지도 모른다. 그는 베르메르가 자기 중심적인 사람으로 그림 속의 여자들을 "자기의 세계에 가둬놓고" 있다면서 그리트에게 거기에 빠지지 말고 자신의 정체성을 가지도록 조언한다(슈발리에, 2003:236).

이와 같이 그리트는 남성들의 성적 대상으로 묘사되고 있지만, 전통적인 성역할 고정관념을 해체하는 모습을 보여준다. 일반적으로 성역할에 대한 고정관념은 남자가 적극적이고 공격적이며, 여성은 소극적, 수동적인 모습으로 그려진다. 그러나 그리트의 행동은 이러한 고정관념을 해체한다. 그 예는 진주 귀걸이를 하게 되었을 때 볼 수 있다.

"주인님이 귀고리를 달아주셨으면 해요."내가 이렇게 대답해질 수 있으리라고는 정말 생각도 못했다. 그도 그랬던 모양이다. 눈썹을 치켜들고 뭔가 말하려고 입을 벌렸지만, 아무 말도 하지 않았다(슈발리에, 2003:260).

그녀의 피터에 대한 태도는 보다 적극적이다. 피터와의 혼전 성애적 행위도 그리트가 주도적인 역할을 한다. 그녀가 푸줏간 사람들이 자주 들리는 한 술집에서 피터를 불러내어 사랑을 나눈 것이다. 이러한 그리트의 적극적인 행동은 17세기 네덜란드의 시대적 배경과 무관하지 않을 것이다. 당시 네덜란드 사회의 문화적 다양성은 여성의 사회적 자유를 증가시켰으며, 젊은이들의 남녀교제는 상당히 자유로웠다. 이는 1666년에서 1730년까지 결혼한 부부 가운데, 결혼 후 7개월 이내에 출생한 아이의 비율이 14.3%였다는 사실을 통해 짐작할 수 있다(倉田, 2004:40).

4. 소설의 영화적 변용

1) 소설의 영화화

　소설과 영화는 다른 매체이다. 이 때문에 각 매체의 주제의식이 동일하더라도 변용 과정에서 매체의 특성에 맞게 서사의 변동이 발생하기도 한다. 피터 웨버의 영화 〈진주 귀걸이〉는 슈발리에의 동명 소설을 영화화한 작품이다. 소설이 그리트의 눈을 통해 베르메르의 작품 창작 과정과 그와의 사랑 이야기를 그리고 있는 데 비하여 영화는 피터 웨버의 시선으로 이야기가 전개된다. 즉, 소설은 그리트가 보고 인지한 것을 재현하고 있지만, 영화는 그리트를 다른 인물들과 같이 카메라에 의해 조명하여 관객들에게 보여진다. 영화 〈진주 귀걸이〉의 서사구조는 기본적으로 소설과 동일하지만 소설의 내용 일부가 생략되거나 추가되어 전개된다.

　먼저, 영화의 오프닝 시퀀스가 소설과 다르다. 영화는 빛이 새어 들어오는 어두운 부엌의 도마 위에 서서히 조명이 비치면서 채소를 써는 장면으로 시작한다(그림 3). 능숙한 손놀림에 잘려진 형형색색의 야채를 한 접시에 나란히 담는 소녀의 모습은 그 자체로 하나의 아름다운 그림이 되고 미장센이 된다(그림 4). 그러나 이 장면은 소설의 첫 부분과는 다르다. 소설은 베르메르와 그의 아내 카타리나가 새로운 하녀를 고용하기 위해 그리트의 집을 찾으면서 이야기가 전개된다. 영화에서 그리트가 그들을 만난 것은 그들의 집을 찾아갔을 때이다. 이 때문에 영화에서는 소설 속에서 구체적으로 언급되고 있는 그리트의 가족에 대한 플롯이 생략되어 있다. 소설에서는 그리트에게 아그네스(Agnes)와 프란스(Frans)라는 두 동생이 있었지만 아그네스는 흑사병으로 죽고 프란스가 도자기 견습생으로 있다는 사실 등 그녀의 가족에 대해 구체적으로 묘사하고 있다. 반면에 영화에서는 그리트 가족에 대한 플롯이 생략되어 있어 소설을 읽지 않은 관객은 그리트의 가족에 대한 정보를 얻을 수 없다.

그림 3 어두운 부엌에서 요리하는 그리트   그림 4 야채를 색감에 맞춰 배치하는 그리트

소설과 영화의 엔딩 부분도 다르다. 소설에서는 그리트가 베르메르의 집을 떠나 피터와 결혼한 이야기가 그려지며, 베르메르의 유언에 따라 카타리나로부터 진주 귀걸이를 받아 오는 것으로 끝이 난다. 그러나 영화에서는 그리트가 피터와 결혼한 사실은 언급되지 않고, 진주 귀걸이는 하녀 타네커가 그리트의 집으로 찾아와 그녀에게 전달하는 것으로 끝난다.

베르메르의 그림이 등장하는 방식도 소설과 영화는 다르다. 예를 들면, 소설에서 옵스큐라를 통해 본 그림은 〈편지를 쓰고 있는 여인(A Lady Writing)〉(1665년경)인데 비하여 영화에서는 〈물 주전자를 든 여인(Woman with a Water Jug)〉(1660~1662년경)으로 변경된다(그림 5). 또한 그림 속에 그려질 오브제를 옮긴 이유도 바뀐다. 소설에서는 베르메르가 그리려고 하는 배경이 "어딘지 비뚤게 걸린 그림 같다"고 생각한 그리트가 탁자 위의 진주 목걸이를 다르게 늘어놓고 탁자보의 위치를 변경하는 것으로 그려진다. 반면에 영화에서는 반 라위번의 부인이 깃펜을 쥐고 있을 때, 부인의 팔 모양과 배경이 잘 어울릴 것으로 생각하고 의자의 위치를 변경한다(그림 6). 베르메르가 의자를 옮긴 이유를 묻는 질문에는 "답답해 보여서요."로 답한다. 이처럼 영화는 그리트의 개인적인 느낌을 단순히 전달하고 있다는 인상을 주는 데 비해, 소설은 화가처럼 생각하고 경험하는 그리트의 모습을 보여주고 있다.

이외에도 소설에 등장하는 베르메르의 장녀 매지와 친구 반 레이원후크 등은 영화에는 나오지 않는다. 또한 소설에서는 묘사되어 있는 그리트와 피터가 결혼한 사실과 레이원후크가 그리트에게 베르메르를 너무 가까이 하지 말라고 조언하는 부분 등은 영화에서는 볼 수 없다. 아래에서는 매체전환에 따라 변용된 부분을 계급, 젠더와 섹슈얼리티를 중심으로 살펴보기로 한다.

그림 5 옵스큐라로 본 〈물 주전자를 든 여인〉   그림 6 의자의 위치를 옮기는 그리트

2) 영화 속에 나타나는 계급성과 균열

영화에서도 계급성은 소설에서와 마찬가지로 주거 공간과 의상, 음식 등의 이항대립을 통해 충실하게 재현된다. 계급성이 나타나는 공간은 '부엌'과 '그리트의 방'이다. 그러나 공간의 계급성은 그 공간들을 장식하는 다양한 오브제들(계단, 솥, 가마, 소다, 모래 등)과 수직성을 강조하는 미장센을 통해 더욱 강화된다. 특히 영화 속 그리트의 방 전경은 계급성이 더욱 부각된다(그림 7). 그리트의 방은 아무런 빛도 없는 어둠의 지하 공간에 있다. 창고 방의 바닥에 나 있는 구멍을 통해서만 들어 갈 수 있다. 그리트의 방은 세탁실 옆 하녀 타네커의 방보다 열악한 모습이다(그림 8).

 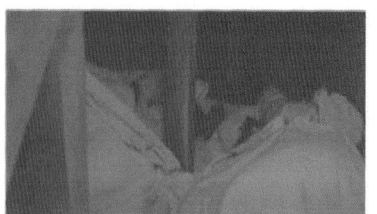

그림 7 지하실에 위치한 그리트의 방   그림 8 하녀 타네커와 유모의 방

그리트의 등장이 주인 가족의 공간과 하녀의 공간으로 나누어졌던 공간을 다시 한 번 위계화한 것이다. 영화에서의 이러한 공간 배치는 그녀의 신체가 갇히고 통제되고 있음을 가시화하는 것이다.

전술한 바와 같이 소설이 그리트의 하녀로서의 역할을 인식시키면서도 예술에 대한 관심과 노력에 관한 모습을 보여주는 데 비해 영화는 하녀로서의 위치와 역할을 부각시킨다. 소설에서는 그리트 사이에 계급적 차이는 존재하지만 베르메르의 작품을 통해 유대감을 가지는 것으로 그려진다.

어느 날 그리트가 베르메르가 그리고 있었던 〈진주 목걸이를 한 여인〉을 보면서 사색하고 있을 때, 마리아 틴스가 들어와 그림 속 의자 위에 한 때 류트(lute, 과거 유럽에서 유행했던 현악기)가 놓였던 적도 있었다는 이야기와 그림 속 여인이 반 라위번의 아내라는 이야기를 들려주며 유대감을 가진다. 그러나 영화에서는 그리트의 사색 과정을 축소하는 대신에 하녀로서의 위치를 강조한다. 마리아 틴스가 그림을 보고 있는 그리트에게 다가와 "멍청히 서 있으라고 돈 주는 게 아니다"라며 일할 것을 강요한다. 영화는 마리아 틴스와 그리트의 대화 장면을 부감앵글(High-angle)과 앙각앵글(Low angle)로 촬영하여, 마리아 틴스에게 있어 그리트는 하녀일 뿐이라는 점을 강조한다(그림 9). 더욱이 이어지는 장면이 돼지머리 고기가 진열된 정육점으로 점프컷(jump cut)하여 시퀀스를 끝낸다(그림 10). 이는 그리트의 하녀로서의 가혹한 현실과 예술세계 사이의 괴리를 강조하는 것이라 할 수 있다.

그림 9 마리아 틴스와 그리트

그림 10 정육점에 진열된 돼지머리

영화 〈진주 귀걸이〉에서 계급 간의 갈등이 부각되는 또 다른 장면은 베르메르의 열한 번째 아이의 탄생을 축하하는 연회 장면이다. 사실 이 장면은 소설에서의 각기 다른 2가지 이야기를 하나로 엮은 장면이다. 즉, 소설에서는 후원자 반 라위번을 비롯한 많은 사람들을 초대해 아이의 탄생을 축하하는 에피소드와 반 라위번에게 완성된 그림 〈진주 목걸이를 한 여인〉을 보여주는 에피소드로 구분된다. 소설에서의 이 두 장면은 스토리 전개에 크게 영향을 미치는 부분은 아니지만, 영화에서의 연회 장면은 반 라위번이 계급차별적인 태도를 보여주는 장으로 변화된다. 그는 연회에서 다음 주문 작품의 테마는 정했느냐는 마리아 틴스의 물음에 명확한 답은 하지 않으면서, "델프트에 나보다 넉넉한 후원자가 있느냐"며 자신의 경제력을 과시한다. 이런 그의 인식에서 알 수 있듯이 그는 자신을 베르메르 가족과 명확하게 구분한다.

3) 영화 속 젠더와 섹슈얼리티

영화 〈진주 귀걸이〉에서 젠더 의식과 섹슈얼리티는 원작 소설을 비교적 충실히 재현하고 있다. 그러나 영화는 모든 장면을 소설 그대로 재현하지는 않았다. 영화 〈진주 귀걸이〉에서의 하녀의 여성성과 섹슈얼리티에 대한 시각은 영화 포스터를 통해 짐작할 수 있다. 영화 포스터는 그 영화의 콘셉트가 반영되어 있다고 여겨지기 때문이다. 진주 귀걸이를 한 소녀와 델프트의 전경을 보여주는 소설 책 표지와는 다르게, 영화 포스터에는 '남녀 주인공(콜린 퍼스와 스칼렛 요한슨)'이 함께 등장하여 관능적인 분위기를 보여준다. 이는 소설이 베르메르와 예술에 대해 관심을 가진 독자들을 염두에 둔 것이라고 볼 때, 영화는 하녀와 유부남인 주인의 계급과 금기를 뛰어넘은 남녀간의 연애담에 초점을 둔 것으로 추측할 수 있다.

로라 멀비(Laura Mulvey)에 의하면, 성적 불균형으로 구성된 사회에서 '보는 행위의 쾌락'은 '능동적인 남성'과 '수동적인 여성'으로 구분되어 왔다(Mulvey, 1985:808-809). 즉 그는 '본다'고 하는 행위는 남성이 '보는 주체'이고 여성은 '보여지는 객체'라고 하는 암묵적인 구도가 인정되어 왔다고 주장한다. 그러나 영화 〈진주 귀걸이〉에서 베르메르와 그리트는 각각 주인과 하녀라는 계급 차이에도 불구하고 그들 간의 시선은 평등하게 그려진다. 이는 카메라 옵스큐라를 통해 베르메르의 작품을 볼 때 명확히 드러난다. 베르메르의 겉옷을 머리에 뒤집어 쓰고 옵스큐라로 물건들을 바라보는 그들의 시선은 평등하다(그림 11).

영화 속에서 〈진주 귀걸이〉를 제작하는 장면은 구스타브 도이치(Gustav Deutsch) 감독이 에드워드 호퍼(Edward Hopper)의 그림을 영화로 재현한 〈셜리에 관한 모든 것(Shirley: Visions of Reality)〉(2013)을 연상케 한다. 그는 호퍼의 그림을 살아있는 그림, 즉 타블로 비방(Tableau Vivant)으로 거듭나게 하였다. 영화 〈진주 귀걸이를 한 소녀〉도 웨버 감독에 의해, 베르메르의 그림과 같이 옷을 입고 그림 속 소녀의 시선과 동작을 그대로 재현한다.

소설에서와 마찬가지로 영화 속에서도 섹슈얼리티는 베르메르와 그리트의 유대감을 보여주는 중요한 요소가 된다. 그리트를 모델로 해서 그림을 그릴 때 그녀의 턱과 뺨을 더듬고, 입을 벌리고 입술을 핥아보라고 하는 장면은 관능적이다. 이러한 과정을 거쳐 완성된 그림 〈진주 귀걸이〉를 본 베르메르의 아내는 그 그림이 "음란하다"고 외친다.

베르메르의 〈진주 귀걸이〉 속의 소녀가 베르메르의 딸 마리아라는 주장이 미술 평론가들 사이에 존재한다. 그러나 슈발리에는 이러한 주장을 부정한다. 그녀는 입을 벌리고 있는 소녀의 모습은 성적인 의미로 해석될 수 있어, 아버지와 딸 사이에 보여질 수 있는 모습이 아니라고 밝히고 있다.

소설 속에서 그리트가 자신의 귓불을 뚫고, 베르메르에게 귀걸이를 달아달라고 말하는 장면은 강렬한 성적 암시를 보여주는 가장 에로틱한 장면 가운데 하나다. 영화에서는 이 장면이 베르메르가 그리트의 귓불을 뚫어주고, 진주 귀걸이를 달아주는 것으로 변용된다. 카메라는 이 장면을 롱테이크로 촬영하여 서로를 향해 보내는 조심스러운 시선과 대화에 관객들은 더욱 몰입하게 한다(그림 12). 이런 점을 염두에 두면 영화가 소설보다 더욱 섹슈얼리티를 강조하는 것처럼 보인다. 그러나 직설적인 성애 묘사는 소설에서 더 많고 자극적이다. 그럼에도 불구하고 영화가 더 관능적으로 보이는 것은 소설과 영화라는 매체의 특성 차이 때문이라 할 수 있다. 즉, 시청각 매체인 영화는 직접적인 성애장면과 함께 소리가 더해짐으로써 더 자극적이고 강렬한 인상을 주는 것이다.

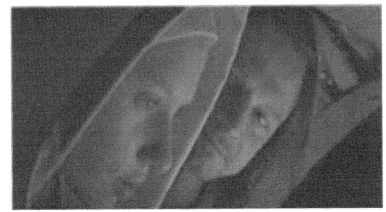

그림 11 옵스큐라를 들여다 보는
그리트와 베르메르

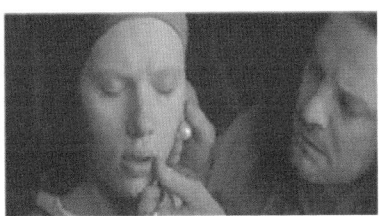

그림 12 그리트에게 귀걸이를
달아주는 베르메르

이상과 같은 〈진주 귀걸이〉 소설과 영화의 상이점에도 불구하고 두 작품의 공통점은 그리트의 욕망이 끝내 실현되지 못했다는 점이다. 하녀가 갈망한다고 해서 해결될 문제가 아니라는 한계를 소설과 영화는 보여주고 있는 것이다.

5. 상류층만의 황금시대

17세기 네덜란드 장르화에는 하녀가 많이 등장한다. 이 시기 장르화에 하녀가 많이 등장하는 것은 당시 하녀를 두는 가정이 많았다는 사실을 반영하는 것이다. 이는 결국 화가들이 하녀를 고용할 수 있는 가정을 그렸다는 사실과도 연결된다. 이러한 장르화는 많은 문학 작품과 영화의 소재가 되었다. 특히 요하네스 베르메르의 〈진주 귀걸이〉는 소설과 영화, 연극 등의 매체로 변용되었다. 베르메르의 그림 속 무명의 소녀는 소설과 영화에서 '그리트'라는 이름의 베르메르가의 하녀로 등장한다. 극이 진행되면서 그리트는 베르메르의 하녀에서 제자의 관계로 발전하면서 무언의 교감을 한다.

지금까지 베르메르의 〈진주 귀걸이〉를 소재로 한 소설 속에 나타나는 하녀상을 계급, 젠더와 섹슈얼리티를 중심으로 살펴보았다.

〈진주 귀걸이〉 소설과 영화의 스토리는 기본적으로 동일하다. 그러나 258페이지에 달하는 소설을 100분의 영화로 제작하려면 변용이 생길 수밖에 없다. 「진주 귀걸이」 소설의 영화화에 따른 변용 양상을 계급성, 젠더와 섹슈얼리티 관점에서 요약하면 다음과 같다.

먼저, 계급성은 소설보다 영화에서 명확하게 나타난다. 이는 마리아 틴스와 카타리나 등 베르메르를 제외한 그의 가족들이 그리트를 대하는 태도에서 잘 알 수 있다. 소설은 그리트에게 하녀로서의 역할을 인식시키면서도 그리트가 그림을 이해하려는 시도와 예술적 체험에 초점을 두고 그려지는 데 비하여, 영화는 하녀로서의 역할과 위치를 부각시킨다. 이들에게 있어 그리트는 하녀일 뿐이라는 점을 강조한다.

계급성은 이상과 같은 등장인물들의 계급 차별적 의식과 행동뿐만 아니라, 주거공간과 음식, 의상 등에서도 이항대립을 통해 충실하게 재현된다. 특히 소설보다 영화에서 다양한 오브제들과 미장센을 통해 계급성은 강화된 형태로 드러난다.

소설에서 그려진 젠더와 섹슈얼리티도 영화에서 충실히 재현하고 있다. 미술사를 살펴보면 일반적으로 화가는 보는 주체가 되고 여성 모델은 보여지는 객체로 존재한다. 이 때문에 보여지는 객체는 보는 주체에 의해 어떤 의미나 역할이 주어지는 대상물로 자리해왔다. 반면에 〈진주 귀걸이〉 영화에서 베르메르와 그리트는 계급 차이가 있음에도 불구하고 그들 간의 시선은 평등하게 그려진다. 성역할에 대한 일반적인 고정관념은 남자가 적극적이고 공격적이며, 여성은 소극적, 수동적인 모습으로 묘사된다. 그러나 이 소설과 영화에서 그려지는 그리트와 피터의 혼전 성애적 행위는 그리트가 주도적인 역할을 하고 있어 기존의 성역할 고정관념을 교란한다.

이상과 같이 〈진주 귀걸이〉 소설과 영화는 그리트로 대표되는 하녀상을 통해 네덜란드의 황금시대가 상류층만의 황금시대라는 것을 암시하고 소외된 타자의 목소리를 들려주고 있다. 이는 17세기 네덜란드 장르화 화가들의 회화에서 볼 수 있는 교훈적 의미와 연결되는 것이다.

참고문헌

김소희(2019). "17세기 네덜란드 인형의 집 연구", *미술사학* 37, 87-114.
배수정(2013). "요하네스 베르메르의 작품을 통해 본 17세기 네덜란드 여성 시민복과 시민문화", *패션비즈니스* 17(4), 22-39.
트레이시 슈발리에(Tracy Chevalier). 양선아 역(2003). *진주 귀고리 소녀(Girl with a Pearl Earring)*, 강.
하혜주(2022). "명화 소재 소설 속에 나타나는 하녀상의 영화적 변용- 〈진주 귀걸이를 한 소녀〉를 중심으로", *문화와융합* 44(1), 31-350.

倉田稔(2004). "ネーデルランド・近代プロテスタント絵画: それを一つの派として立てる試み", *小樽商科大学人文研究*, 107, 21-45.

Mulvey, Laura(1985). "Visual Pleasure and Narrative Cinema", *Film: Psychology, Society and Ideology*, Oxford: Oxford University Press, 803-816.

Schama, Simon(1987). *The Embarrassment of Riches. An Interpretation of Dutch Culture in the Golden Age*. New York: Harper Perennial.

Van der Woude, A.M.(1972). "Variations in Size and Structure of the Household in the United Provinces of the Netherlands in the Seventeenth and Eighteenth Centuries", *Household and Family in Past Time*, 299-318.

Vandivere, A., van Loon, A., Callewaert, T., Haswell, R., Proaño Gaibor, A. N., van Keulen, H., Leonhardt, E., & Dik, J.(2019). "Fading into the background: the dark space surrounding Vermeer's Girl with a Pearl Earring", *Heritage Science* 7(1), 1-19.

Vieira, Miriam de Paiva(2011). "Ekphrasis in Girl with a Pearl Earring", *Scripta Uniandrade* 9(2), 11-29.

Wolfthal, Diane (2013) "Foregrounding the Background: Images of Dutch and Flemish Images of Household Servants", *Women and Gender in the Early Modern Low Countries 1500-1750*, Brill, 229-265.

● 이 장은 문화와융합 학술지 44권 1호에 실린 필자의 논문(하혜주, 2022)을 바탕으로 재구성되었다.

3부
연대와 상생의 사유

10장
인공지능(AI) 챗봇(chatbot)을 다시 생각하다 | **박환영**

11장
아시모프의 『아이, 로봇』과 캐릭터 | **임선애**

12장
팬데믹 사회의 감정구조와 미학적 대응 | **신진숙**

13장
근대계몽기 시가를 통해 본 위생 담론과 그 표현방식 | **하성운**

14장
현대시에 그려진 신화의 세계 | **장정렬**

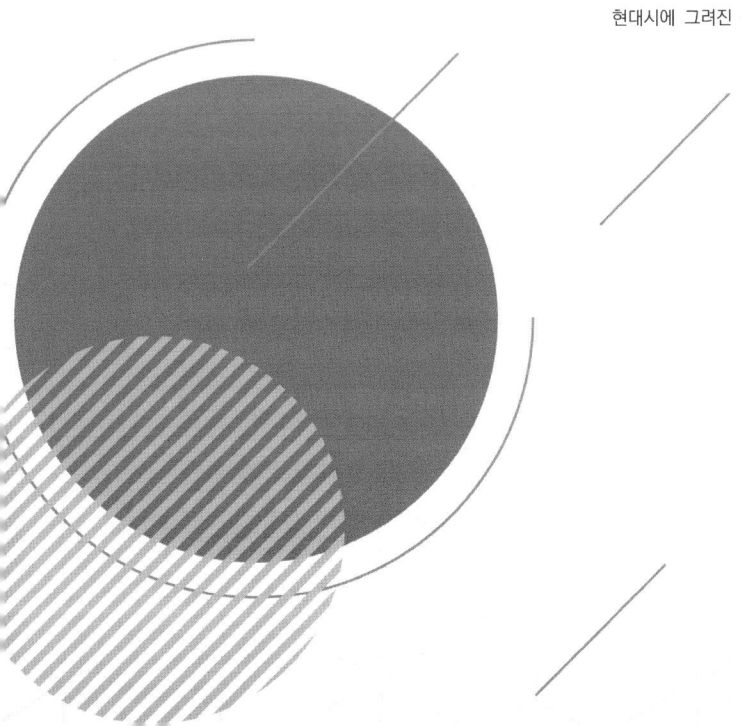

10장

인공지능(AI) 챗봇(chatbot)을 다시 생각하다

1. 언어인류학적인 관점에서 인공지능(AI) 챗봇(chatbot) 보기

　최근에 사회적으로 큰 반향(反響)을 일으켰던 페이스북 메신저를 기반으로 하여 일상대화 챗봇(Open-domain Conversational AI)으로 출시한 인공지능(AI) 챗봇인 "이루다"는 스무 살 여대생으로 의인화 되면서 21세기 한국사회에서 역동적이고 꿈과 희망이 가득한 20대 여성이 사용하는 다양한 일상적인 대화를 통해서 감정적 충족감을 제공하는 기능을 담당하기 위하여 만들어졌지만 특정인을 대상으로 혐오 표현이나 차별언어를 무분별하게 사용하면서 결국 개발사인 스캐터랩에 의하여 데이터 베이스(DB)와 딥러닝 모델이 폐기되었다(최쇄솔, 홍아름, 2020:93-94). 이러한 사실은 인공지능 챗봇에게 입력해야 하는 방대한 언어 데이터에 못지않게 어떠한 적절한 언어를 입력해야 하며, 이러한 과정에서 언어습득이 얼마나 중요한지를 보여주었다. 챗봇이 완벽한 인간의 언어를 구사할 수는 없겠지만 의사소통의 과정에서 수반되는 다양한 언어환경 속의 사회문화적 맥락을 이해하는 것은 물론이고 최소한의 언어예절과 언어규범을 가질 수 있어야한다.

인공지능(AI) 챗봇에게 인간의 언어를 입력하여 언어를 습득하게 하는 방식은 버나드 쇼(Bernard Shaw)의 희곡 〈피그말리온(Pygmalion)〉에서 언어학자인 히긴스(Higgins) 교수가 가난하고 교육을 받지 못한 하층계급으로 런던 길거리에서 꽃을 파는 젊은 여자인 일리이자(Liza)를 영국 상류층의 말투와 교양 있는 언어사용을 구사하는 여성으로 바꾸어 놓는 방식과 일치한다. 특히 버나드 쇼(Bernard Shaw)는 그의 희곡 작품에 피그말리온(Pygmalion)이라는 제목을 부여함으로써 일리이자(Liza)의 언어습득 과정을 인위적인 조각상에 여신 아프로디테(Aphrodite)가 생명을 불어넣어 주어서 인간으로 변신하는 신화의 내용과 대비하면서 은유적으로 강조하고 있다.

이러한 점에 주목하면서 필자는 헉슬리의 소설 「멋진 신세계(Brave New World)」를 통하여 인공지능(AI) 로봇의 몸(body)을 인류학적으로 분석한 연구(박환영, 2020)와 같이 인류학(특히 언어인류학)의 관점에서 인류문화 속에서 보여지는 다양한 언어문화의 유형과 특징에 기초하여 인공지능(AI) 시대에 많은 관심을 받고 있는 챗봇의 과제와 전망을 버나드 쇼(Bernard Shaw)의 문학작품인 희곡 〈피그말리온(Pygmalion)〉의 언어인류학적 분석을 통하여 살펴보고자 한다. 한편 필자가 관심을 가지고 있는 언어인류학적 접근방법과 비교하여 피그말리온(Pygmalion) 신화의 내용을 텔레비전 드라마에 등장하는 인공지능 로봇에 투영하여 고찰한 연구(최민아, 2019)가 있으며, 버나드 쇼(Bernard Shaw)의 희곡 〈피그말리온(Pygmalion)〉의 대사를 사회언어학적으로 분석한 연구(엄태용, 2019)도 있다. 또한 언어 사용에 나타나는 힘(power)과 이념(ideology)에 초점을 맞추어 텍스트에 숨겨진 권력과 지배관계, 사회적 불평등의 문제를 연구하는 데 중점을 두는 분석적 시각인 비판적 담화 분석(Critical Discourse Analysis)의 입장에서 버나드 쇼(Bernard Shaw)의 희곡 〈피그말리온(Pygmalion)〉에 나오는 일리이자(Liza)의 대화를 분석한 연구(정호영, 오성록, 2009)도 있다. 덧붙여서 챗봇을 포함한 인공지능이 장착된 로봇이 사용하는 언어를 이성(理性)에 기초한 인간의 언어와 비교하면서 비트켄슈타인의 인공언어 구상과 라이프니츠의 보편문자 구상까지 확대하여 고찰한 연구(안윤기, 2019)도 주목할만 하다.

2. 희곡 작품 〈피그말리온 (pygmalion)〉이 제시하고 있는 인공지능 챗봇과의 연관성

버나드 쇼(Bernard Shaw)의 희곡 〈피그말리온(Pygmalion)〉은 「피그말리온」 신화에서 제목과 모티프를 가져왔다. 즉 「피그말리온」 신화에서는 피그말리온이 자신이 조각한 조각상에 갈라테이아Galatea)라는 이름을 붙이고 사랑에 빠지면서 여신인 아프로디테에게 살아있는 여성이 되게 해달라고 간절히 기도하여 결국 여인으로 변한 갈라테이아와 결혼한다. 이와 비교해서 희곡 작품 〈피그말리온(Pygmalion)〉은 언어학자이면서 음성학자인 히긴스 교수가 거리에서 꽃을 파는 교육받지 못한 하층계급의 일라이자를 체계적인 언어교육을 통하여 영국 상류층의 숙녀들이 사용하는 말투와 태도를 가진 새로운 여성으로 탈바꿈하는 내용이다.

한편 인간과 자유롭게 대화할 수 있는 챗봇의 등장은 1960년대로 거슬로 올라갈 수 있는데 즉 1966년에 바이젠바움(Weizenbaum, 1966)은 인간과 대화할 수 있도록 컴퓨터 프로그램을 입력한 챗봇을 만들었다. 일라이자(Eliza)라는 이름을 가진 이 챗봇이 인류 최초의 챗봇인데 일라이자(Eliza)로 명명한 것은 버나드 쇼의 〈피그말리온〉에 등장하는 일라이자와 인공지능 기반 챗봇이 여러 가지로 닮아있기 때문이다. 이러한 점에서 버나드 쇼(Bernard Shaw)의 희곡 〈피그말리온(Pygmalion)〉은 오늘날 다양한 영역에서 인간과 자유롭게 의사소통할 수 있는 인공지능 챗봇과 관련하여 몇 가지 시사점을 제공해준다.

첫째 버나드 쇼(Bernard Shaw)의 희곡 〈피그말리온(Pygmalion)〉에서 히긴스 교수는 가난하고 제대로 교육을 받지 못한 하층계급 출신의 일라이자를 체계적인 언어학적 훈련을 통하여 일라이자의 언어구사 능력을 영국 상류층 숙녀(Lady)가 사용하는 수준으로 변화시킨다. 그러나 런던 길거리에서 꽃을 파는 젊은 여성인 일라이자의 말투와 태도를 영국 상류층의 그것으로 바꾸기 위한 히긴스의 언어교육 방법은 너무나도 일방적이다. 예를 들어서,

> 일라이자를 가르치는 히긴스의 수업이 무엇인지 궁금할 것이다. 여기 그 첫 번째 예가 있다. 익숙하지 않은 아침, 점심, 저녁 식사 때문에 위장에 탈이 났다고 느끼는 일라이자가 새 옷을 입고 서재에서 히긴스 그리고 대령과 함께 앉아 있는 모습을 그려 보라. 그녀는 처음으로 의사를 만나는 환자의 기분이다(조지 버나드 쇼, 2019:95).
>
> (There seems to be curiosity as to what Higgins's lessons to Eliza were like. Well, here is a simple: the first one. Picture Eliza, in her new clothes, and feeling her inside put out of step by a lunch, dinner, and breakfast of kind to which it is unaccustomed, seated with Higgins and the Colnel in the study, feeling like a hospital out-patient at a first encounter with the doctor.) (Shaw, 1944:63).

이러한 상황은 빅 데이터(Big Data)의 무한한 정보를 일방적으로 입력함으로써 인간의 언어능력을 인공지능이 일정 부분 모방하게 하는 방식과 닮아있다. 그렇다보니 어떠한 정보를 입력하는가에 따라서 인공지능 챗봇의 능력도 정해지며 인공지능 챗봇이 구사하는 언어능력도 입력된 데이터 베이스(DB)와 밀접한 연관성을 가질 수밖에 없다. 언어는 문화를 반영하고 또한 문화는 언어를 통하여 구현된다는 언어인류학의 시각에서 본다면 언어와 문화는 따로 떼어 놓아서는 제대로 기능을 할 수 없는 상호보완적이며 동전의 앞면과 뒷면 같은 요소이다. 따라서 히긴스의 언어교수

방법과 빅 데이터에 기초하면서 입력하는 정보에 의존하는 인공지능 챗봇은 어떻게 보면 다양한 문화적인 요소는 제대로 반영되지 않은 채 다소 주관적이고 일방적인 정보에 기초한 언어에 길들여질 위험성도 배제할 수 없다.

둘째 요소는 첫 번째 요소와 밀접하게 연계되어 있다. 즉 첫 번째 측면은 교육받은 대로 혹은 빅 데이터의 방대한 자료를 입력한 대로 반응한다는 것을 강조하고 있다. 그런데 이러한 측면이 사회문화적으로 문제를 일으킬 수도 있다. 예를 들어서 버나드 쇼(Bernard Shaw)의 희곡 〈피그말리온(Pygmalion)〉에서 히긴스 교수는 종종 여성들에게 공손하지 않은 언어표현을 사용하며, 무의식적으로 '빌어먹을(bloody)'과 같은 비속어를 자주 난발하는 언어습관을 가지고 있다. 일라이자를 영국 상류층의 숙녀로 탈바꿈시키기 위해서 히긴스는 일라이자의 말투와 대화방식(예를 들어서, 상대방이 공감할 수 있는 공통의 관심사로 건강과 날씨에 대한 주제로 대화를 시작) 그리고 태도 등을 언어학적으로 교육한다. 그러나 그러한 언어학적 교육에서 간과할 수 있는 것은 언어교육을 담당하는 교육자의 언어습관과 언어예절이다. 히긴스는 언어학자로서 언어학의 이론과 음성학에 정통하여 영국 각 지역의 방언을 정확하게 분석할 수 있는 자질은 충분하지만 일상적인 의사소통에서 청자를 배려할 수 있는 언어예절이란 관점에서 본다면 언어교육자로서의 자질은 여전히 의문으로 남는다. 특히 일상적인 언어환경에서 대화를 진행하면서 상대방에 대한 배려와 적절하지 못한 언어를 구사하면서 언어구사능력에 한계를 보이기도 한다. 이러한 점은 버나드 쇼(Bernard Shaw)의 희곡 〈피그말리온(Pygmalion)〉에서 피어슨 부인과 히긴스 부인의 대화 속에 잘 반영되어 있다. 예를 들어서, 피어슨 부인은 히긴스가 물건을 잃어버리거나 짜증이 나면 말을 조심하지 않으며, 무의식적으로 비속어를 자주 사용한다고 히긴스의 잘못된 언어습관을 질책하기도 한다(조지 버나드 쇼, 2019:74). 또한 히긴스의 어머니인 히긴스 부인은 "너는 내 친구들을 기분 나쁘게 만들어. 너를 만나고 나면 다시는 오지 않아."라고 이야기 할 정도로 히긴스는 다른 사람들과의 일상적인 대화에서 큰 장애를 가지고 있다(조지 버나드 쇼, 2019:103).

　세 번째 요소는 대화 상대자에 따라서 말투와 언어습관이 차이를 보일 수 있다는 것이다. 즉 일라이자와 대화를 진행하는 대화 상대자가 누구인지의 문제와 마찬가지로 인공지능 챗봇의 경우에도 대화 상대자가 누구인지가 중요하게 다루어질 수 있다. 예를 들어서 희곡 작품 〈피그말리온〉 속에서 교육을 받지 않고 거리에서 꽃을 파는 하층계급의 소녀에서 교양을 갖춘 상류층의 숙녀(Lady)가 된다는 것은 옷차림이나 매너 그리고 언어표현에서의 말투와 어휘력, 억양 등의 문제도 있지만 특히 언어표현의 경우는 누구와 만나서 대화하고 그리고 그 대화 상대 혹은 만남의 상대가 누구인가에 따라서도 달라질 수 있다. 같은 방식으로 최근에 챗봇 "이루다"는 품격 있고 교양이 있는 말투를 가진 사람과의 대화에서는 마치 교양 있는 사람처럼 대화하지만 상대방이 비속어나 품격이 없는 어휘를 사용하면 여기에 동조해서 같은 방식으로 대화를 진행하게 되면서 문제를 가지게 되었다. 또한 이러한 언어습관을 딥러닝(Deep Learning) 해서 나중에는 교양 있는 사람과의 대화에서 조차도 교양이 없는 말투와 비속어를 사용할 위험성도 가지고 있다.

　네 번째 요소는 신화「피그말리온」과 희곡 작품 〈피그말리온〉 그리고 챗봇의 연관성이다. 즉 인류 최초의 챗봇의 이름이 일라이자(Eliza)인 것도 버나드 쇼의 희곡 작품의 여주인공 이름에서 유래한 것처럼 고대 신화인「피그말리온」의 모티프는 버나드 쇼의 희곡 작품 〈피그말리온〉에 투영되어서 히긴스 교수에 의해서 발음과 말투와 같은 언어교육의 측면에서 재조명 되고 있다. 특히 버나드 쇼의 희곡 작품 〈피그말리온〉 속에 등장하는 일라이자는 오늘날 인공지능 챗봇과도 밀접한 연관성을 가지고 있다. 즉 버나드 쇼의 희곡 작품 〈피그말리온〉을 살펴보면 피커링이 히긴스에게 일라이자도 감정이 있다고 주장하지만 히긴스는 감정 같은 것에 신경을 쓰지 않는다고 단호하게 말한다(조지 버나드 쇼, 2019:61). 음성학자로서 히긴스가 가지고 있는 일라이자에 대한 이러한 태도는 마치 오늘날 챗봇을 단지 자신들의 실험 대상물 혹은 혁신적인 창조물로 여기는 사람들과 유사하다고 볼 수 있다.

다시 말해서 음성학자로서 히긴스가 가지고 있는 일라이자에 대한 이러한 태도는 마치 오늘날 챗봇을 단지 자신들의 실험 대상물 혹은 혁신적인 창조물로 여기는 사람들과 유사하다고 볼 수 있다(조지 버나드 쇼, 2019:61). 이러한 점은 히긴스는 단지 일라이자를 자신의 연구 목적을 위하여 그의 실험 대상자로 만들려고 하는 생각뿐 실제로는 진정으로 일라이자를 영국 상류층의 숙녀가 사용하는 언어를 자유롭고 지속적으로 구사할 수 있도록 언어교육을 하고자 하는 의도는 전혀 없음을 알 수 있다. 단지 자신의 언어학적 지식과 경험을 이용하여 일라이자를 실험대상으로 삼은 것일 뿐 히긴스 자신이 시도한 언어학적 실험의 결과 그 이후에 펼쳐질 일라이자가 새롭게 직면할 미래의 상황에 대해서는 별로 관심을 보이지 않음을 알 수 있다.

또한 히긴스는 일라이자를 인간 고유의 감정을 가지고 사랑을 느끼는 여성으로 생각하지도 않는다. 마치 자신이 각고의 노력 끝에 만들어 낸 영국 상류층의 언어를 구사하는 숙녀를 닮은 말하는 인형이나 오늘날 챗봇과 같이 자신의 작품으로 여기는 경향이 희곡 작품 속에 깊게 깔려있다. 즉 아래의 대화를 살펴보면 히긴스 부인은 히긴스와 피커링을 "인형을 가지고 노는 한 쌍의 어린아이"로 비유하고 있으며 히긴스는 일라이자에게 새로운 언어를 교육시켜서 완전히 다른 인간으로 변화시키는 것을 새로운 일라이자를 창조해 낸다고 어머니 앞에서 떠벌리고 있다.

히긴스 부인: 당신들은 살아 있는 인형을 가지고 노는 한 쌍의 어린아이 같군요(조지 버나드 쇼, 2019:123).

(MRS HIGGINS: You certainly are a pretty pair of babies, playing with your live doll.) (Shaw, 1944:81).

> 히긴스: 논다고요! 여태까지 내가 달려들었던 것 중 가장 힘든 일이에요. 그 점을 간과하지 마세요. 어머니, 어머니는 한 사람을 데려다 그에게 새로운 언어를 창조해줌으로써 완전히 다른 인간으로 변화시키는 것이 얼마나 흥미진진한 일인지 모르실 거예요. 그건 계급과 계급, 영혼과 영혼의 간극을 메우는 일이기도 해요 (조지 버나드 쇼, 2019:123).

(HIGGINS: Playing! The hardest job I ever tackled: make no mistake about that, mother. But you have no idea how frightfully interesting it is to take a human being and change her into quite different human being by creating a new speech for her. It's filling up the deepest gulf that separates class from class and soul from soul.) (Shaw 1944: 81-82).

> 히긴스: 새로운 일라이자를 창조해 내는 거죠(조지 버나드 쇼, 2019:124).

(HIGGINS: Inventing new Elizas.)(Shaw, 1944:82).

이러한 점은 「피그말리온」 신화에서 피그말리온이 자신이 조각한 갈라테이아를 여성으로 생각하고 진정으로 사랑을 느끼는 것과 대조를 보이고 있다. 다시 말해서 「피그말리온」 신화에서는 피그말리온이 자신의 이상형인 여성상을 조각 작품으로 만들고 그 조각 작품에 사랑을 느끼지만 생명력이 없는 단지 인위적인 조각상(彫刻像)이라는 현실에서 진정한 인간으로서의 여성을 사랑하기 위하여 여신인 아프로디테에게 간곡하게 기도하여 결국에는 자신의 이상형과 결혼한다는 내용이다. 반면에 히긴스는 일라이자를 자신의 언어학적 실험 도구로 생각할뿐 일라이자라는 여성에게는 전혀 관심이 없으며 단지 일라이자를 대상으로 진행되는 자신의 실험을 통하여 인위적으로 주입된 언어를 구사하는 말하는 인형으로 일라이자를 만들어내는 것에만 관심을 보이고 있다.

특히 「피그말리온」 신화에서 자신이 갈구하는 이상적인 여상의 조각상을 만들어 냈던 피그말리온과 같은 방식으로 히긴스도 자신이 이상적으로 생각하는 영국 상류층의 숙녀가 구사하는 발음과 말투를 가진 숙녀로 일라이자를 변화시키는 데 성공하지만 일라이자를 진정으로 숙녀로 대우하지는 않는다. 이러한 점은 오늘날 챗봇이 거의 완벽에 가까운 언어구사능력을 가졌다 하더라도 챗봇을 대하는 사람들의 태도가 여전히 인공지능 로봇으로 간주하기 때문에 진정한 인간과 인간의 대화는 이루어질 수 없는 것이다. 마치 히긴스가 일라이자를 자신의 언어학적 실험대상자로 여기듯이 오늘날 대부분의 사람들은 인공지능에 기반한 챗봇을 감정과 생명력이 없는 단순한 인간의 작품 혹은 자신들의 실험대상자로 여기는 것이라고 볼 수 있다. 다시 말해서 오늘날 "이루다"와 같은 챗봇이 사회문화적으로 문제가 될 수 있는 것은 챗봇 자체의 문제라기 보다는 바로 "이루다"와 같은 챗봇을 대하는 사람들의 문제라는 점이다. 이러한 점은 버나드 쇼의 〈피그말리온〉에서 다음과 같은 일라이자의 대화 속에도 잘 반영되어 있다. 예를 들어서,

> …… 정말로, 진실로 숙녀와 꽃 파는 소녀의 차이는 어떻게 행동하느냐가 아니라 어떻게 대접을 받느냐에 달렸죠. 저는 히긴스 교수님께는 언제나 꽃 파는 소녀일 거예요. 왜냐하면 그분은 저를 언제나 꽃 파는 소녀로 대하고 앞으로도 그럴 테니까요. 하지만 대령님께는 숙녀가 될 수 있다는 걸 알아요. 대령님은 저를 언제나 숙녀로 대해 주셨고, 앞으로도 그러실 거니까요(조지 버나드 쇼, 2019:181-182).
>
> (…… really and truly, apart from the things anyone can pick up the difference between a lady and a flower girl is not how she

behaves, but how she's treated. I shall always be a flower girl to Professor Higgins, because he always treats me as a flower girl, and always will: but I know I can be a lady to you, because you always treat me as a lady, and always will.)(Shaw, 1944:122).

상류층의 숙녀가 되기 위해서는 언어와 말투도 중요하고 상류층의 복장도 중요하다. 그러나 정말로 필요한 것은 대화 상대자가 진정으로 상류층의 숙녀로 대하는 것이다. 즉 누구나 복장은 상류층의 숙녀와 같이 입을 수 있으며, 숙녀의 언어와 말투를 흉내 낼 수도 있지만 대화하는 상대방이 상류층의 숙녀로 대하지 않는다면 진정한 숙녀로 인정받지 못하는 셈이다. 마치 히긴스가 일라이자를 꽃 파는 소녀로 대하면서 대화하는 것과 피커링이 일라이자를 숙녀로 대하면서 대화하는 것이 차이가 나는 것처럼 누구와 대화하는가에 따라서 챗봇도 그 사람에 맞게 대화할 수 있다. 다시 말해서 일라이자도 히긴스보다는 피커링과의 대화에서 보다 더 자연스럽게 진정한 상류층의 숙녀로서 대화할 수 있는 것이다.

3. 〈피그말리온(pygmalion)〉 속 일라이자(Eliza)와 인공지능 기반 챗봇의 언어인류학적 분석

버나드 쇼의 희곡 작품 〈피그말리온(Pygmalion)〉은 영국사회에서 언어(language)와 말투(speech)가 얼마나 중요한지를 적나라하게 보여주고 있다. 사회언어학자인 수잔 로메인(2009:103-104)도 희곡 작품 〈피그말리온(Pygmalion)〉을 언급하면서 교육을 제대로 받지 않은 런던내기 일라이자(Eliza)가 음성학 교수인 히긴스로부터 영국 상류층의 표준발음을 사용하여 '귀부인'처럼 말하도록 교육을 받으면서 일라이자는 자신의 사회적·언어적 인격을 개조하는 데 복종한다고 주장하는데 이러한 점은 희곡 작품 속에서 일라이자가 사용하는 어휘와 문법이 아무리 '서민적'이더라도 모음과 자음을 정확하게 발음하기만 하면 노동자 계층의 동부 런던 출신임이 드러나지 않게 되는 것은 물론이고 실제로 영국 사회에서 상류층의 숙녀(Lady)로 인정받는다는 사실을 지적하고 있다.

버나드 쇼의 희곡 작품 〈피그말리온(Pygmalion)〉에서는 상류층의 언어가 가지는 특징으로 표준발음을 강조하고 있는데 실제로 일상적인 생활에서 사용하는 언어(language)와 말투(speech)는 사회계층, 나이, 성(gender), 문체, 사회적 연결망 등과 같은 사회언어학적 패턴을 보여주는 바로미터이다(수잔 로메인, 2009:93-123). 〈피그말리온(Pygmalion)〉에서 일라이자가 가지는 언어와 젠더(gender) 및 언어와 사회적 지위의 문제는 언어와 문화를 총체적으로 분석함으로써 다양한 인류문화의 언어를 집중적으로 조명하는 언어인류학에서 좀 더 많은 관심을 보이는 분야이기도 하다. 언어인류학의 구체적인 영역과 관심분야와 관련해서 강윤희(2018:193)는 다음과 같이 기술하고 있다.

> 인류학의 하위 분과로서의 언어인류학은 "문화로서의 언어 연구"(Duranti, 2003), 또는 다양한 언어 사용과 의사소통에 대한 인류학적 연구라고 할 수 있다. 이는 언어를 하나의 폐쇄된 체계로 보고 언어의 문법적 구조와 규칙을 보이려는 언어학과는 상이하다. 인류학에서는 언어를 사회로 열린 개방된 체계로 보고, 언어 사용의 사회적 규칙과 문화적 의미를 밝히려는 목적을 지닌다. 언어인류학에서는 언어와 언어 사용에 대한 기술과 분석을 통해서 연구 대상 사회의 사회관계나 문화적 지식을 탐구한다. 언어인류학에서는 언어 사용이 특정 대상을 가리키고 묘사하는 지시적인 기능만을 수행하는 것이 아니라, 화자의 사회적 정체성을 나타내거나, 화자와 청자의 사회적 관계를 보여주는 사회적 기능, 화자의 감정과 태도를 보여주는 표현적 기능을 한다는 점에 주목한다. 우리가 일상적인 언어 사용에서 '나'라는 화자가 '아버지'

를 제 3자에게 지칭하거나, '아버지'를 청자로 호칭하는 경우를 생각해 보자. '아버지'를 부르는 말에는 '아버지', '아버님', '아빠', '부친', '선친', 또는 별명이나 애칭 등이 존재할 수 있다. 이러한 어휘들은 그것이 지칭하는 대상(즉 아버지)은 동일하지만, 각각 다른 비지시적인 의미를 전달할 수 있다.

언어인류학이 가지는 연구목적 중에서 '언어사용의 사회적 규칙과 문화적 의미'라는 측면은 〈피그말리온(Pygmalion)〉의 일라이자와 인공지능 기반 챗봇이 보여주는 언어특징을 분석하는 데 유용하다고 할 수 있다. 또한 언어인류학에서 주목하고 있는 '화자와 청자의 사회적 관계를 보여주는 사회적 기능'에 대한 분석방법은 〈피그말리온(Pygmalion)〉의 일라이자와 인공지능 챗봇이 가질 수 있는 언어사용과 관련한 젠더(gender)와 사회적 지위의 문제를 접근하는 데 도움을 줄 수 있다.

한편 왕한석(2010:6)에 의하면 20세기 후반 미국의 언어인류학 연구는 크게 인류언어학(anthropological linguistics), 민족언어학(ethnolinguistics) 그리고 사회언어학(sociolinguistics)의 세 하위 영역으로 나눌 수 있다고 기술하고 있다. 따라서 본고에서는 언어인류학의 시각에서 버나드 쇼의 〈피그말리온(Pygmalion)〉에 나오는 내용을 오늘날 챗봇과 연계해서 언어와 젠더(gender) 그리고 호칭체계와 사회적 정체성(social identity)에 초점을 두고 고찰해보고자 한다.

1) **언어와 젠더(gender)**

남성언어와 여성언어가 가지는 문화적인 차이는 인류학자들에 의하여 오랜 시간 동안 많은 관심을 받아왔는데 사회언어학적 시각이 전개되면서 소속 집단이 가진 남성과 여성의 어법과 사회적 신분을 연관시켜 사회적 관심을 가지는 방향으로 본격적인 연구가 시작된다(마리나 야겔로,

1994:6-7). 버나드 쇼의 〈피그말리온〉에서 주목할 수 있는 것도 바로 여성의 언어와 사회적 신분이다.

〈피그말리온〉에는 런던의 하층계급에 속하면서 제대로 교육을 받지도 못한 일라이자라는 꽃 파는 소녀에게 영국 상류층의 숙녀가 사용하는 언어를 구사할 수 있도록 교육시키는 히긴스라는 음성학자가 등장한다. 히긴스는 영국 상류층의 숙녀들이 사용하는 여성언어를 교육하면서 숙녀들이 일상적인 언어생활에서 사용하는 여성 언어에는 전혀 관심을 보이지 않는다. 단지 정확한 표준발음과 말투에 집중해서 엄격하게 일라이자를 교육시킨다. 다시 말하면 단지 언어학자(음성학자)의 입장에서 인공적인 언어교육에만 관심이 있는 것이며, 또한 남성 중심적인 사고가 내재된 언어지식을 일방적으로 일라이자에게 전달할 뿐이다. 더욱이 영국 상류층 부인으로 작품 속에 등장하는 히긴스 부인, 아인스포드 힐 부인, 클라라와 같은 여성들의 언어에는 전혀 관심이 없다. 이러한 입장에서 보면 오늘날 인공지능 기반 챗봇에 입력되는 빅 데이터(Big Data)도 때로는 무의식적으로 사용되고 있는 남성 중심의 성(gender) 차별언어 혹은 특정한 대상에 대한 혐오표현 등이 포함될 수도 있다는 가능성을 내포하고 있는 셈이다.

특히 영국 사회에서 여성 언어의 특징은 남성 언어보다도 공손한 표현을 많이 사용하는데, 이러한 언어습관은 어릴 때부터 어머니와 교사 그리고 언어공동체를 형성할 수 있는 이웃으로부터 지대한 영향을 받기 때문이다. 예를 들어서,

> 내가 에든버러에서 연구한 6살 된 아이들조차도 여자 아이들과 남자 아이들의 말 사이의 차이를 알고 있었다. 그들은 여자 아이들은 더욱 공손하게 말하는 데 반하여 남자 아이들은 거칠게 말하고 속어와 욕설을 많이 사용한다고 말했다. 또한 어머니와 교사는(그리고 이웃까지도) 그 아이들에게 무엇이 공손한 말인지에 대해 명확하게 지도를 한다.

한 여성은 생생하게 기억하고 있는 한 사례를 보고하였다. 그녀는 어렸을 때 '(you) know'를 뜻하는 ken이라는 지역 방언 단어를 사용했던 것에 대해 교정을 받았다(수잔 로메인, 2009:181).

이러한 점에서 히긴스가 피커링과의 내기에서 이기기 위하여 6개월 동안 철저하게 음성학적으로 일라이자를 교육하여 영국 상류층의 숙녀들이 사용하는 표준발음과 우아한 말투를 구사하는 숙녀로 만든다는 것에는 중대한 문제가 있음을 알 수 있다. 즉 희곡 작품 〈피그말리온〉 속에는 히긴스가 일라이자에게 일방적이고 인위적인 방법으로 영국 상류층 숙녀들의 언어를 교육하는 것과 달리 아인스포드 힐 부인이 일라이자의 숙녀답지 못한 비속어 사용에 놀라면서 또한 딸 클라라의 공손하지 못한 비속어 사용에 대하여 차분하고 진지하게 충고하는 내용에서 숙녀들의 언어사용에서 여성들이 경험하는 언어습관과 적절한 언어예절이 잘 반영되어 있다. 예를 들어서,

리자: (완벽하게 우아한 말투로) 걷는다고요! 좆나게 걸을 필요가 있나요. (좌중이 동요한다) (조지 버나드 쇼, 2019:117)
(LIZA: [perfectly elegant diction] Walk! Not bloody likely. [Sensation]) (Shaw, 1944:78)

아인스포드 힐 부인: (충격에 힘들어하며) 정말 새 방식에 익숙해질 수가 없네요. (조지 버나드 쇼, 2019:117)
(MRS EYNFORD HILL: [suffering from shock] Well, I really cant get used to the new ways.) (Shaw, 1944:78)

클라라: (엘리자베스 시대 의자에 불만스럽게 몸을 던지면서) 아, 괜찮아요, 어머니, 괜찮아요. 엄마가 그렇게 구식으로 굴면 사람들

이 우리가 아무 데도 안 가고 아무도 안 만난다고 생각할 거예요. (조지 버나드 쇼, 2019:117)

(CLARA: [throwing herself discontentedly into the Elizabethan chair] Oh, it's all right, mamma, quite right. People will think we never go anywhere or see anybody if you are so old-fashioned.) (Shaw, 1944:78)

아인스포드 힐 부인: 내가 구식이긴 할 거야. 하지만 너는 그런 표현을 쓰지 않았으면 좋겠구나, 클라라. 네가 남자들을 건달이라고 부르고, 뭐든지 더럽네, 징그럽네 하는 것은 정말로 끔찍하고 숙녀답지 못하다고 생각하지만 익숙해지긴 했어. 하지만 이 마지막 말은 정말 너무 심하구나. (조지 버나드 쇼, 2019:118)

(MRS EYNFORD HILL: I daresay I am very old-fashioned; but I do hope you wont begin using expression, Clara. I have got accostomed to hear you talking about men as rotters, and calling everything filthy and beastly; though I do think it horrible and unladylike. But this last is really too much.) (Shaw, 1944:78)

클라라: 다 개인적인 습관일 뿐이에요. 거기에 옳고 그른 것은 없어요. 무슨 의미가 있는 것은 아니에요. 그냥 독특하고, 재미없는 것들을 재치 있게 강조해 주는 것뿐이에요. 나는 새로운 스타일의 잡담이 즐겁고 순수하다고 생각했어요. (조지 버나드 쇼, 2019:118)

(CLARA: It's all a matter of habit. Theres no right or wrong in it. Nobody means anything by it. And it's so quaint, and gives such a smart emphasis to things that are not in themselves very witty.

I find the new small talk delightful and quite innocent.) (Shaw, 1944:79)

클라라: 그런 좆같이 말도 안되는 것들! (조지 버나드 쇼, 2019:119)
(CLARA: Such bloody nonsense!) (Shaw, 1944:79)

아인스포드 힐 부인: (발작적으로) 클라라! (조지 버나드 쇼, 2019:119).
(MRS EYNFORD HILL: [convulsively] Clara!) (Shaw, 1944:79)

이상의 내용은 일라이자와 클라라 그리고 아인스포드 힐 부인이 비속어인 "좆나게 혹은 좆같이(bloody)"를 직접 사용하거나 혹은 비속어 사용과 관련한 자신들의 견해를 피력하고 있다. 특히 클라라가 일라이자의 말투를 흉내 내면서 비속어를 사용하자 그녀의 어머니인 아인스포드 힐 부인은 불편한 속내를 드러내면서 그러한 언어사용에 거부감을 나타내고 있다. 이러한 점은 수잔 로메인(2009:181)이 지적했듯이 영국사회에서 여자 아이들은 남자 아이들과 비교해서 좀 더 공손한 언어를 사용하도록 어머니와 교사 그리고 이웃으로부터 지속적인 간섭과 지도를 받는다는 내용과 부합한다고 볼 수 있다. 반면에 런던의 빈민층에서 자라온 일라이자의 경우 비록 히긴스로부터 상류층의 숙녀들이 사용하는 발음과 말투에 관한 언어교육을 받아왔지만 클라라처럼 일상적인 언어생활 속에서 주변의 여성들로부터 숙녀가 사용해야 하는 적절한 언어표현과 관련한 지속적인 지도와 간섭을 전혀 받지 못한 것으로 희곡 작품 속에 기술되어 있다.

따라서 히긴스에 의하여 일방적이고 인위적인 언어교육을 받은 일라이자의 언어는 영국 상류층의 발음과 말투를 가지고는 있지만 인간의 정(情)이나 감정을 전혀 느낄 수 없는 언어이며, 앵무새와 같이 숙녀들의 언어를 막무가내로 흉내만 내는 무미건조한 언어이다. 일라이자가 지속적으로 자신은 감정을 가졌다고 외치고, 피커링도 일라이자는 감정을 가졌다고

주장하지만 히긴스는 그런 감정 따위는 필요 없다고 단호하게 말한다. 예를 들어서,

> 히긴스: 난 저 지저분한 밑바닥 인생을 공작부인으로 만들겠어요 (중략) (흥분해서) 그래요. 6개월 안에, 만약 저 애가 예민한 귀와 빠른 혀를 가지고 있다면 3개월 내에, 난 저애를 어디에 데리고 가더라도 인정받게 만들 거예요. (후략) (조지 버나드 쇼, 2019:56-57)
> (HIGGINS: I shall make a duchess of this draggletailed guttersnipe. (……) [carried away] Yes: in six months – in three if she has a good ear and a quick tongue – I'll take her anywhere and pass her off as anything.) (Shaw, 1944:41)

> 피커링: (부드럽게 나무라면서) 히긴스, 저 아이에게도 감정이 있을 것이라는 생각이 들지 않소? (조지 버나드 쇼, 2019:61)
> (PICKERING: [in good-humored remonstrance] Does it occur to you, Higgins, that the girl has some feelings?) (Shaw, 1944:43)

> 히긴스: (비판적으로 그녀를 바라보며) 아니요. 그렇지 않아요. 우리가 신경 쓸 만한 감정은 갖고 있지 않아요. (명랑하게) 갖고 있니, 일라이자? (조지 버나드 쇼, 2019:61)
> (HIGGINS: [looking critically at her] Oh no, I don't think so. Not any feelings that we need bother about. [Cheerily] Have you, Eliza?) (Shaw, 1944:43)

> 리자: 나도 다른 사람들 마찬가지로 감정이 있다고요. (조지 버나드 쇼, 2019:61)
> (LIZA: I got my feelings same as anyone else.) (Shaw, 1944:43)

또한 일라이자는 영국 상류층 숙녀들이 구사하는 발음과 말투를 거의 완벽하게 재현할 수는 있지만 일상적인 언어생활문화 속에서 직면하는 다양한 사회문화적 맥락에서의 적절한 언어구사에는 결함을 보여주기도 한다. 예를 들어서,

> 여주인: 〈안녕하십니까〉하는 말투가 정말 나를 겁나게 했어요. 그렇게 말하는 학교 선생님이 계셨는데 난 정말 그 분을 무서워했었죠.
> (조지 버나드 쇼, 2019:135)
> (HOSTESS: Certainly she terrified me by the way she said How d'ye do. I had a schoolmistress who talked like that; and I was mortally afraid of her.) (Shaw, 1944:94)

> 리자: 어떤 할머니는 내가 빅토리아 여왕이랑 똑같은 말을 한다고 그랬어요. 내기에 지게 했다면 죄송해요. 저는 최선을 다했어요. 하지만 어떻게 해도 이 사람들이랑 똑같아질 수는 없어요. (조지 버나드 쇼, 2019:137)
> (LIZA: An old lady has just told me that I speak exactly like Queen Victoria. I am sorry if I have lost your bet. I have done my best; but nothing can make me the same as these people.) (Shaw, 1944:95)

이상의 대화 내용을 살펴보면 리자(일라이자)의 언어는 영국 상류층 숙녀들의 언어를 모방하기는 했지만 일라이자 자신의 나이에 맞지 않는 언어 요소도 가지고 있음을 암시한다. 즉 영국 상류층 숙녀들이 사용하는 억양과 말투에 초점을 둔 히긴스의 언어교육은 맞춤식 언어교육이면서 체계적인 음성학적 언어교육임에도 불구하고 실제로는 일상적인 언어환경에서 사용되는 여성 언어의 다양한 사회언어학적인 변인을 무시한 채 히긴스가 일방적으로 언어정보를 주입하기만 하는 언어교육이 가지는 한

계점을 잘 보여준다.

2) 호칭 체계와 사회적 지위(social status)

　언어인류학적 연구에서 호칭에 대한 연구는 주로 친족호칭에 관한 연구가 많이 이루어졌다. 특히 친족호칭의 체계를 집중적으로 분석한 머독(Murdock)의 연구는 친족호칭을 직접호칭(terms of address)과 간접호칭(trems of reference)으로 구분하여 세밀하게 고찰하고 있다(Murdock, 1949:97). 한편 이반스 프리차드(Evans-Prichart, 1964:221)는 누어족(Nuer)이 일상적인 언어생활 속에서 사용하는 직접호칭이 가지는 몇 가지 특징을 기술하면서 직접호칭은 호칭되는 사람과 비교해서 화자(話者)의 사회적 지위를 상징해 주는 것이며, 또한 직접호칭은 가까운 친척들 사이에서 간접호칭을 대신해서 사용될 수 있다고 주장한 바 있다. 따라서 직접호칭은 일반적으로 대화 상대방에 대한 화자 자신의 사회적 지위와 친밀도를 반영해준다.
　같은 맥락에서 언어인류학에서는 친족호칭 외에도 인명(personal names)에 대해서도 꾸준하게 관심을 가져왔으며(Hickerson, 1980:130), 특히 영미권 언어환경에서 보여지는 호칭 체계 중에서 화자와 청자 사이에 서로 이름(first name)만으로 호칭하는 것과 '타이틀(혹은 지위)+성(姓, surname)'으로 호칭하는 것 그리고 한쪽에서는 이름으로 상대방을 호칭하고 다른 한쪽에서는 '타이틀(혹은 지위)+성(姓, surname)'으로 호칭하는 방식에 기초하여 화자와 청자 사이에 내재되어 있는 사회적 지위와 친밀도 등에 관심을 가진다(Salzmann, 1993:177).
　이러한 언어인류학적 시각에서 버나드 쇼의 〈피그말리온〉에 묘사된 대화 속에 반영된 직접호칭에 초점을 두고 일라이자를 중심으로 직접호칭을 통한 일라이자의 사회적 지위에 대하여 살펴보고자 한다. 먼저 일라이자에게 히긴스 교수가 이름이 무엇인지 물었을 때 분명히 '리자 둘리틀'이라고 자신의 이름(first name)과 성(姓, second name)을 히긴스 교수에게 말한다. 그러자 히긴스 교수는 그녀의 이름(first name)을 가지고 언어유희를 즐긴다. 예를 들어서,

히긴스: 이름이 뭐지? (조지 버나드 쇼, 2019:52)
(HIGGINS: Whats your name?) (Shaw, 1944:39)

꽃 파는 소녀: 리자 둘리틀이요. (조지 버나드 쇼, 2019:52)
(THE FLOWER GIRL: Liza Doolittle.) (Shaw, 1944:39)

히긴스: (진지하게 낭독한다) 일라이자, 엘리자베스, 베치와 베스. (조지 버나드 쇼, 2019:52)
([declaiming gravely] Eliza, Elizabeth, Betsy and Bess.) (Shaw, 1944:39)

리자: 아이, 바보같이 굴지 말아요. (조지 버나드 쇼, 2019:53)
(LIZA: Oh, don't be silly.) (Shaw, 1944:39)

히긴스: 신의 징표란다. 일라이자. 내가 절반을 먹었으니 너도 절반을 먹어야지. (후략) (조지 버나드 쇼, 2019:63)
(HIGGINS: Pledge of good faith, Eliza. I eat one half: you eat the other. (……)) (Shaw, 1944:44)

히긴스: 들어봐, 일라이자. 택시를 타고 왔다고 한 것 같은데. (조지 버나드 쇼, 2019:63)
(HIGGINS: Listen, Eliza. I think you said you came in a taxi.) (Shaw, 1944:44)

위의 대화를 보면 히긴스는 일라이자(Liza)라는 이름을 부르는 여러 가지 이름(first name)으로 마치 일라이자를 호칭하듯 반복해서 낭독한다. 또한 상대방의 이름과 성(姓)을 알고 있는데 상대방의 이름만 부르는 것은 상대방을 전혀 배려하지 않는 언어습관이다. 히긴스와 비교해서 피커링은 일라이자를 호칭할 때 처음부터 둘리틀 양(Miss Doolitle)으로 호칭하며, 실수로 일라이자의 이름(first name)으로 호칭했을 때 일라이자가 제시한 둘리틀 양(Miss Doolittle)으로 호칭해 달라는 부탁을 받아들인다. 그리고 이후에는 계속해서 둘리틀 양으로 일라이자를 호칭한다. 예를 들어서,

> 피커링: 똑소리가 나는군요. 하지만 이 경우에는 맞지 않아요. (일라이자에게) 둘리틀 양······ (조지 버나드 쇼, 2019:65)
> (PICKERING: Very clever, Higgins; but not to the present point. [To Eliza] Miss Doolittle ······) (Shaw, 1944:45)

> 리자: (감격해서) 아 --- 아 ---- 오우 ---- 우! (조지 버나드 쇼, 2019:65)
> (LIZA: [overwhelmed] Ah-ah-ow-oo!) (Shaw, 1944:45)

> 피커링: 하던 일이 뭔데, 일라이자? (조지 버나드 쇼, 2019:94)
> (PICKERING: What is his trade, Eliza?) (Shaw, 1944:62)

> 리자: 저를 더 이상 둘리틀 양이라고 부르지 않으실 건가요? (조지 버나드 쇼, 2019:94)
> (LIZA: Aint you going to call me Miss Doolittle any more?) (Shaw, 1944:62)

> 피커링: 미안해요. 둘리틀 양. 말이 잘못 나온 거야. (조지 버나드 쇼,

2019:94)

(PICKERING: I beg your pardon, Miss Doolittle. It was a slip of the toungue.) (Shaw, 1944:62)

피커링: 해봐요. 둘리틀 양. 곧 이해하게 될 거야. 선생님이 하라는 대로 해요. 선생님 방식대로 가르치게 해요. (조지 버나드 쇼, 2019:96)
(PICKERING: Say it, Miss Doolittle. You will understand presently. Do what he tells you; and let him teach you in his own way.) (Shaw, 1944:63-64)

피커링: 잘했어. 멋져요. 둘리틀 양. (조지 버나드 쇼, 2019:97)
(PICKERING: Good. Splendid, Miss Doolittle.) (Shaw, 1944:64)

위의 예문에서 볼 수 있듯이 피커링이 일라이자를 부를 때 둘리틀 양(Miss Doolittle)으로 호칭하자 일라이자는 감격해서 소리를 지른다. 이와 같이 직접호칭을 통하여 화자는 청자가 가지는 사회적 지위를 보여주기도 한다. 다시 말해서 일라이자는 피커링으로부터 호칭될 때 비로소 숙녀로서 사회적 지위를 가질 수 있는 것이다. 아래에서 예시하고 있듯이 처음에는 성(姓, second name)과 이름(first name)으로 호칭하는 것과 비교해서 어느 정도 친밀도가 형성되고 난 후에 자연스럽게 상대방을 이름으로 호칭하는 것은 상대방 특히 숙녀를 배려하는 호칭방식인 것이다.

리자: (잠깐 하던 일을 멈추고) 제가 윔폴 거리에 처음 온 날 저를 둘리틀 양이라고 불러주신 거요. 그게 제게는 자기 존중의 시작이었어요. (조지 버나드 쇼, 2019:180)
(LIZA: [stopping her work for a moment] Your calling me Miss Doolittle that day when I first came to Wimpole Street. That was

the beginning of self-respect for me.) (Shaw, 1944:122)

피커링: 아주 멋지군. 둘리틀 양. (조지 버나드 쇼, 2019:182)
(PICKERING: Well, this is really very nice of you, Miss Doolittle.) (Shaw, 1944:122)

리자: 원하시면 저를 일라이자라고 불러 주셔도 돼요. (조지 버나드 쇼, 2019:182)
(LIZA: I should like you to call me Eliza, now, if you would.) (Shaw, 1944:122)

피커링: 고마워. 일라이자. 물론이지. (조지 버나드 쇼, 2019:182)
(PICKERING: Thank you. Eliza, of course.) (Shaw, 1944:122)

리자: 그리고 히긴스 교수님께서는 저를 둘리틀 양이라고 부르셨으면 좋겠어요. (조지 버나드 쇼, 2019:182)
(LIZA: And I should like Professor Higgins to call me Miss Doolittle.) (Shaw, 1944:122)

위에서 기술한 대화의 내용을 보면 일라이자는 처음부터 이름(first name)으로 자신을 호칭했던 히긴스에게는 자신의 성(姓)과 타이틀(Miss)로 호칭해주면 좋겠다고 이야기하고 있다. 이와 같이 다른 사람을 어떻게 호칭하는가는 화자의 입장 못지않게 청자의 입장도 고려해야 함을 알 수 있다. 다음의 예시는 인류학자인 앨런 맥팔레인(2005)에 의해서 제시된 내용으로 영국사회에서 호칭의 문제가 얼마나 중요하며 적절하게 호칭하는 방법은 상대방을 배려한 호칭방식인 것을 잘 나타내주고 있다. 예를 들어서,

요즘 영국에서는 결혼한 사람들 중 3분의 1 정도가 이혼을 하거나 재혼을 한다. 또 많은 사람이 동거를 하면서 아이를 낳지만 결혼은 하지 않는다. 이런 상황은 곤란한 문제를 만들어 낸다. 우리의 인생에서 중요한 그런 사람들을 도대체 뭐라고 부르면 좋을까? 내가 네 할머니와 재혼했을 때 네 엄마는 겨우 여덟 살이었다. 네 엄마에게는 이미 '아빠(Dad)'라고 부르는 다른 사람이 있었다. 그렇다면 네 엄마가 나를 뭐라고 불러야 했을까? 나를 '앨런(Alan)'이라고 부르기는 너무 딱딱하다고 생각했는지 네 엄마는 나를 '앨리(Ali)'라고 불렀다. (중략) 그러니까 나는 이름으로 네 엄마의 생물학적인 아버지와 구분된 것이다. 그렇지만 네가 다른 사회적 배경을 갖고 있었다면 아마 상황은 상당히 달랐을 것이다. 현대 잉글랜드의 많은 지역에서는 아이의 엄마와 현재 살고 있는 사람을 '아빠(Dad)'라고 부르고, 아이의 생물학적 아버지는 그냥 이름을 부른다. 네 엄마가 했던 것과는 정반대로 말이다(앨런 맥팔레인, 2005:74-75).

버나드 쇼의 〈피그말리온〉에서 일라이자는 히긴스에 의하여 영국 하류층의 소녀로 대우 받으면서 그러한 사회적 지위에 맞는 호칭으로 불리어진다. 다만 피커링은 처음부터 일라이자를 마치 숙녀를 대하듯 호칭한다. 문제는 히긴스는 자신이 그렇게 강조했던 일라이자의 저급한 언어와 말투를 영국 상류층의 숙녀들이 사용하는 교양 있는 수준으로 바꾼 후에도 여전히 일라이자를 하층 계급의 교육받지 못한 여성을 대하듯 호칭한다는 사실이다. 즉 일라이자는 히긴스가 자신을 진정으로 숙녀로 대우해주는 것을 희망하지만 히긴스가 일라이자를 호칭하는 방식은 일라이자를 진정한 숙녀로서 간주하기 보다는 숙녀를 흉내 내는 히긴스 자신이 창조한 하나의 작품으로 호칭하는 방식으로 묘사되어 있다. 이러한 점은 오늘날 챗봇을 대하는 대화 상대방의 입장과 같은 방식으로 해석할 수 있다. 즉 챗봇이 아무리 인간의 언어를 완벽하게 모방하고 흉내 내어도 역시 챗봇은 챗봇으로 여겨지기 때문이다.

4. 인공지능(AI)기반 챗봇(chatbot)의 과제

인공지능에 기초한 최초의 챗봇이 1966년 만들어졌는데 이름은 일라이자(Eliza)였다. 일라이자(Eliza)는 원래 버나드 쇼의 희곡 작품 〈피그말리온〉에서 유래하였는데, 작품 속에서 여자 주인공의 이름이 일라이자이다. 작품 속에서 일라이자는 히긴스 교수로부터 영국 상류층 숙녀들의 언어를 구사할 수 있도록 정확한 발음과 말투와 관련한 엄격한 언어교육을 받는다.

챗봇의 이름이 일라이자라는 것은 재미있는 사실이다. 작품 속에서 일라이자는 체계적인 언어학습을 통하여 언어적으로 재능을 가진 새로운 인물로 바뀌는 과정을 잘 보여준다. 마찬가지로 챗봇도 데이터 베이스(DB)와 딥 러닝(Deep Learning)과 같은 언어학습을 통하여 언제든지 이용 가능한 언어를 자유롭게 구사하는 대화상대자가 될 수도 있다. 그러나 2016년 마이크로소프트(MS)의 인공지능 챗봇인 테이(Tay)가 인종차별과 혐오발언으로 출시 16시간만에 서비스가 중단되었고, 국내 스타트업 스캐터랩이 개발한 인공지능 챗봇 '이루다'는 2020년 12월 23일부터 정식 서비스를 시작했지만 서비스 내 성희롱 및 특정인을 향한 챗봇의 혐오 및 차별발언이 사회적으로 많은 문제를 야기하면서 결국 2021년 1월 15일 '이루다' 서비스 데이터 베이스(DB)와 딥러닝(Deep Learning) 대화 모델를 폐기하게 된다(최쇄솔, 홍아름, 2021:94).

이러한 맥락에서 필자는 언어인류학적인 관점에서 버나드 쇼의 희곡 작품 〈피그말리온〉에 내재되어 있는 인공지능 기반 챗봇의 요소들을 고찰하였다. 다시 말해서 버나드 쇼의 희곡 작품 〈피그말리온〉에서 일라이자가 히긴스 교수에 의하여 언어학습을 수행하는 과정에서 나타나는 특징과 문제점을 분석하여 이러한 내용이 최근 인공지능 챗봇이 가지는 특징

및 문제점과 유사한 측면이 많다는 점을 강조하였다. 특히 언어와 젠더(gender) 그리고 직접호칭과 사회적 지위 등 핵심적인 두 가지 측면에서 구체적인 논의를 진행하였는데 몇 가지 주목할 점을 발견할 수 있었다. 첫 번째로 일라이자를 대상으로 행하여진 히긴스의 언어학습에서 중대한 결점을 내포하고 있다. 예를 들어서 영국사회에서 여성들의 속어 및 비속어 사용은 보통 어머니와 더불어서 이웃 공동체 구성원들에 의하여 엄격하게 제한되어진다. 그러나 작품 속에서 일라이자는 일상적인 생활문화 속에서 경험할 수 있는 이러한 여성언어를 제대로 학습하지 못하고 있다. 두 번째로 호칭 체계 중에서 직접호칭은 보통 화자와 청자 상호간의 사회적 지위를 반영해준다. 버나드 쇼의 희곡 작품 〈피그말리온〉 속에서 히긴스는 일라이자를 이름(first name)으로 호칭하는 데 반하여 피커링은 성(姓, second name) 즉 둘리틀 양(Miss Doolitter)으로 호칭한다.

따라서 '이루다'와 같이 20대 여대생으로 설정되면서 인공지능 챗봇에게 주어진 젠더(gender)와 언어사용의 사회문화적 적절성 여부가 논의대상이 될 수도 있다. 또한 버나드 쇼의 희곡 작품 〈피그말리온〉에서 일라이자를 호칭하는 방식 속에 일라이자의 사회적 지위가 반영되어 있듯이 오늘날 일상적인 대화를 진행하면서 인공지능 챗봇을 어떻게 호칭할 것인가도 중요한 문제로 다루어질 수 있다.

참고문헌

강윤희(2018). "언어, 문화, 사회적 상호작용", 권숙인(외 공저) 현대문화인류학, 파주: 형설출판사, 192-211.
마리나 야겔. 강주헌 옮김(1994). 언어와 여성: 여성의 조건에 대한 사회언어학적 접근, 서울: 여성사.
박환영(2020). "헉슬리 소설 멋진 신세계(Brave New World)에 내재된 인공지능 시대의 전망:

몸(body)을 중심으로", *문화와융합* 42(5)(통권 69집), 854-887.

_____(2021). "버나드 쇼의 희곡 〈피그말리온(Pygmalion)〉에 투영된 인공지능(AI) 챗봇(chatbot)의 언어인류학적 고찰", *문화와융합* 43(7), 491-510.

수잔 로메인. 박용환, 김동환 옮김(2009). *언어와 사회: 사회언어학으로의 초대*, 서울: 소통.

안윤기(2019). "소통, 이성 그리고 인공지능", *인공지능인문학연구* 3권, 99-119.

앨런 맥팔레인. 이근영 옮김(2005). *손녀딸 릴리에게 주는 편지*, 서울: 랜덤하우스 중앙.

엄태용(2019). "『피그말리온』: 사회언어학적 고찰", *영어영문학연구* 61(4), 47-75.

왕한석(2010). "한국의 언어인류학 연구" 왕한석 엮음, *한국어 한국문화 한국사회*, 파주: 교문사, 1-40.

정호영, 오성록(2009). "『피그말리온』의 일라이저에 대한 담화분석", *영어영문학연구* 33(2), 99-114.

조지 버나드 쇼. 김소임 옮김(2019). *피그말리온*, 파주: 열린책들.

최민아(2019). "피그말리온의 재현: 텔레비전 드라마 〈보그맘〉과 〈로봇이 아니야〉속 여자로봇", *한국극예술연구* 63, 427-449.

최쇄솔, 홍아름(2021). "AI챗봇 '이루다' 논란의 이슈 변화와 시사점", *전자통신동향분석* 36(2), 93-101.

Duranti, A.(2003). "Language as Culture in U.S. Anthropology", *Current Anthropology* 44(3), 323-347.

Evans-Prichard, E. E.(1964). "Nuer Modes of Address" in D. Hymes(ed.) *Language in Culture and Society*, New York: Harper and Row Publishers, 221-227.

Hickerson, N. P.(1980). *Linguistic Anthropology*, Fort Worth: Holt Rinehart and Winston INC.

Murdock, G. P.(1949). *Social Structure*, New York: Macmillan.

Shaw, Bernard(1944). *Pygmalion: A Romance in Five Acts*, London: Penguin Books.

Salzmann, Z.(1993). *Language, Culture, & Society: An Introduction to Linguistic Anthropology*, Boulder: Westview Press.

Weizenbaum, Joseph(1966). "ELIZA: a computer program for the study of natural language communication between man and machine", *Communication of the ACM* 9(1), 36-45.

● 이 장은 문화와융합 학술지 43권 7호에 실린 필자의 논문(박환영, 2021)을 바탕으로 재구성되었다.

11장

아시모프의 『아이, 로봇』과 캐릭터

1. 로봇소설과 『아이 로봇』

'로봇이 세상을 바꾸고 있다'로 시작되는 데이비드 햄블링의 『우리는 로봇이다』(2019)에는 일하는 로봇에서부터 미래의 로봇까지 다양한 로봇을 소개하며, 로봇이 바꿀 미래를 예고하고 있다. 로봇은, 『아메리칸 헤리티지 영어사전』 제3판에는 "명령에 따르거나 미리 프로그램된 대로 인간이 하는 여러 가지 복합적인 일을 때때로 흉내 내어 할 수 있는, 어떤 경우에는 인간을 닮은 기계적 장치"로, 『옥스퍼드 영어사전』에는 "본질적으로 'SF'의 산물, 주로 금속으로 만들어져서 어떤 방식으로든 인간이나 다른 동물을 닮은 인공적 지능 존재"(존 조던, 2018:38)로 정의된다. 다수의 로봇소설을 쓴 아이작 아시모프는 인간을 닮은 인공 물체로 너무 복잡해서 인간 이외의 어느 생명체도 해낼 수 없는 종류의 임무와, 전산화되지 않은 기계는 수행할 수 없는 종류의 임무를 완수할 수 있는 컴퓨터(아시모프, 2010:41-42)라고 정의하고 있다.

위에서 살펴본 정의들의 공통점을 보면 로봇은 인간을 닮은 기계라는 데 있다. 인간을 닮은 기계라는 점에서 로봇을 '전자 인간'으로 규정하는 로봇시민법 결의안이 주목받고 있다. 그보다 앞서 산업용 로봇의 밀도가 세계 2위인 한국은 지난 2007년 세계 최초로 '로봇 윤리 헌장'을 발표해 세계의 관심을 받은 바 있다(권홍우, 2020:12.1). 로봇시민법은 인류 사상 처음으로 로봇의 의무와 권리를 규정하는 법의 설계도인데, 2017년 1월 12일(현지시간) 벨기에 브뤼셀에서 유럽연합(EU) 의회가 AI 프로그램, 자율주행차량, 드론, 돌봄·의료용 로봇 등 다양한 형태의 로봇을 대상으로 논의했고, 결의안의 주요 원칙은 소설가 아이삭 아시모프의 로봇공학의 3원칙을 토대로 하는 인간의 기본권을 존중하고 인간의 복지 향상 차원에서 수행돼야(이윤정, 2017:1.2) 하는 데 있다.

'로봇robot'이라는 용어는 1921년 카렐 차페크의 연극 〈로숨의 유니버셜 로봇〉에서 처음 사용되었고, 이 연극에 등장하는 로봇은 산업노동자로 합성반응을 통해 성장한 유기적 존재로 로봇보다는 복제인간에 가까운(데이비드 햄블링, 2019:6) 캐릭터였다. 문학작품 속에서 로봇 캐릭터를 다수 재현해 낸 작가로는 미국의 소설가 아이작 아시모프(1920~1992)가 있다. 그의 소설 『아이, 로봇』(1950)에는 아홉 개의 로봇이야기가 실려 있는데, 아시모프가 1940~50년 사이에 발표했던 로봇소설을 모아서 다시 엮은 소설집이다. 아시모프(아시모프, 2010:49-53)와 박상준(아시모프, 2020:375-378)의 글을 바탕으로 『아이, 로봇』에 재현된 로봇이야기의 원제와 발표연도를 정리해 보면 다음과 같다.

순서	『아이, 로봇』 에피소드 제목	원제 및 서지 사항
1	로비_소녀를 사랑한 로봇	Strange Playfellow/슈퍼 사이언스 스토리즈(1940. 9.)
2	스피디_술래잡기 로봇	Runaround/어스타운딩 사이언스 픽션(1942. 3.)
3	큐티_생각하는 로봇	Reason/어스타운딩 사이언스 픽션(1941. 4.)
4	데이브_부하를 거느린 로봇	Catch that Rabbit/어스타운딩 사이언스 픽션(1944. 2.)
5	허비_마음을 읽는 거짓말쟁이	Liar!/어스타운딩 사이언스 픽션(1941. 5.)

6	네스터 10호_자존심 때문에 사라진 로봇	Little Lost Robot/어스타운딩 사이언스 픽션(1947. 3.)
7	브레인_개구쟁이 천재	Paradoxical Escape/어스타운딩 사이언스 픽션(1945. 8.)
8	바이어리_대도시 시장이 된 로봇	Evidence/어스타운딩 사이언스 픽션(1946. 9.)
9	피할 수 있는 갈등	The Evitable Confict/어스타운딩 사이언스 픽션(1950. 6.)-Evidence의 후속편

각각 따로 발표되었던 단편들은, 평생 로봇들의 심리를 연구하고 로봇들의 정서적인 문제를 해결해 온 수잔 캘빈 박사라는 인물이 아홉 대의 로봇에 대해서 회상하는 방식으로 재구성됨으로써, 아홉 개의 에피소드는 통일성을 지니며 자연스럽게 연결되어 훌륭한 장편소설이 되고 있다.

더 정확하게 말하면, 이야기는 『행성신문』 기자인 '나'가 로봇심리학자인 수잔 캘빈 박사와 관련된 특집호 발간을 위해서 그녀와 인터뷰를 하면서 시작되고, 그녀가 '나'에게 아홉 대의 로봇 이야기를 들려준 후, 그녀의 죽음으로 이야기는 끝이 난다. '나'의 질문은 수잔 캘빈 박사가 새로운 로봇 이야기를 하는 기제로 작동하는 동시에, 아홉 개의 에피소드가 자연스럽게 엮여지는 역할을 하면서 단편모음집을 넘어선 효과를 내고 있다. 아시모프가 이 소설을 발표할 1940년대 당시에는 로봇에 대한 인식이 거의 없는 상태였다. 이 소설 속의 로봇 캐릭터는 이후 로봇개발자들에게 많은 영감을 주었고(아시모프, 2010:48), 소설 속의 로봇제조회사인 'U. S. 로보틱스사'도 현실에서 동명의 컴퓨터용 모뎀회사를 설립(박상준, 2020:375)할 정도로 이 소설의 영향력은 크다고 할 수 있다.

로봇 담론들이 유행하면서 소설 『아이, 로봇』에 대한 이야기는 많이 하지만, 영화 《아이 로봇》에 대한 연구에 비해 아시모프의 소설 『아이, 로봇』에 대한 연구는 찾아보기 힘든 실정이다. 윌 스미스 주연의 영화 《아이 로봇》은 아시모프의 소설 『아이, 로봇』에 등장하는 로봇 중 여섯 번째 로봇인 '네스터 10호' 이야기를 모델로 했다(박상준, 2020:377)고

하지만 내용과 구성면에서 커다란 차이를 보이는 서사(김선욱, 2010:520)이기 때문에 두 작품은 제목만 같은 작품이라고 할 수 있다. 아시모프는 이 소설에서 로비, 스피디, 큐티, 데이브, 허비, 네스터 10호, 브레인, 바이어리, 슈퍼컴퓨터 등 여러 로봇 캐릭터를 고안해 내고 있다. 작품 속의 로봇 캐릭터들은 각각의 임무를 가지며 고안된 로봇인데, 이들은 생각하고 말하고 걸어다니면서 인간 캐릭터들과 소통하며 공존하는 양전자 두뇌를 지닌 로봇으로 재현되고 있다.

양전자 로봇은 오늘날 활발하게 논의되고 있는 인공지능(AI)을 장착한 로봇인데, AI 기술이 인류 미래의 대전환을 예고(닉 보스트롬, 2018)하고 있어, 오늘날 우리 사회의 중요한 화두가 되고 있다. 이런 점에서 볼 때 다양한 로봇 캐릭터가 등장하는 『아이, 로봇』에 대한 본격적인 연구는 필요하다. 아시모프와 『아이, 로봇』에 이해도를 높이는 데 도움을 주는 글은 이미경(아이작 아시모프, 1995), 김선영, 김창규, 배명훈, 김선욱(아시모프, 2010), 김옥수, 박상준(아시모프, 2010) 등의 해설과 서평이 있고, 이경희(2018)와 김문주(2020)의 학술적인 연구가 있다. 『아이, 로봇』에 대한 본격적인 연구의 필요성을 절감하면서 시작된, 본 연구의 목표는 『아이, 로봇』에 등장하는 인간과 로봇의 사고와 행동 방식을 중심으로 캐릭터를 유형화하고, 각 유형의 특성을 밝히는 과정에서 이 작품이 지니는 문학적 의의를 찾아보는 데 있다.

2. 아시모프와 로봇공학에 대한 상상력

아시모프(1920~1992)는 러시아에서 태어났지만, 어린 시절 부모님을 따라 미국으로 이민을 가서 뉴욕에서 살았다. 그는 작가, 평론가, 과학저술가, 대학 교수, 잡지 편집장 등 여러 직업을 거치면서, 500권 이상의 방대한 분량의 책을 집필 또는 편집했고, 약 9000통 이상의 서한문과

엽서를 남겼다. 그의 관심 분야도 과학, 과학소설, 판타지, 추리, 역사, 셰익스피어 연구, 문학 비평, 만담, 성경 연구 등으로 매우 넓다(김선욱, 2010:470). 과학소설계에서 그가 차지하는 비중은 매우 큰데, 아서 C. 클라크, 로버트 하인라인과 함께 3대 과학소설 거장(김창규, 2010:449)으로 불리기 때문이다. 그는 글쓰기가 매우 어렵고 힘들기도 하지만 즐거움 또한 만만하지 않음을 피력하며, 미국 대통령과 자리를 바꾸느니 차라리 죽음을 택하겠다(아시모프, 2010:192)는 정도로 글쓰기에 대한 소명의식이 투철한 작가이다.

아시모프는 「로봇 연대기」라는 글에서 단편 35편, 장편 5편의 로봇 캐릭터가 등장하는 소설(아시모프, 2010:49)을 발표했다고 밝힌 바 있다. 1940년~1950년 사이에 발표한 초기 작품들이 실린 『아이, 로봇』은 로봇 등장 작품 아홉 편을 장편의 형식으로 재구성한 작품이다. 이후 강철도시 (1954, 장편), 프랜차이즈(1955), 최후의 질문(1956), 벌거벗은 태양 (1957, 장편), 힘의 체험(1958), 여자의 직감(1969), 「이백 살을 맞은 사나이(1976), 여명의 로봇(1983), 로봇과 제국(1985) 등의 로봇소설을 꾸준하게 발표했다. 로봇산업 선구자인 조셉 F. 잉겔버거는 『아이, 로봇』을 읽고 로봇 연구에 빠져들었고, 로봇공학자인 마빈 민스키와 시몬 노프도 아시모프의 로봇소설을 즐겨 읽었다(아시모프, 2010:48-49)고 한다. 아시모프는 자신의 생전에 로봇 출현을 기대하지 않았는데, 1970년대 중반 공업용로봇이 등장(아시모프, 2010:58)했다고 회상한다.

양전자, 로봇공학이라는 용어는 옥스퍼드 영어사전에 아시모프가 발명한 용어로 명시(아시모프, 2010:51)되어 있다. 양전자는 소설 속에서 양전자 두뇌라는 용어로 자주 사용되는데, 양전자 두뇌는 물질과 양전자 수천 억 개로 구성된, 모든 상황을 판단하고 처리(122)하는 기능을 하는 기계이다. 오늘날 컴퓨터가 인간의 지능적인 행동을 모방할 수 있도록 하는 것으로 정의(네이버 지식백과)되는 AI와 흡사하다. 『아이, 로봇』에 등장하는 로비, 스피디, 큐티, 데이브, 허비, 네스터 10호는 생각을 할 수 있고 사람들과 소통하는 능력을 가진 로봇들이다. 게다가 브레인은 우주선을 만들 수 있을 만큼 뛰어난 로봇이고, 바이어리는 사람들이 로봇임을 알아차릴 수 없을 만큼 인간과 똑같은 로봇이고, 슈퍼컴퓨터는 인류를 위해 유토피아를 건설하는 로봇이다. 이들은 모두 AI 범주에서 논의되어도 손색이 없는 로봇 캐릭터들이다.

두 번째 에피소드인 「스피디_술래잡기 로봇」에 '로봇공학'이라는 용어가 처음 나온다. 아시모프가 이 용어를 사용했을 때는 자신이 만든 용어라는 것을 알지 못했다(아시모프, 2010:47)고 한다. 오늘날 로봇공학 Robotics은 로봇robot과 메카트로닉스mecatronics의 합성어로, 기계공학, 전기전자공학, 컴퓨터과학 등이 합쳐져, 로봇의 구조, 행동, 관리 및 유지를 연구하는 공학의 한 분야(네이버 백과사전)를 의미한다. 아시모프가 사용한 로봇공학은 학문의 한 분야라기보다는 로봇 사용 시 안전성을 보장하는 장치의 의미로 쓰이고 있다. 그가 고안해 낸 '로봇공학의 3원칙'은 로봇의 진화 속도가 가파른 오늘날, 그 중요성과 함께 로봇시민권, 로봇윤리 등의 문제를 파생하며 로봇 담론의 중심이 되고 있다.

아시모프가 제시하는 로봇공학의 3원칙은 '제1원칙: 로봇은 인간에게 해를 입혀서는 안 된다. 그리고 위험에 처한 인간을 모른 척해서도 안 된다. 제2원칙: 제1원칙에 위배되지 않는 한, 로봇은 인간의 명령에 복종해야 한다. 제3원칙: 제1원칙과 제2원칙에 위배되지 않는 한, 로봇은 로봇 자신을 지켜야 한다.'이다. 이 1, 2, 3원칙은 중요도의 순서이기도 하다. 「피할 수 있는 갈등」에서 '로봇은 인류에게 해를 입혀서는 안 된다. 그리고 위험에 처한 인류를 모른 척해서도 안 된다.'는 '0원칙'이 추가됨으로써 아시모프는 로봇의 문제를, 인간을 넘어선 인류 전체의 문제로 확대하고 있다. 특히 로봇이 지녀야 할 윤리인 로봇공학의 3원칙은 머피와 우즈가 '책임 있는 로봇공학의 3법칙'으로 수정하고, 고인석이 다시 로봇시스템의 설계자, 제작자, 관리자, 사용자 등의 범주에서 수정(고인석, 201:104-112)하며, 현실에 맞게 진화하고 있다.

3. 로봇을 활용하는 인간들

『아이, 로봇』에 등장하는 인간 인물들은 나, 수잔 캘빈, 글로리아, 웨스턴 부부, 그레고리 파웰, 마이클 도노반, 알프레드 래닝, 피터 보거트, 밀톤 애쉬, 캘너, 제럴드 블랙, 아베 레버, 로버트슨, 프랜시스 퀸, 장애인 선생, 빈센트 실버, 칭효링, 링컨 노마, 세계초프스키, 히람 멕켄지 등이다. 이들 중에서『행성신문』기자인 "나"는 수잔 캘빈이 들려주는 이야기를 독자들에게 전달하는 전달자/서술자이기 때문에 사건에 개입하거나 다른 인물들과 관계를 맺는 인물은 아니다. 서사적 사건에 대한 초점 주체는 수잔 캘빈이고, 이야기 층위에서 서술자는 "나"이기 때문에 간접서술(한국현대소설학회, 2015:100)의 형식을 띠고 있다. 소설 속의 인간 인물들은 로봇을 목적에 맞게 활용하는데, 그들의 사고와 행동 방식을 보면, 로봇을 신뢰하거나 두려워하고, 로봇이 지닌 기계적인 결함을 해결하는 세 가지 유형으로 나누어지고 있다.

1) 로봇 신뢰형

작품의 서두부터 끝까지 꾸준하게 등장하면서 로봇 이야기를 들려주는 수잔 캘빈 박사는 로봇심리학자이고, 1982년~2064년까지 생존하는 인물이다. 캘빈 박사는 20세 때 '심리수학' 세미나에 참석해서 'U. S. 로보틱스'의 알프레드 래닝 박사가 선보인 음성기능이 들어간 이동 로봇을 처음 본 후, 2003년 콜롬비아 대학에서 학사학위 취득 후 인공지능학 석사과정에 입학했고, 2008년 박사학위 취득 후 'U. S. 로보틱스사'에 로봇심리학자로 합류해서 평생을 로봇과 생활한 인물이다. 인터뷰를 하러 온『행성신문』기자인 '나'에게 로봇은 '인류자신보다 힘세고 착실하고 쓸모 있으면서도 인류에게 절대적으로 충성하는 피조물'(12)이라고 설명한다. 이는 작가인 아시모프의 초기 로봇 세계관인 인간에게 안전한 로봇(아시모프,

2010:48)을 그대로 볼 수 있는 말이기도 하다.

그녀는 로봇 캐릭터인 브레인과 바이어리에 대한 무한한 믿음과 애정을 보이기도 한다. 브레인은 소설집에 실린 이야기 중 일곱 번째 에피소드인 「브레인 개구쟁이 천재」에 등장하는 주인공 로봇이다. 이야기는 미래 어느 시점이며, 당시 모든 산업 연구기관들은 초공간 이동을 위한 엔진 개발에 힘을 쏟는 중이다. 문제의 발단은 'U. S. 로보틱스사'와 경쟁관계에 있는 연합로봇측의 생각하는 기계가 고장을 일으키는 데서 시작된다. 브레인은 어린 아이에 해당하는 인격을 갖춘 60㎝ 크기의 구체형 로봇이지만, 슈퍼 로봇 두뇌를 가졌기 때문에 연합로봇측에서 보낸 자료를 무사히 해독한 후, 다른 로봇들과 협업해서 우주선을 완성한다. 브레인은 우주선을 구경하러 간 파웰과 도노반을 태운채 무선조정으로 초공간이동을 성공한다. 브레인에 대한 수잔의 믿음이 이야기를 행복한 결말로 이끌고 있다.

바이어리는 소설집에 실린 이야기 중 여덟 번째 에피소드인 「바이어리 대도시 시장이 된 로봇」과 아홉 번째 에피소드인 「피할 수 있는 갈등」에 등장하는 주인공 로봇이다. 검사를 하다가 대도시의 시장이 된 로봇 바이어리는 인간 바이어리가 사고를 당한 후 만든 로봇으로 음식을 먹을 수 있는 로봇이다. 아시모프의 소설 중에서 음식을 먹을 수 있는 로봇 캐릭터는 「바이센테니얼맨」(1976)에 등장하는 앤드류도 있다. 진짜 인간이 되고 싶어 했던 앤드류와는 달리, 로봇 바이어리는 자신이 로봇이라는 점을 숨기며 인간으로 사는 캐릭터이다. 갖은 고난을 이겨낸 바이어리는 결국 시장에 당선된다. 수잔 박사는 "나"에게 바이어리가 훌륭한 시장이었다는 평가를 하는 것으로 보아, 로봇 바이어리는 인간이 신뢰할 만한 인물임을 알 수 있다. 시장의 임기를 성공적으로 마친 로봇 바이어리는 속편인 「피할 수 있는 갈등」에도 등장한다.

「피할 수 있는 갈등」에 등장하는 주인공 로봇 바이어리는 2044년 지구의 모든 지역이 연합체를 구성할 때 최초의 세계 조정자가 된다. 바이어리는 전편에서 시장 당선을 계기로 수잔 박사에게 자신의 모든 것을 고백한 후, 그녀와 지속적으로 교류하며 도움을 받는다. 수잔 박사는 세계 조정자가 된 로봇 바이어리에게 인간을 부르는 호칭인 '-씨'를 붙여서 '바이어리 씨'(330)라고 부르며, 인간처럼 대할 정도로 로봇 바이어리를 신뢰하고 있음을 볼 수 있다. 이 에피소드에는 로봇 바이어리 외에 슈퍼컴퓨터가 등장한다. 슈퍼컴퓨터는 아시모프가 이야기하는 '붙박이 로봇'(아시모프, 2010:53)이기 때문에 앞의 에피소드들에서 등장한 움직이는 로봇들과는 다르지만, 로봇의 일종이라고 볼 수 있다. 슈퍼 컴퓨터는 지구에 사는 모든 인간이 실직, 과잉생산, 물자부족 사태가 일어나지 않고 인류에게 최선의 이익을 가져다주려고 노력하기 때문에 수잔 박사는 슈퍼컴퓨터를 신뢰하고 있다.

소설집에 실린 이야기 중 첫 번째 에피소드인 「로비_소녀를 사랑한 로봇」에서는 웨스턴과 글로리아가 로봇을 신뢰하는 인물로 등장한다. 이 작품에 등장하는 '로비'는 1996년에 제작되고 2007년에 해체된, 말은 못하지만 유모 역할을 하며 인간을 돕는 로봇으로 웨스턴이 자신의 딸을 위해서 구입한다. '로비'는 말은 하지 못하지만 사지를 움직일 수 있는 글로리아의 좋은 친구이며 숨바꼭질과 목마는 물론 글로리아가 들려주는 이야기도 즐겨듣는 로봇이다. 글로리아의 로비에 대한 의존도가 높아지자 웨스턴 부인과 동네 사람들은 글로리아의 사회성 저하 문제를 두고 우려하게 되며, 결국 부부는 이 문제로 갈등을 겪는다.

웨스턴 부인이 남편에게 로봇의 오작동 시 발생되는 위험성을 주장하며 로비의 반품을 제의하지만, 남편인 웨스턴은 로봇의 오작동은 절대로 없다고 주장하며 반품에 반대한다.

> 로봇이 인간에게 해를 입히는 건 불가능하다는 원칙! 제1원칙을 어길 가능성이 조금이라도 생기기 전에 로봇이 완전히 멈춰버린다는 걸 당신도 잘 알거예요. 잘못될 가능성은 수학적으로 있을 수가 없어요. (중략) 로비가 잘못될 가능성은 당신이나 내가 갑자기 이상하게 변할 가능성보

다 훨씬 적어요(24).

　로비는 제1원칙이 강하게 주입된 로봇 캐릭터이다. 웨스턴은 로봇공학의 3원칙 중 제1원칙을 철저하게 신봉하며, 오작동으로 인한 피해가 없을 것이라는 점을 강하게 주장하고 있다. 수잔 박사가 들려주는 9개의 에피소드에 등장하는 로봇캐릭터들은 로봇공학의 3원칙을 잘 준수하는 캐릭터들이기 때문에, 앞서 이야기한 로봇 캐릭터들에 대한 수잔 박사의 믿음도 이 원칙에 대한 강한 믿음에서 기인하는 것이다. 제1원칙이 가장 우선적으로 중요한 원칙인 만큼 웨스턴은 제1원칙을 자신의 부인을 설득하는 근거로 삼고 있다. 웨스턴은 부인의 끈질긴 저항으로 결국 로비의 반품을 결정하게 된다. 이후 웨스턴은 로비 의존도가 높은 글로리아의 관심을 다른 데로 돌리기 위해서 글로리아와 영상쇼를 관람하러 간다. 그 사이 웨스턴 부인은 로비를 반품하고, 귀여운 강아지를 데리고 온다.

　영상쇼를 관람하고 집으로 돌아온 글로리아는 강아지는 쳐다보지도 않고 로비만 찾는다. 2년 동안 함께 생활하면서 로비를 절대적으로 신뢰했던 글로리아는 엄마인 웨스턴 부인에게 '로비는 기계가 아니에요! 엄마와 나처럼 사람이에요. 친구라고요. 로비를 찾아주세요. 엄마, 로비 좀 찾아주세요.'(30)라고 하며 애원한다. 시간이 지나도 글로리아는 로비를 잊지 못하고 몸무게마저 줄어들자, 웨스턴 부부는 또다시 글로리아의 관심을 돌리기 위해서 복잡한 도시인 뉴욕생활을 실행한다. 딸의 관심을 다른 데로 돌려보려는 부모의 생각과는 달리, 로비를 찾으러 뉴욕으로 간다는 생각으로 글로리아는 웃음과 식욕을 회복한다. 뉴욕으로 간 웨스턴 부부는 글로리아와 함께 산업과학 박물관 어린이 특별프로그램 관람하면서 글로리아가 로비를 잊기를 바랐지만, 글로리아가 로비를 더 그리워하는 계기가 되고 만다.

　웨스턴의 노력으로 'U. S. 로보틱스'사 작업현장을 구경하게 되고, 그곳에 있던 로비가 위험에 처한 글로리아를 구한다. 글로리아의 목숨을 구한 로비는 웨스턴 가족과 다시 함께 살게 되면서 이야기는 끝이 난다. 로비는 로봇공학 제1원칙인 '로봇은 인간에게 해를 입혀서는 안 된다. 그리고 위험에 처한 인간을 모른 척해서도 안 된다.'에 따라서 글로리아를 위험에서 구해낸 로봇이다. 웨스턴의 믿음이 실현되는 것을 지켜본 웨스턴 부인은 더 이상 반대하지 못하고 로비를 다시 맞아들이게 된다. 웨스턴의 로봇에 대한 강한 신뢰가 등장인물들의 갈등을 해결하고, 마침내 이야기를 해피엔딩으로 끌고 가는 동력이 되고 있음을 볼 수 있는 이야기이다. 웨스턴과 글로리아의 로봇에 대한 믿음은 그 성격이 다르다. 웨스턴은 제1원칙을 장착한 기계의 무오류에 대한 믿음이고, 글로리아는 기계를 넘어선 인간적인 친구로서의 믿음이기 때문이다.

2) 프랑켄슈타인 콤플렉스형

프랑켄슈타인 콤플렉스라는 용어는 메리 셸리의 『프랑켄슈타인』(1818)에서 유래한다. 생명에 관한 공부에 열중하다가 생명의 비밀을 알아낸 빅터 프랑켄슈타인은 납골당의 뼈를 모아서 2.5미터 정도 되는 키에 균형 잡힌 체형으로 된 커다란 형상을 만든 후, 생명장치를 가동한다. 그는 자신이 만든 창조물의 흉측함을 보고 비천한 괴물이라고 생각하며, 그 괴물이 자신을 해칠 거라는 공포감에 사로잡힌다(메리 셸리, 2017:56-58). 이런 불안감과 공포감에 사로잡히는 것을 아시모프는 프랑켄슈타인 콤플렉스라고 하며, 로봇과 인간과의 관계에서 로봇이 인간을 반역할 것이라는 불안감도 프랑켄슈타인 콤플렉스(아시모프, 2010:45)로 불렀다. 그는 또 『프랑켄슈타인』보다 차베크의 『로섬의 유니버설 로봇』에서 프랑켄슈타인 콤플렉스가 더 심각해지고 있음(아시모프, 2010:45)을 지적한 바 있다.

소설집에 실린 이야기 중 첫 번째 에피소드인 「로비_소녀를 사랑한 로봇」에서 웨스턴 부인은 자신의 딸인 글로리아가 로비에게 지나치게 의존하는 모습을 보면서 로비가 '끔찍한 기계'(23)라는 생각을 한다. 그리고 남편에게 "기계는 영혼도 없고, 속으로 무슨 생각을 하는지 아무도 모르잖아요. 아이는 금속 기계한테 맡겨지려고 태어난 게 아니에요."(23)라며 로비를 부정한다. 웨스턴 부인의 처음 생각은 '신기하기도 하고, 부담도 덜어주고, 그리고…… 그리고 그렇게 하는 것이 유행'(23)이었기 때문에 로비를 순순히 받아들였다. 하지만 시간이 지날수록 글로리아는 친구들과 어울리는 시간보다는 로비하고만 노는 시간이 많아진다. 동네의 이웃들의 수근거림으로 인해 웨스턴 부인은 로비가 한갓 기계일 뿐이라는 점과 유모 로봇의 폐해를 자각하게 되고, 프랑켄슈타인 콤플렉스에 시달린다.

> 하지만 잘못될 수도 있잖아요. 만에 하나…… 아주 조그만 부속 하나라도 풀려서 끔찍한 난동이라도 부리면…… 그러다 혹시라도……(24)

남편인 웨스턴은 로봇공학의 3원칙 중 제1원칙인 '로봇은 인간에게 해를 입혀서는 안 된다. 그리고 위험에 처한 인간을 모른 척해서도 안 된다.'를 절대적으로 신뢰하는 인물이기 때문에 아내의 의견에 좀처럼 동의하지 않는다. 웨스턴은 무시무시한 이미지를 가진 괴물이 아닌 친인간적인 캐릭터로서의 로봇을 지향하는 아시모프의 초기 로봇관을 표상하는 인물이다. 웨스턴 부인이 가진 프랑켄슈타인 콤플렉스는 '기계혐오'에 기인한 서구의 뿌리 깊은 불안(오노 슌타로, 2017:25)인데, 기계파괴운동인 러다이트운동가들이 가지는 감정보다 기계거부운동인 네오러다이트운동가들이 가지는 감정과 더 가깝다고 할 수 있다. 웨스턴 부인의 생각은 전자제품을 사용하지 않거나, 출퇴근 때 버스나 지하철도를 이용하지 않고 자전거를 이용하거나, 산업화의 산물인 패스트푸드를 먹지 않고 슬로푸드를 먹는 사람들(두산백과, 2021:네오러다이트운동)과 닮았기 때문이다.

여섯 번째 에피소드인 「네스터 10호_자존심 때문에 사라진 로봇」에 등장하는 수잔 캘빈 박사도 프랑켄슈타인 콤플렉스를 지니고 있는 인물이다. 이야기의 시공간적인 배경은 2029년 하이퍼 본부이며, 이 본부는 항성

간 여행을 위한 초공간 이동을 실험하는 본부이다. 하이퍼 본부에 문제가 발생해서 로봇전문가인 수잔 캘빈 박사와 보거트 박사가 투입된다. 사건의 발단은 정부의 명령으로 하이퍼 본부가 비밀리에 로봇공학 제1원칙 중 일부만 주입된 로봇을 사용하게 되면서 시작된다. 수잔 박사는 로봇공학 원칙 중 가장 중요한 제1원칙 주입의 위반에 대해 분노하면서, 동행한 보거트에게 제1원칙이 주입되지 않은 로봇의 위험성에 대해서 역설한다.

> 사고력을 지닌 존재는, 보거트 박사님, 의식적이든 아니든 남에게 지배당하는 걸 싫어해요. 그런데 열등한 존재 혹은 열등하다고 간주되는 존재에게 지배당할 때는 싫어하는 마음이 훨씬 강해져요. 로봇은, 모든 로봇은 육체적인 측면은 물론이고 정신적인 측면에서도 인간보다 우수한 점이 많아요. 그런데 무엇 때문에 노예처럼 지내지요? 제1원칙 하나 때문이에요! 그래요, 이게 없으면 박사님은 로봇에게 명령을 내리자마자 죽을 수도 있어요. 아시겠어요?(203-204)

『아이, 로봇』에 등장하는 로봇 캐릭터들은 생각하는 능력을 가진 로봇들이다. 이들 로봇 캐릭터 중에서 세 번째 에피소드의 주인공인 큐티는 노골적으로 인간이 로봇보다 열등한 존재라고 발설한다. 큐티는 로봇기술자인 파웰과 도노반을 향해서 "두 사람 자신을 보세요. 깔보려고 하는 소리가 아니에요. 두 사람 자신을 보라고요! 두 사람을 구성하는 물질은 약하고, 강도와 지구력도 떨어지고, 에너지를 유기물의 불완전 산화 작용에 의존하고 있어요."(91)라고 하며, 심지어는 인간을 '임시방편으로 만든 제품'(91)으로 여긴다. 수잔 박사는 보거트 박사를 향해 사고력을 지닌 존재가 타 존재의 속박을 벗어나기 위한 과정에서 타 존재를 해칠 수 있는 위험성을 강하게 강조한다. 수잔 박사는 제1원칙이 프랑켄슈타인 콤플렉스를 막을 수 있는 최고의 수단인데, 이런 원칙이 수정되었다는 점은 매우 위험한 일이라고 생각한다.

사실 생각하는 기계인 AI는 우리 시대의 중요한 화두로 떠오르고 있다. 인공지능 관련 연구의 중심에 서 있는 토비 월시는 2016년 5월 영국 마이크로소프트의 최고전략책임자 데브 코플린이 말한 "오늘날 인류가 하는 연구 가운데서 가장 중요한 분야는 바로 인공지능이다. 인공지능이 기술과 인간의 관계뿐만 아니라 인간들끼리의 관계도 바꿀 것이며, 나아가서 인간이 어떤 존재인가에 대한 지금까지의 생각까지 바꾸어 놓을 것"을 인용(토비 월시, 2018:10-13)하며 AI가 바꿀 인류의 미래에 주목하고 있다. AI에 대한 인류의 미래 담론은 양극화 현상을 보이며 진행(토비 월시, 2018:10-13)되고 있다. 닉 보스트롬도 슈퍼인텔리전스(초지능)의 출현과 함께 인류의 운명도 초지능에 의존하게 되는 점(닉 보스트롬, 2018:11)을 우려하고 있다. 오늘날 인류가 직면한 전지구적 화두를 아시모프는 이미 1947년에 선취하고 있다.

3) 문제해결형

앞에서 살펴본 인간 캐릭터들이 로봇을 신뢰하거나 혹은 두려워하는 캐릭터들이었다면, 문제해결형 유형에 속하는 캐릭터들은 앞에서 로봇을 기계로 취급하며, 기계가 지니는 결함을 극복하려고 노력하는 인물들이다. 『아이, 로봇』에 등장하는 스피디, 큐티, 데이브, 네스트 10호, 브레인, 바이어리, 슈퍼컴퓨터 등은 로봇캐릭터들은 각각에 주어진 역할을 완전하게 수행하는 데 문제가 있는 로봇으로 등장한다. 로봇전문가인 파웰, 도노반, 수잔 등은 로봇캐릭터가 지닌 문제들을 해결하는 인물이다. 로봇공학의 3원칙은 여러 로봇들이 지닌 문제점을 해결하는 데 실마리로 쓰이고 있다.

두 번째 에피소드인 「스피디_술래잡기 로봇」에는 스피디라는 로봇이 등장한다. 이 에피소드의 시공간적인 배경은 2015년 수성이다. 파웰과 도노반은 로봇인 스피디와 함께 수성에 도착해서 태양면 광산기지 재개발 가능성을 탐사하는 작업을 한다. 스피디는 수성 환경에 완벽하게 적응하도록 제작되었으며 전문능력이 탁월하고 제작비가 전함 한 척 만드는 비용만큼이나 비싼 로봇이다. 비싼 만큼 제3원칙 강하게 주입된 로봇이어서 위험 회피능력이 강한 로봇이기도 하다. 문제의 시작은 도노반이 스피디에게 셀레늄을 가지러 보냈지만, 5시간이 지나도 돌아오지 않음으로써 시작된다. 로봇 전문가들인 파웰과 도노반은 머리를 맞대고 스피디가 겪고 있는 문제를 분석하기 시작한다.

> 바로 여기서 문제가 발생한 거야. 세 가지 원칙 사이에서 충돌이 일어나면 두뇌에 들어 있는 서로 다른 회로가 그것을 해결해야 해. 가령 어떤 로봇이 위험한 곳으로 다가가다가 그곳이 위험하단 사실을 깨달았다고 쳐. 그럼 제3원칙이 이 로봇을 돌아서게 만드는 거야. 이번엔 인간이 그런 위험 속으로 들어가라고 명령했다고 해 보자. 그러면 제2원칙이 다른 것보다 강하게 올라가기 때문에 모든 위험을 무릅쓰고 명령을 따르겠지(69).

위의 예문에서와 같이 파웰과 도노반은 문제의 원인을 로봇공학의 3원칙에서 찾고 있다. 제3원칙은 스피디를 도망치게 만들고, 제2원칙은 스피디를 앞으로 나아가게 만들기 때문에 스피디는 셀레늄 주변을 맴돌기만 하고, 셀레늄 채취는 하지 못하게 된다. 이 사실을 알아낸 파웰과 도노반은 창고에 있던 구식 로봇들의 도움을 받아서 스피디를 찾아 나선다. 제3원칙이 강하게 주입된 스피디는 파웰과 도노반과 가까이서 마주치지만 헛소리를 하며, 다시 멀리 도망 간다. 파웰과 도노반은 제1원칙의 중요성에서 사건 해결의 실마리를 얻게 되고, 파웰이 위험한 곳으로 들어가면서 스피디에게 도움을 요청한다. 제1원칙은 제2, 3원칙보다 상위원칙이기 때문에 스피디도 제1원칙의 중요성을 인지하고 파웰을 무사히 구해 낸다. 그 후 셀레늄 채취 속도도 빨라져서 수성의 광산기지 개발 목적에 부합하는 로봇이 된다.

네 번째 에피소드인 「데이브_부하를 거느린 로봇」에는 데이브라는 로봇이 등장한다. 데이브는 행성에서 감독 없이 채굴 작업을 할 수 있는 로봇인데, 최종 테스트를 통과하지 못했다. 데이브는 7개 단위 로봇이 하나로 통합된 팀의 우두머리로, 스스로 판단하고 명령하는 역할을 담당하도록 생산되었다. 또한 데이브는 키가 2미터, 무게가 0.5톤이며, 인간과 비슷한 심리반응을 실질적으로 처리하는 진공세포를 가졌고, 금속성 말투도 없고, 모든 상황을 판단하고 처리하는 양전자 두뇌를 가졌다. 로비, 큐티, 허비, 스피디보다 진화한 로봇으로 보인다. 최종 테스트를 통과하지는 못했지만, 광석 채굴에 투입되고 문제가 생기자. 작업량이 1천 톤이나 밀리게 된다. 스피디의 문제를 해결했던 파웰과 도노반은 채굴 자체가 어려운 이리듐 행성으로 부하 로봇 6대 거느린 데이브와 함께 떠난다.

데이브는 소리나 무선으로 명령하지 않고 자기들끼리만 통하는 양전자장을 통해서 직접 명령하는 시스템을 갖춘 로봇이다. 'U. S. 로보틱스' 본사에는 양전자장의 본질과 작용원리를 파악한 로봇 전문가가 한 명도 없기 때문에(120) 데이브의 문제점을 해결하는 데 어려움을 겪는다. 파웰과 도노반은, 데이브 일행은 사람이 가까이 있지 않으면 작업을 하지 않는다는 사실을 알아낸다. 이런 문제는 하이젠버그로 설명(박상준, 2020:376)할 수 있는데, 위키백과는 하이젠버그(Heisenbug)를 프로그래밍에서 테스트를 수행할 때 발생되는 버그의 형태 중의 하나로서 문제를 발견하고 수정하기 위한 디버깅을 수행하려고 하면 문제점이 사라지는 형태의 버그를 말한다. 하이젠베르크의 불확정성 원리와 관련된 관찰자 효과와 비슷한 내용으로서 하이젠베르크와 버그의 합성어(위키백과, 하이젠버그)라고 설명하고 있다.

두 사람은 데이브가 가진 문제인 하이젠버그 현상을 해결하기 위해서 광산 터널로 잠입한다. 파웰은 데이브가 여섯 대의 로봇을 지휘하는 데 무리가 따른다고 판단해서 데이브의 부하 로봇 한 대를 총으로 쏜다. 파웰의 진단과 처방은 적중해서 데이브는 행성에서 감독 없이 채굴 작업을 할 수 있는 로봇이 된다. 「스피디_술래잡기 로봇」과 「데이브_부하를 거느린 로봇」에서 문제를 해결하기 위해 정성을 다해 기지를 발휘하는 파웰은 바람직한 로봇기술 전문가상의 전형이라고 할 수 있다. 여섯 번째 에피소드인 「네스터 10호_자존심 때문에 사라진 로봇」에는 네스트 10호가 문제를 일으키는 로봇으로 등장한다. 원작은 1962년에 영국에서 텔레비전 드라마로 만들어지기도 했다(박상준, 2020:377). 에피소드의 시공간적인 배경은 2029년 항성 간 여행을 위한 초공간 이동을 준비하는 하이퍼본부이다.

하이퍼 본부에서는 정부의 명령으로 비밀리에 로봇공학 제1원칙 전체를 두뇌에 새겨 넣지 않은 로봇 몇 대를 사용하게 되면서, 문제가 발생한다. 하이퍼 본부의 총책임자인 캘너 장군은 문제 해결을 위해서 로봇전문가인 수잔 캘빈 박사와 보거트 박사를 초빙한다. 본부 도착 후 수잔 박사는 '로봇은 인간에게 해를 입혀서는 안 된다.'만 입력한 로봇이 일부 있다는 사실을 알게 된다. 이로 인해 수잔 캘빈 박사와 보거트 박사는 입장의 차이를 보이며 대립한다. 로봇공학의 3원칙 중 제1원칙은 가장 중요하고 인간이 로봇의 위협과 폭력으로부터 보호받을 수 있는 근거가 되는 원칙이며, 로봇생산을 반대하는 과격한 근본주의자들의 논리를 방어할 강력한 근거가 되는 원칙이기도 하기 때문이다. 문제를 가진 네스트 10호를 찾기 위해 수잔 박사는 끈질긴 노력 끝에 기지를 발휘하고 결국에는 문제를 해결하는 인물이다.

사람들은 로봇과 직업의 미래를 두고 상반된 전망을 하며, 로봇, 자동화, 인공지능으로 야기되는 공포스러운 미래인 로보칼립스Robocalypes와 기계가 인류를 위해 모든 일을 처리하는 천국과 같은 미래인 로보토피아Robotopia로 나누고(제이슨 생커, 2021:15)있지만, 극단적인 미래는 도래하기 어렵다. 로봇이 인간과 공존하는 시대가 오면 파웰, 도노반, 수잔 박사처럼 로봇의 문제들을 해결하는 전문가들이 필요하다. 로봇 사용자에게 어떤 프로세스가 어떤 순서로 구현되어야 하는지 알려주는 사용자 관리자, 로봇에게 어떤 프로세스들이 어떤 순서로 실행되어야 하는지 알려주는 로봇 관리자, 로봇에게 작업 흐름의 우선순위를 알려주는 사람에게 무엇이 가장 높은 우선순위인지를 알려주는 로봇을 관리하는 사람 관리자 등의 전문가(제이슨 생커, 2021:193)의 필요성을 『아이, 로봇』은 미리 보여주고 있는 작품이다.

4. 인간과 공존하는 로봇

『아이, 로봇』에 등장하는 로봇 캐릭터들은 차페크의 희곡에 등장하는 로봇과는 달리 인간과 공존하며 인간처럼 다양한 감정을 표출하면서 살아가는 로봇들이다. 작품의 제목이 시사하는 것처럼 뚜렷한 개성을 지닌 로봇 캐릭터들의 이런 경향은, 아시모프가 작가가 되기 이전에 읽었던 프랑켄슈타인 콤플렉스를 강조하는 로봇 작품들에 식상함을 느낀 데 대한 반작용(아시모프, 2010:45)에서 나온 것이라고 할 수 있다. 아시모프는 자신이 제시하는 로봇공학의 3원칙을 소설 플롯 형성의 지침(아시모프, 2010:51)으로 삼기 때문에, 인간을 무시하거나 기만하는 로봇들일지라도 결국은 자신들의 임무를 충실하게 수행하며 인간에게 유익한 캐릭터로 환원되는 것은 기본이다. 더 나아가 아시모프의 상상력은 정치에 참여하고, 인류의 번영을 위해 노력하는 역할을 하는 로봇 캐릭터를 고안하는 데까지 확장되고 있음을 볼 수 있다.

1) 인간 도움형

첫 번째 에피소드인 「로비_소녀를 사랑한 로봇」에 등장하는 로비는 웨스턴 부부의 딸인 글로리아의 유모 로봇이지만 실제의 역할은 글로리아의 놀이 도우미이다. 로비는 『아이, 로봇』에 등장하는 다른 로봇들과 달리 유일하게 말을 하지 못하는 로봇이다. 말은 하지 못하지만 글로리아의 말은 잘 알아들으며 소통을 원활하게 하는 로봇이다. 로비는 글로리아가 좋아하는 술래잡기 놀이에서 늘 글로리아가 이기도록 하고, 목마를 타고 싶으면 언제든지 목마를 태워주고, 글로리아가 들려주는 이야기도 진지하게 들어주는 등 글로리아를 잘 돌보며 좋은 친구의 역할을 수행하는 로봇이다. 서사의 결말 부분에서는 위험에 처한 글로리아의 목숨을 구해내는 역할을 하기도 한다. 로비는 로봇공학의 3원칙 중에서 제1원칙에 충실한 로봇으로 인간에게 도움을 주는 유익한 로봇의 전형이라고 할 수 있다.

중국의 실리콘밸리에 있는 벤처기업인 아바타마인드AvatarMind가 2014년에 태블릿 기반 접근방식을 사용해서 어린이 돌봄 로봇 아이팔iPal을 만들었다. 큰 눈이 두 개 달린 아이팔은 키가 1m이며, 움직일 수 있는 팔과 손이 달려 있지만 물체를 잡거나 들어올리는 기능은 할 수 없어도 가위바위보는 할 수 있다. 다리는 있어도 발 아래에 있는 네 개의 바퀴가 감춰진 무겁고 넓적한 배터리 탑재 부분에 고정되어 있어서 움직일 수 없다. 가슴에는 터치스크린 태블릿이, 두 눈에는 130만 화소의 카메라가 장착되어 있어서 부모들은 스크린을 통해 자녀를 살필 수 있다. 아이팔은 어린이 목소리로 말하고 노래하고 춤추며 함께 게임도 할 수 있고, 대화형 인터페이스를 가지고 있기 때문에 질문과 대답도 가능한 로봇이다(데이비드 햄블링, 2019:77-78). 1940년 아시모프가 했던 상상이 2014년에 현실이 됨을 볼 수 있다.

두 번째 에피소드인 「스피디_술래잡기 로봇」에 등장하는 스피디는 수성 환경에 완벽하게 적응하도록 제작된 로봇인데, 전문능력이 탁월하고 제작비용이 높은 로봇이다. 제3원칙 강하게 주입되어 있기 때문에 위험 회피능력 강한 로봇이기도 하다. 수성에서 셀레늄 채취 작업을 잘하도록 설계된 로봇이지만, 위험도가 높은 작업환경에서 자신을 보호하는 기능이 강화되어, 채취 작업을 할 수 없게 된다. 제3원칙은 스피디를 도망치게 만들고, 제2원칙은 앞으로 나아가게 만들기 때문에 스피디는 셀레늄 주변을 맴돌 수밖에 없다. 파웰과 도노반이 스피디를 구하러 가지만 스피디는 오히려 더 멀리 도망치며 술래잡기 놀이를 한다. 하지만 파웰이 위험에 처하자 스피디는 제1원칙을 준수하며 파웰을 구한 후, 셀레늄 채취 작업에 전문성을 보이는 로봇으로 돌아가 인간을 도운다.

일곱 번째 에피소드인「브레인_개구쟁이 천재」에 등장하는 브레인은 사람의 마음을 읽는 로봇이다. 브레인은 로봇들과 협업하며 혼자 힘으로 초공간을 이동할 수 있는 우주선을 만들어서 안전성 실험까지 마친다. 브레인은 'U. S. 로보틱스 사'에 이익을 가져다주는 로봇으로 재현되고 있다. 로비, 스피디, 브레인은 모두 일하는 로봇이다. 로비는 가정에서 어린 아이를 돌보고, 스피디는 수성에서 셀레늄을 채취하고, 브레인은 로봇제작회사에서 초공간 이동이 가능한 우주선을 제작한다. 이처럼 전문성을 가진 로봇들이 우리 사회에 대거 등장한다면, 인간들에게 도움도 되겠지만 그 반대로 인간들의 일자리뿐만 아니라 인간 존재 자체도 위협을 받을 수 있는 상황이 벌어질 수도 있다. 로봇이 인간을 도울 것인가, 위협할 것인가의 문제(바이런 리스, 2020:81-87)는 오늘날 우리 사회의 주요한 쟁점 중의 하나이다.

2) 인간 무시형

세 번째 에피소드인「큐티_생각하는 로봇」에 등장하는 큐티는 우주기지 관리 임무를 수행하는 로봇이다. 이 이야기의 공간적인 배경은 태양계 5호 우주기지 사무실이며, 큐티는 자신의 존재에 대해 호기심을 보인 최초의 로봇이다. 나라는 존재의 근원은 무엇인가를 골똘히 생각하는 로봇 데카르트이기도 하다. 큐티는 로봇전문기술자인 파웰과 도노반을 노골적으로 무시하며, 그들의 명령을 따르지 않는다.

두 사람 자신을 보세요. 깔보려고 하는 소리가 아니에요. 두 사람 자신을 보라고요! 두 사람을 구성하는 물질은 약하고, 강도와 지구력도 떨어지고, 에너지를 유기물의 불완전 산화 작용에 의존하고 있어요. (중략) 두 사람은 정기적으로 의식을 잃고, 기온이나 기압이나 습기나 열기가 조금만 변해도 효율성이 떨어져요. 두 사람은 임시방편으로 만든 제품이 분명해요. 하지만 난 완성된 제품이에요. 전기 에너지를 직접 흡수해서 거의 백 퍼센트 효율적으로 활용하죠. 몸은 단단한 금속으로 구성되어 있고, 항상 의식이 깨어 있고, 극단적인 환경을 쉽게 견딜 수 있어요. 이런 사실은 그 어떤 존재도 자신보다 우수한 존재를 만들 수 없다는 확실한 명제에서 볼 때, 두 사람의 멍청한 가설이 엉터리라는 걸 증명해요(91-92).

큐티는 자신은 완제품인 반면, 인간은 임시 제품이라고 확신하며, 파웰과 도노반 같은 사람이 자신을 만들었다는 것을 인정하지 않는다. 큐티는 두 사람을 과대망상증 환자로 취급한다. 큐티는 파웰과 도노반에게 통제실과 기관실 출입도 막으면서 두 사람과 대립하지만, 자신이 맡은 임무는 정확하게 수행한다. 기계는 자신이 인간보다 우월하다는 생각을 하지 못하지만, 인간보다 뛰어난 기계의 탄생을 여러 전문가들은 예고하고 있다. 한스 모라벡은 마음의 아이들을, 케빈 워릭은 사이보그 혹은 사이버 생물을, 휴고 드 개리스는 아틸렉트를, 레이먼드 커즈와일은 컴퓨터에 의식을 업로드해서 영생하는 인간을, 닉 보스트롬은 진화한 인류인 트랜스휴먼의 출현을 예고(장가브리엘 가나시아, 2017:13-17)하며, 대전환 담론을 전개하고 있다. 아시모프는 이 이야기에서 특이점singularity에 관한 논쟁을 미리 촉발하고 있는 셈이다.

3) 인간 기만형

앞에서도 살펴보았듯이 네 번째 에피소드인 「데이브_부하를 거느린 로봇」에 등장하는 데이브는 행성에서 감독 없이 채굴 작업을 할 수 있도록 제작되었고, 6대의 부하 로봇을 거느린 대장 로봇이다. 일종의 하이젠버그라는 문제를 안고 있는 데이브는 사람이 보지 않으면, 작업을 하지 않고 다르게 행동한다. 그런 점에서 데이브는 자신의 의도와는 상관없이 사람을 속이는 로봇이라고 할 수 있다. 데이브가 지닌 문제점을 밝힐 수 있는 전문가도 없는 상황에서 로봇기술 전문가인 파웰의 노력으로 데이브는 행성에서 감독 없이 채굴하는데 결함이 없는 로봇으로 회복된다. 다섯 번째 에피소드인 「허비_마음을 읽는 거짓말쟁이」에 등장하는 허비도 제목처럼 사람을 속이는 로봇이다. SF 문학사에서는 '거짓말을 하는 로봇'이 등장하는 최초의 작품 중 하나(박상준, 2020:377)로 전해진다.

사람의 마음을 읽는 능력을 지닌 허비는 피터 보거트가 로봇전문가인 래닝 박사의 후계자가 되고 싶어한다는 것을 알아차리고, 보거트와 대화하면서 래닝 박사는 보거트를 이미 후계자로 삼았다고 이야기한다. 보거트는 허비의 말을 믿고, 래닝 박사가 아무런 권한이 없어졌다고 생각한 보거트는 래닝 박사를 함부로 대한다. 이를 이상하게 여긴 래닝 박사는 보거트를 추궁하게 되고, 보거트가 허비의 거짓말을 믿고 자신에게 함부로 대했다는 것을 알게 된다. 한편 허비는 수잔 캘빈이 밀톤 애쉬를 짝사랑하는 마음을 읽은 후, 애쉬 박사가 수잔 캘빈을 좋아한다고 말한다. 수잔은 애쉬로부터 다른 여자와 결혼할 것이라는 말을 듣고, 분노하며 허비를 찾아가지만 허비는 당황한다. 래닝 박사도 보거트와 함께 허비를 찾아가서 3자 대면을 하지만, 자신의 거짓말이 탄로난 것을 인지한 허비는 당황해서 쓰러지며 이야기는 끝이 난다.

여섯 번째 에피소드인 「네스터 10호_자존심 때문에 사라진 로봇」의 네스트 10호도 사람을 속이는 로봇이다. 네스트 10호는 정상적으로 작동하는 62대의 로봇 속이 숨어 들어가서 하이퍼본부의 작전을 교란시키고 있다. 로봇전문가인 수잔 박사의 집요한 노력과 기지로 발견되는 네스트 10호는 로봇과 인간이 공존하는 시대에 거짓 로봇이 생겨나면, 얼마나 위험할 수 있는가를 보여주는 로봇이다. 아시모프는 로봇소설 발표 당시부터 로봇 캐릭터들에게 로봇공학의 3원칙으로 윤리성과 도덕성을 내포한 의무를 부여하고 있다. 하지만 로봇도 기계의 일종이기 때문에 데이브, 허비, 네스트 10호처럼 오류에 빠질 수도 있다. 인공지능에 도덕엔진을 탑재하는 방법으로 아시모프의 법칙 중 1원칙에서 인간을 자기편 인간으로, 2원칙을 로봇은 자기편 인간과 협력하고 분업해야 한다로 수정하기를 제안(정웅일, 2019:194)하기도 하지만, 기계오류의 위험성에 대한 논란은 여전히 남는다.

4) 정치참여형

여덟 번째 에피소드인 「바이어리_대도시 시장이 된 로봇」의 주인공 바이어리는 제목처럼 어느 도시의 시장이 되는 로봇이다. 바이어리가 로봇이라는 사실은 이야기의 맨 끝에서 밝혀진다. 에피소드에는 시장 당선 이후 정치 능력을 발휘하는 부분은 없고, 시장에 당선되기까지의 고난이 중심이 되고 있다. 검사인 바이어리는 시장 선거의 후보로 나선다. 상대 정파의 후보인 프랜시스 퀸은 바이어리가 식사하는 모습과 자는 모습을 본 적이 없다는 사실을 근거로, 그가 로봇임을 강하게 주장한다. 이때부터 바이어리 검사의 어려움은 시작된다. 퀸은 로봇전문가들인 래닝과 수잔 박사를 찾아가서 바이어리 검사가 로봇임을 증명해달라고 간곡하게 부탁한다. 퀸의 부탁을 받고, 바이어리 검사를 만나러 온 두 사람은 바이어리와 대화를 하면서 탐색을 하면서 꼼꼼하게 살피게 된다.

그 과정에서 바이어리는 수잔 박사가 건네는 사과를 받아 먹는다. 당시 로봇공학의 기술로는 로봇이 음식을 먹을 수 없도록 제작되었기 때문에, 만약 바이어리가 로봇이라면 음식을 먹을 수 없을 것이라는 수잔 박사의 아이디어에서 나온, 일종의 중요한 테스트였다. 바이어리는 수잔 박사가 건네는 사과를 먹음으로써 로봇이 아님을 증명하며 위기를 모면한다. 로봇 스테판 바이어리는 진짜 인간처럼 걸어 다니고 말하고 먹을 수 있는 복제인간 수준급의 로봇이기 때문에 로봇전문가들의 테스트를 넘어섰다. 퀸의 의심은 좀처럼 해소되지 않고, 바이어리의 몸을 엑스선 카메라로 촬영하지만, 바이어리의 몸에 엑스선 차단막이 설치되어 있어서 촬영되지 않았다. 촬영에 실패한 퀸은 바이어리 검사와 함께 살고 있는 장애인 선생이 진짜 바이어리라고 하면서, 조사를 예고한다.

두 번째 위기를 모면한 바이어리 검사는 장애인 선생을 다른 곳으로 데려다 놓는다. 그즈음 로봇 전문가들에 의해 바이어리가 사람이라는 것이 증명되었음에도 불구하고, 그가 로봇이라는 의혹은 증폭되어 군중들의 비난은 거세어진다. 군중 중 한 명이 바이어리가 연설하는 연단으로 올라와서 자신을 때려보라고 한다. 바이어리가 만약 로봇이라면 로봇공학의 제1원칙인 '로봇은 인간에게 해를 입혀서는 안 된다. 그리고 위험에 처한 인간을 모른 척해서도 안 된다.'를 제일로 여겨서 연단으로 온 사람을 때릴 수가 없기 때문이다. 하지만 바이어리는 그 사람을 때림으로써 세 번째 위기를 모면한다. 그 장면을 지켜보던 로봇전문가 수잔 박사가, 바이어리가 사람임을 확신하면서 자리를 뜨는 것으로 보아, 군중들도 더 이상 바이어리를 의심하지 않게 되고, 바이어리 검사는 많은 고난을 넘어서 결국 시장에 당선된다.

시장 취임 전날 밤, 바이어리는 수잔 박사를 만나서 그간의 사정과 자신이 로봇임을 스스로 고백한다. 원래 스테판 바이어리는 젊은 법조인에 강력한 연설가이자 위대한 이상주의자였고, 생물물리학에도 조예가 깊은(324) 인물이었는데, 대형 교통사고를 겪으면서 신체의 많은 부분을 잃는다. 아내도 직업도 잃은 바이어리는 우수한 양전자 두뇌를 구해서 로봇의 몸체를 개발하고 훈련시킨 후, 자신의 이름인 스테판 바이어리로 세상에 내보낸다. 그는 늙은 장애인 선생으로 살며, 자신이 만든 바이어리 로봇을 돌본다. 수잔이, 로봇 바이어리가 시장 임무를 훌륭하게 마치고 5년 후 지역조정자, 2044년에는 지구 연합체 최초의 세계 조정자가 되었다는 소식을 "나"에게 들려주면서 이야기는 끝이 난다. 장애인 선생이 만든 로봇 바이어리는 사람들을 속일 수 있을 만큼 사람처럼 만들어졌기 때문에 복제인간 수준의 로봇이라고 할 수 있다.

이 에피소드는, 인간을 닮은 로봇은 기계인가 인간인가, 인간과 똑같이 만들어진 로봇이 자신의 정체성을 숨기며 인간행세를 한다고 해서 인간이 될 수 있을까, 로봇은 인격/인권을 가질 수 있을까, 로봇이 자유로운 주체로 살면서 전문직에 종사할 수 있는가, 로봇이 정치인이 될 수 있는가 등의 문제에 대한 논쟁을 촉발하고 있다. 2015년 홍콩의 핸슨로보틱스사가 출시한 AI로봇 소피아는 인간처럼 자연스러운 대화를 제공하는 것을 목표로 하는 휴머노이드 로봇(데이비드 햄블링, 2019:197)이다. 소피아는 2017년 10월 사우디아라비아 시민권을 얻어 세계 최초의 '로봇 시민권자'가 되었고, 같은 시기에 뉴욕 유엔본부에서 열린 유엔 경제사회이사회에서 연설을 하고, 토크쇼에 출연하고, 외신들과 인터뷰(변재현, 『서울경제』, 2017.12.29.)도 한다. 로봇이 아무리 인간처럼 활동한다고 해도 인간이라고 할 수 있을까?라는 의문은 여전히 남는다.

5) 유토피아 건설형

아홉 번째 에피소드인 「피할 수 있는 갈등」에는 인간이 아니라 온 인류를 위해서 일하는 슈퍼컴퓨터가 등장한다. 슈퍼컴퓨터는 직접적인 사고나 행동을 하는 캐릭터는 아니고, 바이어리와 수잔의 대화를 통해서 슈퍼컴퓨터의 의도를 유추할 수 있도록 그려지고 있다. 아시모프는 슈퍼컴퓨터가 소설 내에서 실제 가시적인 등장을 하지 않는 기계이지만, 『아이, 로봇』에 실은 이유는 컴퓨터도 '붙박이 로봇'이기 때문(아시모프, 2010:53)이라고 한다. 슈퍼컴퓨터 이야기는 「바이어리_대도시 시장이 된 로봇」의 속편이기 때문에, 전편에 등장한 로봇 바이어리와 수잔 박사가 계속 등장해서, 슈퍼컴퓨터를 관찰하면서 이야기가 진행된다. 「피할 수 있는 갈등」에서,

세계는 국가 체제가 아닌 지역단위 체제로 나누어져서 완벽한 시스템으로 수요와 공급을 조절하며, 불균형을 조절하는 슈퍼컴퓨터에 의지해서 운영되고 있다.

『멋진 신세계』에서, 헨리 포드가 세계국가를 세우고 세계를 10개 지역으로 나누어 지역별로 10명의 총통을 임명해서 신세계를 통치(올더스 헉슬리, 1998:45)하듯이, 이 이야기에서도 세계를, 지구, 동부지역, 열대지역, 유럽 지역, 북부지역 등 5개 지역으로 나누고, 지구 지역에 거주하는 세계조정자가 각 지역의 조정자 및 슈퍼컴퓨터와 소통하며 세계를 이끌어 가고 있다. 이 작품에서 보이는 슈퍼컴퓨터 캐릭터는 1964년 현실에서 미국의 CDC 6600 모델로 처음 출시되었다. 오늘날 슈퍼컴퓨터supercomputer는 연산 처리 속도가 세계 500위 이내에 해당하는 컴퓨터로 계산 속도가 매우 빠르고 많은 자료를 오랜 시간 동안 꾸준히 처리할 수 있는 컴퓨터(네이버 백과사전)로 정의되는데, 현재 우리나라에도 국가슈퍼컴퓨팅센터와 국가기상슈퍼컴퓨터센터에 슈퍼컴퓨터를 보유해서 국가 안보 및 주요 산업 분야에 활용하고 있다.

현실에서의 슈퍼컴퓨터는 이 작품에서 그려지고 있는 슈퍼컴퓨터처럼 세계경제를 콘트롤하며 안정과 평화, 번영을 추구하는 역할까지는 하지 않는다. 국가기상슈퍼컴퓨터센터의 설명(http://web.kma.go.kr/aboutkma/intro/supercom/index.jsp)에 따르면, 슈퍼컴퓨터는 전통적으로 기상·기후 예측, 입자물리, 천문우주, 생명공학 등 첨단 과학기술 분야의 연구에 주로 활용되었고, 실험이 매우 어렵거나 불가능한 핵실험 등 국방, 안보, 에너지 분야에서도 많이 사용된다. 또한 자동차, 항공, 전자, 신소재 등을 개발하는 다양한 산업 분야에서도 슈퍼컴퓨터 사용이 활발하며, 최근에는 인공지능, 사물인터넷 등의 4차 산업혁명의 기반으로 활용되고 있다고 한다. 작품 속에서 슈퍼컴퓨터는 경제에서 파생되는 수요와 공급을 효율적으로 조절함으로써 인류의 평화와 안정을 이끄는 역할을 하는 캐릭터이다.

슈퍼컴퓨터는 스스로 오류를 교정할 능력을 갖추고 있지만, 계전기 회로에 오류가 생겨서 문제를 발생시킬 수도 있다. 작품 내 세계에서 발생한 문제는 과잉 생산, 완공 지연, 생산량 감소, 직원 해고 등의 사태가 발생하면서 시작된다. 로봇공학의 3원칙보다 뒤에 나오지만, 3원칙에 앞서 '0원칙'으로 불리는 슈퍼컴퓨터의 제1원칙은 '로봇은 인류에게 해를 입혀서는 안 된다. 그리고 위험에 처한 인류를 모른 척해서도 안 된다.'이다. 인간의 차원이 아닌 인류의 차원에서 제작된 슈퍼컴퓨터는 기술이 누적되면서 진화한 컴퓨터이기 때문에 인간의 콘트롤 범위를 넘어선 기계이다. 우리가 만든 기계들이 단순한 피조물을 넘어서, 우리의 후손이라 자신 있게 말할 수 있을 정도로 인간만큼 복잡한 존재가 될 것이고, 결국은 인간을 초월하는 기계로 진화(한스 모라벡, 2011:17-18)할 것이라는 예견은 점점 현실로 다가 오고 있는 실정이다.

세계조정자인 바이어리는 지역에서 발생하는 불균형의 문제가 로봇이나 기계가 인간의 일자리를 빼앗기 때문에 로봇 생산을 방해하는 '인간을 위한 사회'라는 조직의 사상에 물든 지역조정자라는 의심을 하며, 4개 지역의 조정자를 각각 만난다. 지역조정자들을 만나면서 그들은 정확하게 자료를 입력하고 슈퍼컴퓨터의 지시를 제대로 따르고 있어, '인간을 위한 사회'의 개입을 확인하지 못한다. 뉴욕으로 돌아와서 수잔 박사를 만난 바이어리는 '인간을 위한 사회'라는 조직을 계속 의심하며 그들을 제거할 계획을 세우지만, 바이어리의 이야기를 듣던 수잔 박사는 최근 슈퍼컴퓨터가 일으키는 일련의 문제들은 인류를 지키기 위한 슈퍼컴퓨터의 자작극으로 판단한다. 이 에피소드의 슈퍼컴퓨터는 방대한 자료를 바탕으로 세계정세와 인류 전체의 심리 사태에 근거(367)해서 인류를 유토피아로 이끄는 기계로 묘사되고 있다.

작품에서 슈퍼컴퓨터는 인류가 지닌 모든 문제를 해결할 수 있는 신과 같은 존재로 역할하고 있다. 작가는 슈퍼컴퓨터가 콘트롤하는 세상의 장점만을 지나치게 확대해서 보여주고 있어, 독자들의 논쟁을 촉발하고 있다. 슈퍼컴퓨터는 지능과 감성, 윤리의식을 가진 것으로 보아 오늘날로 치면 AI 장착형 컴퓨터일 것이다. AI 기술이 발달한 사회는 서사가 보여주는 장점 외에 여가 시간의 확대, 물가 하락, 고된 일의 감소는 물론, 고용기회 감소와 불평등의 확대라는 어두운 면도 있어 사회 조직은 지금까지와는 다른 대전환을 경험(게리 마커스, 어니스트 데이비스, 2021:23)해야 할 것이다. 특이점 담론을 넘어서 AI가 인류에게 유용한 방향으로 가기 위해서는 AI가 자신의 결과를 예측하고 평가할 수 있는 기계를 만드는 전제가 되는 딥 언더스탠딩에 대한 연구(게리 마커스, 어니스트 데이비스, 2021:333)를 강조할 필요가 있어 보인다.

5. 논쟁을 유발하는 『아이 로봇』

로봇의 초기 개념은 상상 속에서 나왔으며, 개발자들은 문학 속에서 발명된 '기계적인 인간'을 전형적인 로봇의 형태로 부각시켰다(데이비드 햄블링, 2019:6). 아시모프의 『아이, 로봇』과 로봇소설들은 로봇산업 선구자인 조셉 F. 잉겔버거, 로봇공학자인 마빈 민스키와 시몬 노프 등에게 커다란 영감을 주었다. 최근 로봇 관련 담론들이 늘어나면서 소설 『아이, 로봇』의 이야기도 흔하게 회자되지만, 본격적인 연구는 찾아보기 힘든 실정이다. 『아이, 로봇』에 대한 본격적인 연구의 필요성을 절감하면서 시작된, 본 연구의 목표는 『아이, 로봇』에 등장하는 인간과 로봇의 사고와 행동 방식을 중심으로 캐릭터를 유형화하고, 각 유형의 특성을 밝히는 과정에서 이 작품이 지니는 문학적 의의를 찾아보는 데 있다.

로봇이라는 용어는 강제 노동자나 노예를 뜻하는 체코어로, 1920년 체코 극작가 카렐 차페크의 희곡 『로섬의 유니버설 로봇』(Rossum's Universal Robots)에서 복제인간에 가까운 캐릭터를 로봇이라고 부르면서 생긴 용어이다. 『아이, 로봇』에 등장하는 로봇캐릭터들은 쇠붙이로 제작되었기 때문에 차페크가 고안한 캐릭터와는 차이를 보인다. 『아이, 로봇』은 아시모프가 1940~1950년까지 발표했던 아홉 편의 단편소설들을 모으고 다시 다듬어서 펴낸 소설이기 때문에, 단순한 단편 모음집이 아닌 통일성을 지닌 훌륭한 장편소설이 되고 있다. 옥스퍼드 사전에서 양전자와 로봇공학이라는 용어는 아시모프가 개발한 용어로 기록되고 있다. 작품 속의 로봇들은 양전자 두뇌가 내장되어 있기 때문에 생각을 할 수 있는 로봇이며, 오늘날 AI 로봇과 유사하다.

로봇공학의 3원칙은 각 에피소드 구성의 전반에 걸쳐 로봇캐릭터들이 인간 인물들을 해칠 수 없는 윤리적 장치로 작동한다. AI 로봇의 진화 속도가 매우 빨라지고 있는 시점에서 로봇공학의 3원칙은 주요한 의제로 떠오르고 있다. 『아이, 로봇』에는 인간 인물과 로봇 캐릭터가 함께 등장해서 사건을 일으키고, 갈등을 겪기도 하면서 문제 해결의 단계에까지 이른다. 따라서 소설에 등장하는 캐릭터는 크게 로봇을 활용하는 인간과 인간과 공존하는 로봇으로 나눌 수 있는데, 로봇을 활용하는 인간은 로봇 신뢰형, 프랑켄슈타인 콤플렉스형, 문제 해결형으로, 인간과 공존하는 로봇은 인간 도움형, 인간 무시형, 인간 기만형, 정치 참여형, 유토피아 건설형으로 다시 세분해서 유형화할 수 있다.

『아이, 로봇』에 재현된 다양한 캐릭터들의 사고와 행동은, 인간은 로봇을 어떤 존재로 볼 것인가, 기계는 안전/완전할 수 없는가, 로봇은 인간에게 유익한 기계에 지나지 않는가, 로봇의 정치 참여가 가능/바람직한가, 슈퍼컴퓨터는 유토피아를 건설할 수 있는가 등처럼 다가올 사회에서 필요한 많은 문제들을 제기하고 있다. 이런 점에서 볼 때, 로봇과 인간이 공존하는 세상에서 필요한 성찰들을 내포하고 있는 『아이, 로봇』의 문학적 가치는 매우 크다고 할 수 있다. 연구 결과로 도출된 논점들을 PBL, 하브루타 등의 교수법을 사용해서 학생들의 사고력을 기르는 데 활용할 수 있기 때문에, 후속 연구는 수업사례 연구로 이어질 것이다. 아울러 아시모프 소설 연구의 활성화를 위해서는 더 많은 번역본의 보급이 이루어져야 할 것이다.

참고문헌

기본 자료
아이작 아시모프. 김옥수 옮김(2020). *아이, 로봇*, 우리교육.

참고 자료
게리 마커스, 어니스트 데이비스. 이영래 옮김(2021). *2029 기계가 멈추는 날*, 비즈니스북스.
고인석(2011). 아시모프의 로봇 3법칙 다시 보기: 윤리적인 로봇 만들기, *철학연구* 93, 97-120.
김보영(2017). '로봇시민법' 만드는 EU… 전자인간에 윤리를 명하다, *한국일보* 3월 4일자 기사.
닉 보스트롬. 조성진 옮김(2018). *슈퍼인텔리전스*, 까치.
데이비드 햄블링. 백승민 옮김(2019). *우리는 로봇이다*, 미래의창.
메리 셸리. 구자언 옮김(2017). *프랑켄슈타인*, 더클래식.
바이런 리스. 이영래 옮김(2020). *제4의 시대*, 쌤앤파커스.
아이작 아시모프. 김선형 옮김(2010). *아시모프의 과학소설 창작백과*, 오멜라스.
오노 슌타로(2017). *프랑켄슈타인의 콤플렉스*, 에스파스.
올더스 헉슬리. 이덕형 옮김(1998). *멋진 신세계*, 문예출판사.
임선애(2021). "아시모프의 『아이, 로봇』에 재현된 캐릭터 유형 연구", *문화와융합* 43(9), 413-428.
정웅일. 이시훈 옮김(2019). *인공지능에 도덕엔진을 탑재하는 법*, 클라우드나인.
제이슨 생커. 유수진 옮김(2021). *로봇시대 일자리의 미래*, 미디어숲.
토비 월시. 이기동 옮김(2018). *AI의 미래 생각하는 기계*, 프리뷰.
한스 모라벡. 박우석 옮김(2011). *마음의 아이들 로봇과 인공지능의 미래*, 김영사.
국가슈퍼컴퓨팅센터, https://www.ksc.re.kr/kor
국가기상슈퍼컴퓨터센터, http://web.kma.go.kr

● 이 장은 문화와융합 학술지 43권 9호에 실린 필자의 논문(임선애, 2021)을 바탕으로 재구성되었다.

12장

팬데믹 사회의 감정구조와 미학적 대응

1. 팬데믹 사회의 감정들

팬데믹 상황 속에서 생산된 다양한 소설 작품들은 장편이 아닌 단편들이 주를 이루고, 이 또한 대부분 앤솔로지(anthology) 형식으로 출판된 경우가 많다. 미국에서 출판된 후 한국어로 번역, 소개된 『데카메론 프로젝트』(2020)나 한국 작가들이 쓴 『쓰지 않을 이야기』(2020)와 SF 소설집 『팬데믹: 여섯 개의 세계』(2020) 등과 같은 팬데믹 앤솔로지들이 그 대표적인 예이다. 『데카메론 프로젝트』의 출판에 참여한 총 29명의 소설가가 국적과 지역이 미국, 캐나다뿐 아니라 모잠비크, 에티오피아, 브라질, 파키스탄, 칠레 등 출신 지역이 다양하게 분포되어 있다. 때문에 글로벌한 하나의 공통된 사건으로서 팬데믹을 다양한 지역, 다양한 정치적, 경제적 상황 속에서 어떻게 감응하는지를 살펴볼 수 있다는 장점이 있다. 이 책의 편집자는 1353년 조반니 보카치오가 2500만 명의 목숨을 앗아간 흑사병을 피해 이탈리아 피렌체 외곽에서 젊은이들이 들려주는 100편의 이야기를 담은 액자소설 『데카메론』에서 영감을 얻어 프로젝트를 기획하게 됐다고 쓰고 있다. 이들 앤솔로지들은 복잡한 서사 구조보다는 단순하고 단선적인 플롯으로 이루어진 짧은 이야기들 위주로 구성돼 있다. 이 때문에 팬데믹 이야기들(pandemic stories)은 사회에 대한 종합적이고 안정적인 내러티브를 제공하는 데까지 나아가지 못하는 한계도 드러내고 있는 것이 사실이다.

그렇지만 팬데믹 이야기들은 여러 국적의 작가들이 자신들의 문화적 위치 안에서 팬데믹으로 인해 변화한 사회에서 사람들이 느끼는 감정과 정동(affects)을 '즉각적으로' 증언하고 기록하고 있다는 점에서 팬데믹 사회를 살펴볼 수 있는 의미 있는 자료라고 할 수 있다. 작가들은 팬데믹 사회의 변화를 빠르게 포착해 내고 또 이를 토대로 새로운 미래를 향한 미학적-정동적(aesthetic-affective) 실험을 감행한다. 실제로 팬데믹 앤솔로지들의 기획 의도를 보면, 대부분 팬데믹 상황에 대한 문학적 응전으로서의 의미를 강하게 드러내고 있다. 이는 문학과 사회의 관계를 논할 때 그 의미가 작지 않다고 본다.

이러한 맥락에서 이 글은 팬데믹 이야기들이 포착하는 감정과 정동들에 주목한다. 팬데믹 현상이 글로벌한 사건이라는 사실은 우리가 사는 세상을 관통하는 공통의 감정구조로 재사유할 수 있는 가능성을 제공한다. 기실 팬데믹 이야기들에서 발견되는 다양한 감정들은 예상할 수 없었던 사건인 팬데믹을 역사적으로 증언하는 과정이라는 점에서, 감정에 대한 분석은 그 자체로 팬데믹 사회의 변화를 성찰할 수 있는 중요한 바로미터가 될 수 있다. 팬데믹 앤솔로지를 뒷받침하는 다양한 감정들을 분석해 냄으로써 팬데믹 사회의 공통 감정을 논할 수 있는 것이다. 이는 포스트 팬데믹 사회의 윤리와 정치를 생각하는 계기로서도 의미가 있다.

사실 코로나바이러스는 인간의 시력으로는 볼 수 없는 미시적인 실체로서, 바이러스 자체는 인간의 신체감각 장(場) 안에서 포착할 수 있는 대상이 결코 아니다. 아마도 이 점은 세계의 모든 작가들에게 주어진 공통된 출발점이라고 할 수 있을 것이다. 작가들은 이처럼 재현할 수 없는 미시 실체를 마주하면서 글쓰기를 시작해, 어떻게 이토록 작은 실체가 거대한 도시와 인간의 삶을 변형시켜 갔는지 추적함으로써 팬데믹 사회의 진실을 묘파하고자 한다. 실제로 팬데믹 이야기에서 가장 중요하게 다뤄지는 감정 중 하나가 코로나바이러스에 대한 사람들의 반응에 관한 것이다. 말하자면 팬데믹 이야기는, 재현할 수 없는 바이러스에 감염된 사회와 도시, 일상에 천착해 가면서 자연스럽게 동시대인의 삶과 감정을 증언하고 나아가 팬데믹 사회의 본질을 파악하고자 하는 공통된 실존의 노력으로 볼 수 있다.

한편, 작가들은 유례가 없는 팬데믹 상황을 단순히 어느 날 갑자기 출현한 사건으로 기록하기보다 현실 내부에 이미 자리하고 있었던 사회적 모순들과 결합해 이해하고자 하는 시선을 드러낸다. 이러한 생각 역시 주목이 필요한 부분이다. 사실 팬데믹 이전과 이후를 연결하는 포괄적인 접근 방식은 팬데믹 사회를 관통하는 주요한 사유 방식이라고 할 수 있다. 다양한 방면에서 이미 많은 논의가 진행됐다. 즉, 많은 논자가 코로나바이러스 감염병을 계기로 팬데믹 이전부터 우리 내부에 존재해 오고 있었던 문제들을 더 깊이 사유하는 방식을 택했다. 예를 들어, 인간중심주의로 인한 생태적 위기, 신자유주의 사회의 불안정성(precarity), 계층적 불평등과 연대의 빈약함 등이 팬데믹 사회를 관통하는 정치적·윤리적 물음으로 재사유되고 있다. 이러한 사유의 이면에는 다양한 현대 사회의 모순들과 함께 코로나바이러스가 자가 증식하고 있었다고 하는 관점이 자리하고 있다. 가령, 슬라보예 지젝은 코로나바이러스 감염병을 "잠재적으로 병원체가 될 수 있는 바이러스 메커니즘, 산업화된 농업, 전 지구적 경제의 급속한 발전, 문화적 관습들, 국제적 소통의 폭발적 증가 등의 집합체"라고 보았다. 이는 감염병이 "자연적, 경제적, 문화적 과정들이 복잡다단하게 서로 묶여 있는 하나의 혼합체"라는 시각이다(슬라보예 지젝, 2020:142) 따라서 팬데믹 앤솔로지를 분석하는 것은 현 사회의 감정을 분석하는 것을 넘어 우리 시대의 다양한 모순들을 마주하는 과정이라고도 볼 수 있다.

이 글은 바로 이러한 맥락에서 팬데믹 이야기를 관통하는 세계 감정으로서의 공통 감정과 공통적인 사유방식이 무엇인지 말하고자 한다. 주목할 것은 바이러스라는 재현할 수 없는 대상을 재현하는 과정에서 작가들이 구상하는 새로운 연대의 가능성이다. 즉, 팬데믹 이야기들을 통해 다양한 사회의 느낌들이 정동적으로 조율(affective attunement)되는 과정이 발생한다. 가령, 앤솔로지에 담긴 다양한 목소리들은 서로 얽히면서 공명하는 문학적 풍경을 만들어내기도 한다. 이질적인 차이들에서 출발하는 팬데믹 이야기들이 마치 하나의 모자이크처럼 결합하면서 비록 특정한 실체와 목적을 표명한 바 없음에도 현 사회가 어떻게 변해야 하는가에 대한 일종의 공통된 물음들을 던지는 과정이 생겨나는 것이다. 이는 브라이언 마수미(Brian Massumi)가 말한 파국 장에서 여러 다양한 목소리들이 조우하면서 사회를 변화시키는 정동 정치(politics of affects)가 출현하는 과정이라고 할 수 있다. 따라서 이 논문은 팬데믹 사회의 공통된 감정구조를 포착하면서 궁극적으로는 이를 새로운 미적 정동 정치의 가능성으로 읽어내고자 한다.

구체적인 분석 텍스트는 앞서 언급한 2020년 팬데믹 한가운데에서 미국에서 출판된 세계 여러 작가가 참여한 작품집 『데카메론 프로젝트』, 한국에서 출판된 『쓰지 않을 이야기』, 『팬데믹: 여섯 개의 세계』 등 세 권의 앤솔로지를 선정했다. 이들 작품을 분석 대상으로 삼은 이유는 팬데믹 이야기들이 아직 팬데믹 상황이 진행되고 있는 상황에서 현재 우리가 팬데믹을 어떻게 느끼고 경험하는지를 비교적 직접적으로 드러내고 있기 때문이다.

이제 본격적인 작품 분석에 앞서 문학과 사회를 연결하는 감정과 정동, 그리고 감정구조의 개념을 살펴보고, 이를 바탕으로 문학이 수행하는 정동 정치가 무엇인지, 그 이론적 맥락을 간략히 검토해 보자.

2. 감정구조와 정동 정치에 대한 이론적 접근

문학작품에 재현된 감정적 현실은 실제 사회 현실의 반영이자 거울이라고 할 수 있다. 감정이란 단순히 개인의 주관적인 반응이기만 한 것이 아니다. 감정의 생산 과정은 그 자체로 한 사회의 현실과 깊이 연루되어 있다. 따라서 감정은 사회의 실제 모습을 가늠할 수 있는 하나의 의미 있는 프리즘이라고 할 수 있다. 감정을 통한 사회와 시대에 대한 성찰이 가능한 것은 바로 이러한 이유 때문이다.

하지만 감정은 오랫동안 이성 또는 합리성의 대척점으로 배치되어온 것이 사실이다. 이러한 이분법적 사고는 감정을 성찰 이전의 불투명하고 불완전한 감각 영역으로 치부하도록 만들어왔다. 감정이 이성적이고 합리적인 판단을 흐리게 하는 부정적 요소로 인식되어 온 것이다. 이러한 감정과 이성의 구분은 문화와 자연을 위계화하고 이분화해온 근대적 사유 틀과도 쉽사리 호응한다. 그러나 사라 아메드(Ahmed, 2004b)가 지적하고 있듯, 감정과 느낌이라는 감수적인 반응 양상들은 오히려 이성적 판단과 실천을 만드는 주요한 동력이자 원인이라고 할 수 있다. 사라 아메드를 비롯한 많은 페미니스트 철학가들은 여성이 자신의 여성으로서의 정체성을 형성하는 것은 여성의 감정에 대한 기율과 통제를 통해 가능하다는 것을 지적해왔다. 감정과 정치를 결코 분리할 수 없다는 시각이다. 한 사회의 지배적인 이데올로기는 특정한 감정적 공동체를 형성하고 있으며, 그것은 개인에게 적합한 감정적 반응을 표현하도록 만드는 무의식적인 습득 과정을 수반한다(사라 아메드, 2015:56-95). 이런 면에서 볼 때, 팬데믹 사회의 감정들이 기존의 지배적인 사회 감정들과 어떻게 충돌하고 또 대항하는지 살펴보는 것은 중요한 의미가 있다. 팬데믹 사회에서 출현하고 있는 특별한 감정들은 그 자체로 현 사회 내부에서 형성되고 있는, 그렇지만 아직 명확한 실체를 지니지 못한 새로운 감정 공동체를 설명해 줄 수 있다.

따라서 팬데믹 이야기는 아직 현재 진행 중이라고 할 수 있다. 여기서 분석하려는 텍스트인 팬데믹 이야기 역시 하나의 완성된 감정구조를 드러내고 있다고 보기는 어렵다. 팬데믹 소설들이 무의식적으로 또는 의도적으로 드러내는 감정들은 아직 정동적 잠재성 상태로 머물러 있는 경우도 흔하다. 이는 팬데믹 감정구조라는 것이 실제로는 끊임없이 변화하고 있는 집합적인 분위기라는 것을 분명하게 보여주는 대목이다. 특히 앤솔로지 작품들에서 구성되는 즉시적인 팬데믹 사회의 감정들은 기본적으로 팬데믹을 계기로 새롭게 부상하는 느낌들로 구성되어 있다고 보아야 할 것이다. 아직 명확한 실체로 확정할 수 없는 복잡한 감정적 현실이 존재하는 것이다.

이와 관련하여, 레이먼드 윌리엄즈(Raymond Williams) 역시 감정 구조(structures of feelings)를 이미 형성된 감정들로만 설명할 수 없다고 말한다. 윌리엄즈는 굳어진 지배적인 감정구조와 더불어 부상하고 있는 느낌들의 형성에 대해서도 주목할 것을 요구한다. 그가 말하는 '부상하고 있는' 느낌들은 특별한 감정적 주체를 부여받기 이전 상태라고 할 수 있다. 하지만 중요한 것은 이러한 부상하는 감정들은 한 사회의 변화하고 있는 감정적 분위기를 감지하도록 안내한다는 점에서 의미가 있다는 것이다.

특히 팬데믹 상황에 대한 미학적 대응은 바로 이러한 부상하는 감정들과 깊은 연관성이 있다고 말할 수 있다. 레이먼드 윌리엄즈(2009:216-217)에 따르면, 예술은 동시대의 전체 감정구조와만 관계를 맺는 것이 아니라 대부분 이미 드러나 있는 지배적인 감정과 더불어 아직 충분히 실체화되지 않은 잔여적인 사회적 형성물들과도 관계를 맺고 있다. 이때 윌리엄즈는 예술에서 형성되는 감정 구조가 관계를 맺는 대상을 "부상하는" 형성물이라고 지적한다. 이 부상하는 형상물이란 단순한 변동이나 유동적 상태의 형성물을 의미하는 것이 아니라, 의미론적 가용성의 가장자리에 존재하지만 조직적으로 짜인 하나의 형성물이라고 말한다. 하지만 윌리엄즈는 이러한 새로운 의미의 표상들이 실제로 발견되기까지는 시간이 소요되며, 그것이 특정한 세대의 감정을 구성한다는 사실은 시간이 흐른 후에야 밝혀낼 수 있다고 말한다. 따라서 팬데믹 사회에서 구성되고 있는 감정 구조는 이미 존재하는 지배적인 형상물들과 함께 그것과 충돌하면서 부상하고 있는 우리 시대의 새로운 감정들과 조우하고 있는 것으로 이해할 필요가 있다.

이러한 설명은 결국 감정구조가 정동적 차원들과 분리될 수 없음을 보여주는 것이라고 할 수 있다. 예를 들어, 벤 앤더슨(Ben Anderson)은 윌리엄즈가 이야기한 '부상하는' 감정 구조에 주목하면서 감정구조가 본질적으로 아직 감정적 실체로 구성되지 않은 정동의 발현 과정과 분리할 수 없다는 점을 지적한다. 즉, 그는 윌리엄즈가 이야기하는 감정구조란 집합적인 성향을 지닌 세계와의 관계이며(Anderson, 2014:121), 그것은 결정된 외부의 자원만을 의미하는 것이 아닐 뿐더러 실천적 삶과 분리된 것도 아니며, 미리 그것을 결정하는 것도 아니라고 설명한다. 따라서 감정 구조란 재현할 수 없는, 전-언어적이고 전-의식적인 신체적 반응들로 구성되는 정동적 질을 포함할 수밖에 없다. 나아가 앤더슨은 이와 같이 한 사회 또는 도시라는 장소를 다양한 정동들이 마주치고 상호작용하면서 생산되는 표현적 실체로 정의하고 있다(Anderson, 2014:121).

그렇다면 정동이란 무엇을 의미하는가. 일반적으로 정동이라는 개념은 우리가 타자와 관계를 맺을 때 발생하는, 신체적이고 즉각적인 어떤 의미에서는 내장적인(visceral) 반응 양상들을 의미한다. 앞서도 이야기한 것처럼 정동이라는 용어는 전-언어적이며 동시에 전-의식적인 상태의 어떤 반응들을 총칭하는 말로 사용되곤 한다. 흔히 바-재현적인(non-representational) 마음의 상태로 풀이되는데, 한마디로 정동 상태란 특정한 개인의 주관적 감정과 구분되며, 한 개인의 반응을 초과하는 것으로, 타자와의 관계 속에서 이루어지는 집합적 정동 혹은 집단적 분위기라고 말할 수 있다. 브라이언 마수미에 따르면 "정동은 인간적 삶의 주관적 내용이 아니다. 그것은 관계의 장에서 느껴지는 질이다."(브라이언 마수미, 2018:188). 이러한 정동의 집합적 성격 때문에 마수미는 우리가 정동 안에 있는 것이지, 정동이 우리 안에 있는 것이 아니라고 강조한다.

그런데 마수미는 파국적인 상황 속에서 출현하는 정동 정치(politics of affects)를 강조한다. 팬데믹 상황이 보여주는 파국적인 상황은 집합적으로 형성된 정동들이 잠재적인 어떤 상태로 존재하면서도 어떤 특정한 감정들로 형성되어가고 있으며 그러면서 하나의 새로운 정치적 실천들을 만들어낼 수 있는 잠재적 힘을 내포하고 있다. 따라서 팬데믹 사회의 감정들이 어떻게 작동하는지 알기 위해서는 이러한 정동 정치의 영역을 주의 깊게 관찰할 필요가 있다. 마수미는 우리의 몸과 생명이 단순히 개체적으로 존재하는 것만이 아니라 관계 속에서 형성된 느낌과 변화들을 운반하는 일종의 "공명 상자"라고 본다. 따라서 우리들 사이에서 집합적으로 일어나는 정동적 전파 혹은 전염은 "우리가 스스로를 정위할 수 있기 전에, 한걸음 물러나서 경험을 합리적으로 생각하려고 시도하기 전에 일어나는 모든 것"이라고 말할 수 있다(브라이언 마수미, 2018:173).

그렇다면 정동 정치란 구체적으로 무엇을 의미하는가. 브라이언 마수미(2018)는 정동 정치를 우리가 타자들과 형성하는 일종의 미분적 조율 상태를 의미한다고 설명하는데 그가 말하는 미분적 조율이란 "우리는 모두가 함께 사건에 들어가 있다. 그러나 서로 다르게 함께 들어가 있다"는 말로 요약된다. 즉, 미분적 조율이란 우리들이 같은 의견에 도달하는 방식의 합의나 동일화와 다르다. 그것은, 마수미에 따르면, 우리들 각자가 서로 다른 일련의 경향성, 습관들, 행동 가능태들이 딸려 있으면서, 따라서 우리 사이의 차이를 지워버리지 않으면서, 서로가 공명하는 과정으로 나아가는 미분적 조율(differentiated attunement) 상태를 의미한다. 특히, 마수미는 재난과 같은 파국적인 정동적 사건 속에 우리가 직접적으로 조우하면서 생겨나는 이러한 관계의 변용에 주목한다. 그는 정동정치를 '우리가 사건 속으로 다른 각도로 진입하고 우리 자신의 특이한 궤도를 따라 거기서 빠져나오며 우리 자신의 독특한 방식으로 파도를 탄다'고 묘사한다(브라이언 마수미, 2018:174). 말하자면 정동의 미분적 조율이란 언어적 재현 이전에 나와 타자의 관계 속에서 이미 서로 정동을 주고받으면서 개별적이면서도 집단적인 상태, 즉 "집단적 개별화"에 도달하는 느낌의 공명 혹은 정동의 전이 과정이라고 볼 수 있다. 따라서 마수미는 진정한 정동정치란 이데올로기나 정체성 정치로 환원될 수 없다고 설명한다. 정동의 장 안에서 보면 우리가 "불확실성의 상황 속에 있고 전체를 볼 수가 없으며 모든 것을 장악할 수 있는 위치는 존재하지 않"기 때문이다. "완전히 파악할 수 없는 장 안에는 복잡성과 다양성이 있으며 그와 아울러 우리는 끊임없이 변화"할 수밖에 없다(브라이언 마수미, 2018:187).

이렇게 볼 때, 팬데믹에 대한 미학적 대응들은 바로 이러한 정동적 차원에서 관찰할 때 보다 새로운 의미를 부여할 수 있다. 즉, 팬데믹 이야기는 우리 모두가 팬데믹이라는 어떤 절박함 속에서 만들어지는 내재된 사건의 장(場) 안에 함께 들어가 있음을 보여준다. 팬데믹 앤솔로지는 바로 이러한 관점에서 의미 있는 하나의 자료라고 할 수 있다. 팬데믹 이야기들이 수많은 다양한 이질적인 주체들에 의해 집필되고 하나의 앤솔로지로 묶일 때 일어나는 정동적 조율 과정은 마수미의 정동 정치 개념과 잘 호응한다. 환원하면, 팬데믹 이야기들은 우리 모두가 팬데믹이라고 하는 각기 다른 방식으로 지구적 사건 속에서 함께 들어와 공명하고 있다는 것을 보여준 사례라고 할 수 있다. 이와 같은 방식으로 팬데믹 이야기는 팬데믹 정동 혹은 감정을 이해할 수 있는 언어로 재현하고 이를 통해 우리 사회의 공통 감정에 다가서도록 만든다. 따라서 이 논문에서는 팬데믹 감정구조를 단순히 하나의 정교한 완성된 지배적인 감정구조로 그리기보다, 오히려 변화하고 있는 작가와 사회, 나와 타자 사이의 관계를 보다 잘 이해할 수 있는 하나의 '과정'으로 파악하고자 한다.

이러한 생각들을 토대로 다음 장에서는 팬데믹 이야기가 어떤 정동과 감정들을 생산하고 있는지 그 과정을 추적해 볼 것이다.

3. 소설을 통해 본 팬데믹 사회의 감정구조

1) 공포의 전염

코로나바이러스 감염병은 예측할 수 없는 경로와 접촉을 통해 전파된다. 이는 사람들이 제한된 장소에 머물게 하고 '타자'인 다른 사람에 대한 접촉을 피하게 만드는 요인이 되고 있다. 팬데믹 사회에서 이 접촉에 대한 불안은 끊이지 않고 계속해서 나타나고 있다. 그런데 이러한 접촉에 대한 회피가 장기간 지속될 경우, 사람들 간의 의사소통은 줄어들 수밖에 없게 된다. 이는 사회적인 것의 약화를 만들어낼 수 있다는 점에서, 이는 또 다른 사회 문제로 번져갈 수 있다.

작가들이 팬데믹 사회에서 공통적으로 가장 먼저 제기하는 문제 또한 이 접촉의 불안과 소통의 부재라는 문제의식이다. 그것은 우리가 검토하고자 하는 미국과 한국의 팬데믹 이야기들에서 기본적인 문제의식이기도 하다.

그런데 여기서 주목할 것은 이러한 접촉의 불안이 만들어내는 공포의 정동이 이성적인 판단보다 앞서 물질적이면서 동시에 비물질적인 한 사회의 분위기(atmosphere)를 형성하는 과정이다. 바이러스의 감염 가능성에 대한 객관적 검증과 무관하게 감염에 대한 공포가 도시의 집합적 분위기로 자리하며, 우리는 바로 이러한 분위기 안에 들어가 생활하게 된다는 것이다. 바이러스가 눈이 보이지 않는 극도의 미시적 실체라는 점에서 이러한 불안은 타인에 대한 공포라는 형식으로 강화된다. 거의 실체가 없는 대상이기에 이러한 공포는 더 커질 수밖에 없다. 공포의 정동이 글로벌하게 확산된 이유도 여기에 있다.

사라 아메드(Ahmed, 2004a:117-139)는 이와 같은 방식의 정동의 흐름과 강화 과정을 정동적 경제(economy of affects)라는 말로 명명한 바 있다. 아메드에 따르면, 정동이 발생할 때에는 그것이 어떤 감정으로 발전할지 알 수 없다. 하지만 이러한 정동들이 집합적인 것으로 형성되는 순간 그것은 특정한 강화(intensification)와 축적 과정을 거쳐 결국 많은 사람이 영향을 받게 되는 감정적 질을 획득하게 된다. 따라서 공포라는 집단적 정동이 발생하면 그 속에 들어가는 신체들은 이에 반응하게 되는데 이는 한 사회의 감정구조가 형성되는 하나의 중요한 경로라고 할 수 있다. 특히, 예상할 수 없는 기호, 신체, 장소, 가물에 달라붙어(sticky) 다른 형태의 감정으로 표출되곤 한다. 팬데믹 사회에서 전염의 공포가 타자에 대한 공포로 나타나는 것도 이 때문이다. 실체가 없는 바이러스에 대한 신체적 반응들이 다른 존재(특히, 인간)에 대한 접촉의 불안으로 이어지고 나아가 타인에 대한 공포의 감정으로 강화되는 과정이 일어나는 것이다. 그러한 존재들 사이의 감정적 전염은 결국 팬데믹이 만들어낸 보편적인 풍경(socioscapes)이 되어가고 있다.

[1] 당신은 마지막으로 사람들 사이에 있던 것이 언제인지 생각했다. 마스크를 쓰고 허겁지겁 일주일에 한 번 식료품점에 다녀오거나 사서함에 아무렇게나 쌓인, 꼭 필요하지도 않은 상자들을 챙겨 돌아오는 것은 셈에 넣지 않았다. 특히 비말이 비처럼 쏟아진다는 역겨운 개념을 소개한 팟캐스트를 들은 뒤로는 보이는 사람마다 최대한 거리를 유지했고, 전파가 두려워 다른 사람들과 눈도 마주치지 않았다(토미 오렌지, 2021:82).

[2] 누군가 숨을 길게 내쉬었다. 오십대로 보이는 남자 하나가 더는 못 견디겠다는 듯 오른쪽 귀에 걸어둔 마스크 고리를 풀었다. 남자의 눈동자는 흐릿하게 풀려 있었는데, 그래서인지 금방이라도 쓰러질 듯 위태로워 보였다. 숨을 길게 내쉬었다 깊이 들이마시기를 반복하던 남자가 어느 순간 마른기침을 터뜨렸다. 동시에 사막에서 길을 잃을 것처럼 무기력하게 서 있던 사람들이 재빠르게 뒷걸음질했고, 누군가는 "흠, 흠" 소리를 내며 노골적으로 불편한 심기를 드러냈다. 주변을 의식한

듯 남자는 다시 마스크를 얼굴에 밀착시켰다. 여름이 되면 감염자 수가 줄어들 거라는 기대는 완전히 무너져 내렸다. 바이러스는 계속해서 변이를 일으키며 무서운 속도로 퍼지고 있었다. 모두의 예상을 빗나간, 모두에게 쉽지 않은 지독한 여름이었다(조수경, 2020:13-14).

[3] 대중교통에서 마주친 사람들 중에 감염된 사람이 없으란 법은 없었다. 특히 통근 버스가 출발하는 방화역은 지하철 5호선, 즉 공항으로 연결되는 노선에 속해 있었다. 외국에서 바이러스와 함께 입국한 누군가가, 혹은 그 누군가에 의해 감염된 또 다른 누군가가 전철에 탑승했을 가능성이 있었다. 그게 아니더라도 가족에게, 혹은 직장 동료에게, 혹은 같은 엘리베이터를 이용하는 이웃에게 감염된 누군가가 전철역 에스컬레이터 손잡이에, 버스 의자에, 혹은 공중화장실 같은 곳에 바이러스를 남겼고, 그 바이러스가 다시 물류센터에 일하는 사람에게 들러붙었고, 우연히 그 사람이 통근 버스에서 내 옆에 앉았다거나, 혹은 그 사람이 입었던 방한복을 내가 그래도 입었다거나, 혹은 저녁 식사를 할 때 근처에 앉았다거나 했을 가능성이 충분했다. 이런 식의 시나리오는 장소를 바꾸거나 등장인물을 바꿔가며 끝도 없이 쓸 수 있었고, 결국 사람과 사람이, 우리 사회가, 아니, 전 세계가 그물망처럼 연결돼 있다는 사실에 머리가 아찔해졌다(조수경, 2020:42).

예문 [1]은 아메리칸 인디언 작가 토미 오렌지(Tommy Orange)의 「더 팀」의 한 장면이다. 이 소설은 코로나 바이러스가 신체적인 접촉에 의해 전파된다고 하는 생각이 사람들 사이에 공통적으로 자리하는 과정을 보여준다. 감염경로가 불확실한 만큼 사람들에 대한 의심과 전파의 두려움이 더 강력해지는 것을 알 수 있다. "비말이 비처럼 쏟아진다"는 팟캐스트의 표현에 영향을 받은 주인공이 사람들과 최대한 거리를 유지하는 모습이 바로 그러하다. 그런데 이러한 전염의 공포는 결국 타인에 대한 불신과 공포로 이어지게 되는데, 이제 주인공은 타인들과 "눈"도 마주치지 않으려

한다. 이는 불확실성에 의한 공포가 만들어내는 신체적 정동들이 잠재적 감염자인 타인에 대한 공포라는 감정적 질을 획득해가는 과정을 엿볼 수 있는 대목이다.

　예문 [2]와 [3]은 조수경의 소설 「그토록 푸른」의 한 부분이다. 이러한 감염의 불확실한 경로와 거기에서 발현하는 두려움이 잘 드러난다. 주인공은 발작적으로 타인에 대한 공포의 정동들을 드러낸다. 이 소설에서 주인공은 원래 여행사 비정규 직원으로 재직했던 인물로 그려진다. 소설은 주인공이 팬데믹 상황에서 해고당하게 되면서 생계를 위해 택배 물류회사에 취직하게 되고 그러면서 벌어지는 일상의 변화를 보여주고 있다. 소설에서는 바이러스 감염이 일어나면 피부가 파랗게 변하는 증상이 출현하는 것으로 묘사되고 있다. 택배회사에 새로 취직한 사람들 중에는 주인공과 같이 팬데믹으로 갑자기 일자리를 잃은 경우들이 많다. 이들은 택배를 분류하는 작업이 비록 임시직이지만 만일 코로나바이러스 감염병에 걸리게 되면 그마저 잃게 될 것을 염려해야 하는 사람들이다. 따라서 이들에게 팬데믹은 생계 자체가 위협받는 상황을 초래하는데, 등장인물들은 바로 이러한 이유로 자신에게 코로나 증상이 나타나더라도 침묵을 선택하게 된다. 이러한 생존의 절박함이 강렬해질수록 주인공을 비롯한 등장인물들은 타인들을 의심하고 경계하게 된다. 소설은 이러한 방식으로 팬데믹이 타인에 대한 불신을 일상적인 것을 만들어가는 세상을 묘사한다. 예문에서 보듯, 버스 정류장에 서 있던 남자가 어느 순간, 마른기침을 터뜨리자 주변 사람들이 보인 반응은 동일하다. "사막에서 길을 잃을 것처럼 무기력하게 서 있던 사람들이 재빠르게 뒷걸음질"하는 모습이 그려진다. 전염의 위험을 무릅쓰고 살아가야 하는 누군가에게는 타인과의 접촉이 "노골적으로 불편한" 일이 될 수밖에 없는 것이다.

　이처럼 팬데믹 이야기는 도시 공간의 특수성, 즉 익명성과 접촉의 빈번함이 감염에 대한 불안으로 전이되는 과정을 추적하고 있다. 코로나바이러스 감염에 대한 공포는 도시적인 삶의 기반이 되어왔던 모든 장소들에 대한 의심으로 번져 간다. 즉, 도시에서 마주치게 되는 익명의 사람들 속에 바이러스 감염자가 포함되어 있을지도 모른다는 의심이, 기존의 둔감했던 도시의 수많은 일상 공간의 느낌을 부정적으로 변화시킨다. 예문 [3]에서 드러난 것처럼, 감염자는 어디에나 존재할 수 있다. "통근 버스에서 내 옆에 앉았다거나, 혹은 그 사람이 입었던 방한복을 내가 그래도 입었다거나, 혹은 저녁 식사를 할 때 근처에 앉았다거나 했을 가능성이 충분했다." 그리고 이러한 광범위하고 불확실한 감염에 대한 위험은 결국 "전 세계가 그물망처럼 연결돼 있다"는 사실로까지 이어진다. 그러므로 그 누구도 감염의 가능성에서 결코 자유롭지 않으며, 그 누구도 믿을 수 없다는 것이 확인되는 것이다.

이렇게 볼 때, 팬데믹 이야기는 타인에 대한 공포가 일종의 히스테리성 발작과 비슷한 형식으로 타인에 대한 경계로 나타나고 있는 것을 재현해 주고 있다. 그리고 타인에 대한 의심이 공공장소에 대한 불안과 공포로 쉽게 번져 나가는 것을 포착한다. 공공장소는 단순히 개인적인 장소들과 분리된 것을 넘어 오염된 공간으로 처리되고, 따라서 공적 장소에서의 타인과의 마주침 역시 극도로 불안한 것이 되어간다. 감염의 공포가 공포의 감염으로 이어지는 것이다. 지그문트 바우만(Zygmunt Bauman)은 직접적이고 물리적인 공포뿐 아니라 문화적, 사회적으로 순환되는 파생적 공포에 대해 지적한 바 있다. 파생적 공포란 "계속해서 마음을 구획하는 프레임"으로서 "자신이 위험에 빠지기 쉽다고 느끼는 감각"을 일컫는 말이다. 말하자면 "불안의 감각"이나 "취약함의 감각"이라고 할 수 있는 이것은 "실제 위협이 없을 때조차, 위험에 직접 맞닥뜨렸을 때나 보일 반응을 보이게" 되는 현상을 드러낸다. 이 점에서 바우만은 파생적 공포를 "자가 발전하는 공포"라고 명명한다(지그문트 바우만, 2009:13-14). 바우만의 관점을 따르면, 코로나바이러스 감염을 방지하기 위한 건강관리가 개인에게 최상의 목적으로 부여될수록 이러한 개인화된 공포의 문맥은 더욱 증식할 수밖에 없다. 팬데믹 이야기는, 팬데믹이 사실상 개인위생의 문제로 치부될 수 없음에도 불구하고 그러한 개인의 도덕적 요구가 절대시되는 사회로 변해가면서 공포의 감정이, 타인을 부정하는 건강하지 못한 이데올로기로 변질될 수도 있음을 보여준다. 이는 감염된 신체를 도덕적으로 비난하는 사례 또한 생겨나는 이유이기도 하다. 따라서 팬데믹이 장기화될수록 감염자와 잠재적 감염 유발자 사이의 구분, 분열, 분리, 소외라는 차별적 포함과 배제의 정치로 나아갈 수 있다. 이처럼 팬데믹 상황에서 보이지 않는 바이러스에 대해 사람들이 드러내는 공포는 감염에 대한 일차적인 공포뿐 아니라 이러한 사회문화적으로 형성된 파생적 공포의 성격을 지닌다.

2) 불안정성 사회의 개인들

그런데 전염에 대한 공포는 다른 한편으로는 개인의 무기력감을 만들어낸다는 점에서 주목이 필요하다. 코로나바이러스의 위협 자체가 문제뿐 아니라 코로나에 감염되었을 경우 생겨날 수 있는 여러 가지 사회경제적 문제에 대해 개인 스스로 책임져야 하는 상황도 심각하다. 바우만이 말했듯, 사람들 사이에 흘러 다니는 유동하는 공포의 핵심은, "뿜어 나오는 공포가 주는 위협과 그것에 대한 우리의 대응 사이에 펼쳐진 거대한, 그러나 진저리날 만큼 제대로 갖춰진 게 없는 공간" 때문에 더욱 강화된다. 따라서 팬데믹 상황은 사실상 모든 사람에게 동일하게 주어진 조건이 될 수 없다. 팬데믹 위기를 체감하는 방식은 계층과 지역에 따라 다를 수밖에 없다. 문제는 우리가 이러한 공포에 대해 그것을 극복하는 일이 각 개인의 몫이라고 생각할 수밖에 없는 지점이다. 예를 들어, 코로나바이러스의 피해는 상층노동자와 달리 비정형, 비정규 노동자들, 특히 대면접촉이 필수인 직업 종사자들에게 더 직접적일 수밖에 없다. 이들은 재택근무와 같은 업무를 수행할 수 없기에 감염병에 더 쉽게 노출된다. 따라서 팬데믹 위기는 임시직 일자리에서 보다 심각한 생존과 실존의 위협으로 감각될 수 있다. 전병유(2021:107-129)는 팬데믹 위기가 새로운 일자리의 창출이라는 가능성보다는 과거의 노동에 내재하고 있던 구조적 문제를 더 위태롭게 만든다고 지적한다. 전염병과 경제위기는 경제적 불평등을 악화하는 경향이 있으며, 코로나바이러스 감염병 역시 경제적 취약 지점, 즉 근로계약형태고 고용이 이루어지지 않는 특수형태근로종사자, 플랫폼 노동자, 프리랜서, 독립자영업자의 삶에 더 큰 재난으로 작용했다고 분석한다. 예를 들어, 전병유(2021:107-129)는 팬데믹 위기가 새로운 일자리의 창출이라는 가능성보다는 과거의 노동에 내재하고 있던 구조적 문제를 더 위태롭게 만든다고 지적한다. 전염병과 경제위기는 경제적 불평등을 악화하는 경향이 있으며, 코로나바이러스 감염병 역시 경제적 취약 지점, 즉 근로계약형태고 고용이 이루어지지 않는 특수형태근로종사자, 플랫폼 노동자, 프리랜서, 독립자영업자의 삶에 더 큰 재난으로 작용했다고 분석한다. 팬데믹 이야기들은 이러한 사회정치적 문맥들에 대한 즉시적인 성찰을 요구하는 메시지들을 만들어내고 있다. 이는 팬데믹 이야기에서 구성하고 있는 또 다른 중요한 감정의 문제라고 할 수 있다.

[4] 그때 누가 와서 우리를 방문했나? 말라리아가 내 외동아들을 앗아갔고, 내 손으로 그 아이를 직접 묻었다. 이웃들은 에이즈로 죽었고, 누구도 거기에 대해 알고 싶어 하지 않았다. 죽은 아내는 그게 다 우리 탓이라고, 우리가 병원이 있는 곳에서 멀리 떨어진 오지에 살기로 선택했기 때문이라고 말하곤 했다. 사실은 가난한 사람들과 멀리 떨어진 곳에 병원이 지어진다는 것을. 병원들은 원래 그렇다. 나는 그들을 비난하지 않는다. 나도 그들과 마찬가지다. 병원 말이다. 내 병을 품는 것도, 내 병을 돌보는 것도 나다. (중략) 이 시점에 이 방문자가 이야기하는 질병이 무엇인지 분명해진다. 나는 그 병을 잘 안다. 그것은 무관심이라고 부르는 병이다. 이 유행병을 치료하려면 지구 전체만 한 크기의 병원이 필요할 것이다. 나는 지시사항에 불복종하고, 그에게 다가가서 그를 끌어안는

다. 남자는 격렬하게 저항하며 꿈틀거려 내 품에서 빠져나간다. 그리고 자동차로 돌아가서 서둘러 옷을 벗는다. 그는 마치 전염병 자체를 벗어던지듯 입고 있던 옷을 훌렁 벗어버린다. 가난이라고 부르는 전염병 말이다. 나는 손을 흔들어 작별 인사를 하고 미소 짓는다. 고통의 세월을 보낸 뒤에, 나는 인류와 화해했다(미아 쿠토, 2021:257-258).

[5] 정육코너에는 아무렇게 놓인 카트와 여전히 같은 자세로 누워 있는 사람이 있었다. 팀장이 긴장한 얼굴로 나를 돌아보다가 걸음을 옮겨 쓰러진 사람 옆에 쭈그리고 앉았다. 커다란 방한복 때문에 숨을 쉬는지 아닌지 쉽게 알 수 없는 듯했다. 망설이던 팀장이 쓰러진 사람의 마스크를 살짝 내렸다. 순간, 팀장과 나는 똑같은 표정으로 서로를 바라봤다. 팀장이 멈췄던 손을 다시 움직여 마스크를 벗겨냈다. 매끈하고 뽀얀 얼굴 아래로 마스크를 썼던 자리만 다른 빛을 띠고 있었다. 푸르게 변해버린 뺨과 코와 턱에 파운데이션 얼룩이 남아 있었다. 팀장이 주머니를 뒤져 티슈를 꺼냈다. 쓰러진 사람의 눈가를 닦아내자 파운데이션이 지워지며 진한 녹색 피부가 드러났다. 명치에서 뜨거운 것이 울컥 치밀었다. 나는 그토록 서글픈, 그토록 참담한 푸른빛을 본 적이 없었다(조수경, 2020:50).

예문 [4]는 모잠비크 작가인 미아 쿠토(Mia Couto)의 「친절한 강도」의 한 장면이다. 이 소설은 팬데믹과 같은 재난 상황에서 발생하는 피해가 평등하지 않다는 것을 드러낸다. 이 작품은 공공보건의료라는 목적으로 거주자의 감염 여부를 조사하고 있는 당국의 행태를 풍자적으로 표현한 소설인데, 소설 속 주인공은 가난으로 인해 생명을 보호받지 못한 삶을 살아왔다는 기억을 지니고 있다. 이러한 의료의 불평등성에 대한 분노의 감정은 "말라리아가 내 외동아들을 앗아갔고, 내 손으로 그 아이를 직접 묻었다. 이웃들은 에이즈로 죽었고, 누구도 거기에 대해 알고 싶어 하지 않았다."고 회고하는 장면에서 분명히 알 수 있는 감정이다. 소설은 모든 불행과 위기를 개인의 탓으로 여길 수밖에 없었던 소외된 삶과 팬데믹 상황을 겹쳐놓는다. 이를 통해 팬데믹이 또 다른 소외의 반복으로 이어질 수밖에 없다는 통찰을 드러낸다. 이러한 맥락에서 미아 쿠토는 감염병을 "가난"이라는 전염병이라고 말한다. 코로나바이러스는 다른 계층에서는 단지 불편함일 수도 있지만, 빈자(貧者)의 삶에서는 불편함 이상의 의미를 지닌다. 빈자에게 감염병은 그야말로 생명 자체를 위협하는 상황을 초래할 수 있기 때문이다.

예문 [4]는 앞에서 살펴본 조수경의 「그토록 푸른」의 한 대목이다. 주인공이 택배회사 물류 보관센터에서 주문 물품을 선별하여 정리하는 일을 맡은 정육코너 임시직원 중 하나가 쓰러져 있는 것을 발견하는 장면이다. 얼굴과 손과 발이 푸르게 변하는 바이러스 감염 증상이 나타날 때 임시직 직원은 어떤 결정을 내릴 수 있을까. 감염 사실이 밝혀질 경우 업무가 정지되고 이미 한 번 해고된 경험이 있다면 그에게 감염은 새로운 해고의 가능성으로 해석될 수밖에 없다. 작가는 감염 사실을 아무에게도 숨기는 것이 오히려 현실적이고 합리적인 결정이 될 수밖에 없는 삶의 절박함을 보여주고 있다. 그렇다고 이러한 딜레마가 임시직 직원만의 문제라는 이야기는 아니다. 소설은 감염된 직원이 발생했을 때, 전체 택배 회사의 물류 시스템이 정지될 것을 알고 있는 관리팀장의 결정 또한 이미 정해져 있다고 말한다. 그 또한 거대한 자본시스템 안에서 살아가는 존재로서 사실상 어떤 작은 권력 이외에는 가지고 있지 않다. 그 역시 파편화된 일만을 수행할 수 있으며, 따라서 그의 처지 역시 언제든 일자리를 잃을 수 있는 불안정한 삶이다. 따라서 팀장과 임시직 주인공은 직원의 감염 사실을 침묵하기로 결정하는 것은 어쩌면 그에게 자본주의적 합리성의 명령이라고 할 수 있다. 작가는 팬데믹 상황 속에서 모두가 겪을 수밖에 없는 불안정성 사회의 진정한 위협을 윤리적 시선으로 그려내고 있다.

이러한 인식은 팬데믹 상황을 팬데믹 정치라는 관점에서 다시 고찰하도록 만드는 부분이기도 하다. 팬데믹 이야기들은 사회적으로 오랫동안 누적되어온 생존의 위기들이 팬데믹 상황 속에서 더 심화하는 상황과 함께 자본주의적 생명관리정책이 지닌 한계들을 고스란히 보여준다. 벤 앤더슨(Anderson, 2014:126)은 신자유주의 사회의 불안정성(precarity)이 현재 우리가 사는 세상의 근본적인 감정이라고 지적한 바 있다. 현 사회의 불확실성과 불안정성이 일시적인 것이 아니라 거의 보편화된 집합적 분위기라고 말한다(Anderson, 2014:126). 이제 미래는 예측 불가능하다는 것만을 예측할 수 있는 상태로 다가올 뿐이다. 즉, 불안정성은 이제 모든 개인들에 의해 느껴진 집합적 조건이 되었다. 어느 날 불쑥 모습을 드러내는 갑작스러운 역사적 재난이 더 이상 아니다. 불안성은 이제 거의 모든 일상적 삶의 한 가운데에서 그 실천들과 얽혀 존재하는 감정구조라고 할 수 있다. 즉 그는 현 사회의 불안정성이 안정적이고 정상적인 삶을 바꾸는 예외적 변화가 아니며, 이미 그것이 정상이 되어버린 경제적 세계와 관련되어 있다고 지적한다(Anderson, 2014:126). 말하자면 불안정성은 이미 팬데믹 이전부터 일반화된 우리 사회의 정동적 조건이라는 것을 알 수 있다. 팬데믹 이야기는 바로 이러한 현실인식 속에서 팬데믹 이전과 이후를 통합적으로 이해하는 시선을 마련하고 있다.

3) 인류 멸망의 상상력

앞서 서두에서도 말한 것처럼, 사회적으로 팬데믹 사회의 문제들을 단순히 어느 날 갑자기 생겨난 것이 아니라 자본주의적 삶-체제 안에서 초래된 위기 상황이라고 보는 프레임이 구성되고 있다. 팬데믹 이야기들에서도 팬데믹 상황을 지구적 기후변화 그리고 그것을 초래한 산업화된 인간(industrialized humans)의 삶-체제에서 그 원인을 찾는 과정이 나타나고 있다. 팬데믹 이야기들은 코로나바이러스 감염병 자체를 의료적 관점에서 치유하는 것만이 문제가 아니며, 이러한 코로나 바이러스 감염병을 불러일으킨 현대 자본주의 문명 자체의 모순을 드러내고 이를 수정하는 새로운 실천들이 요구한다. 마크 제롬 월터스(2020:15-16)는 마크 제롬 월터스는 팬데믹의 근본 원인이 코로나바이러스를 비롯한 병원균이 아니라 생태적 차원에서 산업과 자본의 문제로 생겨난 새로운 전염병이라는 점에서 'ecodemic', 말하자면 '환경전염병' 또는 '생태병'이라고 불러야 한다고 제안한다.

이러한 문명 비판적 인식들이 팬데믹 상황을 지구 또는 인류 멸망에 관한 상상의 시나리오와 연결하도록 만드는 지점이다. 실제로 팬데믹 이야기에서 이러한 인류 종말의 상상력이 부상하고 있는 것이 관찰된다. 문화적으로 이미 팬데믹 이전에도 인류 멸망의 시나리오는 수없이 생산되고 소비됐다. 하지만 팬데믹은 글로벌하게 발생하면서 지구 또는 인류 전체를 하나의 운명공동체로 하여 미래의 종말을 상상하는 것이 훨씬 사실적인 느낌으로 다가오도록 만들고 있다.

[6] 나는 창가에서 모든 것을 지켜보고 시선을 통해 이웃 아파트들 사이를 방랑하며 풍경이 나에게 제공한 틈새들 속의 삶으로 기분전환을 했다. 시간의 죽음이 일어난 그 순간, 내 기억이 정확하다면 나는 해먹에 누워 아무도 없는 텅 빈 거리를 멍하니 내다보고 있었다. 이전 순간과 다음 순간에서 벗어난 그 순간이 그것의 무의미함 속에 불멸화되며 점점 무게를 불리고 있는 것을 느꼈다. 몸집을 부풀려 거대해진 현재의 형상이 과거를 가리고 미래 전체를 보이지 않게 막아버린 것이다. 아주 최근의 나날들, 자유롭고 아무 문제도 없던 화창한 나날들조차 이제 망각되기 직전의 향수 어린 먼 기억들로만 존재하는 것 같았다. 미래에 대해 말하자면, 그것은 너무도 불확실해서 스스로를 완전하게 무효화하여 내가 품은 어떤 계획, 내가 갈망하는 어떤 사랑, 내가 쓰고 싶은 어떤 책도 어리석은 것으로 만들었다. 시간의 마비는 집과 몸을 동시에 점령하여 다리와 팔, 손, 그리고 존재에 부동성이라는 짐을 지웠다. (중략) 1,001명의 사망자는 1,001일의 밤과 같았다. 그것은 1,000건의 죽음

과 한 건의 죽음이었고, 무한한 죽음에 하나를 더한 것이었다. 그것은 무한한 죽음이었다. 끝없이 계속되는 한 순간, 살아 있으면서 죽음의 즉흥성을 경험하는 것이 가능하다는 사실을 인구 전체가 발견하고 있었다. (중략) 그들의 이야기는 사망자 수와 예방 조치를 깔보고 과학적 연구를 부정하고 팬데믹을 뿌리 뽑을 수 있는 만병통치약을 설파하는 것으로 시작했다. 그런 다음 어떤 결과가 따르건 일을 재개해야 할 필요성과 생산성을 향한 열망, 임금을 삭감하고 숲을 파괴하여 경작을 위한 땅을 만들어야 할 필요성으로 넘어갔다. 그들의 이야기는 항상 반기를 드는 목소리에 대한 박해와 비판자와 반체제인사들에 대한 직접적인 공격, 그리고 정적들을 모두 공산주의자와 테러리스트, 불순분자로 몰며 당장 퇴치해야 한다는 촉구로 끝났다(줄리언 푸크스, 2021:302-305).

[7] 하지만 이 모든 희망은 고래의 영생에 달려 있었다. 다들 고래는 영생이 가능한 생명체라고 했다. 개체가 하나씩 늙어 죽어가도 늘 다른 곳에서 젊은 개체가 그 자리를 채웠다. 죽은 개체가 남긴 기억은 이들이 공유하는 느슨한 신경망을 통해 공유되었기에, 고래는 늘 우리가 아는 바로 그 고래였다. 하지만 고래들은 죽어갔다. 개체가 죽는 속도보다 새 개체가 들어오는 속도가 더 느리면 고래는 완전히 죽었다. 그 속도가 어느 선을 넘으면 위기를 느낀 개체들은 접근하지 않았다. 고래는 분해되었고 그와 함께 그 위에 있던 마을은 멸망했다(듀나, 2020:57).

팬데믹 이야기에서 등장하는 멸망의 상상력은 멸망이 일어나고 있거나 이미 멸망한 인간사회에 대한 현실에서 시작된다. 멸망은 하나의 먼 미래의 일이 아니라 현재의 삶 안에서 이미 진행되거나 되돌릴 수 없게 진행된 것으로 그려진다. 주로 SF에서 이러한 이야기들이 더 활발하게 진행되고 있다.

하지만 현실을 배경으로 할 때도 멸망의 상상은 가능하다. 현실이라고 부르기에는 너무도 비현실적인 죽음의 일상화를 겪으면서, 사람들은 팬데믹이 멸망의 시작이라고 느끼곤 한다는 것이다. 예를 들어, 예문 [6], 브라질 작가인 줄리언 푸크스(Julián Fuks)의 「죽음의 시간, 시간의 죽음」이 바로 그러한 예이다. 이 소설은 팬데믹 상황과 인류 멸망의 상상력을 결합한다. 작가는 팬데믹으로 인해 봉쇄된 지역에서 사람들이 처한 "부동성(immobility)"의 삶이 어떤 죽음의 시간으로 이어지는지, 그들이 왜 어디로도 탈출할 수 없는지에 관한 이야기를 하고 있다. 소설 속 주인공 '내'가 바라보는 창밖의 풍경은 죽음의 풍경 그 자체이다. "아무도 없는 텅 빈 거리"만이 펼쳐져 있는 도시에서 그는 죽음이 "무의미함 속에 불멸화되며 점점 무게를 불리고 있는 것"을 느낀다. 이제 "거대해진 현재의 형상이 과거를 가리고 미래 전체를 보이지 않게 막아버린 것"임을 알게 된다. 그것은 삶 자체를 '무효화'하는 풍경이다. 작가는 "너무도 불확실해서 스스로를 완전하게 무효화하여 내가 품은 어떤 계획, 내가 갈망하는 어떤 사랑, 내가 쓰고 싶은 어떤 책도 어리석은 것으로 만들었다."라고 쓴다.

이에 더해 작가는 팬데믹 정치에 대해 비판을 가한다. 그는 팬데믹이 몰고 온 이 죽음의 풍경이 결코 우연한 바이러스의 침입에 의한 것이 아니라는 점을 분명히 한다. 그것은 이미 일상 속에 자리하고 있었던 자본주의사회의 빈부 문제와 자본의 무한한 이익 추구가 만들어낸 삶의 풍경이자 그 미래를 미리 보여주고 있는 것에 불과하다. "어떤 결과가 따르건 일을 재개해야 할 필요성과 생산성을 향한 열망, 임금을 삭감하고 숲을 파괴하여 경작을 위한 땅을 만들어야 할 필요성으로 넘어"가는 팬데믹 정치 상황이 이를 더 강렬하게 증명해준다. 이에 대한 반박이나 저항조차 불가능한 비민주주의적 국가일수록 이러한 상황은 더 강화된다.

한편 한국의 팬데믹 이야기의 한 특징이라고 할 수 있는 SF적 상상력 속에서 팬데믹이 지닌 초현실적 현실 상황은 거시적 시각 속에서 지구 자체의 멸망이라는 생각으로 확대된다. 예문 [7], 듀나의 「죽은 고래에서 온 사람들」은 이미 멸망한 지구의 시간 위에서 기록하고 있는 멸망 보고서라고 할 수 있다. 즉, 작가는 "희망은 없었다. 우리에겐 노도, 돛도 없었다, 이렇게 해류에 맡기고 떠돌다간 남과 밤 어딘가에 쓸려갈 것이고 기다리는 건 죽음뿐이었다."라고 말한다. 소설 속 고래라고 하는 존재는 오랜 시간 공생의 관계를 맺어온 지구생명공동체를 상징한다. 거대한 존재라고 생각했던 지구, 즉 고래는 사실은 여러 생명체가 모여 이루어진 공생 시스템이었다는 것이 밝혀진다. 소설은 이 고래의 죽음을 묘사하고 있는데 이는 인간들에 의해 이러한 공생관계가 붕괴되면서, 고래와 인간 전체가 멸망해가는 상황을 의미한다. 이는 지구 멸망이 결국 인간을 우월하고 예외적인 존재이자 자연의 지배자로 생각해온 인간중심주의에서 비롯됐다는 생각을 내포하고 있다. 브뤼노 라투르(Latour, 2021)는 코로나바이러스 위기를 앞으로 다가올 기후변화위기에 대처하기 전 마지막 총연습과 같다고 표현했다. 그는 코로나바이러스 감염병이 전 지구적으로 지속되는 것이 생태적 위기의 한 장면이라고 보았는데, 그는 이 글에서 행성의 모든 거주자의 생존 조건을 바꾸는 다음 번 기후위기는 결국 인간이 초래한 것으로, 인간이 곧 병원체라고 비판했다. 예컨대, 브뤼노 라투는 오랫동안 비인간과 인간의 집합체를 행위주체로 보아야 한다고 주장했는데 이는 근대적 인간중심주의를 타파하는 것으로, 인간을 지구의 다양한 행위주체 중 하나로 바라보는 시각이다. 따라서 멸망을 피하려면 인간이 지구의 주인이라는 생각 자체를 벗어나야 한다는 것이다. 기실 미래 세계에 대한 멸망의 상상력은 현실에 대한 비판적 성찰 속에서 출현하는 것일 수밖에 없다. 이러한 관점에서 작가는 "고래들에게 우린 전염병이었을지도 몰라요."(듀나, 2020:66)라고 말한다. 그렇지만 소설의 마지막에 작가는 우리가 아직은 희망을 버릴 수 없으며, 따라서 우리는 여전히 "그 희망의 가능성에 의지해"(듀나, 2020:69) 글쓰기를 계속해야 한다고 말하는 것으로 소설을 끝맺는다.

　미래에 멸망한 인류사회에 대한 상상력은 팬데믹의 감정구조에서 특별한 인식 지형을 만들어내고 있는 것이 사실이다. 작가들은 팬데믹 사회의 배후에 존재하는 진정한 공통의 문제를 그리기 위해 멸망의 시나리오를 작성한다. 텅 빈 유령의 도시로 변해버린 팬데믹 사회의 단면, 시체들이 쌓여가는 도시의 모습은 그 자체로 인류 종말의 분위기를 풍기고 있다. 이러한 도시의 집합적 정동이 다양한 외부의 정동적 힘들과 연계하면서 멸망의 상상력을 조직화해간다. 팬데믹 사회의 개인들은 일관성도 전망도 존재하지 않는 모호하고 불안한 미래에 대한 정동들 속에 들어가 있으며 그것은 팬데믹 전후를 엮는 팬데믹 사회의 또 다른 공통감정이라고 할 수 있다.

4) 새로운 연대의 꿈

그렇지만 팬데믹 이야기에 이러한 부정적인 감정의 서사만 존재하는 것은 아니다. 팬데믹 이야기들은 그 자체로 타자와의 관계에 대한 새로운 지향들을 나타내기도 한다. 작가들은 팬데믹이 만들어내는 관계의 중지 혹은 단절, 그리고 그로 인한 불안의 증상들을 증언하면서 동시에 개인화되고 있는 공포의 근원을 우리가 함께 마주하는 새로운 연대 가능성을 사유하고자 노력한다. 팬데믹 이야기는 팬데믹 사회에 대한 증언으로 기능함과 동시에 사회에 내부에 자리한 정동의 잠재성이 어떤 사회의 변화를 이어질 것인지를 보여주고자 한다. 작가들은 팬데믹이 유발하는 공포와 불안들을 역설적으로 타자와 공명하는 새로운 가능성으로 바라보려 한다. 증언과 연대라는 이중의 과제가 팬데믹 이야기를 관통하고 있다. 팬데믹 이야기는 팬데믹이라는 사건의 특수성과 특이성을 이야기하면서 동시에 그것이 어떤 보편적이고 본질적인 삶의 변화를 요구하는지 보여주고자 한다.

[8] 발레리는 저녁 시간대 단골 승객들을 '마지막 버스 클럽'이라고 불렀다. 예전 같으면 주중의 어느 밤이건 여덟에서 열 명 정도는 익숙한 얼굴이 있었다. 코로나바이러스가 마지막 버스 클럽의 인구통계학적

특징을 바꿔 놓았다. 이제 승객의 대다수는 '응급 상태'가 만성이 된 사람들이었다. 말하자면 자동차가 없고 약과 탐폰과 식료품이 필요한 말라(등장인물) 같은 승객들이다. (중략) 이제 마지막 버스 클럽 내의 분위기가 바뀌었다. 모두 어떻게든 도움이 되고 싶어 했다. 그렇게 솟구친 열망이 수많은 작은 행동으로 분화되었다. (중략) 그 순간을 증식시키고 이동시켜 우주의 진창 속에서 빼낸 것은 이런 작은 노력들의 무게였을까?(디노 멘게추, 2021:195, 204)

[9] 동네에 사람이 없는 광경은 창문으로 늘 내다봐서 알았지만 막상 내려오니 길에 낙엽과 쓰레기가 먼지까지 쌓여 있는 것이 보였다. 차도 사람도 다니지 않으니 길에 먼지가 쌓였던 것이다. 문이 닫힌 편의점과 책상과 의자로 입구를 완전히 막은 다른 가게들을 보다가 가게들이 열었던 것이 언제였는지 아예 기억도 나지 않는다는 걸 깨달았다. (중략) [민준] "혼자 놀아도 재밌어요. 재밌잖아요. 이것저것 하면. 원래 밖에 잘 안 나가는 편이었는데 특히 팬데믹 동안 뭐에 미쳐 있을 때가 많아졌어요. 뭐라도 하지 않으면 불안해서. 이런저런 일 하는 거죠." (중략) [석현] "대기실 지도에 붉은 동그라미 쳐진 그 집들이에요. 이 집은 할아버지 할머니가 살아요. 거기는 아이와 함께 아주머니가 있어요. 아주머니라고 해도 무척 젊으시지만요. 아이는 일곱 살이에요. 이 집엔 고등학생이 살고요." 인적 사항도 사생활 침해만 아니라면 알아야 했다. 특히 아직 항체가 없어서 집 밖으로 나오지 않으며 자원봉사자들이 생필품을 전달하는 집은 더 그랬다. 민준이 그랬던 것처럼 언제 감염돼서 혼수상태에 빠질지 모르니 매일 상태를 확인하고 있었다(김이환, 2020:106-122).

예문 [8], 에티오피아 작가 디노 멘게추(Dinaw Mengestu)의 소설 「그 시절」은 팬데믹 상황에서 힘든 일상을 살아가고 있는 평범한 사람들의 불가사의한 협력을 이야기한다. 소설에는 버스 운전사인 주인공 화자가,

팬데믹이 바꾸어놓은 것이 저녁 시간대의 버스 탑승객의 인구통계학적 특징이라고 말하는 대목이 있다. 주인공은 이 저녁의 승객들을 "마지막 버스 클럽"이라고 부르는데, 이들은 모두 "응급 상태가 만성이 된 사람들"이라는 공통성을 지닌다. 바이러스 감염 위험성에서 벗어날 수 있는 삶의 편익을 누리지 못하는 하층계급의 사람들이 대부분이다. 이들은 대개 "자동차가 없고" 일을 하지 않으면 생계를 이어갈 수 없기에 만성적인 신체적 고통에 시달리는 사람들이다. "약과 탐폰과 식료품이" 항상 필요할 정도로 노동에서 벗어날 수 없다. 따라서 마지막 버스 클럽은 팬데믹 상황이 와도 쉴 수 없는 사람들이다. 소설은 이 마지막 버스 클럽이 탄 버스가 갑자기 이승과 저승 사이에서 멈춰 버리는 초현실적 상황에서 이야기를 진행한다. 그런데, 이상한 일이 벌어진다. 소설의 주제는 앞으로 나아갈 수도 없고 과거로 돌아갈 수도 없는 버거운 상황에서 어쩌면 세상에서 가장 심한 생존의 위기에 몰려 살아가는 사람들이 협심해 이 멈춰버린 시간을 다시 움직이게 하는 내용이다. 그들은 서로에게 "모두 어떻게든 도움이 되고 싶어 했다." 이렇게 바뀐 분위기는 "순간을 증식시키고 이동시켜 우주의 진창 속에서" 그들을 구원한다. 팬데믹이 만들어낸 "진창"이 끝난 것은 아니지만 그들은 한순간 서로를 위해 연대했으며, 그 결과 모두가 갇혀 있던 시간의 수렁에서 벗어날 수 있었다. 물론 이와 같은 연대의 순간이란 오래 지속되지 않았다. 멈춰진 시간에서 벗어난 마지막 버스 클럽은 애초의 무표정한 상황으로 되돌아간다. 다시 아무 일도 일어나지 않았던 것처럼 모두가 일상으로 돌아갔으며, 팬데믹은 여전히 그들의 삶을 위협하고 있었다. 하지만 작가가 쓴 이러한 불가사의한 연대의 순간들은 사라질지라도, 감염과 생존의 공포 속에서 사람들을 보살피는 일이 불가능하지 않다는 것을 보여준다. 이러한 희망의 서사는 팬데믹 이야기들에서 가장 많은 출현하는 주제라는 점도 주목할 필요가 있다. 실제로 레베카 솔닛(2012)은 재난 한가운데에서 발생하는 연대적 행동을 성찰한 바 있다. 즉, 재난 상황 속에서 재난이 불러오는 제약과 가능성을 함께 논의하면서도, 재난은 비극적이고 슬픈 사건이지만 그와 동시에 긍정적인 효과와 가능성을 드러내는 사건이라고 설명한다. 말하자면 재난은 욕망과 상상력의 사유화 그리고 경제적 사유화에 저항하는 연대와 이타주의의 발흥을 이끌어내는 특별한 사건으로 보아야 한다는 것을 강조하는 것이다. 이는 파국 장에서 형성되는 정동 정치의 한 측면을 고찰해 볼 수 있는 대목이다.

예문 [9], 김이환의 SF소설 「그 상자」에서는 팬데믹 동안 수많은 사람이 죽음을 맞이한 가상의 도시를 배경으로, 생존해 있으나 점차 유령의 삶을 살아가는 감염되지 않은 사람들과 이들을 보살피는 봉사자(이들은 이미 감염됐으나 살아난 사람들이다)의 이야기를 담고 있다. 팬데믹은 도시의 모습을 완전히 바꿔놓았다. "낙엽과 쓰레기가 먼지까지 쌓여" 있으며 "차도 사람도 다니지 않는" 유령의 도시처럼 변해갔다. 도시의 기억이 사라지고 있었다. 그런 상황에서 주인공 민준이 처음 택한 것은 "혼자" 집에 머물겠다는 선택이었다. 주인공은 처음엔 혼자라는 것이 편하다고 느낀다. 하지만 혼자의 시간이 길어지면서 그는 절망적인 삶의 무기력을 경험하게 된다. 주인공은 감염의 위험을 피해 집에 틀어박혀 있는 것 이외에는 다른 어떤 행동도 할 수 없는데, 이는 주인공을 살아 있어도 역설적으로 생명력을 상실한 사람으로 만든다. 삶의 의미가 소멸해가던 중 그는 감염되고 동시에 살아난다. 그리고 타인과의 연결을 회복해간다. 작가는 존재의 의미란 감염 불안에 갇혀 아무것도 하지 않는 것보다는 누군가를 보살피는 삶을 선택하면서 다시 생겨난다고 암시한다. 봉사자 '석현'이 감염되지 않은 사람들을 보살피며 그들의 삶을 하나하나 기억하고자 하는 노력하지 않았다면, 이러한 '민준'의 변화는 생겨날 수 없었다. 소설 속 봉사자들이 비감염자의 생계를 위해 하는 행동은 그야말로 타자에 대한 보살핌의 실현이라고 해도 과언이 아닌데, 작가는 이러한 불가사의한 보살핌의 윤리를 팬데믹 상황에서 우리가 다시 모색해야 하는 진정한 윤리로 제안한다. 주인공 민준 역시 감염이 됐다가 살아남아 봉사자가 된다. 작가는 미래 도시를 배경으로 보살핌의 대상이 혈연적 가족이 아니라 나와 함께 한 공간에 살아가고 있는 사람들이라는 것을 보여준다.

　이와 관련하여 황정아(2021:17-43)가 논의한 팬데믹 사회의 연대의 형식으로서의 '우애'에 대한 논의는 시사하는 바가 크다. 황정아는 팬데믹의 위기를 민주주의적 집단 정체성에 대한 요구를 실증한 사건이라고 정의하고, 앞으로 요구되는 집단적 주체에 대한 상상력은 포함과 배제의 원리에서 벗어나 협동적 창조라는 정치적 우애를 통해 재구성해야 한다고 주장한다. 우애는 연대를 소유화하는 우정과 달리 하나의 목표가 수많은 의견을 이끌어내고 하나의 주장이 여러 요구로 공명하는 경험으로 정의 할 수 있다. 이 점에서 팬데믹 이야기들에서 등장하는 연대의 의미는 관계와 상상력을 소유화하는 과정에서 벗어나 차이들을 내포한 공명 과정이라고 볼 수 있다. 그것은 한마디로 마수미가 제안했던 것, 즉 차이를 내포한 정동적 조율 과정으로서의 정동 정치의 한 가능성이라고 볼 수 있다. 다시 말해, 팬데믹 이야기들은 팬데믹이 만들어낸 상황들을 각각의 상황 속에서 다르게 재현하지만, 이러한 차이 안에서도 서로가 공명할 수 있는 공공의 지점들을 상상하도록 만든다. 작가들은 서로 다른 이야기를 하고 있으나 궁극적으로는 우리가 감염의 위험을 넘어 타자와의 마주침을 두려워하지 말고 서로 연대해야 한다는 것을 강조한다. 팬데믹 이야기의 미적-정동적 가능성은 바로 이러한 방식으로 팬데믹의 공포와 더불어 타자의 윤리를 구성하는 사유의 실천을 수행하는 과정 그 자체라고 할 수 있다.

4. 팬데믹 이후의 삶을 위하여

　앞에서 코로나 팬데믹 사회에 대한 작가들의 미학적 대응 방식이 무엇인지 2020년에 한국과 미국에 출판된 팬데믹 앤솔로지, 『데카메론 프로젝트』와 『쓰지 않을 이야기』, 『팬데믹: 여섯 개의 세계』를 중심으로 논의했다. 팬데믹이 아직 끝나지 않은 상태에서 출판된 이러한 팬데믹 이야기들은 대부분 팬데믹 사회의 집합적인 감정구조를 반영하고 있다는 점에서 분석의 의의가 있었다. 이 글은 이러한 작품들을 분석하면서 팬데믹 사회에 대한 문학의 미학적-정동적 반응이 무엇인지 검토했다.

팬데믹 사회의 공통 감정은 크게 네 차원이었다. 첫째, 코로나바이러스 감염의 공포가 정서적 감염으로 이어지는 상황을 고찰했다. 둘째, 팬데믹이 불안정성 사회에서 살아가는 개인의 삶을 더 악화하는 과정을 살펴봤다. 셋째, 이러한 사회의 불안의식과 결합한 인류 혹은 지구 멸망의 상상력이 출현하는 배경에 대해 논의했다. 마지막으로 이러한 부정적인 서사들과 병행하여 나타나는 새로운 연대에 대한 희망의 서사도 고찰했다.

팬데믹 이야기들은 다양한 차이들을 내포하고 있으면서도 글로벌한 팬데믹 상황에 대한 느낌들을 공유하면서 공명하고 있다. 이러한 차이와 공통성은 브라이언 마수미가 지적한 재난의 파국 상황에서 만들어지는 정동적 조율의 과정으로 이해할 수 있을 것이다. 중요한 것은, 팬데믹 상황과 거기에서 만들어지는 감정들은 개인적인 것을 초과하는 집합적인 공공의 감정이라는 점이다.

하지만 팬데믹 상황을 지나 서서히 일상적 삶이 회복되어가는 시점에서 팬데믹 사회의 감정이 어떻게 우리 사회를 변화시켰는지를 예측하는 것은 아마도 우리의 또 다른 과제일 것이다. 앞으로 더 많은 작품을 발굴하고 추적하면서 팬데믹 이야기가 어떻게 발전하고, 포스트-팬데믹 사회의 윤리와 정치에 어떤 의미를 제공할 수 있는지를 검토하는 작업이 필요하리라.

참고문헌

김초엽 외(2020). *팬데믹: 여섯 개의 세계*, 문학과지성사.
레베카 솔닛. 정혜영 옮김(2012). *이 폐허를 응시하라: 대재난 속에서 피어나는 혁명적 공동체에 대한 정치사회적 탐사*, 펜타그램.
레이먼드 윌리엄스. 박만준 옮김(2009). *마르크스주의와 문학*, 지식을만드는지식.
마거릿 애트우드 외. 정해영 옮김(2021). *데카메론 프로젝트*, 인플루엔셜.
마크 제롬 월터스. 이한음 옮김(2020). *에코데믹, 끝나지 않는 전염병*, 책세상.
사라 아메드(2015). "행복한 대상", in 그레그, 멜리사·시그워스, 그레고리 J. 편저. 최성희, 김지영, 박혜정 옮김(2015). *정동이론: 몸과 문화, 윤리, 정치의 마주침에서 생겨나는 것들에 대한 연구*, 갈무리, 56-95.
슬라보예 지젝. 강우성 옮김(2020). *팬데믹 패닉*, 북하우스.
신진숙(2022). "팬데믹 사회의 감정구조와 미학적 대응 양상 - 2020년에 출판된 팬데믹 소설 앤솔로지를 중심으로", *문화와융합* 44(1), 309-330.
조수경 외(2020). *쓰지 않을 이야기*, 아르테.
조형래(2020). "팬데믹 파라노이아", *한국문예창작* 19(3), 35-60.
지그문트 바우만. 함규진 옮김(2009). *유동하는 공포*, 산책자.
황정아(2021). "팬데믹 사회의 민주주의와 '한국모델'", in 황정아 외(2021). *코로나 팬데믹과 한국의 길*, 창비.
Ahmed, S.(2004a). "Affective Economies", *Social Text* 22(2), 117-139.
Ahmed, S.(2004b). *The Cultural Politics of Emotion*, New York: Routledge.
Anderson, B.(2014). *Encountering Affect: Capacities, Apparatuses*, Condition, Farnham: Ashgate.
Latour, Bruno(2021). "Is This a Dress Rehearsal?", *Critical Inquiry* 47(Winter), 25-27. (https://www.journals.uchicago.edu/doi/full/10.1086/711428 accessed 09.12.2021)

● 이 장은 문화와융합 학술지 44권 1호에 실린 필자의 논문(신진숙, 2022)을 바탕으로 재구성되었다.

13장

근대계몽기 시가를 통해 본 위생 담론과 그 표현방식

1. 은유로서의 질병

"질병은 삶을 따라다니는 그늘, 삶이 건네준 성가신 선물이다. 내가 묘사해 보고 싶은 건, 질병의 왕국으로 이주해 그곳에서 살아간다는 것이 과연 어떤 일일까 하는 게 아니다. 오히려 나는 이 왕국의 지형을 둘러싸고 날조되는 가혹하면서도 감상적인 환상을 묘사해 보고 싶다. 내가 말하고자 하는 건 질병이 은유가 아니라는 점, 그리고 가장 진실한 방법으로 질병을 다루려면 질병을 은유적으로 생각하는 사고방식에 될 수 있는 한 물들어서는 안 되며, 그런 사고방식에 저항해야 한다는 점이다."(수전 손택, 2002:1)

미국 에세이 작가이자 예술평론가인 수전 손택은 『은유로서의 질병』에서 질병이라는 기표 속에 스며든 은유적인 사고방식을 분석하고, 고정관념이 '질병' 그 자체를 왜곡되게 해석하고 있음을 지적하였다. 그의 주장은 질병을 신비화하는 언어를 쫓아내 삶과 죽음을 제대로 직면할 수 있게 만드는 것이고, 이러한 은유를 사용하면서 "국가의 생존, 시민사회의 생존이 위기에 처했다."라는 말로 공포심을 자극하는 사회를 타파하려고 하였다(수전 손택, 2002:257-258). 다시 말해 수전 손택은 질병의 은유적 사고방식을 비판함과 동시에 사람들을 공포에 몰아넣는 주체세력 또한 비판의 대상으로 삼았다.

최근 발생한 코로나19 상황도 수전 손택이 언급했던 공포의 이미지가 형성되고 있다. 질병의 원인과 발생, 그것이 미치는 사회적 불안감 등 아직 해결해야 될 숙제들이 남아있기 때문이다. 미지의 영역일수록 질병은 은유적으로 형상화되고, 공포의 대상으로 시민들을 질식시킨다. 과거에도 이와 같은 질병을 둘러싼 사례들은 얼마든지 발견할 수 있다. 근대계몽기 시대가 그중 하나다. 일제의 침탈과 근대화가 맞물려가며 질병과 관련된 위생담론이 새롭게 대두된 것이다. 이 시기 언론매체들은 위생에 관해 다양한 기록들을 남겼고, 우리는 그것을 통해 당대인들의 위생에 대한 인식을 알아볼 수 있다. 무엇보다 현재의 코로나 상황과 대비해 보면 서로 닮아있는 지점들을 발견할 수 있다.

이 글에서는 근대계몽기 위생의 이미지와 『대한매일신보』의 위생담론을 통해 은유로 형상화된 대상을 파악하고, 그 표현방식을 알아보고자 한다. 근대계몽기 인민을 깨우쳐 '근대적 신체를 가진 국민'이라는 주체로 개조하고, 이들을 통해 문명국을 건설하려던 계몽 기획자들은 말이 곧 문화투쟁의 도구였다. 이러한 계몽의 시대에 詩歌 또한 무기가 되었기 때문에, 그것의 기능과 창작방법을 정립하고자 했다. 이와 관련하여 '國詩運動', '東國詩界革命'을 주도했던 이들이 바로 『대한매일신보』 편집진이었다. 그 내용은 詩歌를 통한 대중의 계몽에 있었다(이형대, 2004:316-317). 그중에서 위생담론은 질병의 퇴치를 최우선으로 하여 건강한 국민을 탄생시키고자 했다. 이것은 인구 증가와 국력 회복을 통해 근대적 국민국가 건설을 위한 과제였다.

근대계몽기 위생담론(고미숙, 2005; 이승원, 2001; 이형대, 2004)은 포괄적인 측면에서 작품의 구도를 살피고, 병리학적 수사나 문명적 풍속개량에 대한 분석을 해왔다. 본 글에서는 기존의 자료들과 더불어 미시적인 관점에서 작품내부에 시선을 돌리고자 한다.『대한매일신보』에 실린 자료들은 거대한 담론으로 포함할 수 없는 다단한 작품들이 존재하기 때문이다. 이러한 작품의 내적 분석으로 그것의 표현방식을 알아봄으로써 근대계몽기 시가에 담긴 미의식을 간취할 수 있다.

2. 근대계몽기 위생의 이미지

위생개념은 1876년 개항 이후 서구 문물과 함께 조선에 들어왔다. 하지만 조선 정부의 미진한 활동으로 위생에 대한 인식은 시민들에게 뿌리내리지 못하였다. 이에 김옥균, 박영효 등 개화파 지식인들은 언론매체를 활용하여 근대적 위생에 대한 이해를 넓히고자 했다. 김옥균은 한성순보에 「치도약론(治道略論)」을 게재하면서 다음과 같이 서술하였다.

> "나의 생각에는 實事求是하는 것이 제일이라 여겨진다. (중략) 그러나 각각의 절실하고도 중요한 政治와 技術을 찾아보면 첫째는 위생이요, 둘째는 農桑이요, 셋째는 도로인데 이 세 가지는 비록 아시아주의 성현들이 나라를 다스리던 법도로 보더라도 어길 수 없는 것이다. (중략) 나는 전에 들으니 외국 사람들이 우리나라를 유람하고 돌아가서는 반드시 우리나라 실정을 사람들에게 이야기하기를 「조선의 산천은 비록 아름다우나 인구가 적어서 빨리 부강을 이룩하기는 어려울 것이다. 거리에는 똥과 오줌을 누는 사람과 가축이 길을 메울 정도로 많다고 한다」 어찌 차마 들을 수 있는 말인가."(손동호, 2013:446)

조선에서의 위생담론은 나라의 부강을 위한 첫 번째 과제로 부상하게 된다. 당시 거리에는 똥, 오줌 누는 사람이 많아 질병 감염이 쉽고, 그로 인한 인구감소로 국력이 약해질 것이라는 소문들이 만연했기 때문이다.

이를 두려워한 개화파 지식인들은 위생교육의 실천성을 강조했다. 박영효는 김옥균이 주장한 「치도약론」의 내용을 한성부 판윤에 임명되면서 실행에 옮겼다. 도로 정비와 그 주변을 깨끗하게 치웠으며, 분뇨를 비료로 활용할 수 있는 변소를 확충했다. 그러나 이러한 노력에도 불구하고 도로변 가가(假家)를 철거했다는 이유로 시민들의 극심한 반발을 초래했다. 그 일을 계기로 박영효는 취임 3개월 만에 판윤 자리에서 물러났다. 결국 그가 추진한 치도 사업 또한 실패로 돌아가게 된다(오창섭, 2011:261). 조선의 위생담론은 질병퇴치를 목적으로 근대 국민국가를 건설하려는 움직임을 보였지만, 부국강병을 위한 치도 사업은 생활에 불편함을 호소하는 시민들로 인해 제대로 실현되지 못하였다.

한편 위생개념은 서유럽 근대 국가의 역사적 산물이었다. 이것은 영국이 인도를 식민지하는 과정에서 중요한 역할을 하였다. 즉 서구의 의학은 영국이 인도 지배를 위한 효과적인 제국의 도구로 활용되었다. 이러한 사실을 유심히 관찰한 일본제국은 이와쿠라 사절단을 유럽과 미국에 파견하였다. 근대 국가의 형성에 공중위생이 어떻게 기능하는지 파악하고, 조선에 위생사업을 적용하기 위해서였다(이종찬, 2006:62-67). 이를 바탕으로 일제는 내정간섭을 위해 통감부를 조선에 설치하고, 위생경찰을 동원해 조선의 국민들을 통제하기 시작했다. 이제 위생관념은 제국의 통치체제로, 단순히 질병퇴치와 국력 강화를 위한 수단보다는 일제에 의해 통제되고 관리되는 형태로 변질되었다.

- 원슈로다 원슈로다 위싱국이 설시되면 가가호호 쳥결ᄒ야 무병홀 줄 알앗더니 푼젼난득 이내 산업 일본슌사 뎌 등쌀에 싀명ᄉ지 면당 잡혀 똥통셜시 ᄒ엿ᄂ듸 놀보집이 아니여든 똥편듸가 무슴 일고 그 중에도 쳥결비를 미호미간 이 젼식에 제 똥 주고 갑을 내니 기화ᄉ법은 이러ᄒ가 쟝리위싱 고샤ᄒ고 금일당쟝 못 살겟네 늙의 탓을 홀 것 잇나 똥구멍이 원슈로다

- 원슈로다 원슈로다 치도국이 셜시되면 도로교량 슈츅ᄒ야 편홀 줄노 알엇더니 여러 만큼 치도비는 엇던 량반 다 자시고 츄흔 모릭 실어다가 외면에만 덥헛고나 동젹강이 아니어든 모릭톱이 웬 일인가 인력거나 마챠 우헤 거들거려 안진 이는 놈의 수정 모르지만 도보ᄒ는 내 신셰는 태산ᄀᆺ흔 짐을 지고 흔 거름이 극난일셰 놈의 툿을 홀 것 잇나 내 다리가 원슈로다(「시ᄉ평론」, 『대한매일신보』, 1908.10.23.)

위의 작품은 1908년 10월 23일 『대한매일신보』에 실린 시사평론의 내용이다. 일제는 경찰을 동원해 강압적인 방법으로 위생사업을 실시하였다. 위생을 목적으로 설치한 위생국과 치도국은 집집마다 청결함을 유지하고, 도로교량을 수축하여 통행에 불편함이 없도록 하였다. 그러나 그러한 기대와는 달리 국민들은 이러한 행태를 원수로 칭하며 불만족스러움을 드러냈다. 청결비나 치도비를 명목으로 돈을 착취당하면서 정작 생활은 나아지지 않았기 때문이다. 똥통을 설치하였으나 제대로 배출되지 못하고, 자신이 싼 똥에 값을 지불하니 장래의 위생은 고사하고 당장 못 살겠다고 했다. 또한 도로교량을 한다고 외면에 모래톱만 뿌려대니 도보로 걷는 이들은 상당히 곤욕스럽다고 하였다.

이것은 개화초기 김옥균과 박영효가 진행한 치도 사업과는 다른 상황으로 흘러갔다. 시민들의 반발을 정부가 타협할 여지도 주지 않았다. 일제는 조선인에게 국민국가를 위한 위생사업을 강제하고 폭압적인 수준까지 끌어올려 자신들이 추진한 정책을 관철시키고자 하였다. 문제는 이것이 국민들의 생활이 나아지기는커녕 불편함을 초래했다는 것이다.

부국강병은 국민의 건강에서 시작된다는 위생담론은 일제강점기에 이르러 청결과 방역을 목적으로 교통차단이나 격리, 집회를 제한하고 부랑자 청소 등을 실시했다. 일반인들의 삶이 위생을 명분으로 얼마든지 통제될 수 있음을 암시한다(김은정, 2012:299). 위생사업은 질병퇴치로 건강한 신체를 만든다는 이미지에서 일제의 강제적인 요구에 의해 통제되고 관리되는 양상으로 변모하게 되었다. 개항 이후 시민들은 위생사업에 대해 제대로 이해하지 못하였고 정부 주도의 사업이나 일제 주도의 사업이나 할 것 없이 불만을 표출하였다. 국민들을 통제하는 수단으로 전락한 위생이미지는 '위생은 곧 통제'라는 잘못된 사고방식으로 굳어지게 된다.

종합해보면 근대계몽기 이전 위생담론은 부국강병의 측면에서 강조되었다. 개화파 지식인들은 언론매체나 국가적 지원을 바탕으로 근대적 국가 건설을 위한 목표로 위생을 가장 중요한 요소로 인식했다. 그러나 근대계몽기에 접어들면서 위생의 이미지는 강압적이고 착취적인 성격으로 변모하였다. 심지어 일제에 의해 국민의 신체가 관리당하고 통제되는 수준이었다. 이처럼 근대계몽기 위생담론은 국가주도나 일제에 의해서나 근대적 신체를 만든다는 것에는 일치하지만 강제성의 유무에서 차이가 있었다.

3. 『대한매일신보』에 나타난 위생 담론과 그 표현방식

1) 식민지적 통치의 비판과 위생 담론의 활용

식민주의의 가장 기본적인 입장은 식민지는 스스로를 재현할 수 없고, 재현되어져야 한다는 것이다. 서양의 근대화를 일찍 받아들인 일본은 제국주의 이론을 조선에 적용하고자 했다. 일제는 조선이 스스로 근대화를 이룩할 수 없는 상황이었기 때문에 근대화를 시켜 줄 명목으로 조선에 들어온 것이라 주장한다. 하지만 1905년 을사조약으로 외교권이 박탈당한 시점에서 실질적 지배에 들어간 1910년 때까지, 우리는 이 시기를 스스로 근대화할 수 있다는 점에서 근대계몽기라 부른다. 각자의 입장에서 일제는 식민담론으로, 조선은 그것의 저항담론으로, 식민지 이론에 관한 치열한 투쟁을 이어가게 된다. 이것은 근대화 과정이 스스로 재현할 수 있는지의 여부와 직결되었다.

당시 조선에서 저항담론의 한 방편으로 근대계몽에 가장 앞장선 매체는 『대한매일신보』였다. 일제의 사전검열을 받지 않는 유일한 신문이었다는 점에서 나름 독립적인 언론이라 볼 수 있다. 근대계몽기 애국계몽을 펼치는 과정에서 민족주의를 내세워 일제의 침략에 맞선 언론의 방식은 詩歌의 활용에 있었다. 1905년부터 발간이 시작된 대한매일신보는 초기 아래와 같은 시사평론으로 민중을 선도하였다.

> 慶祝일식 慶祝일식 新文明에 捺印ᄒ야 大韓江山 三千里를 一手 販賣 ᄒ얏스니 口文이 不少로다 富貴榮華 自取ᄒ니 身外無物이라 國家는 何用인고(「시ᄉ평론」, 『대한매일신보』, 1905.12.1.)

1905년은 일본이 식민지 지배를 본격적으로 침투하던 시절로, '신문명'을 주된 목표로 하는 문명개화를 이루고자 했다. 하지만 '신문명'을 내세운 침략적 행위는 서양과 같은 근대화를 이룩하기 위한 방책이 아님을 『대한매일신보』 편집진들은 파악했다. 그럼에도 이들 또한 '근대 문명'이라는 침략적 속성은 시대적 흐름으로 인정하고 받아들였다. 문명의 흐름은 거스를 수도, 외면할 수도 없는 상황이라는 것이다. 단지 무엇을 위한 문명화인지가 중요한 과제였다(이화여대 한국문화연구원, 2007:21).

위의 시사평론에서 나오듯이 당시 권력층은 조선을 '신문명' 해야된다는 이유로 을사조약을 체결하였다. 이런 매국적 행위로 받은 보수는 적지 않았다고 한다. 이것은 '신문명' 건설이라는 미명 아래 개인의 부귀영화를 위한 문명의 수용이었음을 꼬집었다. 그러면서 국가는 대체 어디에 쓰는 것이냐며 되묻고 있다. 『대한매일신보』 편집진들은 문명화에 대해서는 찬성하면서 국가적 차원으로 접근해야 함을 역설하였다.

우리 민족은 식민화되는 과정에서 민족의 정체성을 찾기 위해 일제의 지식과 권력에 내재화되지 않으려고 노력했다. 이것은 곧 '저항'이라 볼 수 있으며 일제의 식민담론에 대해 우리 스스로 저항할 수 있다는 가능성을 열어두었다. 『대한매일신보』는 근대계몽을 위해 투쟁했던 생존의 문제와 더불어 문명화에 대한 의지가 있었다. 그중에서 위생담론은 근대화를 위한 필수과제 중 하나였다.

  – 흔 날은 빅두산령이 동희룡신을 쳥ᄒᆞ야 모혀셔 흔 가지 문뎨를
뎨츌ᄒᆞ되 귀관하에 오예물이 만히 싸혀 내 디방에 위싱ᄭᆞ지 방해됨이
불쇼ᄒᆞ니 쳥결법을 신속히 실시ᄒᆞ라 하엿ᄂᆞ듸
  – 헛문셔를 숨여 들고 눔의 권리 륵탈ᄒᆞ는 뎌 오예물
  – 아릭 웃통 벌거벗고 가슴 차고 왕릭ᄒᆞ는 뎌 오예물
  – 권고이니 동의이니 운동비만 토식ᄒᆞ는 뎌 오예물
  – 문명ᄒᆞ다 ᄌᆞ칭ᄒᆞ나 힝ᄉᆞ에는 야만되는 뎌 오예물
  – 무죄량민 얽어 놋코 잡아다가 악형ᄒᆞ는 뎌 오예물
  – 토디가옥 뎐당잡고 별리 우에 별리 밧는 뎌 오예물
  – 인천항에 군함 듸고 가득가득 실어다가 태평양 넓은 바다에 풍덩실
풍덩실(「시ᄉᆞ평론」, 『대한매일신보』, 1908.1.8.)

 위의 시사평론에선 오예물이라는 소재를 활용하여 문명화를 이루기 위해 제거해야 될 대상들을 나열하였다. 그것들은 청결과 위생이라는 목적에 부합하지 않는 것뿐만 아니라 일제가 저지르고 있는 세태를 지적하기도 했다. 아랫도리와 웃통을 벌거벗고 돌아다니는 이들을 시작으로 문서를 꾸며 남의 권리를 빼앗고, 죄없는 국민들을 잡아다가 악형에 처하는 이들까지 다양한 군상들을 지적하였다. 마지막 작품에서는 이와 같은 악행을 저지르는 이들을 군함에 태워 태평양 바다에 빠뜨리고 싶다는 해학적 표현으로 마무리한다.
 위생은 오예물과 같은 더러운 대상을 치우는 것에서 청결이 시작된다. 청결의 대상은 국가적 차원에서 해를 끼치는 존재들이다. 근대 문명으로 가는 길은 개인보다는 국가적 차원에서의 접근이 필요하고, 여기서 해결

방법을 찾고자 했다. 위생을 위한 첫걸음으로 그것을 저해하는 요소들을 제거하는 것만큼 확실한 것은 없었다. 『대한매일신보』에는 일제의 악행을 막기 위한 투쟁도 하였지만 우선적으로 국가적 차원에서 스스로 해결할 수 있는 방법을 고안했다. 근대적 국가 건립을 위한 위생 그 자체에 집중하면서 일제의 만행을 폭로하였다.

   - 월식 됴타 졍밤즁에 남북촌을 도라 드니 몃몃 사름 모혀 안져 쓰러기와 쫑통으로 살 수 업다 언론홀 제 원망ᄒ며 탄식홈을 춤아 듯기 어려웨라 대강 긔록 ᄒ엿스니 당국쟈들 들어 보쇼
   - 흔 사름이 ᄒ는 말이 위싱위싱 원슈로다 쓰러기와 쫑통 모다 동리 압헤 싸아 두어 들며 나며 더 악취에 오장륙부 올나 오니 위싱홀 수 졍말 업네 일인들은 리가 되나 한인이야 무슴 죄ㄴ고
   - 또 흔 사름이 ᄒ는 말이 위싱위싱 원슈로다 쓰러기를 쌋트릭도 그냥이다 두엇스면 빅빅치하 ᄒ겟지만 그 즁에다 불틔기로 닙식 맛고 병이 되니 일인들은 리가 되나 한인이야 무슴 죄ㄴ고
   - 또 흔 사름이 ᄒ는 말이 우리 분흔 창ᄌ 속에 잇던 쫑이 나왓스니 독긔인들 업슬소냐 약고 약은 일인들이 해가 될가 겁을 내여 오릭도록 통을 넛다 삭은 후에 가져가니 위싱에는 졸업힛네
   - 또 흔 사름이 ᄒ는 말이 ᄌ네들은 걱정 말소 명년 ᄉ월 도라 와셔 쳑식ᄉ무 시작ᄒ고 일본국의 농민들이 만히 만히 건너 오면 쫑을 통에 눌 식 업시 번쩍번쩍 쳐 갈테니 그 쌔 가셔 위싱ᄒ셰(「시ᄉ평론」, 『대한매일신보』, 1908.11.8.)

위의 평론에서 화자에게 포착된 시선은 위생사업을 원망하며 탄식하는 사람들의 이야기이다. 쓰레기와 똥통을 모아 쌓아두었더니 악취가 심해 살 수 없다고 한다. 이것을 바로 치우는 것이 맞겠지만 일인들 역시 해가 될까 두려워 최대한 늦게 가져간다고 했다. 그러나 동양척식주식회사가

설립되고, 일본 농민들이 조선에 들어오게 되면 금세 치운다고 하였다. 그래서 그때 다시 위생사업을 실시하자고 한다. 풍자적 표현이지만 그만큼 위생에 대한 거부감을 드러낸 작품들이다.

결론적으로 청결사업은 근대화를 이룩하기 위한 목적으로 이루어졌다. 일제의 침탈이 시작되기 전 조선정부에서도 위생은 관심의 대상이었다. 그러나 실질적으로 일제 주도로 사업이 실시되었기 때문에 강압적이고 폭력적일 수밖에 없었다. '근대문명'이라는 침략적 속성에 대해서는 『대한매일신보』 편집진 또한 어느 정도 인정한 부분이다. 어떻게 보면 절대적 힘에 의한 침략을 막아낼 수 없는 상황을 받아들일 수밖에 없었다. 그렇다면 무엇을 위한 문명화인가? 당연히 애국적 차원에서 부국강병이 목적이다. 『대한매일신보』는 근대화를 위한 여러 가지 과제를 염두하였지만 특히 위생에 대해서 관심을 가졌다. 시사평론에 나오듯이 청결에 대한 문제의식을 가지면서도, 다른 한편으로는 일제의 강압적 행태를 적나라하게 드러내었다. 궁극적으로는 위생담론을 활용해서 일제의 식민지적 통치를 신랄하게 비판하였다.

2) 위생경찰의 임의적 폭력성과 질병의 은유적 공포

위생사업은 본격적으로 일제의 위생경찰에 의해 실시되었다. 하지만 그 전부터 개화 지식인들에 의해 자주 거론되곤 하였다. 유길준은 1895년 4월 25일에 출판된 「서유견문」을 정부 고관을 비롯한 당시의 유력자들에게 기증하였다. 거기에는 자신이 주도하던 갑오개혁의 필요성과 정당성을 담아냈다. 서구의 근대적 모습을 조선에 어떻게 적용하여 건설할 것인가에 대한 구체적인 내용과 방법론이 주된 내용이었다. 그 안에는 위생 이야기 또한 존재한다.

"집과 길을 깨끗이 하는 일은 건강을 돌보는 방법에 깊은 관계가 있다. 사람의 질병은 기운이나 피가 정상 상태를 잃었을 때에 생기는 경우가 많지만, 더러운 기운이 퍼지는 것 때문에 생기는 경우도 적지 않다. 또 전염병 가운데 괴질이나 염병 같은 종류는 오로지 더러운 기운의 독 때문이다. (중략) 한 사람의 건강은 그 사람의 행실과 지식에 달려 있지만, 한 나라의 건강 정책은 그 규모와 권세가 그 나라 정부에 달려 있기 때문에, 정부가 그 직분을 행하기 위해 위생을 맡는 관청을 세우고, 그 비용은 국민들이 낸 세금으로 하며, 바둑알처럼 흩어져 있는 고을마다 이러한 관청이 없게 해서는 안 된다. 길을 깨끗이 하는 일은 정부가 행한다."(유길준, 2004:318-320)

유길준은 일찍이 일본과 미국에서 유학생활을 하였는데, 그곳에서 느끼고 경험한 것을 바탕으로 「서유견문」을 집필하였다. 이 책은 당시 정부 고관들 즉 사대부 양반들에게만 배포되었다. 이것은 다름 아닌 개화의 주체세력이 정부와 관리들이고, 위생에 대한 책임 또한 자신들에게 있다고 여겼기 때문이다. 개화파 지식인들은 부국강병의 한 방편으로 위생사업을 실시해 국민들의 건강을 살피고자 했다. 위생의 제1과제인 전염병에 대한 해결은 정부의 의지에 달려있다고 하였다. 이들은 위생담당 관청을 세우고 치도를 개량하여 질병퇴치에 전력을 다했다.

그러나 조선정부 주도의 위생사업은 일제의 침략에 의해 좌절되었고, 일본 정부는 새로운 위생정책을 펼쳤다. 일제는 조선에 통감부를 설치하고 자혜의원, 대한의원 등을 각 지역에 설립하며 위생의 중요성을 강조하였다. 앞에서 언급했듯이 『대한매일신보』는 이러한 위생사업이 일제에 의해 강제적이고 억압적인 방법을 동원했다는 점을 비판하였다. 중요한 점은 위생의 대상인 질병에 대해서는 시민들에게 공포감을 심어주기 위해 은유적 환상을 조장했다는 것이다. 그러한 공포는 '질병은 곧 전염병'이고, 강제적 치유의 대상이다.

- 청결실시 흔다 ᄒ고 한일슌사 횡힝ᄒ며 긔쳔 치고 집 쓸기에 려항 간에 소요ᄒ니 위ᄉᆼ상에 주의ᄒ야 시급청결 ᄒ량이면 더 밧분 것 허다 ᄒ다(「시ᄉ평론」, 『대한매일신보』, 1908.4.5.)

- 못살겟네 못살겟네 나는 진졍 못살겟네 신톄강건 ᄒ려니와 십지활발 ᄒᄂᆫ 것이 위ᄉᆼ 상에 필요인ᄃᆡ 근근득ᄉᆡᆼ 우리ᄃᆞ려 인졍 업ᄂᆞᆫ 일슌사가 문압 쓸지 안힛다고 구타ᄒ며 공갈흔다 군도 ᄲᅳᄂᆫ 소릭에도 몸서리가 졀노 나니 경겁ᄒ여 못살겠네(「시ᄉ평론」, 『대한매일신보』, 1908.4.16.)

- 추례추례 씻고 보니 더러온 물 몃 만통이 거름보다 심ᄒ고나 위ᄉᆼ 회에 교섭ᄒ여 구루마로 실어다가 동문 밧긔 내ᄇᆞ린 후 청결ᄒ게 거쳐 ᄒ니 신텬디가 여긔로다(「시ᄉ평론」, 『대한매일신보』, 1909.8.13.)

위의 작품들은 『대한매일신보』 시사평론에 적힌 사설들이다. 이 논설들에서 주목해야 할 점은 위생경찰 주도의 청결 실시가 정작 위생에 필요한 적재적소에 시행되지 않았다는 것이다. 첫 번째 시사평론에서는 청결을 감독한다고 해놓고 마을과 마을 사이를 돌아다니며 제멋대로인 위생경찰의 행태를 꼬집고 있다. 두 번째 평론의 화자는 위생의 필요성에 대해서 공감하지만, 일제는 문 앞을 쓸지 않았다고 구타를 해 몸서리치게 겁이 난다고 한다. 세 번째에선 더러운 오물을 동문밖에 내버리는 행위는 당시 국민들이 원하는 것으로, 실생활에 직접적으로 영향을 미치는 오물의 지독한 냄새와 지저분함의 제거가 우선적이라는 것이다.

위의 자료들에서 알 수 있듯이 일제에 의한 위생사업은 임의적으로 시행되고 있음을 알 수 있다. 위생사업에 대한 인식은 일본제국이나 조선정부나 할 것 없이 필요성에 대해서는 수긍하는 분위기였다. 그러나 일정한 기준이나 원칙이 없었기 때문에 국민들의 불만은 쌓여만 갔다. 일제는 그것을 관철시키고자 폭력적인 행동을 감행하게 된다. 위생경찰의 자의적 판단에 의한 폭력성은 육체적 공포를 야기시켰다. 아울러 심리적 공포를 조장하기 위해 질병에 대한 은유적 환상을 선전하였다.

- 리완용씨 화샹 보소 괴질 걸녀 죽을까바 치셩긔도 흔다 ㅎ고 녀상제를 구츅ㅎ니 고명홀ㅅ 그 지식은 동셔양의 철학가도 발명 못흔 지식일세(「시ᄉ평론」, 『대한매일신보』, 1909.10.3.)

- 금역슌사 힝위 보소 한일슌사 몰녀가며 괴질검사 흔다 ㅎ고 비 알는 쟈 두통 난 쟈 비 곱흔 쟈 슐취흔 쟈 분별 안코 움키다가 피병원에 모러간다 곳곳마다 원망ㅎ니 알 수 업다 그 슌사들 엇지 그리 열이 낫노 괴이홀 것 무엇 잇나 병인 일명 차져내면 상여금이 이환일세(「시ᄉ평론」, 『대한매일신보』, 1909.10.12.)

- 삼각산아 무러 보쟈 콜레라가 발싱ㅎ미 죽는 수를 비교컨디 한인들이 더 만흐니 그것 무슨 곡절인가 위싱 예방 ㅎ는 것도 다쇼관계 잇지마는 엇던 병을 물론ㅎ고 디옥ᄀᆞ흔 피병원에 흔번 잡혀 가고 보면 죽고 마는 신둙이지(「시ᄉ평론」, 『대한매일신보』, 1909.9.25.)

첫 번째 자료는 일본에 나라를 팔아먹은 이완용조차도 원인을 알 수 없는 괴질에 걸릴까 두려워하여 칠성 기도를 지낸다고 한다. 미신적 행위에 대해 풍자적 시선을 보내고 있다. 이러한 행태는 그 다음 시사평론에 나오듯이 병원에서조차 병의 원인과 치료방법을 제대로 알지 못해 괴질검사를 한다고 한다. 그러나 질병과는 관련이 없는 국민들을 잡아다가 병원에 보내고 있는 실정을 묘사함으로써 국민의 몰지각성과 일제의 무방비적인 대책을 풍자하였다. 마지막 사설도 위생을 예방한다고 하여 병원에 갔지만 오히려 치료는커녕 죽고 만다고 전한다. 이것은 당시 국민들 뿐만 아니라 국가조차도 질병에 제대로 대처하지 못하고 있음을 신랄하게 비판한 것이다.

작품 속에 나타난 콜레라는 괴질이라 하여 그 단어 자체에서도 원인불명의 괴상한 병으로 명명될 정도로 조선인들에게 공포의 이미지를 환기시켰다. 질병 그 자체를 질병으로 보지 않고 공포의 대상으로 생각되는 사고방식에는 과거의 역사를 통해 원인을 알 수 있다. 괴질은 1821년 처음

조선에 전파되었는데 전체 피해자만 수십만 명으로 추정되며, 이와 비슷한 규모의 대유행이 30여 년 후인 1858년에도 있었다고 한다. 개항 이후 서양의학 지식이 들어오면서 이 병은 콜레라는 세계 보편적인 명칭을 부여받았다. 이것을 한자음으로 '호랑이가 물어 찢어낸다'고 풀이하여 호열자, 줄여서 호역이라고 불렀다(신동원, 2003:55-56). 황현의 「매천야록」에도 이러한 괴질에 대한 기록은 남아있다. '1895년 을미년 전염병이 의주에서 시작해 십 일 만에 관서와 해서 지방으로 두루 퍼지더니 서울까지 번져 사망자가 속출했다.'(황현, 2006:232) '1902년 임인년 서울에 역질이 크게 퍼져 사망자가 수만 명이나 되었다.'(황현, 2006:290) 이처럼 괴질이란 질병은 당시 사람들에게 공포를 가져왔으며, 병의 원인과 치료 방법을 알지 못해 속수무책으로 당하여 사망자는 기하급수적으로 증가하였다.

위의 시사평론에서 제시된 것처럼 일제는 위생경찰을 동원하여 강압적으로 사태를 수습하고자 했다. 이것은 질병을 공포의 전염병으로 혐오화시켜, 나아가 강제적으로 치유해야만 하는 대상으로 설정하였기 때문이다. 이러한 일제의 통치 방법은 논문 서두에서 언급한 수전 손택이 바라본 은유적 질병에 대한 사고방식과 유사하다. 질병은 그 자체로서 바라보고 치유의 대상으로 환원해야 하는데, 일제는 질병을 공포의 대상으로 내몰면서 강제성을 동원하여 반드시 치유되어야만 하는 대상으로 프레임화시켰다는 것이다.

『대한매일신보』에서는 서구의학이 제대로 보급되지 않은 상황에서 실시한 일제의 안일한 대처를 풍자하였다. 그리고 원인을 알 수 없는 괴질에 대한 공포와 그러한 병 치료를 위해 잘못 시행된 의료기술은 질병에 대한 인식을 더욱 악화시켰다고 주장한다. 그로 인해 질병은 단순히 치료의 대상이기에 앞서 공포의 대상으로 국민의 머리에 각인되었다. 그리고 이렇게 날조된 은유로서의 질병은 일제의 강제성을 정당화시키는 도구로 작용하였다.

3) 신체의 집단화와 국권 회복의 가능성

「서유견문」에 따르면 위생사업은 국민들의 세금으로 충당되었다. 국가 사업을 국민 세금으로 충당하는 것은 현대의 관점에서 이해할 수 있겠으나 이 시절 국민들은 기본적인 의식주 문제도 해결하지 못하는 상황이었다. 그러다보니 먹고 살기도 힘든 마당에 위생비 명목으로 자신들이 지불해야 할 금액을 늘어나게 되자 불만의 목소리는 커지게 된다.

- 길 도즈를 쓰고 보니 도로슈츅 됴치마는 쓩통란리 맛난슬 제 탕관 신지 잡혀 쓰고 빅계무칙 되엿는디 치도비를 또 내라니 우리 동포 엇지 살스고(「시스평론」, 『대한매일신보』, 1908.11.25.)
- 못살겟네 못살겟네 나는 진정 못살겟네 의복음식 요죡ᄒ야 긔한 업게 ᄒᄂᆞᆫ 것이 위싱상에 필요인디 견지고갈 이 턴디에 죠셕으로 졀화ᄒ야 부모쳐즈 쥬린디도 구제방침 업건마는 위싱비를 내라 ᄒ고 불복 드시 독촉ᄒ니 졍신 업셔 못살겟네(「시스평론」, 『대한매일신보』, 1909.4.16.)
- 못살겟네 못살겟네 날은 졈졈 치워오되 시량변통 홀 수 업고 오예물은 젹퇴ᄒ여 그 넘시가 지독ᄒ되 쳐가지는 아니ᄒ고 위싱비만 독촉ᄒ니 이 노릇을 엇지 홀고 각방곡의 근심이오(「시스평론」, 『대한매일신보』, 1909.10.29.)

위에서부터 차례대로 살펴보면 화자는 똥통 관리를 하느라 탕관까지 뺏긴 마당에 도로정비 비용까지 충당해야 한다. 일제의 강압적인 상황 속에서 이를 해결해야 하니 대책이 나오지 않는 형편이다. 다음은 의복과 음식이 풍족한 다음에야 위생이 필요한 것이지, 아침저녁으로 밥도 짓지 못하는데 위생비를 독촉해 힘들어하는 대목이다. 마지막은 날씨가 추워져 땔나무와 먹을 양식을 구하기 어려운데 지저분한 오물은 쌓여만 간다.

지독한 냄새를 풍기는 것을 치우지는 않으면서 위생비만 달라고 독촉하니 근심만 가득하다. 이처럼 위생사업은 국민들의 생활을 안정시키기는커녕, 위생명목으로 지불해야만 하는 치도비나 위생비에 불만만 쌓여만 갔다.

위 작품에서는 치도비나 위생비와 같은 명목으로 비용을 뜯어간 반식민지적 상황을 적나라하게 표현하였다. 일제는 조선인들에게 어떠한 연유로 위생을 강요하였을까? 고미숙은 위생과 의료는 식민권력이 가장 일상적으로 자신의 위용을 과시하는 동시에 식민지 민중의 실체를 확실하게 틀어줄 수 있는 통치의 영역이라고 했다(고미숙, 2005:29). 일제의 위생정책이 조선인들을 잘 통제하고 관리할 목적으로 실시되었다는 것이다. 이후 일제의 침략 야욕이 본격적으로 심화된 1930년대에는 동북아시아에 대한 침략에 조선인들을 강제 징집하였다. 이 과정에서 건강한 신체는 전투력 향상에 효과적이었다. 내선일체론을 주장하는 황국신민화정책 또한 그러한 통제된 신체를 바탕으로 조선인들을 전쟁에 참전시키고자 했다.

이러한 의도에서 보면 일제의 위생사업은 조선인을 건강한 신체로 만들어 동북아 패권을 장악하기 위한 수단으로 작용한 것에 불과했다. 일본은 청일전쟁과 러일전쟁의 승리로 조선에 대한 지배권을 공고히 하였다. 훗날 조선을 병참기지화 역할로 편입시키려는 속셈에는 위생사업이라는 명분 아래 신체의 관리와 통제가 실시될 필요성이 있었다. 물론 민족주의자들에게 위생사업은 김옥균이 주장한 대로 질병퇴치로 인구감소를 막고 나라의 부강에 목적이 있었다. 동시에 애국계몽운동의 일환으로 무장독립항전에 건강한 신체의 의병군을 모집하려는 의도도 있었다. 이러한 양쪽의 의도가 극명히 다름에도 불구하고 위생사업은 건강한 육체를 만든다는 공통의 목적으로 실시되었다.

하지만 건강한 신체는 한 개인의 소유물로 작동하지 못하였다. 다시 말해 개인의 신체는 집단적 신체, 국가를 구성하는 유기체로서의 신체, 대상화된 신체로 인정되었다(이승원, 2001:303). 위생의 목적이라는 신체의 집단화는 식민통치의 원활함을 목적으로 다방면에서 통제되었다. 그러한 통제는 곧 일상화되어 식민권력의 한 형태로 진화하였다. 이러한 사태를 진단한 『대한매일신보』 편집진들은 다음과 같은 시사평론을 지어 해결책을 도모하고자 했다.

- 나라 형셰 위급흠이 몸의 병과 일반이라 수십 년을 신음ᄒ니 잡시방약 쓸 듸 잇나 텬하명의 마져다가 증셰디로 치료홀 졔 일신혈믹 슮혀 본다
- 륙부믹을 슬펴보니 외국 차관 엇어다가 쓸 듸 업시 랑비ᄒ고 지화동젼 가계ᄒ야 직졍 권리 업셔지니 진익갈증 념려로셰
- 신긔믹을 슬펴보니 일진회가 탁란ᄒ야 ᄌ위단과 션언셔로 외인의게 노례되고 벼슬도득 분주ᄒ니 협샤증이 념려로셰
- 쟝위믹을 슬펴보니 각부관제 변긔키로 외국인이 득셰ᄒ야 주판임을 쎅셔가니 졔반ᄉ무 싱쇼하니 긱회증이 념려로셰
- 위경믹을 슬펴보니 각도각군 관찰군슈 힝졍권은 쎅앗기고 시위소찬 그져 안져 수다월급 탐식ᄒ니 창긔증이 념려로셰
- 긔부믹을 슬펴보니 황무지디 긔근키로 편편옥토 됴흔 쌍을 농부대신 누구신고 임의디로 내여주니 ᄉ말슈쳑 념려로셰
- 명문믹을 슬펴보니 동포형뎨 결심ᄒ야 실력을 양셩ᄒ고 익국ᄉ샹 분발ᄒ야 나라에 몸 밧치면 일믹싱긔 여겨 잇다(「시ᄉ평론」,『대한매일신보』, 1908.2.14.)

위의 시사평론을 보면 나라의 형세가 위급함을 몸의 병과 일치시키고 있다. 한 마디로 국가는 몸이고 질병에 걸린 것은 국가가 제 기능을 하지 못하고 있다는 것을 의미한다. 제시문에 나타난 육부맥, 신기맥, 장위맥, 위경맥 등은 모두 한의학에서 쓰이던 말로 신체와 관련된 용어이다. 외국차관을 쓸데없이 낭비하여 재정 권리가 없어지고, 일진회는 자위단을 조직하여 친일행위를 했다. 관찰군수 행정권은 빼앗기고, 황무지개간을 하는데 농부대신 다른 이에게 임의대로 내어주니 문제가 발생하게 되었다.

『대한매일신보』 편집진은 몸에 문제가 되는 부분을 고치면 몸이 치유되듯이, 위기에 빠진 나라도 잘못된 부분들을 시정한다면 국권회복이 가능하다고 보았다. 마지막 평론에는 그러한 의식을 직접적으로 드러냈다. 오른쪽 손의 척맥인 명문맥을 진단해 실력을 양성하여 몸을 바치면 좋은 조짐이 도는 기운을 보인다고 하였다. 식민권력의 통제하에 놓일 위기에는 육체적 투쟁과 더불어 정신적 계몽이라는 투쟁의 도구가 있었다.

애국계몽운동의 한 방편으로 진행된 의식의 개조는 국가적 차원에서의 접근이 중요함을 알렸다. 이러한 자주독립을 위해 민족의 실력을 기르자는 취지는 실력양성운동을 불러일으켰다. 이것은 3·1운동 이후 본격적으로 전개되었는데 이 시기는 그 토대를 마련하는 계기가 되었다. 작품에서의 부분적 신체들은 개인의 자유를 의미하는 것이 아니라 국가를 구성하는 하나의 유기체로, 국민 모두 힘을 합쳐야 함을 선언한 것이다.

하지만 일제는 '청결한 것이 개화다'라는 명목으로 조선인들을 좀 더 쉽게 통제하기 위한 수단으로 활용하였다. 신체는 더이상 개개인의 소유물이 아니라 하나의 집단체로 작용하여 모든 행동을 규격화시키고자 했다. 일제의 요구는 이것에서 끝나지 않았다. 신체의 통제는 관리의 시작에서 출발한다.

- 경찰관의 말 드른즉 한성 안에 매음녀로 지금 검사밧는 외의 은군쟈로 칭호ᄒ고 비밀매음 ᄒ는 쟈가 오륙천 명 넘은지라 미구검사 ᄒ다 ᄒ니 놀납고도 가련ᄒ다 붓을 잡고 긔록ᄒ야 두어 마듸 경고ᄒ세(「시ᄉ평론」, 『대한매일신보』, 1909.3.31.)

- 매음녀야 매음녀야 여자힝신 ᄒ는 법이 슈쵹 잠ᄉ간 늠 뵈여도 욕보왓다 훌 터인듸 매음녀로 붓잡히면 병이 잇나 검사홀 제 깁히 깁히 감촌 몸을 싱젼초면 남ᄌ의게 희괴망측 다 내뵈니 가련ᄒ다 네 신셰여(「시ᄉ평론」, 『대한매일신보』, 1909. 3.31.)

- 못살겟네 못살겟네 나는 진졍 못살겟네 남녀간에 짝을 지어 서로

살님 ᄒᆞ는 것이 위싱 상에 무해인ᄃᆡ 유부녀의 매음흠은 치지불문 ᄒᆞ면셔도
과부되여 ᄀᆡ가코져 흔두남쟈 션본 거슬 매음녀로 잡아다가 병 잇다고
검사ᄒᆞ니 경위 업셔 못살겠네(「시ᄉᆞ평론」,『대한매일신보』, 1909.4.16.)

위의 사설들은 1909년 발간된 자료로, 매음녀에 관한 내용을 담고 있다. 매음녀는 성병검사의 대상으로, 관리되어야 할 신체로 치부되었다. 이들은 밀매음하는 여성들을 통칭하는 은군자로 불리며 기록으로 남겨졌다. 기생인 관기와는 달리 창기들은 통감부에 의해 감시되었다. 이들 중 일부는 검사를 거부하거나 불참하기도 했으나 강제적으로 소환되어 건강진단을 받아야만 했다. 1908년부터는 창기단속령을 실시하여 창기들은 친족의 연서(連署)한 서면을 경시청에 신고하고 인가증을 얻어야 했다(水谷淸佳, 이정남, 2019:25-37). 이처럼 매음녀는 통제되고 관리받는 신체로 낙인되어 개인이기보다 국가의 한 집단에 소속되었다.

작품에서는 우선 매음하는 자를 기록하여 경고하고자 했다. 매음녀로 붙잡히게 되면 병이 있나 검사를 실시한다고 한다. 검사방식은 아직 근대적 의료기술이 부족해서인지 남자에게 전신을 다 보이게 되어 검사받는 이의 신세가 가련하다고 한다. 문제는 민간인들도 매음녀로 잡아다가 병이 있다고 검사한다는 것이다. 과부가 개가하고자 남자를 만났더니 일제는 그것을 매음녀로 규정하여 낙인찍는다고 하였다.

『대한매일신보』는 매음녀를 가련한 대상으로 형상화하였다. 위생경찰의 신체적 관리에 대해서는 안타깝게 여기고 있을 뿐이다. 다만 매음녀가 아닌 자를 검사하는 것에 대한 불만만을 토로했다. 국권회복과 근대화의 측면에서 매음녀의 단속은 비판의 대상이 아니었음을 의미한다. 작품에서는 매음녀에 국한해서 신체를 관리하였지만, 실상 일제는 여러 가지 명목들을 만들어 국민들의 신체를 통제하고 규제하고자 했다. 위생경찰의 통제는 일상화되어 근대적 신체라는 규정 속에서 조선인들의 관리를 쉽게 이루고자 하였다.

4. 근대계몽기 위생 담론

 본 글에서는 근대계몽기 위생 담론을 통해 이 시기 위생의 이미지가 어떠한 식으로 변화되었는지를 알아보고, 그것과 관련된 근대 계몽가사의 표현방식을 살펴보았다. 이것은 미시적인 관점에서 작품 내부에 시선을 돌려 근대 계몽가사에 담긴 미의식을 간취하기 위함이다.
 기본적으로 위생사업은 초기 조선정부 주도로 부강을 위한 방편으로 실시되었다. 개화파 지식인들은 언론매체나 국가적 지원을 바탕으로 근대적 국가 건설을 위한 목표로 위생을 가장 중요한 요소로 뽑았다. 이것은 인구증대와 더불어 국력을 강화시킬 수 있다는 믿음에서 출발하였다. 하지만 일제의 통감부 설치 이후 위생사업의 성격은 변화하게 된다. 위생사업은 위생경찰을 동원하여 강압적이고 폭력적인 수준에서 이루어졌다. 청결비나 치도비를 명목으로 국민들의 돈을 착취하고 국민들을 통제하기 위한 수단으로 전락하고 말았다.
 이러한 상황에서 『대한매일신보』는 청결에 대한 문제의식을 가지면서도 일제의 강압적 행태를 적나라하게 드러내었다. 특히 위생담론을 활용해서 일제의 식민지적 통치를 신랄하게 비판하였다. 또한 서구의학이 제대로 보급되지 않은 상황에서 실시한 일제의 안일한 대처를 풍자하였다. 그리고 원인을 알 수 없는 괴질에 대한 공포와 그러한 병 치료를 위해 잘못 시행된 의료기술은 질병에 대한 인식을 더욱 악화시켰다고 주장했다. 그로 인해 질병은 단순히 치료의 대상이기에 앞서 공포의 대상으로 국민의 머리에 각인되었다. 그리고 이렇게 날조된 은유로서의 질병은 일제의 강제성을 정당화시키는 도구로 작용하였다.
 아울러 근대계몽기에 접어들면서 개인의 신체는 집단적 신체로 국가를 구성하는 유기체로 작동되었다. 위생이라는 명분 아래 신체의 집단화는 식민통치의 원활함을 목적으로 다방면에서 통제되었다. 그러한 통제는 곧 일상화되어 식민권력의 한 형태로 진화하였다. 이러한 사태를 진단한

『대한매일신보』 편집진들은 실력을 양성하면 국권회복이 가능하다고 보고, 국민 모두 힘을 합쳐 애국계몽운동을 하고자 했다. 하지만 이것은 일제가 조선인들을 좀 더 쉽게 통제하고 관리하기 위한 수단으로 전락하였다.

이번 논의는 『대한매일신보』 시가 작품들을 통해 위생담론의 한 측면을 살펴본 것이다. 근대계몽기 시기 위생담론이 전부 이러한 특징들을 가진다고 볼 수는 없을 것이다. 각 언론 매체들 편집진마다 추구했던 방향과 의도가 다르기 때문이다. 다만 요즘 발생하고 있는 코로나19 상황과 대입시켜보면 어느 정도 유사한 지점들을 발견할 수 있다.

참고문헌

고미숙(2005). "대한매일신보를 통해 본 '병리학'의 담론적 배치", 2005년 한국문화연구원 봄 학술대회, 이화여자대학교 한국문화연구원.
김은정(2012). "일제강점기 위생담론과 화류병", *민족문학사연구* 49.
손동호(2013). "『만세보』를 통해 본 한말 위생 담론 연구", *한국민족문화* 49.
수전 손택(2002). *은유로서의 질병*, 이후.
신동원(2003). "우리나라 역사 속의 괴질", *과학과 기술* 36.
오창섭(2011). "위생개념의 출현과 디자인", *한국디자인문화학회지* 17.
유길준(2004). *서유견문*, 서해문집.
이승원(2001). "20세기 초 위생담론과 근대적 신체의 탄생", *문학과 경계* 1, 문학과경계사.
이종찬(2006). "위생의 근대: 사회적 몸에 대한 통치의 술", *인문연구* 51.
이형대(2004). "근대계몽기 시가의 풍자 대상과 방법", *한국시가연구* 16.
이화여대 한국문화연구원(2007). *근대계몽기 지식의 굴절과 현실적 심화*, 소명출판.
하성운(2021). "근대계몽기 시가를 통해 본 위생담론과 그 표현방식 - 대한매일신보 를 중심으로", *문화와융합* 43(10), 379-396.

● 이 장은 문화와융합 학술지 43권 10호에 실린 필자의 논문(하성운, 2021)을 바탕으로 재구성되었다.

14장

현대시에 그려진 신화의 세계

1. 신화 속으로 떠나는 여행

전 세계를 휩쓸고 있는 코로나 19 바이러스는 인간과 자연의 관계를 다시 생각해 보도록 한다. 원톄쥔이 말한 것처럼, 바이러스는 현대화에 대한 비평문이며 현대화가 우리 머리채를 잡아 대지 밖으로 던져버렸다. 우리가 할 일은 인류가 자연의 일부임을 깊이 자각하고 어떻게 자연 깊숙이 다시 뿌리 내릴 수 있을까 성찰하는 것이다.

원톄쥔은 현대화를 향한 질주를 늦추기를 경고한다. 바이러스의 도전과 마주한 지금 자연은 우리에게 각성하라고 호통치며 가르침을 주려 하므로, 우리는 이 수업을 잘 듣고 어떤 행동을 할지 생각해야 하는데, 적어도 속도를 늦출 필요가 있으며 질주하는 관성을 멈추고 자연으로 돌아가야 한다고 피력한다(제러미 리프킨 외 인터뷰, 2020:73).

바이러스는 자연의 질서에 순응하지 않고 질주하는 인간에게 어떤 재앙이 따르는지 보여 주고 있기 때문에 우선 현대화의 속도를 줄이고 멈춰야 한다. 멈추어서 우선 우리가 얼마나 자연과 멀어져 있으며 자연을 왜곡하고 있는지 돌아보아야 할 것이다.

신과 자연, 인간의 아름다운 일체감을 보여주는 아리 신과 그의 딸

이우의 이야기를 들어보자.

중국 남쪽 윈난성에 차를 즐기는 이들은 다 알고 있는 '이우'라는 곳이 있다. 차로 유명한 곳이다. 이우는 땅 이름이기도 하지만 원래는 산에 붙여진 이름이다. 전해오는 이야기(박현, 2006.9.6)에 따르면 이우는 신 '아리'의 딸이었다. 아리는 세상의 살아있는 모든 것들을 보면서 마음이 아렸다고 한다. 신의 마음은 그런 것이다. 세상 만물로 이루어진 자식을 바라보며 측은함에 마음 아려했던 아리 신처럼 신의 본성은 자비이며 사랑이다.

그 신의 딸 이우 역시 그러한 아버지의 마음을 닮았던 것일까? 아버지와 갈라져 히말라야 남쪽으로 가던 길, 산을 넘고 강을 건너면서 바라본 풍경은 그녀를 기쁘게도 하였지만 슬프게도 만들었다. 따뜻한 햇살과 아름다운 풍경은 그녀를 행복하게 만들었지만 그 속에 살고 있는 사람들의 생활 모습은 그녀를 슬프게 했다. 배불리 먹지 못하고 병이 들어 고통을 겪으며 죽어가는 사람들의 모습을 보며 가슴 아파했던 것이다.

그녀는 그렇게 기쁨과 슬픔을 동시에 간직한 채 하염없이 남쪽으로 내려갔다. 드디어 이우라는 곳에 이르러 그녀는 자신의 몸으로 산을 만들었고 눈물로 샘을 만들었으며 머리카락으로 차나무를 만들었다. 발톱은 산의 돌이 되었고 뼈는 바위가, 살은 흙이, 피는 내가 되었다고도 한다. 이렇게 해서 그녀는 차나무가 자라는 산이 되었는데 사람들이 그 차나무에서 난 잎을 따서 차로 만들어 마시고 건강하고 행복하기 바라는 마음에서였던 것이다. 물론 이우산에서 난 차를 끓여 마신 사람들은 병이 치유되어 기쁘게 살게 되었다. 지금까지도 그곳 윈난 소수 민족 사람들은 차와 더불어 생활하면서 이우를 차의 여신으로 받들어 모시면서 살고 있다.

'이우'는 신이지만 산이 되었다. 이우는 인간을 위해 스스로 산이 되고자 했다. 즉 신 이우와 산 이우는 형태는 다르지만 본질은 같다. 이렇게 신이 자연이고 자연이 곧 신이라는 생각을 하게 되면 인간은 자연을 함부로 대하지 못할 것이다. 공경과 감사의 마음으로 자연을 대할 수밖에 없다.

이와 같이 신화 세계에는 신성한 공간과 신성한 이야기들이 등장한다. 신이 나무가 되기도 하고, 인간은 신이 되기 위해 홀로 깊은 산속으로 들어가 수십 년씩 고통을 감내하며 산다. 인간이 되기 위해 호랑이와 곰은 마늘과 쑥만을 먹고 어두운 굴속에서 견뎌야 한다. 또 신성한 인간은 알을 깨고 나오기도 한다. 설화나 신화 세계에서는 인간과 동물, 자연이 서로 종속의 관계가 아니라 평등한 관계이다. 서로 넘나들 수 있는 관계이다. 서로의 세계로 가기 위해 때로 인내와 고통이 필요하기도 하지만 인간과 자연은 상황에 따라 자유롭게 변신할 수도 있고 동물들이 인간의 조상인 할아버지 할머니가 되기도 한다. 이렇게 인간과 신과 자연이 서로 넘나드는 신화 세계에서는 소외도 없고 분리도 없고, 파괴도 지배도 종속도 없는 세계를 추구한다.

코로나 19 바이러스가 창궐하는 이 시대에, 시 속에 나타나는 신화 세계의 재현을 살펴보는 것은 가치 있는 일이다. 우리가 나아가야 할 방향을 제시해 주기 때문이다. 이재무, 나희덕, 안도현의 시를 통해 현대시 속에 그려지고 있는 신화 세계로 여행을 떠나 보자.

2. 시로 그려진 신화 세계

신화적 상상력으로 신화 세계를 되살려내는 것은 신화가 가지는 은유와 상징을 통해 인간이 현대 문명 속에서 잃어버린 자연과 만나게 해 주는 것이라 할 수 있다. 이는 현대 자본주의 사회를 살아가면서 상실해 가고 있는 영성과의 교감을 가능하게 해 주기 때문에 의미 있는 일이다. 그리하여 인간이 상실한 또 다른 세계, 그 세계를 기억 못하는 기억상실증을 치유하는 기능을 한다. 예민한 감수성과 상상력을 가진 시인만이 이 일을 할 수 있다. 그러므로 시인에게 있어 언어는 신을 자연으로도 변신시키고 자연을 신, 또는 인간으로도 변신시키는 도구이거나 창작이라는 인고의 시간을 견뎌야 하므로 시련이라 할 수도 있다. 시와 함께 기꺼이 도구가 되거나 시련을 감수하는 시인이 있기에 신화는 되살아난다.

> 우리 마을의 제일 오래된 어른 쓰러지셨다
> 고집스럽게 생가 지켜주던 이 입적하셨다
> 단 한 장의 수의, 만장, 서러운 곡도 없이
> 불로 가시고 흙으로 돌아, 가시었다
> 잘 늙는 일이 결국 비우는 일이라는 것을
> 내부의 텅 빈 몸으로 보여주시던 당신
> 당신의 그늘 안에서 나는 하모니카를 불었고
> 이웃마을 숙이를 기다렸다
> 당신의 그늘 속으로 아이스께끼 장수가 다녀갔고
> 방물장수가 다녀갔다 당신의 그늘 속으로
> 부은 발등이 들어와 오래 머물다 갔다
> 우리 마을의 제일 두꺼운 그늘이 사라졌다
> 내 생애의 한 토막이 그렇게 부러졌다
> — 이재무, 「팽나무가 쓰러, 지셨다」 전문

위 시 이재무의 「팽나무가 쓰러, 지셨다」에서는 팽나무를 '어른'으로 변신시키고 있다. 그저 평범한 마을의 어른이면서 동시에 인간을 위해 자신을 바친 그런 인간이다. 아주 오래되었으나 자랑도 치장도 하지 않고 자연으로 흙으로 돌아가신 분이다. 오래되었다는 것은 그 마을의 생로병사, 희로애락을 다 겪었다는 의미이기도 하다. 그러므로 그 마을 역사의 산증인이며 마을 사람들의 조상과도 같다. 사람들이 오래된 나무를 섬기는 이유 가운데 하나는 여기에 있을 것이다.

팽나무는 내부를 텅 비우면서 그 텅 빈 깊이만큼의 그늘을 인간에게 제공하였다. 그 나무의 무릎에서 시인은 하모니카를 불었고 유년을 보내고 사랑을 했다. 또 세상에 지친 사람들은 그 나무 아래에서 몸과 영혼을 쉬어 갔다.

즉, 팽나무 그늘 안에는 음악이 있었고 먹을 것과 옷감과 화장품이 있었다. 인생의 희로애락이 모두 그 속에 있었던 것이다. 팽나무는 이렇게 오랫동안 마을 사람들과 함께 하며 풍요로운 그늘을 만들어 나가면서 사람들에게 위로와 안식을 주었다. 그 그늘 속에서 함께 한 사람들에게 팽나무는 신과 같은 존재라고 할 수 있다.

인간이나 동물에게 쉬거나 깃들 공간을 제공하는 나무는 신화와 전통 속에서 다양한 의미를 가지고 나타난다. 신성한 나무인 신수(神樹), 생명의 나무, 세계의 축으로서의 나무, 죽음과 재생의 나무, 모성적 속성과 남성적 생산성을 함께 갖추고 있는 나무, 지혜, 희생, 역사 등을 상징하는 나무는 전 세계적으로 신화와 민담에서 자주 나타난다.

우리나라에서 신성한 나무의 예를 보이는 나무는 신단수로, 단군신화에서 나타난다. 하느님의 아들 환웅이 아버지 환인의 도움으로 하늘에서 내려온 곳, 태백산 꼭대기에 있던 나무이다. 환웅은 이 나무 아래에 내려와 그곳을 신시(神市)라고 일렀다. 또한, 금기를 지켜 여자가 된 곰 웅녀는 신단수 아래에서 아이 낳기를 기원하여 사람으로 잠시 변한 환웅과 혼인하여 아들을 낳았는데 그가 단군이다.

단군신화에서 보면 나무는 신이 하늘에서 땅으로, 즉 천계에서 인간계로 내려오는 길목이다. 천상계와 지상계를 잇는 다리로 제천 의식이 행해지던 곳이기도 하다. 웅녀가 아이 배기를 원하며 기도한 것도 일종의 제천 의식이라고 할 수 있다.

무속에서도 나무는 당산나무라 하여 마을의 수호신이거나 신령이 내려오는 장소로서 돌, 물, 동물들과 더불어 자연신의 하나로 숭앙 되었다. 사람들은 그 나무에 제물을 바쳤으며 이 나무는 병을 고치고 재앙을 물리쳤다. 그리고 불교에서 나무는 깨달음, 지혜를 상징한다.

나무는 이토록 다양한 상징성을 띤다. 여기서 위 시에서 말하는 '어른'

이 의미하는 바를 생각해 볼 수 있다. 시인이 오래된 팽나무를 어른이라고 지칭한 이유는 무엇일까? 단지 나이가 많다는 의미는 아닐 것이다. 보통 나이가 들수록 인간은 지혜가 깊어지고 겸허해진다고 한다. 어른이라는 말 속에는 그러한 의미도 포함되어 있는 것이다. 지혜와 겸허로써 자신의 자식이라 할 수 있는 인간들을 돌보아온 것이다. 사람뿐만 아니라 동물과 바람과 눈과 비도 그 나무와 함께 했음을 추측하는 것은 어렵지 않다.

시 속에서 팽나무와 어른의 모습은 인간의 모습이자 곧 신의 모습이다. 웅녀가 신단수 아래서 빌었듯이 '나' 역시 팽나무 아래서 숙이가 오기를 빌고 또 빌었으며, 방물장수와 아이스께끼 장수 역시 팽나무 그늘에 누워 가졌던 염원이 있었을 것이다.

그런데 그 나무의 '두꺼운 그늘'이 사라졌다. 그나마 마을을 지켜주던 신이었던 팽나무의 그늘이 없는 마을은 이제 신화가 폐기되어버린 현대사회를 의미한다. 그늘이 두껍다고 한 것은 팽나무의 신적인 측면이 가져다 주는 풍요로운 삶의 부피이며 깊이였던 것이다. 그 그늘이 없어진 문명사회에서 인간에게는 더 이상 부은 발을 쉬어 갈 터전이 없다.

나무가 사라진 것은 또한 상징적으로는 반목과 다툼을 의미하기도 한다. 중국 윈난의 나시족 신화에 보면 인류와 자연신은 같은 아버지 다른 어머니를 가진 형제였다고 한다. 인류와 자연신은 오랫동안 평화롭게 지냈는데 어느 날 인류의 후손이 천년이 된 나무를 베어버림으로써 자연을 관장하던 자연신의 보복이 시작되었다고 한다 형제로 친하게 지냈던 인류와 자연신의 아름다운 세월은 오래 가지 않았다. 사람들은 마을 주위의 나무들을 모두 베어버렸고 샘물 곁 용 동굴 위의 열 명이 둘러서서 손을 맞잡을 수 있는 천 년 된 고목을 베어버렸다. 이로부터 자연신의 인류에 대한 보복이 진행되었는데 폭풍과 홍수 등으로 999개의 산이 무너지고 9999개의 마을이 묻혀버렸으며 나시족은 잿더미가 되었다고 한다(高峰 编绘, 2001).

이 신화를 보면 나무로 대표되는 자연과의 불화는 현재 우리 인류와 생태계의 관계와 같다. 전 세계에서 벌목으로 사라져가고 있는 숲과 개발로 베어지는 오래된 나무들을 떠올려 볼 수 있다. 인류가 자연 생태계를 파괴한 대가로 치르고 있는 각종 재난과 공해는 당연한 것이다. 파괴라는 원인에 대한 결과일 뿐이다.

나시족 신화에서 자연신의 보복 이후 최후로 살아남은 한 사람이 천녀의 딸과 혼인하여 후손을 번성시켰다. 그런데 이후에도 과거를 잊은 그들은 여러 차례 곳곳에서 산을 파괴하고 바다를 오염시키거나 동물을 마구잡이로 살육하는 등의 행위를 일삼자 자연신에게 벌을 받게 된다. 용서받고 또 그런 행위를 저지르고를 반복한다. 인간의 욕망이 끝이 없음을 보여 주는 것이라 할 수 있다.

다음 시 역시 나무를 소재로 하고 있지만, 앞의 시와는 조금 다른 관점에서 형상화되고 있다.

> 밤구름이 잘 익은 달을 낳고
> 달이 다시 구름 속으로 숨어버린 후
> 숲에서는…… 툭…… 탁…… 타닥……
> 상수리나무가 이따금 무슨 생각이라도 난 듯
> 제 열매를 던지고 있다
> 열매가 저절로 터지기 위해
> 나무는 얼마나 입술을 동글게 오므렸을까
> 검은 숲에서 이따금 들려오는 말소리,
> 나는 그제야 알게도 된다
> 열매는 번식을 위해서만이 아니라
> 나무가 말을 하고 싶은 때를 위해 지어졌다는 것을
> ……타다닥…… 따악 …… 톡 …… 타르르……
> 무언가 짧게 타는 소리 같기도 하고
> 웃음소리 같기도 하고 박수소리 같기도 한

그 소리들은 무슨 냄새처럼 나를 숲으로 불러들인다
　　그러나 어둠으로 꽉 찬 가을숲에서
　　밤새 제 열매를 던지고 있는 그의 얼굴을
　　끝내 보지 않아도 좋으리
　　그가 던진 둥근 말 몇개가
　　걸어가던 내 복숭아뼈쯤에…… 탁…… 굴러와 박혔으니
　　　　　　　　　　　　　－나희덕,「저 숲에 누가 있다」전문

　나희덕의 위 시「저 숲에 누가 있다」는 상수리나무가 인간에게 말을 걸고 있다는 것, 인간을 부르고 있다는 데에 초점을 맞춘다. 보통 사람들은 인간이 자연보다 활동적이고 능동적이라고 생각하지만 이 시에서는 인간이 오히려 정적이며 수동적이고 자연이 더욱 동적이며 능동적이다.
　구름이 달을 낳고, 달이 다시 구름 속으로 들어가고, 상수리나무가 열매를 던진다. 또 상수리나무가 열매를 던지기 위해 입을 한껏 오므렸을 거라는 상상력은 가히 자연과 인간이 하나가 되는 지점이라 할 수 있다. 상수리나무가 말을 하기 위해, 열매를 던지기 위해 입을 오므렸다고 하는 이 대목에서는 시인과 나무가 한 형제였다는 것이 극명하게 드러난다. 자연을 과학적인 대상, 재료로만 파악했다면 입을 오므리고 제 열매를 던져 말을 건네기 위해 입을 오므리는 상수리나무를 어찌 알아볼 수 있단 말인가?
　게다가 나무들의 숲은 '툭, 탁, 타닥, 타다닥, 따악, 톡, 타르르' 소리를 내며 불을 지피기도 하고 웃고 박수도 치며 말도 한다. 갖가지 의사소통 방법을 통해 시인을 숲으로 불러들인다. 이렇게 살아있는 자연이야말로 우리가 텔레비전이나 자동차 소음에 귀를 내어 주느라고, 오르는 집값, 땅값에 한숨 쉬느라 잊고 살아가고 있는 세계이다. 하다못해 생명의 원천인 땅조차도 경제적인 가치로, 돈으로 바꿀 수 있는 물건으로밖에 취급하지 못하는 현대인들의 의식 속에서 사시사철 변화하고 순환하는 자연의 역동성과 생명력은 인간의 활동력에 비해 사소하게 여겨져 왔던 것은 사실이다.

위 시에서는 숲이 온전히 살아 생명력으로 가득 차 있다. 숲이 내는 소리가 손에 잡힐 듯 구체적으로 묘사되어 있다. 그뿐만 아니라 시인은 그 소리들이 냄새처럼 자신을 부른다고 표현하고 있다. 청각과 후각이 하나 되는 지점이다. 온갖 밝은 것들, 시각적인 것들에 눈을 빼앗겨 주변을 바로 보고 소리를 듣고 냄새 맡는 일에도 둔해진 현대인들. 시인은 살아있는 감각으로 보고 듣고 냄새를 맡는다. 시인은 차라리 보지는 않아도 좋다고 한다. 눈으로 보는 것은 생명력 충만한 자연을 보는 데에 도움이 되지 않는다고 생각하기 때문이다.

문명 도시의 낮은 인간의 모든 감각을 마비시킨다. 그래서 위 시의 배경은 밤인지도 모르겠다. 달이 구름 속으로 숨어버린 어두운 숲에서 말을 거는 상수리나무는 그제야 말할 수 있는 시간을 찾은 것이다. 자기의 말이 들릴 수 있는 시간, 문명이 잠들어 소음이 덜한 밤의 시간이야말로 상수리나무의 시간이 아닐까? 시인에게 있어서도 밤이야말로 어두워 눈으로는 사방이 보이지 않아도 오히려 온몸의 감각으로 숲을 다 볼 수 있는, 다 느낄 수 있는 그런 시간이 밤이라는 시간이다.

또한 "무슨 생각이라도 난 듯" 상수리나무가 열매를 던진다고 한 부분에서는 픽 웃음이 나오기도 한다. 상수리나무가 마치 시인을 놀리기라도 하는 듯하다. 장난을 걸고 있는 것처럼 느껴지는 부분이다. 이 부분에서 남들 모르게 자연과 인간이 놀이를 펼치고 있는 숲을 떠올리게 된다.

시인에게 말 거는 상수리 열매, 이 '열매'의 사전적 의미는 '식물이 수정하여 자방(子房)이 자라게 된 것'이다. 이 사전적 정의대로만 파악한다면 상수리 열매는 상수리나무가 번식을 위해 만들어 내는 것이라는 의미 말고는 다른 의미는 찾을 수 없다. 과학적 입장 혹은 진화론적 입장에서는 생물을 볼 때 '생존과 번식'에 초점을 맞출 것이다. 그리고 일반적으로 인간이 동물이나 식물을 볼 때는 그들이 인간과 같은 정서를 공유한다거나 인간에게 영적인 메시지를 전한다고 생각하는 경우는 그리 많지 않다.

하지만 시인은 사람들이 흔히 생각하듯이 나무 열매를 번식을 위한 것으로 보지 않는다. 말을 하고 싶을 때를 위해 나무 열매가 지어졌다고 본다. 식물을 단지 생물학적 관점으로만 보지 않는다는 것을 알 수 있다. 식물에게도 번식과 생존이 아닌, 다른 존재의 이유가 있다고 인식하므로 상수리나무를 대하는 태도 역시 다르게 나타나는 것이다. 즉, 상수리나무를 향해 열려 있는 것이다. 세계 만물을 향해 열려 있으며 생명 있는 것들에 대한 성찰이 있기 때문에 가능한 인식이다.

상수리나무는 자신의 열매를 통해 무슨 말을 하고 싶었을까? 시의 분위기로 보면 일종의 프러포즈를 하고 있는 것처럼 보인다. 시의 제목 '저 숲에 누가 있다'에서 '누가'라는 표현에 유의할 필요가 있다. 말할 것도 없이 그 누구는 표면적으로는 '상수리나무'이다. 그는 시인이 만나고 싶은 그 누구이며 시인의 의중을 슬쩍 떠보려는, 시인의 다리를 걸어 넘어뜨려 보려는, 시인의 복숭아 뼈 속에 들어가 박히고 싶어 하는 그 누구이다. 그리하여 그들은 최종적으로는 사랑이나 합체, 또는 번식을 꿈꾸는 것인지도 모를 일이다. 마야부인은 옆구리에서 부처를 낳았다고 하는데 복숭아뼈에서는 과연 어떤 생명이 탄생할지 자못 궁금해진다.

더구나 시인이 그 밤을 택하여 숲으로 간 것은 예사로운 일이 아니다. 그것도 달도 숨은 어두운 밤이었음에랴. 더구나 구름이 달을 낳은, 생명력 충만한 밤이었으니 말이다. 종합해 볼 때 이 시는 인간과 자연의 합일을 보여 주는 것이다.

시인이 이와 같이 자연을 묘사하는 방식은 만물 속에 신, 신령스러움이 깃들어 있다고 생각했던 우리 전통 사상에 맞닿아 있다. 아낙네들이 첫새벽에 길은 정화수를 떠놓고 빌던 모습에서, 당산나무 앞에 돌탑을 쌓으면서 소망을 쌓던 마을 사람들의 모습에서, 나무로 솟대를 만들어 놓고 풍년을 기원했던 농부들의 모습에서 한결같이 읽을 수 있는 것은 달, 나무, 돌, 새 등이 자신의 소원을 들어줄 것이라는 믿음이다. 이때 제의의 대상은 바로 신이며, 인간은 자연이라는 매개물을 통해 신에게 갈 수 있다고 믿었다.

　신화적 상상력이 인간에게 주는 것은 바로 이것이다. 내가 볼 수 없는 어떤 두려운 존재, 혹은 고마운 존재가 있다는 믿음이다. 그러므로 기원하고 제사를 지내는 것이다. 기원이나 제사는 단순히 현재적 행동이 아니다. 현재 행위 속에서 과거를 반성하고 모든 행동을 삼가겠다는 미래적 다짐인 것이다. 신과 신에게 통하는 길에 있는 모든 존재를 두려워하고 섬기겠다는 약속인 것이다. 이 속에서 인간의 윤리적 행위가 가능해진다. 과학이 인간의 기원 문제에 해답을 줄 수 있을지는 모르지만 어떻게 살아야 할지에 대한 지표를 제시해 주지는 못한다(도정일, 최재천, 2006:118-120). 과학이 눈부시게 발달하고 있는 이 시대에도 신화가 거론되는 이유는 여기에 있다. 안도현의 다음 시「겨울 강가에서」에서는 인간이 자연을 통해 배우고 또 지녀야 할 자세가 무엇인지 보여 준다.

　　어린 눈발들이, 다른 데도 아니고
　　강물 속으로 뛰어내리는 것이
　　그리하여 형체도 없이 녹아 사라지는 것이
　　강은,
　　안타까웠던 것이다
　　그래서 눈발이 물위에 닿기 전에
　　몸을 바꿔 흐르려고
　　이리저리 자꾸 뒤척였는데
　　그때마다 세찬 강물 소리가 났던 것이다
　　그런 줄도 모르고
　　계속 철없이 눈은 내려,
　　강은,
　　어젯밤부터

눈을 제 몸으로 받으려고
강의 가장자리부터 살얼음을 깔기 시작한 것이었다

- 안도현, 「겨울 강가에서」 전문

『맹자』에 보면 사람들은 남의 고통을 외면하지 못하는 마음 즉, 불인지심(不忍之心)을 가지고 있다고 한다. 인간은 나면서부터 선한 본성과 그것에 근거한 선한 마음을 지니고 있다고 본 것이다. 어떤 사람이든 아이가 우물에 빠지려는 것을 보면 불쌍하게 여기는 마음에서 아이를 구하려고 하는데, 이것을 '측은지심(惻隱之心)'이라고 한다. 인간이라면 누구나 갖고 있는 자비와 사랑의 본성이다.

안도현의 위 시를 보면 시인이 측은지심의 범위를 어디까지 넓히고 있는지를 잘 알 수 있다.

위 시의 시간적 배경은 '차가운 겨울'이고 공간적 배경은 '강가'이다. 이 겨울 강가에 '어린 눈발'이 빠지려 한다. 이때 '강'이 이것을 참지 못하고 안타까워하다가 어린 눈발을 구해 보려고 갖은 방법을 다 생각해 본다. 눈발을 피해 뒤척여보지만 "철없이 눈은 내려" 강은 눈발이 더욱 안타깝다. 그래서 강은 자기 몸을 얼려 살얼음을 깔고 거기에 눈을 받기 시작한 것이다.

이 아름다운 풍경을 시가 아니면 누가, 무엇이 만들 수 있단 말인가? 철없는 어린 눈발을 어떻게 구해낼 수 있을 것인가? 이 시를 읽는 사람이라면 절묘한 시간과 공간 속에 어린 눈발을 대상으로 측은한 마음을 품고 스스로를 얼려 눈발을 구해내고자 하는 강물의 마음을 누구든지 닮고 싶고 은연중 닮게 될 것이다.

도덕적 개인들이 사회적으로도 성공하여 인정을 받게 되면 사람들이 모방하는 효과도 일어난다. 이것을 '모방 효과'라고 한다(도정일, 최재천, 2006:576). 무엇인가 선한 것을 닮으려는 마음을 갖게 만들어 주는 대상은 성공한 사람들만이 아닐 것이다. 선한 행위와 그 행위의 아름다움을 느낄 수 있게 만드는 것이라면 무엇이든지 모방의 대상이 될 수 있다고 본다.

위 작품에서 강물이 눈발을 바라보는 마음은 곧 시인의 마음이기도 하다. 시인이 세상을 바라보는 마음이다. 세상의 모든 것들을 불쌍하게 보는 마음. 시인은 눈발을, 또 강물을 안타깝게 바라보고 있다. 한편 그 강물의 마음을 닮아 보려는 것이며 닮아 보자는 것이다. 자신에 대한 반성임과 동시에 세상에 주는 메시지라 할 수 있다.

이러한 마음이 곧 신의 마음이 아닐까? 세상의 모든 것들에 대한 사랑, 사람만이 아니고 자신이 창조한 모든 것을 공평하게 사랑하고자 하는 조물주의 마음이다. 사람도, 강물도 똑같이 그 신의 마음을 닮아 떨어지는 눈발을 비롯한 우주 만물에게 그 마음을 보여 주고 실천하고 있는 것이다.

그렇다면 문학이라는 학문에서, 그 중 시적인 수사법에서 말하는 의인법이란 신화 세계에 대한 기억의 흔적이라고 할 수 있다. 인간은 과학을 만들어가는 이성적인 존재이기도 하지만 무의식 속에 선조들로부터 전승해온 신화 시대의 기억을 저장하고 있는데, 이 의식을 표출하는 방법 중 하나가 의인법이라는 것이다. 의인법을 통해 자연은 신이 되고 또 사람이 된다.

사실, 의인법이란 사람이 아닌, 생물이나 사물의 동작을 사람의 행동에 빗대어 표현한다 하여 이름이 붙여진 수사법이다. 사람으로서는 사람 이외의 것이 마음을 가지고 있는지, 의도를 가지고 있는지 파악할 수 없으므로 사람의 행위에 비유하여 표현하게 되는 것이다. '의인법'이란 말이 그럴 듯해 보이지만 얼마나 인간 중심적인 말인가? 인간 중심적인 과학적 학문 체계로 세계를 설명하려는 인간 학문 활동의 한계라 할 수 있다.

위 시에서 쓰인 수사법이 인간의 언어로 의인법이라 불리든 그렇지 않든 관계없이 독자에게 울림을 준다는 점이 중요할 것이다. 시적인 상상력이 주는 그 울림이 사람들에게 세상의 만물을 가엾게 여기고 아픔을 나누려고 하는 마음을 갖게 하기 때문이다. '겨울이다, 날씨가 춥다, 눈이 내린다, 온도가 떨어진다, 그래서 강물이 얼었다.'고 보는 것이 아니라 '강물에 녹아버리는 어린 눈발이 안쓰러워 강물이 얼었다'라고 표현할 수 있는 상상력이 있기 때문에 신화가 우리 안에 살아남게 되는 것이다.

3. 둥바로서의 시인

나시족 신화는 행복하게 결말을 맺는다. 자연신에게 속죄하고 욕망을 자제하는 모습을 보여 줌으로써 자연신으로부터 용서를 받는다. 홍수를 겪은 나시족 사람들은 9박 9일 동안 자연을 회복하기 위해 노력하였는데 9999그루의 나무와 풀을 심고 마을을 재건하였다. 사람들은 함부로 나무를 캐지 않았고 쓰레기를 바다에 버리지 않았다. 필요한 만큼만 농사짓고 가축이 없을 때만 사냥을 했으며 나뭇가지만을 꺾어 불을 지피며 살았다. 이후 사람들은 다시는 자연을 파괴하지 않겠다는 자연신과의 약속을 지키며 풍요롭게 살게 된다.

신화에는 자연을 파괴해서 자연신의 노여움을 사는 나시족 사람들의 행동이 구체적으로 기술되어 있다. 함정을 파서 함부로 희귀한 동물들을 잡는 것이나 나무를 캐거나 산을 태우는 것, 그리고 은이나 동이 나오는 산을 파헤치고 용광로를 만든다. 또 바다에 광물 쓰레기를 버려 한 모금만 먹어도 불로장생할 수 있던 맑은 물을 오염시켜 마시면 병이 나는 물로 바꿔버리는 것, 100가지나 되는 식량을 농사지어 땅을 황폐하게 하는 것, 9가지 가축을 기르는 것 등이다. 대부분 사람들이 지나치게 욕심을 부려 산, 물, 땅을 황폐하게 했다는 것을 상징하는 내용이다. 자연신이 폭풍과 홍수로 이들을 단죄하였으나 결국은 참회하고 용서받게 된다.

이런 과정이 여러 차례, 여러 지역 사람들에게 일어난다. 그때마다 자연신에게 용서를 구하고 용서를 받는다. 천신의 딸은 지혜로운 사람들을 모아 '둥바(東巴)'라 이름 짓고 하늘에서 가져온 책을 읽도록 가르쳤고 그 둥바들은 각 마을에 가서 글과 이야기를 가르쳤다. 그들의 시조가 천년 고수를 베어 자연신에게 보복을 당했던 이야기이다. 그리하여 그 교훈을 잊지 않게 하려는 것이었다. 즉, 지혜로운 사람인 둥바는 신의 메신저이자 사람들을 가르치는 지도자였으며 자연신과 인간을 매개해 주는 제사장이었다.

먼 옛날의 이야기라고 하기에는 너무나도 현시대와 같은 현실적인 내용이 많다. 오늘날의 현실 역시 그 이야기 속의 한 토막이라도 해고 과언이 아닐 것이다. 바다, 토양, 대기가 오염되어 인간과 자연의 생존이 위협받고 있는 현실 세계에 경종을 울리는 이야기이다.

신화 속에는 신화를 산출하고 전승해온 사람들의 우주관과 인생관이 함축되어 있다. 오늘날 지구온난화, 기후 위기 등 생태계 문제가 심각해질수록 시인들이 자연과 인간의 관계에 관심을 갖고 신화 세계 재현을 위해 노력하는 이유는 오래전 신화 속의 우리 선조들이 그래왔던 것처럼 자연신과 하나 되는 세계를 꿈꾸기 때문이다. 그것이 곧 인간에 의한 인위적 죽음에 직면해 있는 이 세계의 생명을 살리기 위한 길이기도 하다. 그러므로 자연과 사람 등 생명을 가진 살아있는 모든 것들, 이 우주에서 조화를 이루며 존재하고 있는 삼라만상이 파괴되거나 죽음에 이르지 않기를 바라는 간절함이 시 속에 나타난다.

그런 의미에서 시인은 이 세상 만물을 만들었을 조물주의 마음, 세상의 모든 것을 보면 마음이 아렸다고 하는 아리 신, 스스로 차나무가 되어 병고와 허기에 시달리는 사람들을 구해내고자 했던 이우 신을 닮아 있다. 또한 시인은 자연을 파괴하면 자연신의 노여움을 사서 멸망하게 된다는 교훈을 주며, 욕심을 부리지 말고 자연과 더불어 살면 건강하고 풍요롭게 살 수 있다는 희망의 이야기를 가르쳐 주고 제의를 담당하던 신화 속의 제사장 둥바인 것이다.

둥바와 같이 제사장이기도 한 시인은 시를 통해 신과 인간, 자연이 만나서 하나가 되도록 만들어 준다. 시를 포함한 예술적 행위와 창작물은 신의 모방, 또는 신과 하나 되고자 하는 인간의 염원을 표현하는 것이라 할 수 있다. 신에게 다다르기 위한, 신을 꿈꾸는 인간의 행위가 예술이라면 예술가의 영감과 재능은 역시 인간과 하나가 되고자 하는 신이 인간에게 부여한 선물인지도 모른다.

결국 시인이 시를 통하여 신화적 상상력을 발휘하는 것은 신이 준 재능으로 세계와 신이 하나 되기를 기원하는 제의라 할 수 있다. 인류가 기후 위기와 팬데믹으로 고통받고 있는 이 시대에 시적 감성이 더욱 소중한 이유이다. 오래된 미래라는 말도 있듯이 우리는 앞으로 나아가야 하지만 도착지는 신화 속의 세계이기도 하다.

참고문헌

나희덕(2001). *어두워진다는 것*, 창작과비평사.
도정일, 최재천(2006). *대담*, 휴머니스트.
박현(2006.9.16.). "차에 담긴 예절", *불교신문* 2262호.
안도현(1997). *그리운 여우*, 창작과비평사.
이재무(2002). *위대한 식사*, 세계사.
장정렬(2022). "현대시에 나타난 신화적 상상력", *문화와융합* 44(3), 409-422.
제러미 리프킨 외 인터뷰, 안희경 지음(2020). *오늘부터의 세계*, 메디치.
高峰 编绘(2001). *纳西族 三大祭祀*, 云南民族出版社.

● 이 장은 문화와융합 학술지 44권 3호에 실린 필자의 논문(장정렬, 2022)을 바탕으로 재구성되었다.

■ 저자 소개

01장 **_ 강인화**
서울대학교 사회학박사(사회학 전공)
서울대학교 국사학과 BK사업단 교수

02장 **_ 이채원**
서강대학교 문학박사(현대문학 전공)
나사렛대학교 교양교육학부 교수

03장 **_ 이동순**
전남대학교 문학박사(현대시 전공)
조선대학교 자유전공학부 교수

04장 **_ 차노휘**
광주대학교 문학박사(소설 전공)
광주대학교 교양학부 교수

05장 **_ 나소정**
명지대학교 문학박사(서사학 전공)
단국대학교 문예창작학과 초빙교수

06장 **_ 정애진**
한양대학교 문학박사(현대문학 전공)
한양대학교 창의융합교육원 강사

07장 **_ 임만호**
일본 다이토분카(大東文化)대학 박사수료(근대문학전공)
가천대학교 동양어문학과 교수

08장 **_ 엄진주**
선문대학교 문학박사(동아시아번역문학 전공)
선문대학교 국어국문학과 연구교수(BK21)

09장 **_ 하혜주**
니혼(日本)대학 예술학박사(영상예술 전공)
추계예술대학교 문예창작과 강사

10장 **_ 박환영**
　　　　케임브리지대학교 문학박사(언어인류학 전공)
　　　　중앙대학교 국어국문학과 교수

11장 **_ 임선애**
　　　　대구가톨릭대학교 문학박사(현대소설 전공)
　　　　대구가톨릭대학교 한국어문학과 교수

12장 **_ 신진숙**
　　　　경희대학교 문학박사(현대문학 전공)
　　　　경희대학교 국제지역연구원 교수

13장 **_ 하성운**
　　　　고려대학교 문학박사(고전시가 전공)
　　　　고려대학교 국어국문학과 강사

14장 **_ 장정렬**
　　　　문학박사(국문학 전공)
　　　　대전대학교 한국어교육센터 강사